実務から見た
担保法
の諸問題

田原睦夫

弘文堂

巻頭言

元最高裁判事
京都大学名誉教授
奥田　昌道

田原睦夫さんを個人的に知るようになり、親しくお付き合いさせていただくようになったのは、二〇〇六年に最高裁判事に就任されて間もなく、「皇居の外周を走る会」（奥田スクール）に入会（入学）されて以来である。それまでは、年賀状や暑中見舞いをいただき、また法制審議会で同席された先輩の先生から「大変頭の回転の速い方」「鋭い論客」といった心底からの敬意溢れる人物評をうかがい、凄い方なのだなと感じ入っていた。

田原さんが最高裁判事を定年により退官されて間もなく、古稀祝賀・退官記念の盛大なパーティーが京都で開催された。その席上、『田原睦夫先生　古稀・最高裁判事退官記念論文集　現代民事法の実務と理論　上巻・下巻』（金融財政事情研究会）が贈呈された。その席に招かれた私は、参会者の顔ぶれと数の多さに驚くとともに、『上巻』九〇九頁、『下巻』一三六二頁という重厚な記念論文集に圧倒される思いであった。後ほど、この論文集を開いてみると、田原さんが実務界・学界において、いかに多くの人たちと深いつながりがあったか、目を見張るばかりであった。この論文集の『上巻』の鈴木正裕さんの「はしがき」と発起人（代表）安永正昭さんの「発刊の辞」には、田原さんのお人柄、学識、弁護士時代および最高裁判事としての活躍ぶりが見事に描かれている。『下巻』末尾の「執筆文献一覧」がまた驚きである。「論文等」は、「物権法・担保法関係（保証を含む）」二〇篇、「債権法・会社法関係（保証を除く）」八篇、「民事手続法関係（倒産法を除く）」一八篇、「倒産法関係」八〇篇、「刑事法関係」二篇、「その他」一六篇の合計一四四篇。「判例批評等」は五四篇。「座談会・研究会・シンポジウム等」が四二篇を数える。さらに、共同執筆や共同編集等の書籍が一六冊にのぼり、これらを通算すれば合計二五六篇となり、まさに驚異的である。

田原さんがご自身の研究関心につき、本書第8部の座談会の中で語っておられるところによると、恩師林良平京都大学名誉教授とのご関係から、担保法関係について勉強したこと、金融法学会のシンポジウムでは譲渡担保について報告したことのほか、種々の機会にいくつか担保法関係の論文等を書いてきていること、自らの認識においては「民法学徒」であり、民法を勉強する延長線上で倒産担保の世界に入り、それから倒産の世界に入って行ったと感じていること、今も担保権の分野に興味を持っていること、そして、特に転担保や根担保については他に詰めた論究もなされていないことなどから、このたびの『実務から見た担保法の諸問題』の刊行に至ったとのことである。

以上のような次第で、このたび、本論文集が世に送られることになったのであるが、収録された論文はいずれも、実務家としての鋭い感覚と透徹した理論的思考に裏打ちされた貴重な論稿であり、研究者の思い至らない実務上の諸問題や論点についての鋭い指摘と先見の明により啓発されるところが多大である。特に金融法関係の実務や事情に疎い私にとっては、教えられるところが多かった。以下に、いくつかの論文につき言及したい。

根担保に関する論文では、「根債権質をめぐって――主として確定、根保証との関係等について――」（第2部第1章）が貴重である。著者は「問題の所在」において、「企業間の継続的取引や銀行取引において、株式や公社債、定期預金等を対象として、譲渡担保と並んで根債権質が実務上しばしば利用されている。ところが、根債権質をめぐる裁判例はきわめて少なく、ことに根債権質の効力、例えば被担保債権の確定事由、共同根質権の効力、他の根担保との関係等に関する裁判例はほとんどなく、学説においてもほとんど論じられていない。そのため、実務に携わっていて判断に迷うことが少なくない」と指摘する。そして、根抵当について立法的に解決された後、「根抵当法理の他の根担保への準用ないし類推適用の可否が論じられるようになり、根保証をも含めた統一的な根担保法理の確立の必要性が主張されるようになった」と述べ、統一的な根担保論の確立のためには、「担保目的物の性質やその実行方法の相違、公示機能の有無等が十分に検討されるべきで」あり、「かかる観点から、根債権質をめぐる諸問題のうち、被担保債権、確定、共同根質権、他の根担保との関係等のうち若干の問題点について、根抵当と対比するほか、債権を目的とする関係上、根保証とも対比しつつ検討を加える」として、これらの諸論点につき綿密な検討を行っている。そのうえで、「おわりに」において、「根債権質は根抵当と同様の担保物権型根担保であるにもかかわらず、少なくとも根抵当の規定のうちには根債権質に類推適用することができないものが少なからずあることは明らかにできた」と述べ、末尾の**【振り返りコメント】**において、「今日の時点から省みれば、執筆当時に比して、学説や判例において将来債権に対する譲渡担保の効力がより大幅に認められていることからして、将来債権に対する根債権質の効力について、もう少し掘り下げた論述がなされるべきであったと思われるが、それらの点は他の研究者による批判的な検討に委ねざるを得ない」と結ばれているが、この問題についてのパイオニアとしての功績は消えることはないと言わねばならない。

「根譲渡担保をめぐる諸問題――主として被担保債権・確定について――」（第2部第2章）も「根債権質をめぐって」の論文と同様の視点から、「実務上の利用例の多い根不動産譲渡担保および根動産（集合動産）譲渡担保権について、主として被担保債権、確定の点につき検討を加える」ものである。結論として、ここでも、「根抵当権法理を根担保に関する基本法理として、根不動産譲渡担保、動産譲渡担保にそのまま準用ないし類推適用することが困難であり、個別具体的にその条項の類推適用の可否につき検討されるべきことが明らかに」なったとし、末尾の**【振り返りコメント】**において、「譲渡担保は、基本的には根担保として利用されることが多いにもかかわらず、判例も乏しく、また学説においても未だ十分解明されていない諸点も多々あると思われるので、研究者によってさらに究明されることが望まれる」と述べて、学界に課題を提起されている。

「賃料に対する物上代位と建物の管理」（第3部第1章）では、抵当権者が物上代位により賃料の全額を手中に収めることにより、建物の管理にかかる共益費部分までもが抵当権者のものとされる結果、建物管理ができない状態に陥り、建物が荒廃し建物の価値自体が減少すること、結局は一般債権者の配当に充てられるべき部分を抵当権者が奪っていることになるとの指摘と問題提起は貴重である。

「集合動産譲渡担保の再検討──担保権実行の局面から──」（第5部第1章）も、学説における論議の欠落部分ないし盲点を鋭く指摘する貴重な論文である。著者によれば、最高裁昭和五四年二月一五日判決が一般論として、構成部分の変動する集合動産につき集合物として譲渡担保の目的となることを認めて以降、譲渡担保の関係ではこのテーマが学界の強い関心を集め、また最高裁昭和六二年一一月一〇日判決が、最高裁としては初めて具体的なケースについて構成部分の変動する集合動産につき譲渡担保の効力を認めたところから、同判決をめぐっても多くの論稿が著されているが、「それらの論稿は、主として集合物としての特定性の基準や対抗要件、差押債権者等との関係での対外的効力等が論じられており、集合物譲渡担保の実行手続について自覚的に論じられているものはほとんどない。しかし、権利は容易に実行され得て初めてその実効性が確保されるのであるから、集合動産譲渡担保の有効性や効力を論じるにあたっても、その実行方法や難易等、実行手続面における問題点の検討がなされて然るべきである」との、われわれ学者にとってはまことに耳の痛い、そして弱点を鋭く突いた指摘がなされている。そこで著者は、「最高裁判決による判例理論を前提にしたうえで、集合動産譲渡担保の実行の局面にあらわれる諸問題につき検討を加える。その検討にあたっては、まずその実行手続面で対比されるべき特定動産譲渡担保の実行につき、不動産譲渡担保との相違面を中心に検討を加え、次いで集合動産譲渡担保につき、担保権の実行と集合物の固定につき論じたうえでその実行手続につき検討し、最後に倒産手続との関係につき論じる」。本論文は、「集合動産譲渡担保権の実行の局面から捉えた場合、実行手続開始時以降は、集合動産譲渡担保の目的物は、実行手続開始時で固定され、集合動産としての流動性が否定され、また、その実行は原則として処分清算方式によるべきものとすることを説くものである」が、実務界、学界に大きなインパクトを与えたものであり、集合動産譲渡担保権の実行時に集合動産の固定が生じるとの主張をめぐっては、その後、論議を巻き起こした。

以上、多数の論文の中から四篇を取り上げたにすぎないが、その素描だけからでも、著者の実務感覚の鋭さと先見性、深い学理的思考の一端がうかがわれる。まさに「実務と理論の架橋」という困難な課題を見事に果たしてこられたと言えるであろう。

ここで、田原さんのお人柄を表わすうえで欠かせない最高裁時代の一面に触れておきたい。始めに述べたように、最高裁判事になられるまで私は田原さんと面識がなかった。最高裁に来られて間もなく、田原さんが「皇居の外周を走る会」（奥田スクール）に入学されてから、田原さんとの堅い絆が形成されることになった。この会は、二〇〇二年四月に当時の最高裁判事横尾和子さんの発案で八月を除く毎月一回、金曜日の夕方六時に桜田門をスタートしてランニング組は皇居の周りを一周ないし二周、ウオーキング組は一周した後、法曹会館で一時間の懇親会をもつというもので、発案者の横尾さんが学園の理事長、私が校長ということで始まり、回を重ねて現在に至っている。田原さんが入学されてからは、理事長は現職の田原さんにお引き受けいただき、横尾さんは名誉理事長になられた。この会のお陰で私は田原さんと親しくなり、ランニングにおいて互いを良きライバルとして自覚するようになった。田原さんの入学の動機は、毎夏のアルプスなどの登山に備えて脚力の強化を図るということであった。入学当初は、私の方が速かったが、次第に互角となり、やがて追い抜かれることになった。坂道に強い田原さんが後から追いあげてきて私を抜き去る時の得意げな表情をみると何とも口惜しく、いつかはまた、田原さんに勝ちたいものと好機の到来を待つ身であるが、年齢とともに衰退する一方の私にチャンスがめぐってくるのか、甚だ心もとない状況である。最高裁判事退官後は、田原さんにはご参加いただく機会が減ってしまったが、なお理事長としての重責を担っていただいている。この点につき、田原さんは、「普通は理事長の方が校長より上のはずなのに、このスクールでは校長が上のようで、理事長職を解いてくれない」と周囲にこぼしておられるとか。しかし生徒たちは皆、田原さんがお元気な間は、いつまでも参加してくださるようにと熱望している。こんなところにも、皆に愛され親しまれる田原さんのお人柄がよく表れていると言えるであろう。

田原さんは退官後は再び弁護士としてご活躍中であるが、今後ともお元気で、研究面と後進の育成において学界・法曹界に貢献してくださるようにと願ってやまない。

第2部　根担保……83

初出一覧

第1部　動産売買先取特権

第1章　「動産の先取特権の効力に関する一試論—動産売買先取特権を中心として」林良平先生還暦記念論文集『現代私法学の課題と展望（上）』六九頁（有斐閣・一九八一年一一月）

第2章　「民事執行法一九三条一項の『担保権の存在を証する文書』の意義に関する裁判例の実証的検討—物上代位権行使の場合に関して」近弁連研修委員会編『近弁連記念論文集—弁護士夏季研修三〇周年』一頁（近畿弁護士連合会・一九八八年七月）

第2部　根担保

第1章　「根債権質を巡って—主として確定、根保証との関係等について」ジュリスト一〇八三号九四頁（有斐閣・一九九六年二月）

第2章　「根譲渡担保を巡る諸問題—主として被担保債権・確定について」林良平先生献呈論文集刊行委員会編『現代における物権法と債権法の交錯』二九一頁（有斐閣・一九九八年六月）

第3章　「倒産手続と根担保」徳田和幸＝田原睦夫＝田邊誠＝中西正＝山本克己＝笠井正俊編著『現代民事司法の諸相　谷口安平先生古希祝賀』四六一頁（成文堂・二〇〇五年六月）

第3部　抵当権

第1章　「賃料に対する物上代位と建物の管理」金融法務事情一四六九号四頁（金融財政事情研究会・一九九六年一二月）

第2章　「将来の賃料債権の譲渡と抵当権の物上代位—大阪高判平7・12・6、東京高判平9・2・20をめぐって」金融法務事情一四八五号一七頁（金融財政事情研究会・一九九七年六月）

第3章　「抵当権の物上代位に基づく転貸賃料の差押えの可否」金融法務事情一四四一号四頁（金融財政事情研究会・一九九九

六年二月）

第4章　「抵当証券上に記載のない失権約定と民事執行法一八一条（東京高裁平成四年二月一九日決定金法一三一六号三二頁）」金融法務事情一三三一号（金融判例研究第二号）六六頁（金融財政事情研究会・一九九二年九月）

第5章　「転抵当と被担保債権の質入れとの競合と実務対応」金融法務事情一二六二号三四頁（金融財政事情研究会・一九九〇年八月）

第6章　「原抵当権より弁済期が後の債権を担保する転抵当権の効力—東京高判昭和四二年一月一八日第七民事部判決」椿寿夫編集代表『担保法の判例Ⅰ』ジュリスト増刊五九頁（有斐閣・一九九四年四月）

第4部　留置権

第1章　「手形の商事留置権と破産宣告」金融法務事情一二二一号二二頁（金融財政事情研究会・一九八九年五月）

第2章　「破産と手形の商事留置権に関する最高裁平成一〇年七月一四日判決を読んで—破産管財実務の遂行上問題あり」金融法務事情一五二二号一〇頁（金融財政事情研究会・一九九八年八月）

第3章　「留置権者に対する使用の承諾と競落人」金融法務事情一五〇七号四頁（金融財政事情研究会・一九九八年二月）

第5部　集合物譲渡担保

第1章　「集合動産譲渡担保の再検討—担保権実行の局面から」金融法研究・資料編(5)一四〇頁（金融法学会・一九八九年九月）

第2章　「債権譲渡特例法の債権譲渡につき、終期の記載のない登記の対抗力の及ぶ範囲」金融法務事情一六二二号四頁（金融財政事情研究会・二〇〇一年九月）

第3章　「停止条件付集合債権譲渡担保と否認」金融法務事情一五二八号四頁（金融財政事情研究会・一九九八年一〇月）

第6部　ファイナンス・リース

第1章　「ファイナンス・リース契約の民事再生手続上の取扱い」金融法務事情一六四一号四頁（金融財政事情研究会・二〇〇二年四月）

第2章　「ファイナンス・リースの担保権能に関する法律構成を示した東京地裁判決」金融法務事情一七〇九号四頁（印藤弘二と共筆）（金融財政事情研究会・二〇〇四年六月）
第3章　「ファイナンス・リース契約と会社更生手続」金融法務事情一四二五号一一頁（金融財政事情研究会・一九九五年七月）

第7部　配当と会社更生手続における立法論

第1章　「不当な配当と債権者の不当利得返還請求」金融法務事情一二九八号一五頁（金融財政事情研究会・一九九一年九月）
第2章　「会社更生手続と担保権変換請求権―立法上の提言」金融法務事情一六一一五号四五頁（金融財政事情研究会・二〇〇一年七月）

第1部　動産売買先取特権

第1章　動産の先取特権の効力に関する一試論
――動産売買先取特権を中心にして――

一　はじめに

民法の定める動産の先取特権に関しては、民法の体系書等を除けば従来あまり論じられることがなかった。①それは、公示を伴わない先取特権の採用に慎重な態度をとろうとする近代法における物的担保制度の進展の過程からみて民法の先取特権制度はやや遅れた態度であることは否定できず、②先取特権制度は縮小ないし廃止する方向が望ましい、③と一般に解されてきたことや、特別の先取特権が現実に行使される例が少なく、④したがってそれをめぐる裁判例が非常に少なかったことによるものと思われる。

しかし、動産の先取特権が現実に行使される例が少ないことは、必ずしもそれが機能すべき場面が少ないことを意味するものではない。確かに民法の定める八種類の動産の先取特権中には、時代の推移のなかで今日的意味を完全に喪失してしまっているものもある。しかしながら、そのうち動産売買の先取特権は、以下に検討するように今日でも機能し得る場面は多くあり、しかもその機能は法的保護に価すると解されるのであるが、それが現実に行使されることが少ないのは、後に述べるようにその優先弁済権の根幹をなす競売申立権が有名無実化していたことによるものと思われる。⑤

他方、最一小判昭和四一年四月一四日（民集二〇巻四号六一一頁）、最一小判昭和五三年五月二五日（金法八六七号四六頁）は、動産売買の先取特権の目的物件をもってなされた代物弁済は、その先取特権の範囲内では他の債権者を害するものではなく、破産法による否認の対象にはならないとしている。[6][7] それゆえ先取特権者としては、優先弁済権の実現性に問題のある先取特権の行使に腐心するよりは、その目的物件によって代物弁済を受けた方がはるかに有利な結果が得られることになる。

その結果、倒産事案が発生すると、動産の先取特権を有する債権者は、債務者方に押し掛けてその目的物件を引き揚げ（代物弁済）ようとし、[8] それに誘発されて一般債権者らも押し掛けて自力救済に走りがちになり、先取特権者の行為が倒産時の混乱を助長する一因ともなっているのである。

法的倒産手続のとられる事件では、最近、手続開始前の保全処分の積極的な活用によって倒産時の混乱の防止が図られてはいるが、[9] 動産先取特権の優先弁済権の実効性が確実なものになるならば、そうした混乱の防止にも役立つものといえよう。

そこで以下では、民法の定める動産の先取特権中、未だ今日的意味を失っていないと思われる動産売買先取特権の機能についてまず検討を加えたうえ、その優先弁済権の実効性の確保の問題について論じ、次いで動産の担保として最もよく利用されながら従前あまり論じられてこなかった譲渡担保と動産先取特権との関係について検討することとする。

二　動産売買先取特権の機能

動産売買先取特権は、「債権者タル売主カ其所有ノ動産ヲ買主ニ売リタレハコソ買主ハ之ヲ其資産ノ中ニ有スルコトヲ得タ」のであり、「売主ハ他ノ債権者ニ対シテ吾若シ此動産ヲ売ラサレハ此動産ハ汝等ノ債務者ノ資産中ニ存スヘカラス故ニ先ツ吾ニ此動産ノ代価等ヲ払ヒタル後ニ非サレハ此動産ノ価格ヲ以テ汝等ノ弁済ニ充ツヘカラス」[10] と主張することができるべきであるということから認められたもので、公平の原則に適うものであるとされている（通説）。

ところで、この先取特権の現実の機能に関してこれまでの民法の体系書では、「売主は、売買の目的物を買主に引き渡さない間は、この先取特権のほかに同時履行の抗弁権・留置権を有するから、この先取特権が実益を示すのは、これらの権利が実行されず目的物が引き渡された場合（多くは売主に先履行義務のある場合）である。また売主は日用品供給の先取特権を併せ有することも多いと思われる」[11]とされ、動産売買先取特権が機能するのは、日用品供給等の極く限られた範囲にすぎないと解されており、また、この先取特権が機能すべき場合でも、「売主が代金債権を確保するためには、動産の売買においては、所有権の留保または委託販売などの制度に訴えるのが常であり……民法の先取特権はどれほどの作用を営むか、疑問である」[12]とされている。

しかしながら取引界の実情をみると、メーカー・問屋間、問屋相互間の継続的な商品売買では、商品の引渡しと代金の支払いとが同時に履行されることなど稀有のことで、俗に現金決済と呼ばれている場合でも、実際にはその月分の販売高を月末に集計して翌月一〇日に支払うというような形で決済がなされている。したがって右の例では、決済時点では四〇日分の売掛金が生じており、もしその時点で買主が倒産すると、売主は四〇日分の売掛金が焦げ付くことになる。しかも、それらの取引では、右に述べた意味での現金決済が行われることも稀で、業種によって異なるが、支払期日が九〇日から二〇〇日も先の手形によって決済されるのが普通である。それゆえ買主が倒産すると、売主は未決済の手形金額相当の売掛金に加えて、手形未受領分の売掛金が焦げ付くことになる。

ところでほとんどの業種では、メーカー・問屋を問わず、ランニングストックとして一～二ヶ月分の仕入額に相当する商品を在庫として保有しているのが通例であり、その代金も通常未決済のままである。そこで売主は、動産売買先取特権を行使すれば、在庫商品の分だけは、売掛金を他の債権者に優先して回収することができる[13]。しかもその目的物の価格は、時によっては数千万円に達することすらあるのである。

他方、前記のように近年の譲渡担保や所有権留保等の変態担保制度の著しい発達のなかで、売主はその債権担保の手段を講じ得るから、動産売買先取特権の機能し得る場面は狭められていると説かれている。

しかしながら、右述のような売買代金債権につき所有権留保や譲渡担保等の物的担保を設定し得るのは、売主が総合商社で買主が中小企業の場合とか、特許商品の如く、売主・買主間の力関係が隔絶している場合に限られるのであり、両者の力関係が対等ないしは買主の方が強い場合には、そのような物的担保を設定することは実際上不可能である。(14)(15)

このように、動産売買先取特権が機能し得る場面は従前説かれているところよりもはるかに広く、しかも買主に対して物的担保の設定を要求するだけの力のない売主に残された唯一の担保であること、債務者が倒産しても金融機関や商社は物的・人的担保を確保しており、他方、労働債権には優先権が認められているなかで、かかる売主が通例最も大きな被害を被る立場にあること、動産売買先取特権の立法趣旨は公平の原則にあること等からすれば、かかる売主に対して動産売買先取特権を適正に行使し得る途を開くことが、公平の原則の実現の点からもぜひとも必要なことといえよう。

三　優先弁済権の実効性の確保

動産売買先取特権が充分に機能するためには、その優先弁済権の実効性が確保されている必要がある。

そこで以下には、動産売買先取特権を中心にして、現在、動産先取特権の優先弁済権の実効性が確保されているか否か、確保されていないとすればその確保の方法はないのかについて、債務者が法的整理手続に入っていない場合と、法的整理手続の典型である破産宣告を受けた場合とに分けて検討する。

１　債務者が法的整理手続に入っていない場合

（一）　民事執行法制定前の判例・学説

民事執行法制定以前は、動産の先取特権者が優先弁済権を実現する方法としては、目的物に対する競売法による競売申立て（競売法三条）、他の債権者が当該目的物に対して強制執行をなした場合の配当要求[16]、民事訴訟法五六五条に基づく優先弁済請求の訴の方法があった[17]。

そのうち配当要求および優先弁済請求の訴については、優先弁済権の実現という点からは特に問題にすべきところはなかった。しかし、競売申立てについては、競売実行の要件や、差押えの効力を認めるか否かをめぐって、判例・実務の取扱いと有力学説との間に対立があった。

以下、その点について概説する。

⑴　判例・実務の取扱い

古くからの実務では、競売法に基づく競売では、執行官（吏）はその動産を差し押さえることはできないと解されていた[18]。そして大決昭和一一年五月二六日（民集一五巻九一五頁）は、右の解釈を前提としたうえで、「債権者ヨリ競売ノ委任アリタルトキハ目的物占有ノ如何ニ拘ハラス執達吏ハ之ヲ受理シ競売ノ手続ニ着手セサルヘカラス而シテ競売期日ニ至リ債権者カ目的物ヲ提出シ得サル等其ノ他実際上競売ヲ為シ能ハサル場合ニ於テハ其ノ時ニ於テ之ニ応スル手続ヲ為セハ足ルヘク初ヨリ委任ヲ拒絶スヘキニ非ス」と判示した。

この決定は、目的物を占有していない先取特権者は競売の申立てはできるが、競売期日までに占有者が執行官（吏）に対して目的物を引き渡さないときには競売の実施が不能になるため結局申立てが却下されることになるという当時の実務の取扱いを肯認したものと解されている。[19] そして、以後この決定は、実務の指導的役割を果たし、今般の民事執行法制定までの間、後記のとおり有力学説の批判を浴びながらも、実務は右決定に従って取り扱われてきたのである。[20]

この判例・実務の取扱いによれば、前記のとおり通常目的物を占有していない動産売買先取特権者は、競売を申し立ててその優先弁済権を実現する途を奪われることになる。

そこで実務では、便法として、目的物を占有していない先取特権者は、その被担保債権に基づいて目的動産の仮差押えをなして執行官に占有させたうえで先取特権に基づく競売の申立てをするという方法が用いられていた。[21] ただし、先取特権に基づく競売がなされるまでに目的動産に対し他の債権者から差押えや仮差押えがなされたときは、もはやこの方法による競売はできず、先取特権者は配当要求や優先弁済請求の方法によるべきであるとされていた。[22]

しかしながら、かかる方法はあくまで便法であって、仮差押えの一般的な要件に欠ける場合にはとることができず、[23] また、仮差押えの執行の際に執行官によって当該先取特権の目的物が仮差押えされるという保障もない。さらに債務者に対して破産宣告、和議の認可、整理開始命令がなされたときは、破産債権や和議債権に基づく仮差押えは失効する（破産法七〇条一項、和議法五八条、商法三八三条）ため、この方法によることはできない。[24] またきわめて実務的な問題としては、仮差押えのために供託された保証金は、仮差押え後先取特権に基づく競売によって満足を得ても、当然には担保取消決定を得て取り戻すことはできず、その取戻しのためには仮差押申請を取り下げて民事訴訟法一一五条三項により債務者に対し権利行使の催告をしなければならないという不便さが残る。

(2)　学説の動向

(ア)　先取特権に基づく競売についても差押えの効力を認めるべきだとする説　先取特権の効力として、執行官は目的動産を差し押さえることができると解すべきであるとする説で、実体法学者および有力な訴訟法学者によって主張され、その論拠としては次の諸点が挙げられていた。

① 担保権の実行としての競売にも、物的責任の強制的実現の手続として金銭執行たる性質が認められるので、競売機関たる執行官はその対象たる動産を占有して差し押さえるべきである。㉕

② 競売法による競売には、その性質に反しない限り民事訴訟法の規定を準用すると解されており、不動産の競売開始決定に差押えの効力が認められていることとの対比からも、動産についても民事訴訟法五六四条、五六六条を準用して差押えを肯定すべきである。㉖

③ 差押えができなければ、債務者は競売申立て後でも目的物の処分ができ、また債務者が執行官に目的物を任意に引き渡さない限り競売をすることができず、目的物を占有していない先取特権者は事実上競売申立ての途が塞がれ、先取特権の担保物権としての優先弁済権は有名無実となる。㉗

(イ) 判例・実務の取扱いを肯定する説　判例・実務の取扱いを肯定する見解は、民訴法学者や法曹実務家にみられ、その論拠としては次の諸点が挙げられていた。

① 任意競売では、申立てがなされても執行官は目的物を占有する手続をとらないとの実務の取扱いを前提としたうえで、競売開始決定に差押えの効力を認めることは、公示方法のない差押えを認めるのと同様で、第三者に不測の損害を及ぼすおそれがある。㉘

② 任意競売で執行官に差押えをさせるとすると、競売の申立てを受けた執行官は、申立人の提出する証拠により債権および先取特権の存否を判断して差押えをすることになるが、かかる事実認定および法律判断の責務を執行官に負わせることには無理がある。㉙

③ 占有のない動産の担保権の実行は、債務名義にのっとってこそうまく働く制度である。㉚

(二)　民事執行法の内容

今般の民事執行法の制定により、動産の競売に関しても従前実務と有力学説との間で対立のあった幾つかの点は立法的に解決されたが、なお、本問題に関しては根本的な点は未解決のままに残された。

まず、従前実務と学説との間で最も対立していた、担保権の実行としてなされる動産競売に差押えの効力を認めるか否かについては、競売の申立てがあったときは執行官が目的動産を差押えたうえで換価手続に入ることが明定された（同法一九二条・一二二条一項）。

また、目的動産が他の債権者により差押えや仮差押えがなされているときでも競売の申立てをすることができ、その場合両事件は併合されることも定められ（同一九二条・一二五条）[31]、何れも従前の実務を批判する有力学説に従う立法がなされた。

ところが、動産競売の申立てに関しては、「債権者が執行官に対し、動産を提出したとき、又は動産の占有者が差押えを承諾することを証する文書[32]を提出したときに限り、開始する」と規定された（同一九〇条）。

この規定は、前記のとおり従前の実務では目的物を執行官に現実に提供しなければ競売が実施されなかったのを、債務者（法文上は占有者であるが、検討を単純化するため、以下、特に断わらない限り占有者＝債務者として検討する）の差押承諾の書面があれば足りるとした点で、従前の実務よりも競売ができる場面を広げた。しかし他方では、次項(2)(ア)にて検討するように、従前の実務では競売期日に執行官が占有しておりさえすれば（ただし、前記のとおり債権者の申し立てた仮差押えによることが必要とされていたが）競売が実施できたのを、執行官が占有していても同法一九〇条の要件が充たされない限り競売開始をしないと解せられるのであって、その点では競売のできる場面を従前の実務よりも狭めている。

しかしながらこの規定は、目的物を占有していない先取特権者の競売申立てに債務者の協力を必要としたことによって、基本的には、有力学説によってかかる先取特権者の競売権能を有名無実にするものであると強く批判されていた従前の実務の取扱いを、そのまま引き継いだものといえる。

このような立法がなされた理由について、立法担当者は以下のように述べている。すなわち、担保権の存在を推認させる事情を明らかにするものとして法一九〇条の要件を定めた。担保権実行による動産競売についても、証明文書でよいとしている一般先取特権による不動産競売等と同じ方式をとることも考えられるが、動産競売では執行官が執行機関となっている関係上、執行官が担保権を証明する文書か否かの判断をすることになる。しかし、執行官は、債務者の占有の有無や、債務名義に掲げられた特定物と執行対象物との同一性の有無といった事実関係の判断については専門家であっても、担保権の存在といったような実体権の有無の判断については専門家ではなく、この判断は裁判所に委ねられるべきなので、そのような制度を採用することはできなかった、と解説されている[33]。

(三)　検討

(1)　競売権能確保の必要性

以上検討してきたように、従前の判例・実務によれば、目的物を占有していない動産先取特権者は、仮差押えを経たうえで競売を申し立てるという便法（ただし、それにも問題があることは前述した）が存したとはいえ、基本的には、担保権の基本をなす優先弁済権の根幹ともいうべき競売権能は有名無実の状態にあり、また新たに制定された民事執行法の下においても、ほぼ同様の状態におかれている。

先取特権をあくまで相競合する債権の間の優劣に関係する特殊な担保物権として扱い、競売そのものは一般債権者としての立場で行い、その結果として債権の満足を得るについてだけ優先弁済権能が認められるべきものであるとし[34]、また目的物を占有していない動産の先取特権は右の範囲内で行われるべきものだと解するならば[35]、右の如く、目的物を占有していない先取特権者の競売権能が有名無実となることも仕方ないとも解されよう。

しかしながら、競売は一般債権者の立場で行い、配当の段階で優先権を主張すればよいとの考え方は、債務者の総財産を目的とする一般の先取特権には妥当し得たとしても[36]、当該目的物の価値のみを目的とする特別の先取特権、とりわけ追及効が制限されている動産先取特権については到底妥当するとは考えられない[37]。なぜならば、もし右の如く解すると、特別の先取特権者は折角債務名義を得ても、目的物が処分された場合には先取特権により優先弁済を受けることができなくなるからである。

したがって、特別の先取特権がその目的物の価値を担保として把握するものである以上、その価値を自ら優先的に実現するための権能である競売権が当然に認められて然るべきだといえよう。

次に、動産先取特権相互間で、先取特権者の目的物の占有の有無によって、一方には競売権能を認め、他方にはそれを有名無実としなければならないだけの合理的な理由が存するであろうか。

なるほど、先取特権者が目的物を占有している場合には、例えば運輸の先取特権の如く被担保債権と目的物との結びつきも比較的明らかであるし、また第三者に対する公示機能も一応果しているとはいえよう。しかしながら、目的動産を占有していない動産の先取特権にあっても、例えば動産売買の先取特権の如きは、納品書や売掛台帳等の伝票類によって目的物と被担保債権との結びつきを比較的容易に立証することもできる。次に、公示による第三者保護の点についても、債務者と日常取引関係にある第三者は、債務者の所有動産（商品）が誰から納品されているかおよびそれらの商品が現金引換えによるものか手形で買い入れているものか、したがって先取特権の対象となっているか否かについて取引の過程で債務者と接触することによってある程度までは予測し得るのであり、また実質的な公示機能をまったく有しない占有改定による譲渡担保に対抗力が認められていることと対比しても[38]、特に第三者を害する点も認められないのである。

さらには、動産の先取特権者は、目的物の占有の有無にかかわらず目的物が譲渡されると、その価値転換物たる売掛金に対しては等しく物上代位権を行使することができることに鑑みても、目的物の占有の有無によって競売権能に実質的な差異を設けなければならない合理的な理由は、どこにも見出せないのである。[39]

なお、民事執行法一九〇条は、目的物の占有の有無によって先取特権のもつ競売権能に事実上大きな差を設けたが、同法は実体法の改正には手をつけないことを前提に立法されたもので、同条によって各先取特権間の権能に差異を設けることを企図して制定されたものではなく、前項で詳述したように、あくまで執行官が執行機関であるという手続的な見地から定められたものである。[40] したがって同法の制定は、先取特権に存する競売権能に実体法上の制約をもたらすものではないといえよう。

以上述べたところ、および前節にて詳述したように、目的物を占有していない動産の先取特権においても、例えば動産売買の先取特権の如きはその機能すべき場面も多く、またその先取特権者に優先弁済権を実質的に確保する必要性が存することよりすれば、それらの先取特権者に対しても、優先弁済権を実質的に確保するための手段たる競売権能が確保されて然るべきものといえよう。

(2)　競売権能確保の方法

そこで以下に、目的物を占有していない動産先取特権者が、優先弁済権を実質的に実現するための手段たる競売権能を行使する方法が、現行法の解釈として成立する余地があるか否かについて検討する。

(ア)　目的動産を仮差押えのうえ競売を申し立てる方法　かかる方法が、民事執行法施行以前の実務において、便法として利用されていたことについては前述したところである。しかしながら、次に述べる理由から、民事執行法の下では右の如き方法は行い得ないものと解さざるを得ないであろう。[41]

まず形式的には、民事執行法一九〇条は、目的物の債権者の占有または債務者（占有者）の差押えを承諾する旨の書面の提出を競売開始の要件と定めており、執行官が事実上占有していることは右要件の何れにも当てはまらないことが挙げられる。そして実質的には、同条の立法趣旨が前記のとおり執行官に担保権の有無についての実体的な判断をさせるのは適当でないとする点にあることからして、同条に定める要件に形式的に当てはまらなくても競売開始ができるのは、同条に定めるのと同等ないしはそれ以上に担保権の存在が確実であることが推認できる場合に限られるべきだと解されるからである。すなわち、執行官が仮差押えによって目的物を占有していても、それだけでは担保権の存在していることなど到底窺い知ることはできず、仮差押えがなされていることをもって同条の要件を実質的に充たしているなどといえないことは明らかである。それゆえ、従前の便法のように仮差押えによって執行官が占有している場合に競売開始を認めるとすると、執行官に担保権の有無についての実体的な判断をさせることになり、右立法趣旨に正面から反することになるのである。(42)

(イ)　動産の先取特権者に目的物の引渡請求権を認める方法　動産の先取特権者に、担保権実行のために債務者に対する目的物の引渡請求権が実体法の解釈として認めることができるならば、先取特権者は、本案判決もしくは断行の仮処分によって目的動産の引渡しを受けてその占有を取得したうえで、民事執行法一九〇条によって競売の申立てをすることができることになる。(43)

しかしながら、目的物を占有していない動産先取特権者は、目的物に対する直接の支配力は有さず単にその物の価値を担保の目的の範囲でのみ把握するものにすぎず、しかもその担保権の実行方法も法定の競売手続に限定されていること、またその追及効も著しく制限されていて担保権としては比較的弱い効力しか認められていないことからすれば、いかに担保権実行のためとはいえ、目的物の引渡請求権まで認めることは、担保権としては余りにも過ぎたる効力を認めるものであり、また他の法定担保物権に認められている諸権能との比較からしても、現行物権法上それを肯定することは著しく困難であるといえよう。

また、仮にそのような引渡請求権を認め得たとしても、現行法上、引渡しを受けた先取特権者が競売を申し立てる保障はなく、さらに、目的物の価値が被担保債権額を上回る場合に、その清算金を債務者が取得できる保障もないのであって、債務者に対し必要以上の不利益を課すこととなり、衡平の観点からみても到底認めることはできないといえよう。[44]

(ウ)　債務者に目的物の差押承諾義務を認める方法　動産の先取特権の効力として債務者に差押承諾義務を認めることができ、また民事執行法一九〇条の解釈として、「動産の占有者が差押えを承諾することを証する文書」に代えて、差押えを承諾する旨の意思表示を命ずる判決正本の提出によっても動産競売を開始することができると解し得るならば、目的物を占有していない動産先取特権者は、債務者に対する差押えを承諾する旨の意思表示を命ずる本案判決もしくは断行の仮処分を得て、動産競売の申立てをすることができることになる。

そこで、右の如き法解釈が成立し得るか否かについて、以下、各問題点毎に検討を加える。

①　債務者は差押承諾義務を負うと解することができるか。

担保物権は、その目的物の価値を支配する権利であるが、その目的物は通常物自体としては存在せず、それを所有し利用している人と結びついて存在しており、したがって目的物の価値のみを純粋に支配し、それを実現することは困難である。それゆえ、その価値を支配し実現する過程においては、その所有者等に対し、単にその手続の実行の受忍を求めるに止まらず、一定の作為を求めざるを得ないことも生じ得る。

そのような作為が、担保物権が掌握している価値の支配・実現のために必要であり、かつ求める作為の内容がその所有者等に対して過大な負担を強いるものでない限り、担保物権の効力として担保物権者はその目的物の所有者等に対して一定の作為を求め得ると解されよう。そのように解しても、それは物の価値に対する支配権たる担保物権の性質に反するものではなく、それは、物権性を貫徹するために担保物権に内包されている付随的な機能として理解することができよう。

このように、担保物権の効力としてその所有者等に対し一定の作為義務を認めている実定法上の例としては、不動産の先取特権における所有者の先取特権者に対する登記義務の例が挙げられる（民法三三七条・三三八条・三四〇条）[45]。不動産の先取特権は何れも登記が対抗要件とされているが、それらの登記も共同申請とされている（不動産登記法二六条）結果、所有者は先取特権者から求められた場合には登記をなすべき義務を負っているのである。

ところで、目的物を占有していない動産先取特権者にあっても、先取特権者は目的物の価値を支配しており（ただし、その支配力は弱いが）、その価値の実現を債務者の自由意思に委ねているものでないことはいうまでもないところである[46]。したがって債務者は、その目的物に対して先取特権が行使されることを受忍しなければならないが、ただその行使がなされるには、手続上債務者の差押えを承諾する旨の文書の提出という債務者の行為が必要とされている。

このように、目的物を占有していない動産の先取特権の行使には債務者の一定の作為が不可欠であり、かつその作為も、本来先取特権の行使――目的物に対する差押え――を受忍すべき立場にある債務者に対し、その差押えを承諾する旨の文書を提出するという簡単な行為にすぎないことよりすれば、債務者は、目的物が動産先取特権の対象となっていることに伴う付随的負担として、かかる文書を提出すべき義務を負っているものと解することができよう[47]。

そのような義務を認めても、それは前記の不動産の先取特権における所有者の登記義務よりも重い負担を債務者に課すものとは到底いい得ないし、さらに、動産先取特権ではその追及効が制限されている結果、先取特権者が目的物を占有していない場合には、目的物の所有者と被担保債務の債務者とが一致することからしても、かかる義務を債務者に認めることは、衡平の観点からみても当然に是認し得るであろう。

なお、目的物を賃借人等債務者以外の第三者が占有している場合には、動産の先取特権は公示性を欠き、またその追及効が制限されていることからして、かかる第三者にまで差押承諾義務を認めることには問題があろう。

② 差押えを承諾する旨の意思表示を求める訴を提起することができるか。

前項にて検討したように、動産先取特権者が目的物を占有していない場合には、債務者に目的物の差押えを承諾すべき義務があると解される限り、かかる意思表示をなすべきことを訴訟によって求め得ることには特に問題はない。また、この意思表示が、私法上の法律行為ではなく差押えの承諾という訴訟行為を目的とする点についても、民事執行法一七三条一項（旧民事訴訟法七三六条）は、訴訟行為を目的とする債務にも適用されると解されており、⑷⑻ この点にも問題はない。

したがって、差押えを承諾する旨の意思表示を求める訴を提起することは、現行法の解釈として十分に成り立ち得るものといえよう。

③　差押えを承諾する旨の意思表示を命ずる判決をもって、民事執行法一九〇条の「差押えを承諾することを証する文書」に代えることと解することができるか。

前記のとおり民事執行法一九〇条の立法趣旨は、執行官に先取特権の有無の実体的な判断をさせるのは適当ではないので、債権者の目的物の占有または債務者の差押えを承諾する旨の文書の提出という担保権の存在を推認させる事情が明らかにされることを、競売開始の要件として定めたものとされている。⑷⑼ そのことからすれば、先取特権の存在について右文書よりはるかに証明力の高い実体上の判断がなされた判決正本をもって、右文書に代えられることには疑問の余地はないであろう。

もっとも同条が、担保権の存在を証明する文書ではなく、「差押えを承諾することを証する文書」の提出を要求していることからして、右判決は先取特権の存在確認や差押承諾義務の確認等の確認判決では足りず、差押えを承諾する旨の意思表示を命ずる旨の給付判決でなければならないであろう。

以上検討したように、目的物を占有していない動産先取特権者は、債務者に対して差押えを承諾する旨の意思表示を求める訴を提起し、その判決正本を執行官に提出することによって、先取特権に基づく競売の申立てをすることができ、それによって優先弁済権を実質的に確保することができると解されるのである。

そして、債務者が倒産に瀕した場合には、先取特権者は、右意思表示を求める訴を本案として目的物の執行官保管の仮処分を得て先取特権の行使を保全することができ、(50) またかかる仮処分は、債務者に対し破産宣告や和議認可決定がなされても、破産債権、和議債権に基づくものではないから失効することはないと解されるのである（破産法七〇条、和議法五八条）。

２　債務者が破産した場合

動産の先取特権は、破産法上別除権とされている（同法九二条）が、目的物を占有していない動産の先取特権を現実にどのようにして行使するのかについて触れた文献はほとんどなく、わずかに永田誠一判事補の論文中(51)で検討が加えられている程度である。

同論文は民事執行法制定以前のものであるが、管財人が目的物の執行官への引渡しを拒んだ場合には、かかる先取特権に基づく競売は不可能であるとしたうえで、先取特権者のとりうる対応策として、①管財人が民事訴訟法の規定により別除権の目的物を換価する場合に配当要求または優先弁済請求の訴により優先弁済を受ける方法、②管財人が任意売却した場合に物上代位権に基づいてその売掛金を差し押さえる方法、③管財人が正当な理由なく故意に引渡しを拒絶したり先取特権者を害する意図で目的物を処分したような場合に、管財人に対して不法行為責任を追及する方法、の三種類の方法が掲げられている。民事執行法制定以前の、動産の任意競売に差押えを認めない判例・実務の取扱いを前提とする限り、右に掲げられているような方法しか存しなかったであろう。

しかし、民事執行法の下では、前記のとおり目的物を占有していない動産の先取特権者は、債務者に対し差押えを承諾する旨の意思表示を訴求し得ると解し得るならば、先取特権の行使について管財人の協力が得られない場合には、管財人を被告として右意思表示を求める判決を得ることによって先取特権を実行することができるであろう。

ところで宗田親彦講師は最近の論稿[52]において、破産団体（破産財団または破産管財人）を法人格のない社団と解したうえで、破産宣告によって債務者の所有していた財産が第三者たる破産団体に移転することになる結果、追及効のない動産売買先取特権は実行することができなくなるとの見解を示されている。

ここでは破産管財人の地位についての法的構成の問題には立ち入らないが[53]、破産財団（破産管財人）に民法三三三条を適用して動産先取特権の実行を否定する見解には、以下に述べる理由から到底賛成しがたいといわざるを得ない[54]。

すなわち、まず第一に右見解は、特別先取特権を別除権と定めた破産法九二条の明文の規定に反することが挙げられる。次に実質的にみても、右見解に従えば、動産の先取特権者は破産手続のうえでは一般債権者としての権利しか行使し得なくなるが、それでは担保権が最も機能すべき債務者の倒産・破産という場面においてまったくその機能を失うことになり、動産先取特権が担保物権として定められたことの意味がなくなってしまうことになる。さらに、個別執行の段階では優先権が認められしかも共益費用を除く一般先取特権にも優先する効力の認められる（民法三二九条）動産先取特権が、一般執行たる性質を有する破産手続では何故にその優先権を主張し得なくなるのかについて、その合理的な理由をまったく見出せないのである。

判例をみても、動産売買先取特権者に対しその目的物をもってなされた代物弁済に対する否認権の行使を否定した前記各最高裁の判例は、動産売買先取特権の目的物は破産債権者の共同担保ではないとしたうえで[55]、それによる代物弁済は破産債権者を害するものではないとして否認権の行使を否定しているのであって、判例の立場が、破産宣告の後においても動産売買先取特権の効力を認めていることは明らかである。

なお判例は、破産管財人をもって対抗関係に立つ第三者にあたることを認めているが[56]、それらの裁判例は、通謀虚偽表示、登記、債権譲渡の通知等、その権利を主張する者において一般債権者にも対抗し得ない事例であり、動産の先取特権の如く、何らの対抗要件なしに一般債権者に対抗し得る場合とは事例を異にし、それらの判例をもとに、破産管財人（破産財団）をもって民法三三三条の第三者にあたると解することはできないのである。

四　動産先取特権と譲渡担保の競合

先取特権の効力を検討するにあたっては、それが他の担保物権といかなる関係に立つかは重要な事柄である。民法には先取特権相互間および先取特権と典型担保との関係については細かく規定されているが、変態担保たる譲渡担保との関係についてはもちろん何の規定もなく、また従来ほとんど論じられることはなかった。

しかしながら、今日譲渡担保が広く利用され、かつその効力をできる限り担保的に構成すべきことが説かれており(57)、他方先に詳しく検討したように動産先取特権が機能すべき場面は広く、もし前節にて検討したような方法が認められるならば、譲渡担保と動産先取特権とがその効力をめぐって衝突するといった機会も多数生じ得るであろう。

そこで以下には、右の如き衝突が最も生じ得ると思われる占有改定の方法による譲渡担保と動産先取特権間の順位の問題について検討することとする。

1　譲渡担保を所有権移転として構成する場合

譲渡担保を所有権自体が完全に移転しているとして構成する場合（信託的譲渡説）、民法三三三条の追求効の制限は占有改定によって所有権が移転した場合も含むと解するのが判例(58)・多数説(59)であるから、譲渡担保が設定されると動産先取特権の存続する余地はなくなる。しかし、判例(60)は担保的構成をとる傾向にあり、学説ではかかる説は現在では少数説にすぎない。

もっとも、民法三三三条の引渡しには占有改定は含まれないとの少数説[61]の立場に立てば、先取特権と譲渡担保とが併存し得るからその順位の問題も生ずる。しかし、右少数説のように民法三三三条の引渡しには占有改定を含まないと解すると、例えば第三者が債務者から先取特権の目的物を買い受けその代金の支払いを了し占有改定によって引渡しを受けている場合に、その第三者は現実の引渡しを受けるまでの間先取特権の行使の受忍を強いられることになるが、それでは第三者の不利益の下に、追及効の制限されている動産先取特権を保護しすぎることになり、取引の安全を害するところが大きいので、右少数説には賛成しがたいといわざるを得ない。

2　譲渡担保を担保的に構成する立場

現在の学説の大勢は、譲渡担保を担保的に構成しようとしており（ただし、その構成方法については諸説に岐れているが[62]）、また前記のとおり判例も担保的に構成する傾向にある。

その場合、譲渡担保の設定は、所有権の移転を意味する民法三三三条の第三取得者への引渡しにはあたらないので譲渡担保と動産先取特権との競合が起こりその順位の問題が生ずる。

この点については、野沢純平氏がその論文[63]において、動産売買先取特権の場合につき、先取特権者が譲渡担保の設定されたことについて善意無過失の場合には先取特権者が保護されるべきことを主張しておられる[64]ほかには論じられている文献は見当たらず、またこの点を直接判示した判例もない。

ただ、この問題を検討するにあたって参考になる裁判例として、工場抵当法による抵当権と動産売買先取特権間の順位に関する大阪高判昭和四二年六月三〇日（下民集一八巻六号七二四頁）がある。同判決は、動産売買先取特権が工場抵当に優先する旨判示したものであるが、本問題を考えるうえで参考になる判示がなされているので、以下少し長くなるがその主要部分を引用する。

「工場財団抵当にあっては財団組成物件を表示した工場財団目録を登記所に提出し、工場財団登記簿に所有権保存の登記をすることにより設定されるが、この場合登記官は工場財団に属する動産について権利を有する者が一定期間内にその権利を申出ることを催告し、その期間内に申出がないときはその権利は存在しないものと擬制されるから、動産売買の先取特権を有する者も右の申出をしないときは、その権利を主張することはできないが、他方この申出があるときはその動産は工場財団組成物件より排除されることとなる。従って工場財団抵当に於ても右申出がない場合に限り事実上抵当権が動産売買の先取特権に優先すると同様の結果が生ずるに過ぎないものであり、況やこのような特別規定のない狭義の工場抵当にあっては抵当権が動産売買の先取特権に優先すると解すべき根拠はない。……工場抵当権の目的となっている機械器具上の動産売買の先取特権は工場抵当権に優先することは工場抵当法の解釈上認めざるを得ないが、このことは約定担保権の確保に務める現代法の中にあって、法定担保権である先取特権制度を認める以上約定の物的担保権の保持者を害する場合も生ずる当然の帰結に過ぎ（ない）」。

この判決に論及する学説は、「明文の規定を欠くときには、物権の優先的効力に関する一般原則に従い、その成立の順序によって優劣を定めるべきである」としてこの判旨に賛成する。(65)

この判決およびそれに賛成する学説の考え方に従えば、動産先取特権と譲渡担保とが競合する場合にもその成立の順序に従って優劣が決まることになる。

そうすると、例えば売買と同時に成立する動産売買先取特権は常に譲渡担保に優先することになる。しかしそのような結果は、動産売買先取特権者は、先取特権の追及効が制限されている結果債務者がその目的物を処分することにより先取特権が消滅することに甘んぜざるを得ない立場にあること、先取特権の目的物に質権が設定された場合には質権の順位が優先すること（民法三三四条）、およびそのように解することは譲渡担保の機能を大きく減殺するに至ること等からして到底是認することはできない。

他方、譲渡担保が設定された後その目的物が賃貸建物に搬入されたり、その目的物が運送された場合には、常に譲渡担保権者が優先することになる。しかしながら、不動産の賃貸人はその建物内にある動産に対し、また運送人はその目的物に対しそれぞれ先取特権を行使し得る期待を有しているのであり、それは尊重されるべきものである。ところが右の如く解すると、何の公示をも伴わない占有改定による譲渡担保によって右の期待はまったく奪われてしまうことになるが、それでは余りに衡平を欠くものといえよう。

右に検討した結果、動産先取特権と譲渡担保の順位は、右判例およびそれを支持する学説のように、その成立の順序によることは妥当でないことが明らかになった。

そこでその順位を検討するに、次の理由から、動産先取特権と質権との順位に関し規定する民法三三四条を類推して、譲渡担保は民法三三〇条の第一順位の動産先取特権と同一順位の効力を有すると解すべきだと思料する。[66][67]

すなわち、まず動産譲渡担保に一番近接した動産の法定担保物権は質権であり、譲渡担保制度の発展の経緯からして動産質権より効力を弱めることは妥当でないことが挙げられる。

次に、譲渡担保の順位を全ての動産先取特権より先順位とすることには、何らの類推すべき根拠規定をも欠くだけに疑問がある。そして第三には、譲渡担保を民法三三〇条の第一順位の先取特権と同一順位と解しても不当な結果をもたらさないことである。すなわち、第一順位の先取特権中旅店の宿泊および運輸の先取特権は目的物が先取特権者の事実上の支配下にあり、不動産賃貸の先取特権も間接的とはいえ目的物は先取特権者の支配下にある。それゆえ譲渡担保が先に設定されていても、それを知らない[68]先取特権者は前記のとおり先取特権の行使を期待し得る立場に立ち、その期待は保護されるべきだと解せられるし、他方譲渡担保が右の先取特権より後に設定される場合には、譲渡担保権者はそれらの先取特権の存在をある程度まで予測し得るのであって、不測の損害を被ることはない。

以上検討したように動産先取特権と譲渡担保とは相競合する結果、その間の配当手続の問題が生ずるが、それは次のようにして処理がなされるべきであろう。すなわち、動産先取特権の実行手続が先行する場合には譲渡担保権者は民事執行法一三三条の準用により配当加入をなし、(69) 逆に譲渡担保権の実行手続が先行する場合には、動産先取特権者は譲渡担保権者に対し、受領することができる配当金相当額を直接引き渡すべきことを請求することができるであろう。(70)

五　おわりに

以上、動産先取特権の効力について、動産売買先取特権を中心にして検討してきたが、目的物を占有していない動産の先取特権の効力として、債務者に対する差押えの承諾を請求する権利が認められるか否かは、担保物権の本質にも関連する問題であるが、その本質にまで遡って検討を加えることは到底筆者の能力の及ぶところではない。また譲渡担保の法的構成やその効力をめぐって諸説が入り乱れ百花繚乱ともいうべき学界の状況に対し、さらに一説をもって立ち入る能力もない。しかしながら、動産の先取特権、なかでも動産売買先取特権の果たすべき機能に思いをはせるならば、その優先弁済権が実質的に確保されるための何らかの解釈が検討されるべきだと考え、また動産譲渡担保の担保的構成の結果当然に生ずる動産先取特権との競合に伴う順位の問題も、従前ほとんど論じられることがなかったが、動産先取特権の効力を検討するうえで避けて通れない問題だと思われたので、それらの問題について不遜にも一試論を試みた次第である。ぜひとも大方の御叱正賜らんことを願う次第である。

（昭和五六年一月一五日脱稿）

【追記】　脱稿後に、三ケ月章教授の『民事執行法』（弘文堂・一九八一年）が刊行され、また本件テーマに直接関連する論文が公表されているので、それらについて若干付言する。

三ケ月教授は同書において、動産競売につき「占有を伴わない担保権に関しては、担保権者は何らかの手段でその占有を取得した上で（必要があれば、引渡訴訟を起こしてその判決に基づく強制執行で現実の占有を手に入れた上で）、手続を進めることにならざるをえないことになる」（四五九頁）とされ、また従前の、仮差押えのうえで動産競売を進めるという「旧法下の必ずしも学説の認知しない便法が、新しい民事執行法の下においても認められるかは、大いに問題である」（四六一頁）とされている。しかし、本文でも述べたように、占有を伴わない法定担保権に目的物の引渡請求権まで認め得るかは疑問である。

次に、尾崎三芳講師の「先取特権制度の再検討——動産売買の先取特権を中心にして1・2」（法律時報五三巻三号一〇四頁・五三巻五号一〇〇頁（ともに一九八一年））が公表された。同論文は、先取特権制度の立法の沿革をも踏まえて、あらためて政策的・技術的観点を徹底して、先取特権規制を考え直す必要があるとされたうえで、動産売買先取特権について、その立法の沿革や、動産売主を一般債権者より特に保護する必要がないこと、実際には強い債権者のみがこの先取特権による保護を受けることになること、動産売主の債権保護は譲渡担保に委ねられるべきでありそれで十分であること等を挙げて、動産売買先取特権の活用について否定的な見解を示しておられる。しかし同氏は、譲渡担保の設定を要求できるのは同氏のいわれる強い債権者のみであり、動産売買先取特権は一般の売主に残された唯一の担保であることを見落しておられる。なお、動産売買先取特権が従前あまり利用されなかったのは、債権額が少額の場合の手続費用（弁護士費用を含む）との均衡の問題があったためと思われる。しかしそれは、少額訴訟をどのように取り扱うかという司法制度一般の問題として検討されるべき事項である。少額債権者によって動産売買先取特権が活用されないことは、必ずしもその機能を否定すべき根拠とはなり得ない。また同論文では、動産売買先取特権と譲渡担保との競合についても触れておられるが、結論は示しておられない。

また、今中利昭＝木原紀昭＝千田通「民事執行法下における動産売買先取特権の実行（上）（下）」（ＮＢＬ二三四号二〇頁・二四〇号三八頁（ともに一九八一年））が公表された。同論文は、民事執行法下でも従前の仮差押えのうえで動産競売を進めるとの便法が可能だとされているが、本文および注(42)に記載したように、そのような便法はとり得ないと解さざるを得ない。なお、同論文では、債務者破産の場合につき「破産管財人の封印・占有は、破産者に対する全債権者のための差押・占有であり、当然に破産法九二条・九五条の別除権者たる動産売買先取特権者のための差押・占有でもあると考えられるから、民事執行法一九〇条の『債権者が執行官に対し動産を提出したとき』にあたるものと解すべきである」（二六頁）とされる。しかし右説による場合、破産管財人が任意に目的物を執行官に提出しないときにはどうするのであろうか。破産管財人をして純然たる執行機関とでも解さない限り、右の如き解釈は到底なし得ないのではなかろうか。

（1）　先取特権の実行の面から現在の先取特権制度について鋭い問題提起をされたものとして、三ケ月章「『任意競売』概念の終焉」鈴木竹雄先生古稀記念『現代商法学の課題（下）』（有斐閣・一九七五年）一六二八頁以下がある。なお、最近、債務者が破産した場合の動産売買先取特権の物上代位の可否に関する積極（大阪高決昭和五四年七月二七日判タ三九八号一一〇頁）、消極（大阪高決昭和五三年八月七日ＮＢＬ一九七号一八頁、大阪高決昭和五四年七月三一日判タ三九八号一一二頁）の両決定が相次いで公にされたところから、この問題についての論稿が次々と発表されている（今中利昭「動産売買先取特権と物上代位（上）（下）」ＮＢＬ一九七号一三頁、一九九号二二頁（ともに一九七九年）、同「破産宣告の動産売買先取特権に基づく物上代位に及ぼす影響」判例タイムズ四二七号（一九八一年）三七頁、宗田親彦「破産宣告と動産売買先取特権（上）（下）」ＮＢＬ二一一号六頁・二一二号四四頁（ともに一九八〇年）、東孝行＝仲家暢彦「動産売買先取特権に基づく物上代位と債務者の破産」判例タイムズ四〇九号（一九八〇年）二二頁、麻上正信「動産売買先取特権に基づく物上代位による債権差押・転付命令と債務者の破産」判例タイムズ四一一号（一九八〇年）三〇三頁等）。しかしそれらの論稿においても、動産売買先取特権それ自体の効力の問題についてはほとんど論及されていない。

(2) 我妻栄『新訂担保物権法』（民法講義Ⅲ）（岩波書店・一九六八年）五二頁。

(3) 川井健『担保物権法』（青林書院新社・一九七五年）二九九頁。

(4) 昭和五三年度版の司法統計年報によれば、有体動産の任意競売事件は全国でわずか一七九件にすぎない（同二八八頁）。なお、座談会「強制執行法改正要綱と民法」（ジュリスト五一七号（一九七二年）二頁以下）（以下「ジュリスト座談会」として引用する）において宮脇判事は、「実際には公示方法を欠く先取特権について競売を申し立てる例はないよう（だ）」と述べておられる（同四三頁）。

(5) 米倉明＝森井英雄「所有権留保・権利の実行〔Ⅱ〕」NBL七五号（一九七四年）三〇頁、米倉明『所有権留保の実証的研究』（商事法務研究会・一九七七年）一六九頁以下参照。

(6) 別除権の目的物をもってなされた代物弁済が否認権の対象とならないとする判例には、抵当権に関しては大判昭和四年二月二日裁判例三巻民事三六頁、大判昭和一一年七月九日裁判例一〇巻民事一七四頁、譲渡担保に関しては最二小判昭和三九年六月二六日民集一八巻五号八八七頁がある。なお、抵当権の設定されている家屋の代物弁済は抵当権の被担保債権額の範囲では詐害行為にならないとする最大判昭和三六年七月一九日民集一五巻七号一八七五頁参照。

(7) 最一小判昭和四一年四月一四日に対する、中田淳一（民商法雑誌五五巻五号（一九六七年）一二〇頁）、小山昇（別冊ジュリスト五二巻（一九七六年）六八頁）各氏の各判例批評は、何れも判旨に賛成しておられる。ただし、霜島甲一教授（法学協会雑誌八四巻三号（一九六七年）七三頁）は、この判決の結論は「企業破綻の混乱に際しての私力救済寸前のもち出し行為……を一定の限度で是認することを意味しかねない」として判旨に反対しておられる。なお、瀬戸正二「昭和四一年度最高裁判所判例解説〔民事篇〕」一九二頁参照。

(8) 最一小判昭和四一年四月一四日の事案はまさにそのような事案である。なお、最三小判昭和五三年六月二三日判時八九七号五九頁は、譲渡担保権者が弁済期前に目的物件を債務者のもとから無断で搬出した行為が不法行為にあたらないとしているが、債務者の行方不明という特殊な事例である点を考慮しても、断行の仮処分等の法的手続によらない私的救済を認めたことには問題があろう。

(9) 昭和五一年度・同五二年度の東京地裁の破産事件の新受件中保全処分が申し立てられた事件数およびその内訳については、小谷卓男「破産宣告前（和議開始前）の保全処分(1)」宮脇幸彦＝竹下守夫編『破産・和議法の基礎』（青林書院新社・一九八二年）六六頁に紹介されている。

(10) 梅謙次郎『民法要義（巻之二物権編）』（有斐閣・一九一六年）三六九頁。

(11) 林良平編『注釈民法(8)』（有斐閣・一九六五年）一五二頁〔甲斐道太郎〕、高島平蔵『物的担保法論Ⅰ』（成文堂・一九七七年）一八一頁。

なお、一九七九年に制定された民事執行法の立法担当者による解説書でも、動産売買先取特権は担保権者が担保目的物を占有している場合の例として挙げられている（田中康久『新民事執行法の解説〔増補改訂版〕』（金融財政事情研究会・一九八〇年）四五八頁）。

(12) 我妻・前掲注(2)六八頁。

(13) 売主が自己の債権を回収する方法としては、履行遅滞を理由に契約を解除してその目的物を取り戻す方法がある。しかし、解除するためには催告と解除の意思表示が必要とされ、それらの手続をしている間に目的物が処分される危険がある（野沢純平「動産売買先取特権の効用と問題点」NBL一七六号（一九七九年）一四頁には、解除の手続をとることの難点が具体的に指摘されている）。また、債務者に対して破産宣告がなされると契約を解除することはできない（破産法五九条）し、さらに、債務者に対し法的倒産手続開始前の保全処分として弁済禁止の保全処分がなされたときは、債務者は履行遅滞にならないとする説に従うときは契約を解除することはできない（大阪地判昭和五四年一〇月三〇日金法九一二号三七頁、竹下守夫「所有権留保と破産・会社更生(下)」法曹時報二五巻三号（一九七三年）四一頁。なお、反対の立場に立つものとして、大阪地判昭和三九年九月七日判タ一八八号四二頁、三ケ月章ほか『条解会社更生法（上）』（弘文堂・一九七三年）三九六頁、井関浩編『企業の整理・再建と清算』（実務法律大系9）（青林書院新社・一九七三年）二二三頁〔西山俊彦〕、鈴木忠一＝三ケ月章＝宮脇幸彦編『注解強制執行法　岩松三郎先生喜寿記念5』（第一法規出版・一九七九年）二五六頁〔岡垣学〕、長野益三「所有権留保付売買の買主の更生と売主の権利」井関浩＝谷口安平編『会社更生法の基礎』（青林書院新社・一九七八年）二〇六頁等）。

なお、売買の基本取引契約に、破産等の事由が発生した場合には当然に契約が解除される旨の定めがあれば解除権行使に伴う難点は解消する。しかし、かかる解除約款の有効性については疑問が提起されている（竹下・前掲論文二一頁、米倉明『譲渡担保の研究』（有斐閣・一九七六年）一〇五頁、谷口安平『倒産処理法』（筑摩書房・一九七六年）一八三頁）ほか、取引界では、商社や大メーカー等が契約当事者になる場合を除けば、基本取引契約がなされること自体がきわめて稀である。

(14) 東＝仲家・前掲注(1)二二頁には、大阪地裁で昭和五四年に動産売買先取特権に基づく物上代位権の行使を内容とする事件が四〇件を超えていることが報告されているが、このことは動産売買先取特権が行使されるべき事例の多いことを示している。なお、動産売買先取特権に基づく物上代位権行使に関する裁判例には総合商社が申請人になっているものもあり、総合商社すら変態担保を確保できずに動産売買先取特権を行使せざるを得ないことがあることを示している。

(15) 我妻博士が古く動産の担保化の必要性を強調されて（「集合動産の譲渡担保に関するエルトマンの提案」『動産抵当制度』（勁草書房・一九五七年）七頁）以来、譲渡担保に関する研究は著しい発達を遂げ、ことに先般、最一小判昭和五四年二月一五日民集三三巻一号五一頁が集合動産譲渡担保成立の可能性を肯定して以来、それを積極的に肯定していこうとする議論が盛んに行われている（集合動産譲渡担保に関する文献は多いが、吉田真澄「集合動産の譲渡担保(1)〜(11)」ＮＢＬ二一五〜二四七号（一九八〇〜八一年）およびその引用文献参照）。しかしながら、現在のように手形取引による信用が膨脹している時代にあって広い範囲で集合動産の譲渡担保を認めることは、動産売買先取特権者や一般債権者の犠牲の上に、譲渡担保権者（おおむね金融機関や大商社等社会的強者）に債務者の資産の独り占めを許すことになり、著しく衡平を害する結果をもたらしかねない。現在の譲渡担保の効力に関する議論では、譲渡担保の設定を債務者に要求し得ない一般債権者の立場に対する配慮が欠落しているように思われる。したがって譲渡担保の効力は、それを認めることによって生ずる他の債権者の不利益との調和の視点をも含めて再検討されるべきものといえよう。

(16) 宮脇幸彦『強制執行法〔各論〕』（有斐閣・一九七八年）四七頁。

(17) 先取特権者は配当要求できたこともあって、優先弁済請求の訴は実務上きわめて少なかったとのことである（鈴木忠一＝三ケ月章＝宮脇幸彦編『注解強制執行法　岩松三郎先生喜寿記念２』（第一法規出版・一九七六年）五六頁〔鈴木忠一〕、宮脇・前掲注(16)五二頁）。

(18) 明治三八年四月八日法曹会決議（『強制執行及競売に関する法曹会決議要録』民事裁判資料五三号（一九五六年）三七一頁）。

(19) 前掲注(18)の法曹会決議は、先取特権者が動産競売を申し立てるには目的物の占有を必要とするとしていたが、いつの頃からか実務の取扱いは判例と同様になっていたようである（岩松三郎『競売法』〔現代法学全集第三七巻〕（日本評論社・一九三一年）五四頁（通刊一八三頁）以下、同決定に対する内田力蔵（民事法判例研究会編著『判例民事法　昭和一一年版』（有斐閣・一九三七年）「六一事件」二二八頁）、柚木馨（民商法雑誌四巻一号（一九三六年）一六〇頁）の各判例評釈参照）。

(20) 『執行官提要』（民事裁判資料九五号（一九六八年））二二二頁、『執行事務協議会要録』（民事裁判資料九九号（一九七〇年））

一九三頁、宮脇幸彦ほか編『強制執行・競売』〔実務法律大系7〕（青林書院新社・一九七四年）三二一頁〔大島崇志〕。
(21)　前掲注(20)の各文献参照。なお、近藤良昭「動産売買の先取特権」ＮＢＬ六六号（一九七四年）一〇頁は、動産売買の先取特権を被保全権利（本案は動産売買先取特権確認ないし動産売買の先取特権に基づく優先弁済請求）として目的物の処分禁止・執行官保管の仮処分を得て、先取特権の行使をすべき旨述べておられるが、従前の実務慣行の下でかかる仮処分が可能か否かが疑問であるし、また同論文以外に右の如き方法が実務で行われていたことを窺わせる文献も存しない。
(22)『執行官提要』前掲注(20)二二二頁、競売手続研究会編『競売手続実務録』（新日本法規出版・一九六七年）一一三九頁。これらの実務の取扱いを示す文献は、かかる取扱いをなすべき根拠を示していないが、第三者の申立てによってであれ、仮差押えによって執行官が占有していれば、従前の取扱いによる限り競売ができると思われるのに、それを認めていなかったのは、執行の委任に私法的な効力を認めていた時代の残滓なのであろうか。なお、小野木常『競売法』〔新法学全集二八巻〕（日本評論社・一九四〇年）三八・四三頁、斎藤秀夫『競売法』（有斐閣・一九六八年）四三頁はかかる実務の取扱いに反対。
(23)　加茂紀久男「目的物を占有していない者の申立てによる動産の先取特権の実行方法」判例タイムズ一八二号（一九六五年）一七八頁、飯原一乗「占有をともなわない担保権の実行として有体動産の競売を申し立てることはできるか」上谷清ほか編『強制執行・競売の基礎』（青林書院新社・一九七七年）一六二頁、永田誠一「動産の特別先取特権」宮脇＝竹下編『破産・和議法の基礎』前掲注(9)一九七頁。
(24)　したがって、仮差押えのうえで競売申立てをしても、債務者によって競売停止命令（競売法一八条）がとられ、そのまま破産宣告等がなされると競売ができなくなってしまう。
(25)　小野木・前掲注(22)三八頁、斎藤・前掲注(22)四七頁。
(26)　内田・前掲注(19)、柚木・前掲注(19)、柚木馨＝高木多喜男『担保物権法〔新版〕』（有斐閣・一九七三年）七四頁、飯原・前掲注(23)等。
(27)　前掲注(26)の各文献および我妻・前掲注(2)九四頁、林編・前掲注(11)九五頁〔林良平〕等。
(28)　岩松・前掲注(19)五八〜六〇頁。
(29)　加茂・前掲注(23)、宮脇・前掲注(16)四七頁、宗田・前掲注(1)「破産宣告と動産売買先取特権（下）」四七頁、永田・前掲注(23)。
(30)「ジュリスト座談会」前掲注(4)四七頁〔三ケ月発言〕。なお、三ケ月・前掲注(1)一六二八頁以下参照。

(31) 田中・前掲注(11)四六〇頁。
(32) 筆者の経験した例では、当該文書に債務者の印鑑証明書の添付を求められた。
(33) 田中・前掲注(11)四五八～四五九頁。
(34) 林編・前掲注(11)九五頁〔林良平〕。
(35) 「ジュリスト座談会」前掲注(4)四七頁〔三ケ月発言〕、三ケ月・前掲注(1)一六三五頁以下。
(36) 「ジュリスト座談会」前掲注(4)三八～四八頁の議論参照。
(37) それゆえにこそ破産法は一般先取特権には優先債権の効力しか認めなかったが、特別先取特権は別除権としたのである（「ジュリスト座談会」前掲注(4)四二頁〔三ケ月発言〕参照）。
(38) 最一小判昭和三〇年六月二日民集九巻七号八五五頁。占有改定に公示機能が乏しいことについては、米倉明『譲渡担保の研究』（有斐閣・一九七六年）四九頁、吉田真澄『譲渡担保』（商事法務研究会・一九七九年）一〇一頁以下等参照。
(39) もっとも、東＝仲家・前掲注(1)三一頁は、物上代位における差押えの意義に関連して、登記という公示方法を備えている抵当権の場合と公示方法を備えない動産先取特権とを区別しないことへの疑問を呈しておられる。しかし、動産先取特権相互間で物上代位権の行使に差異を設けるべきことを主張している説はまったく存しない。
(40) 田中・前掲注(11)三頁。
(41) 田中・前掲注(11)四一頁が、仮定的な意見として、先取特権者に目的物の引渡請求権があると解することができれば、「目的物の引渡しを……断行の仮拠分により得て」動産競売ができるとされているのは、執行官が占有しているだけでは競売を開始することができないとされる趣旨か。
なお、最高裁判所事務総局編『条解民事執行規則』（民事裁判資料一二三号（一九八〇年））五二四頁は、かかる従前の便法を用いることができるか否かは「新法においても解釈運用に委ねることにしている」としている。
(42) 従前の実務の取扱いのように、債権者が申し立てた仮差押えによって執行官が占有している場合に限って競売を認めるとするならば、先取特権の有無については直接審理の対象とはならないとはいえ一応裁判所の実体的な判断を受けることにはなる。しかし、仮差押決定自体には通例先取特権の有無はまったく表示されず、また先取特権の被担保債権とは別個の債権に基づいて、仮差押えがなされることもあり、それゆえこの場合でも結局執行官に先取特権の有無の実体的判断をさせることになる。しかも、もし執行官が仮差押えによって占有している場合に競売ができると解するならば、執行官占有の法的性質からして執行官が仮差押えにより占有している場合には全て競売を認めるべきであり、仮差押えの申立人如何によって競売の可否を決するのは論理的ではない。すると、第三者申立ての仮差押えにより執行官が占有している場合には執行官のみが先取特権の有無の実体的な判断をすることになる。

(43)　堀内仁ほか監修『民事執行法と銀行取引の実務』（銀行研修社・一九八〇年）二五六頁は肯定、田中・前掲注(11)四五九頁は仮定的に提唱。

なお、かつて梶田年氏（「先取特権者の競売申立」法学新報四七巻一号（一九三七年）一五九頁――前掲大決昭和一一年五月二六日の判例批評）は、先取特権者の目的物引渡請求権を肯定しておられた。しかしその後今般の民事執行法制定に至るまでの間、右引渡請求権の有無について論じられている文献は存しない。

(44)　換価方法が競争売買たる競売である以上、引渡し時に目的物を評価して、引渡しと清算金の支払いとを同時履行にするとの解決法はとり得ない。

(45)　担保物権の実行段階の例としては、不動産競売における執行官の現況調査の際の質問・文書提示要求に対する債務者の応答義務がある（民執法一八八条・五七条）。もっともこの義務は執行官に対する公法上の義務であるが、債務者がこの義務に違反したため担保権者に損害を与えた場合には不法行為責任を負うであろう。その意味では私法上の義務ともいえる。

(46)　民事執行法一九〇条が、目的物を占有していない動産先取特権につき、その行使がなされるか否かを債務者の判断に委ねたものでないことは前記の立法趣旨からも明らかである。

(47)　民事執行法制定以前においては、動産先取特権の目的物を債務者が占有しているときには、債務者は競売のために目的物を執行官に引き渡すべき義務を負っていたと解し得よう。ただ第三者たる執行官に引き渡すべきことを訴訟上強制する方法がなかったため、その違反は不法行為責任を生ずるに止まったと解さざるを得ないであろう。

(48)　鈴木忠一ほか編『注解強制執行法　岩松三郎先生喜寿記念4』（第一法規出版・一九七六年）一九三頁〔山本卓〕。

(49)　田中・前掲注(11)四五九頁。

(50)　目的物が滅失・毀損するおそれがある場合には、民事執行法一七七条三項の準用により目的物を換金することができるであろう（右準用の可否については、鈴木ほか編・前掲注(48)四二七頁以下〔西山俊彦〕参照）。したがって、意思表示の断行の仮処分まで認める必要があることは稀であろう。

(51)　永田・前掲注(23)。

(52) 宗田・前掲注(1)「破産宣告と動産売買先取特権（下）」四六〜四七頁。
(53) これらの学説については、山木戸克己『破産法』（青林書院・一九七四年）七六頁以下、桜井孝一「破産管財人の法律的地位とその責任」宮脇＝竹下編『破産・和議法の基礎』前掲注(9)八八頁および同所の引用文献参照。
(54) 今中・前掲注(1)「破産宣告の動産売買先取特権に基づく物上代位に及ぼす影響」四〇頁は、破産団体説に反対する見地から宗田講師の説に反対しておられる。
(55) 最一小判昭和四一年四月一四日民集二〇巻四号六一一頁。
(56) 通謀虚偽表示に関し大判昭和八年一二月一九日民集一二巻二八八二頁、最一小判昭和三七年一二月一三日判タ一四〇号一二四頁、債権譲渡に関し大判昭和八年一一月三〇日民集一二巻二七八一頁、抵当権につき大判昭和四年三月二日裁判例三巻民事三六頁、信託契約に基づく取戻権につき最三小判昭和三八年七月三〇日裁判集六七号一七五頁等。
(57) 譲渡担保を担保的に構成するための種々の説が説かれているが、それらを整理したものとしては、米倉明『譲渡担保の研究』（有斐閣・一九七六年）三頁以下、吉田・前掲注(38)四九頁以下参照。
なお、民事執行法は無名義債権者の配当要求を認めず、動産執行について配当要求のできる担保権者を先取特権者または質権者と明定した（同法一三三条）ところから、同法に関する解説書では、譲渡担保権者は配当要求をすることはできず、第三者異議の訴によるべきだとされている（田中・前掲注(11)二九五頁、浦野雄幸『逐条概説民事執行法』（商事法務研究会・一九七九年）二〇四頁等）。しかしながら、譲渡担保を担保的に構成することが学界の大勢となっている今日、民事執行法が右の如く規定しただけではその流れは変わらないであろう。
(58) 大判大正六年七月二六日民録二三輯一二〇三頁。
(59) 我妻・前掲注(2)九三頁、柚木＝高木・前掲注(26)七八頁、林編・前掲注(11)二一〇頁〔西原道雄〕等。
(60) 最一小判昭和四一年四月二八日民集二〇巻四号九〇〇頁は会社更生手続における譲渡担保権者の取戻権を否定して更生担保権者に準ずるものとし、最一小判昭和四六年三月二五日民集二五巻二号二〇八頁は譲渡担保権者の清算義務を認めた。また、譲渡担保の目的物に第三者が差押えをした場合につき、最近の下級審裁判例は目的物の価格と被担保債権額とを対比して後者が前者を上回った場合にのみ第三者異議を認める傾向にある（東京高判昭和五四年六月二六日金法五八二号一九頁、東京高判昭和五二年九月三〇日判タ三六六号二六七頁、大阪高判昭和五二年八月三一日判時八七四号五三頁等）。
(61) 末弘厳太郎『債権総論』〔現代法学全集第六巻〕（日本評論社・一九三二年）六九頁、田島順『担保物権法』（弘文堂書房・一

九三四年）七五頁、鈴木禄彌『物権法講義〔二訂版〕』（創文社・一九七九年）二二三頁。なお、鈴木教授は同所において、家屋賃借人が建具を譲渡担保に入れた場合に賃貸人の不動産賃貸の先取特権が消滅するのは不当だとしておられるが、右例はまさに先取特権と譲渡担保との競合の問題として検討されるべき事項なのである。

(62) 前掲注(57)および同書の引用する文献参照。担保的構成の仕方如何は、本文での検討結果に影響を及ぼさないと思われるので、ここでは立ち入らない。

(63) 野沢純平「動産売買先取特権の効用と問題点〔Ⅳ〕」ＮＢＬ一八〇号（一九七九年）三四頁。なお、ＮＢＬに一八回に亘って連載された同氏の一連の論文は、企業実務家の立場から動産売買先取特権の効用について検討を加えられており、動産の先取特権の効力を検討するうえできわめて示唆されるところが多い。

(64) 野沢氏はその論拠として、民法三一九条の先取特権の即時取得の規定を民法三三三条の場合にも拡大すべきことを説かれる石田文次郎博士の所説（『担保物権法論　下巻』（有斐閣・一九三六年）七一九〜七二〇頁、七五六頁以下）を挙げておられる。しかしながら、新規に取引関係に入る者（民法三一九条の適用される先取特権は全て新たに被担保債権が発生する場合である）を保護するための原則である公信の原則を、すでに発生している権利の存廃に適用することには疑問がある。もし譲渡担保、先取特権間の順位の問題について公信の原則の適用を主張するなら、両者の効力は担保権の設定された順位に従うとしたうえで、新たな取引関係に入る善意無過失の後順位の担保権者を保護する――すなわち、野沢氏の挙げられる例では、動産売買先取特権が原則として優先し、ただ譲渡担保権者が先取特権の存在について善意無過失のときには譲渡担保権者が優先するとの関係に立つはずである。

(65) 柚木＝高木・前掲注(26)七五頁、津島一雄『工場抵当・財団抵当の実務』（商事法務研究会・一九七一年）七〇頁以下。

(66) 松本財団財産立法研究会の「動産担保法要綱試案」では、動産抵当と先取特権とが競合する場合、抵当権は民法三三〇条の先取特権と同一順位とされている（私法三一号（一九六九年）七頁）。

(67) このように解すると、仕入商品をも含む一切の商品について集合物譲渡担保が設定された場合には、集合物譲渡担保理論では目的物の所有権移転とともに集合物に組み入れられるから、動産売買先取特権は必然的に譲渡担保に劣位することになり、動産先取特権の効力を強めるべきだとする筆者の立論と矛盾するように思われるかもしれない。しかし筆者は、動産先取特権者のみならず一般債権者と集合物譲渡担保権者の衡平を図るとの観点から、集合物譲渡担保の成立要件それ自体に絞りをかけるべきであると考える。前掲注(15)参照。

(68) 知っている場合には、民法三三〇条二項により譲渡担保権者に劣位する。

(69)　その可能性を認めるものとして、堀内仁ほか編著『民事執行法と金融実務』(金融財政事情研究会・一九八〇年)二五四頁。
(70)　この点は、譲渡担保に関する抵当権説の、後順位譲渡担保権者の権利実行方法の問題(米倉・前掲注(57)七七頁以下に詳しく検討されている)や、物上代位の問題とも関連して、なお多くの問題点があるが、紙数の関係もあり他日検討することとする。

【振り返りコメント】

動産売買先取特権は、商取引を行う一般取引先債権者にとって十分に機能し得る法定担保権であるにもかかわらず、旧競売法および平成一五年法律第一三四号による改正前の民事執行法の下においては、動産売買先取特権を実効的に行使できる手続規定が欠けていた。

ところで、昭和五三年から昭和五四年にかけて、債務者に破産宣告がなされた場合に動産売買先取特権による物上代位権行使の可否にかかる積極、消極の高裁決定例が判例雑誌に掲載され、それをめぐって主として法曹実務家を中心とする論稿が法律雑誌の紙面を賑わしていたが、動産売買先取特権自体の効力について直接論じた論稿が存しなかったところから、恩師故林良平先生の還暦記念論文集への寄稿のお声を掛けていただいたことを機会に本テーマを選択したものであり、本稿は、動産売買先取特権の効力について正面から本格的に取り上げた初の論稿として位置づけられるものである。

本稿は、動産先取特権の実効性を確保するための手続として、同手続の行使に必要とされる旧民事執行法一九〇条後段の「債権者が執行官に対し……動産の占有者が差押えを承諾することを証する文書を提出したとき」に該当する文書を動産先取特権者が入手するために、債権者に対して差押承諾請求の訴を提起することができる旨を提案した。

本稿の提案した説に対しては、一部の高裁の決定例の支持を受けた(東京高決昭和六〇年五月一六日判時一一五七号一一八頁、東京高判平成元年四月一七日判時一三一六号九三頁等)ものの、判例・学説の多数の支持を受けることはできなかった。

動産売買先取特権の行使に関しては、前記のとおり平成一五年改正により立法的解決が図られたところから、本稿は今日において通用性を有するものではないが、動産先取特権の効力を基本に遡って検討するうえでなお、一定の今日的意義を有するものと考えられるところから、本書に登載することとした。なお、平成一五年改正前の学説、裁判例の状況については、中野貞一郎『民事執行法〔新訂四版〕』（青林書院・二〇〇〇年）三三三頁以下参照。

第2章　民事執行法一九三条一項の「担保権の存在を証する文書」の意義に関する裁判例の実証的検討
——物上代位権行使の場合に関して——

一　はじめに

動産売買先取特権は、かつては言わば忘れられた権利であったが、[①] 昭和五〇年前後から動産売買先取特権の物上代位、特に債務者が破産した後の行使の可否に関する裁判例がみられるようになり、昭和五〇年代半ば以降は積極、消極の各裁判例が判例掲載誌の誌面を賑わすようになった。そうしたなかで周知のとおり最一小判昭和五九年二月二日（民集三八巻三号四三一頁）が、債務者の破産宣告後の先取特権者の物上代位権行使を認めたことから、動産売買先取特権の効用が実務界でも見直されるようになり、動産売買先取特権それ自体、もしくはその物上代位権の行使事例が著しく増加し、[②] また我々としても、その判例動向に常に注意を払わざるを得なくなった。[③]

ところで、昭和五五年一〇月一日から施行された民事執行法は、その一九三条一項で、物上代位権の行使は、「担保権の存在を証する文書（権利の移転について登記等を要するその他の財産権を目的とする担保権で一般の先取特権以外のものについては、第一八一条第一項第一号から第三号まで、第二項又は第三項に規定する文書）が提出されたときに限り、開始する」と規定する。

したがって物上代位権を行使するときには、「担保権の存在を証する文書」（以下、単に「担保権証明文書」という）を提出することが不可欠であるが、後に詳しく検討するように、その担保権証明書の意義については、裁判例、学説ともに、それを制限的に解するものと比較的緩やかに解するものとが対立している。

それらの裁判例に対しては、浦野雄幸判事[4]や中野貞一郎教授[5]、生熊長幸教授[6]により主として理論的側面からの詳細な分析がなされている。しかし、我々実務に携わる者にとっては、理論面もさることながら、物上代位権を行使するためには何を証明しなければならないのか（動産売買先取特権に即していえば、自己の債権の存在を証明すれば足りるのか、債務者の第三債務者に対する債権も証明の対象なのか）、何が証明文書として許容され何が許容されないかという点こそが最も肝要であるが、かかる視点からの分析は未だ十分にはなされていない。

本稿は、かかる視点から昭和六三年二月末日までに公表された担保権証明文書に関する裁判例の分析を試みようとするものである。

なお、検討の対象とする裁判例のなかには、物上代位権の行使に関しないものも含まれているが、本稿においては特に断わらない限り、物上代位権を行使する場合における担保権証明文書をその検討の対象とする。

二　学説の概況

民事執行法一九三条一項の担保権証明文書については、いかなる文書がそれに該当するかという文書自体の意義に関する問題とともに、物上代位権行使の場合には、前記のように、その文書により証明されるべき対象は債権者・債務者間の関係のみなのか、債務者・第三債務者間の債権の存在も含まれるのかという問題がある。そして後者の点をどのように解するかは、担保権証明文書の意義に関する解釈にも影響をもたらすのである。

以下、裁判例の分析に先立ち、これらの諸点に関する学説の概況をみることとする。

1　担保権証明文書による証明の対象

担保権証明文書による証明の対象は何かという点については、立法当初には自覚的な論議はされておらず、担保権証明文書の意義に関する裁判例が判例誌に登載されるようになってから漸く論議されるようになったが、現在次の二つの見解がある。

(一)　証明の対象は、債権者・債務者間の関係のみであるとするもの

この見解は、抵当権による物上代位の場合には抵当権の存在が、動産売買先取特権の物上代位の場合には売主が買主に対して当該動産を売り渡したという事実のみが、担保権証明文書による証明の対象であるとする。そして、「動産売買の先取特権にあっては……、物上代位の実体法上の要件としては、当該目的物がさらに第三債務者に譲渡されていることが必要であるが、執行手続の平面においては、第三債務者へ転買してなければ、差押債権が存在しない（実体法上の物上代位は生じていない）というに過ぎず、差押債権の存否は執行開始において審査すべき事項ではないから、第三債務者への当該動産の転売事実は法が要求する証明の対象ではなく、差押債権（動産売買先取特権の効力が及ぶ債権）の特定として記載が求められているに過ぎない」[7]というのである。すなわち、物上代位の場合の被差押債権を、債務名義に基づく強制執行の場合の被差押債権とまったく同様に解するものである。

この見解は、少なくとも公刊された文献でみる限り多数を占めている。[8]

(二)　証明の対象は、債権者・債務者間のみならず、債務者・第三債務者間の債権関係も含むとするもの

この見解は、物上代位の場合には、抵当権や動産売買先取特権が損害賠償債権や売買代金債権に転化していてその転化した債権に対して担保権の効力を及ぼそうとするものである以上、もとになる抵当権や動産売買先取特権の存在のみならず、それが債権に転化している事実も担保権証明文書により証明されなければならないとするものである。

この見解は、公刊された文献においては少数説に止まっているが、[9]証明の程度の問題は別として、実務家の多くはこの見解に従って実務に携ってきたと思われる。[10]

2　担保権証明文書の意義

担保権証明文書の意義につき、それを厳格に解し、債務名義に準ずべき性質のものでなければならないとする説と、それを比較的緩やかに解する説とが対立しており、中野貞一郎教授は前者を「準名義説」、後者を「書証説」と名付けて分類されているので、[11]ここでもその分類に従うこととする。

(一)　準名義説

準名義説は、民事執行法の立法作業に携わった浦野雄幸判事が強力に主張される見解であり、民事執行法は、担保権の実行手続の開始は「執行名義」に基づいて行うものとしているとする多数説の立場を踏まえて、担保権証明文書は、権利の移転について登記等を要するその他の財産権を目的とする担保権で一般の先取特権以外のものについては、民事執行法一八一条一項一号ないし三号（確定判決、公正証書、登記簿謄本等）の文書が要求されていることとの対比からして、「執行名義」として債務名義に準ずべき性質を有するものでなければならない、とする。[12][13]

そして、「商品売買の先取特権について具体的にいえば、債権者、債務者間で作成された（署名または記名・押印のある）売買契約書またはこれに準ずる文書により、目的商品の売買がなされ、その所有権の移転、債務者に対する引渡がなされたことが、各日時、場所を特定して証明できることが必要であり、債務者の署名・記名および押印のない文書や他の各種文書（納品書、請求書、指図書等）を総合して売買契約が成立したことを立証できるというものでは、『執行名義』としてのタイトル性に欠けるので」担保権証明文書には該当しないとする。

なお、準名義説を採る論者は、何れも担保権証明文書の証明の対象を債権者・債務者間に限定する見解に立つようであり、その証明の対象を債権者・債務者間のみならず、債務者・第三債務者間にも及ぶと解したうえで準名義説に立つ論者⑭は見当たらない。

（二）　書証説

主として中野教授により理論的に深められた見解であり、まず不動産担保を目的とする担保権の実行としての競売手続開始文書に準債務名義性を認める多数説に疑問を提起されたうえで、民事執行法一八一条一項一号ないし三号の文書と同四号の文書、一九三条一項の担保権証明文書の何れの文書もその性質は書証であり、一八一条一項一号ないし三号は文書の種類を限定する点で証拠を法定制限する反面それらの文書に高度の証明力を付与したものであるが、それに対して一八一条一項四号、一九三条一項の各文書は、文書の種類が限定されない反面、その証明力は一般原則に従い裁判官の自由な心証に委ねられているとされる。そして、書証説を採るべき実質上の理由として、債権その他の財産権に対する物上代位権の行使としての差押命令に対する執行抗告においては、担保権の不存在または消滅を理由とすることができるので、書証説によっても債務者に格段の不利益をもたらさないこと、実体法が担保権を認めている以上その実効性の確保が図られるべきことを挙げられる⑮。

この書証説は、近時、学者の支持を得ている⑯。なお、書証説の論者もその多くは、抵当権の物上代位の場合には抵当権の存在それ自体については民事執行法一八一条一項一号ないし三号の書面を必要とすると解しているが⑰、吉野衛判事は物上代位権の行使としての担保権の実行については、およそ担保権の存在を証する文書を提出すればよく、抵当権の場合でも民事執行法一八一条一項一号ないし三号の書面の提出の必要はないとされる⑱。

三　裁判例の紹介

民事執行法一九三条一項の担保権証明文書の意義に関する裁判例で、昭和六三年二月末日までに公表されたものは全部で二一件を数えるが、以下それらにつき、次項での分析に必要な範囲で、その結論、事案、提出された証書および判旨につき、できるだけ簡潔に紹介する。

【1】　東京高決昭和五八年三月二九日（判時一〇八七号八六頁）[19]。

〔結論〕　否定

〔事案〕　商品（動産、具体的な内容は不明）がXからY、YからZにと売買されたが商品自体はXからZに直送された事案において、Xが動産売買先取特権の物上代位に基づき転売代金債権の差押えを申請し、原審は申請を却下した。

〔提出された書証〕　X作成の①報告書、②納品書、③請求書、Z作成の④貨物受取証、⑤証。

〔判旨〕　抗告棄却。

「民事執行法一九三条一項にいう『担保権の存在を証する文書』（それが強制執行における債務名義に準ずるものであるか否かの点はしばらく措く）とは、公文書である必要はないが、文書自体から担保権の存在が証明されるものでなければならない」。報告書、納品書および請求書は、X側が一方的に作成した文書であるから、X・Y間の売買の事実を証明するに足りない。貨物受取証および証は、Y・Z間の本件商品の売買の事実およびXからZに商品が直送された事実を証明する。しかし、それらの文書では、X・Y間に取引主体として第三者が介在する可能性を否定できず、本件売買の事実を証明するに足りない。

【2】　大阪高決昭和五八年六月八日（高民集三六巻二号六七頁・判時一〇九七号五三頁）[20]。

〔結論〕　肯定

〔事業〕　XよりYに対するX勝訴の手形判決に対して、Yは異議の申立てをするとともに強制執行停止決定を得て保証金を供託したが、その後Yが異議を取り下げたことにより手形判決が確定した。XよりYが供託した保証金の取戻請求権上に取得した法定担保権（債権質権）の実行として債権差押命令を申し立てたが、原審は申請を却下した。

〔提出された書証〕　強制執行停止決定正本。
〔判旨〕　原決定取消し。原審に差戻し。
「民事執行法一九三条、一八一条の立法趣旨からすると、被担保債権の存在の証明は、担保権実行開始の要件ではなく、被担保債権の存在は同法一八二条に基づき、債務者又は物上保証人から提出される執行異議ないし執行抗告を契機として争われた際、債権者において被担保債権の存在を証明すべく、これをなしえなかったときには、担保権実行開始の決定が取り消されることとなる。」「Ｘが原執行裁判所に提出した右強制執行停止決定の正本は、Ｘが取得した右法定担保権の存在を証する文書というべく、右文書が提出された以上執行裁判所は、担保権の実行開始をする必要がある。」

【３】　東京高決昭和五九年七月三日（判時一一二六号四〇頁㉑）

〔結論〕　否定
〔事案〕　ＸからＹに対する不動産競売の申立てに対してＹは不動産競売手続停止の仮処分を申請し、それが認容されてＹは保証金を供託した。しかし仮処分異議訴訟で仮処分が取り消され、その判決が確定した。そこでＸは、仮処分により競売手続が停止されていた期間中の被担保債権に対する約定遅延損害金相当の損害を被ったとして、右の保証金取戻請求権に対する法定質権の実行として債権差押命令を申請し、原審は認容した。
〔提出された書証〕　仮処分申請却下の仮処分異議確定判決。
〔判旨〕　原決定取消し。申請却下。
担保権証明文書とは、「債務名義までは要しないが、不動産競売についての（民事執行）法一八一条一項一号ないし三号所定の文書に徴し、債務名義に準ずる程度に被担保債権の存在の蓋然性が高く、これにより当該担保権の存在を証明し得る文書であることを要する」。仮処分異議確定判決の存在は、Ｙの仮処分申請に過失があったことを推定させ、本件債権質権の被担保債権である損害賠償請求権の存在を一応推定させるが、未だその存在および数額が具体的、客観的に確定したものとはいえない。「したがって担保権者たるXとしては、別途の民事訴訟手続等によって得た右損害賠償債権の存在及び数額を具体的に証明する確認あるいは給付の確定判決又は支払命令ないし確定判決と同一の効力を有する和解、調停調書等の謄本等をもって、民事執行法一九三条一項所定の担保権の存在を証する文書として、提出することを要する。」

【4】　東京高決昭和五九年九月七日（判タ五四五号一三六頁）

〔結論〕　否定

〔事案〕　生コンクリートがXからY、YからZに転売されたが、生コンクリートはXからZに直送された事案において、Xは動産売買先取特権の物上代位に基づいて転売代金債権の差押えを申請したが、原審は申立てを却下した。

〔提出された書証〕　X作成の①成約明細書（控）、②売上帳、③請求書、④Z作成の証明書、⑤運送したA作成の証明書。

〔判旨〕　抗告棄却。

担保権証明文書とは、「私文書でも構わないが、文書自体で担保権の存在が証明されるものでなければならず、疎明では足りないものと解するのが相当である」。「Zの代表取締役作成の証明書及びAの代表取締役作成の証明書によると、Zは本件物件をYから買い受けたこと、AはXの発注を受けて本件物件をZに直送したことを認めることができる。しかし右のZ作成の証明書には、『XがYに売却された……（本件物件は）Aから順次B、X、Yを経由して販売されたものであり、この販売経路は当社及び上記関係社間で予め合意されているものである』との記載があり、一応本件売買の事実を窺わせるが、その具体的内容について触れるところはなく、また予めなされたとされる合意の内容を裏付ける文書も添付されていないから本件売買を証明するにはいまだ不十分であるといわざるを得ない。また成約明細書（控）、売上帳及び請求書には本件売買に基づく売上げ、売買代金の請求、販売形態等の記載があるけれども右各文書はいずれもYが関与することなくX側で一方的に作成した文書であるから本件売買の事実を証明するに足りないことは明白である。」

〔結論〕　否定

【5】　東京高決昭和五九年一一月一五日（判タ五四八号一五四頁）[22]

〔事案〕　XがBから商品（綿布団商品用側地）を買い受け、それはA・Zと順次転売されたが商品はBからZに直送された。その後Aは破産し、XからAの破産管財人Yに対して動産売買先取特権の物上代位に基づき転売代金債権の差押えを申請したが、原審は申請を却下した。

〔提出された書証〕　X作成の①売掛金勘定残高確認書、②債権届書写、③X担当社員作成の報告ならびに依頼書、④同（追加）、⑤A作成の残高確認書写、B作成の⑥B出荷データ受入れリスト、⑦確認書、③Z作成の確認書。

〔判旨〕　抗告棄却。

担保権証明文書とは、「（民事執行）法一九三条一項及び不動産競売についての同法一八一条一項一号ないし三号関連法条の法意に徴し、当該文書自体から担保権の存在が担保権の実行を許容するのに足る高度の蓋然性をもって直接に証明する文書をいうものと解するのが相当である。」

売掛金勘定残高確認明細書、債権届書写、報告ならびに依頼書、同（追加）は、「いずれもAがその作成に何ら関与していない……X側のみの確認あるいは届出等の文書であって、その内容を検討するも、いまだ……担保権証明文書にはあたらない」。次に、A作成の残高確認書写は、「本件売買前の……現在におけるX・A間の売買取引の残高に関する内容のものにすぎず、やはり……担保権存在証明文書にはあたらない」。また、B作成のB出荷データ受入れリスト、同確認書は、「B・X間における本件物件の売買並びに本件物件がBからZに直送された事実を確認する旨の内容のものであって、本件売買の事実を証明するものではなく……担保権存在証明文書にはあたらない」。さらにZ作成の確認書は、「A・Z間における本件物件の売買並びに本件物件がBからZに直送された旨の内容のものであって、本件売目の事実を証するものではなく……担保権存在証明文書にあたらない」。

〔結論〕　肯定

【6】　東京高決昭和六〇年二月五日（判タ五五六号一四二頁）

〔事案〕　XよりYに対して五回に亘りコンクリート混和剤が売却され、それがさらにZに転売された（Xよりの直送か否かは不明）事案において、Xが動産売買先取特権の物上代位に基づいて転売代金債権の差押えを申請したが、原審は申立てを却下した。

〔提出された書証〕　X・Y間の裁判上の和解調書（ただし、抗告審で提出。原審で提出された書証の内容は不明）。

〔判旨〕　原決定取消し、申立てを認容。

「（当審で提出された裁判上の和解調書）によれば……XはYに対し五回にわたり生コンクリート混和剤を販売し、右混和剤はYから各Zに転売され、その結果XはYに対し……（本件）担保権及び被担保債権を取得し、かつ……YのZに対する売買代金債権につき物上代位により右担保権を行使しうる地位にあることが認められる。」

〔結論〕　肯定

【7】　東京高決昭和六〇年三月一九日（判時一一五二号一四四頁）

〔事案〕　Xが動産商品（機械部品か?）をAに売り渡し、Aはそれを Zに転売した（Xからの直送か否かは不明）後Aが破産し、XはAの破産管財人Yに対して動産売買先取特権の物上代位に基づく差押えを申請し、原審はその申請を認容した。

〔提出された書証〕　①X・A間の商品売買基本契約書、②Aの本件商品の注文書、③Xの納品書、④Xの得意先元帳、⑤Ｘの請求書、⑥本件商品がＺに配送されたことを証する書面、⑦Ｘ従業員の陳述書。

〔判旨〕　原決定取消し、申立てを却下。

「(原審に提出された)これら文書によれば、Ｘが本件商品の売買による先取特権に基づく物上代位権を取得したことがその記載自体からも明らかである。そして債権差押え命令の申立て人としては、右のように先取取権に基づく物上代位権を取得したことを証する文書を提出すれば足り、それ以上に物上代位権が債務の弁済、第三者への債権譲渡等によって消滅しないで存続していることまで証明する必要はない」。しかし、Ｙ提出の書証によれば、Ｘの差押え前に本件転売代金債権が譲渡され、その対抗要件も具備されているのでＸの差押命令の申立ては失当である。

【８】　名古屋高決昭和六〇年五月二四日（判タ五六二号一一〇頁）

〔結論〕　肯定

〔事案〕　ＸがＡに対して商品（レトルトカーボン）を売り渡し、ＡはそれをＺに転売したが商品はＸからＺに直送された事案で、Ａの破産後その破産管財人Ｙに対してＸが動産売買先取特権の物上代位に基づいて差押えを申請し、原審は申請を認容した。

〔提出された書証〕　Ｘ作成の①納品書、②請求書、③総勘定元帳写、④Ｚ作成の証明書。

〔判旨〕　抗告棄却。

不動産を目的とする担保権で登記をなし得る権利の実行の場合には、民事執行法一八一条一項一号ないし三号の法定文書の提出が要求されているが、一般先取特権については「その存在を証する文書」を提出すればよいと解される。「債権を目的とする担保権の実行の場合においても、かかる場合登記のような公示制度がなく、又常に公正証書を作成する等権利確保の煩雑な手続を要求することは、実際取引界の実情に照らして到底困難という他なく、債権者に難きを強いるものであって、ひいてはこの種担保権の活用を事実上認めないことにもなりかねないと思われることに鑑みると、これを前記通常の不動産担保の場合のように解さなければならないものではないというべく、民執法一九三条にいう『担保権の存在を証する文書』については同法一八一条一項一号ないし三号のような限定をしていないものと考えられるのであって、右担保権の存在は、疎明ではなく証明を要し、かつ、その認定は、債権者側の一方的資料に安易に依拠することのないようにという意味で、慎重になさるべきであるが、結局要は裁判官の自由心証にまつべきもので、裁判官が当該提出資料によって充分な心証を得られれば足り、何ら証拠資料を限定するものではないというべきである。Xが原審に提出した前記証明資料によれば、Xの本件被担保債権、担保権、物上代位権の各存在は、優にこれを認めることができ（る）。」

【9】　東京高決昭和六〇年六月一八日（東高時報民事三六巻六＝七号一〇八頁）

〔結論〕　肯定

〔事案〕　XはAに医療器械を売りAはそれをZに転売した（判文からは定かではないが直送ではないようである）。その後Aが破産しXはA破産管財人Yに対して動産売買先取特権の物上代位により差押えを申請したが、原審は申請を却下した。

〔提出された書証〕　①X・A間の売買契約書、X作成の②販売原票、③納品書、④出荷指図書、⑤A作成の受領書、⑥A社員B作成の証明書、⑦X・A間の過去の契約書。

〔判旨〕　原決定取消し、差押えを認容。

X・A間の過去の契約書と対比すれば、本件契約書が真正に成立したものであることに疑いを容れる余地はない。同契約書にX提出の各書証を併せ判断すると、XがAにその主張の代金額で本件器械を売り渡してこれを引き渡し、これにより本件先取特権を取得したことが明らかである（担保権証明文書が真正に成立したことの証明の有無は、もっぱら裁判所または裁判官の自由な心証によって決すべきことであり、印鑑証明印または銀行取引印の押捺のある売買契約書が提出されたときに始めてその証明があったとみなす証拠法則を入れる余地はない。また動産売買先取特権に基づく物上代位による転売代金債権の差押命令の申立てにあたっては、債権者において当該動産が債務者から第三債務者に転売されて差押債権が発生しまたは存在することの事実まで証明する必要があるものではない）。

【10】　東京高決昭和六〇年六月二八日（判タ五六六号一四九頁）[23]

〔結論〕　否定

〔事案〕　ＸはＡに電気鉛一〇〇トン余を売り渡しＡはそれをＺに転売したが、商品はＸよりＺに直送された。その後Ａが破産し、ＸはＡ破産管財人Ｙに対して動産売買先取特権の物上代位により転売代金債権の差押えを申請したところ、原審は申請を却下した。

〔提出された書証〕　①Ａ非鉄金属部次長作成の債務残高確認書、②Ｘ作成の請求書兼売約書（控）、③Ｚ作成の証明書、④Ｘ担当者作成の報告書。

〔判旨〕　抗告棄却。

「右①の文書は、非鉄金属部次長の私印が押捺されているのみで会社印の押捺されていない、言わば私的な文書の体裁を有するものであり、しかも非鉄金属部次長が右のような債務の有無を確認し、これについて証明文書を作成し得る権限を有しているか疑問であり、また②、③、④の文書はいずれもＸにおいて単独で作成したものであることはその体裁から明らかであり、③の文書はＸからＺに電気鉛一〇〇トン七五九キログラムが納入された事実についてはこれを直接証明するものといいうるとしても、ＸとＡ間の売買契約を直接証明する文書であるとはいえず、いずれの文書も未だ『担保権の存在を証する文書』とは認められない。またこれら文書を総合してもＸとＡ間の売買契約の存在が証明されたとはいえず、『担保権の存在を証明する文書』の提出があったとはいえない。」

【11】　大阪高決昭和六〇年八月一二日（判時一一六九号五六頁）

〔結論〕　肯定

〔事案〕　メーカーBの生産する石膏ボードをXが買い受けA、Zに転売され、商品はBからZに直送された。その後Aが破産し、XはAの破産管財人Yに対して動産売買先取特権の物上代位に基づき右転売代金債権の差押えを申請したが、原審は申請を却下した。

〔提出された書証〕　X作成の①請求書、B作成の②出荷案内書（XよりBに発注しBよりZに直送したことを示す）、③BよりXおよびA宛の請求書、④A作成の納品書、⑤X・A間の基本契約書、⑥運送人C保管のZの運送品受領書。

〔判旨〕　原決定取消し、原審へ差戻し。

担保権証明文書とは、「民事執行法一八一条一項一号ないし三号、同法一八二条との対比、それらの立法の経緯、先取特権の実効性の維持、債務者の保護などの諸点を考慮すると、必ずしも公文書であることを要せず、私文書をもって足るし、一通の文書によらず複数の文書によることも許されるが、それによって担保権の存在が高度の蓋然性をもって証明する文書であることを必要とする。観点をかえてみると……、一種の証拠制限が存在するといえる」。

「動産売買先取特権に即していえば……当該商品の売買契約書等のいわゆる処分証書がこれに該ることはいうまでもないが……、債務者が関与作成した債権者債務者間の商品売買の基本契約書があり、それに基づく当該商品の移転と債務者が作成した転売先たる第三債務者への納品書、メーカーから転売先へ直送した当該商品の運送業者保管にかかる商品受領書（転売先の押印のあるもの）など複数の文書を総合して、担保権の存在が高度の蓋然性をもって証明される場合には、同条所定の担保権証明文書といって差支えない。」

（X提出の個々の書証に基づき詳細に事実を認定したうえで、）「（それらの文書）を総合すると、本件商品がXとA間、及びAとZ間で順次売買された事実及びこの売買に基づき……（転売）代金債権につき本件商品の動産売買先取特権に基づく物上代位権を有することが認められる。」

【12】 東京高決昭和六〇年八月一四日（判時一一七三号六六頁）(24)

〔結論〕 肯定

〔事案〕 XよりAに商品（内容は不明）が売り渡されAはそれをZに転売したが、商品自体はAの指示によりXよりZに直送された事案で、XがAの破産管財人Yに対して動産売買先取特権の物上代位に基づき右転売代金債権の差押えを申請したが、原審は申請を却下した。

〔提出された書証〕 X作成の①出荷御案内、②送状、A作成の③注文書、④納品書、⑤請求書、Z作成の⑥証明書、⑦物品受取書、⑧上申書。

〔判旨〕 原決定取消し、差押えを認容。

X提出にかかる各書証を合わせると、AがXに発注し、Xがそれを出荷してAの指示に従いZに直接引き渡したこと、XのAに対する各商品の売買代金額はX主張のとおりであり、AはそれをZにX主張の金額で転売しその代金が未払いであることが認められる。

「右の事実によれば……X提出にかかる前掲各文書がX主張の先取特権の存在を証する文書に該当することは、明らかである。」

【13】 大阪高決昭和六〇年一〇月二日（判タ五八三号九五頁）

〔結論〕 否定

〔事案〕 XがA工務店に鋼材を売り渡し、Aはその鋼材を用いてZの発注によるマンションの鉄骨工事を施行したがAが破産し、XはAの破産管財人Yに対して動産売買先取特権の物上代位に基づきAのZに対する代金債権の差押えを申請し、原審はそれを認容した。

〔提出された書証〕 X作成の①得意先売上台帳、②納品書、③報告書、④A振出しの約束手形、⑤X・A間の売掛

代金請求事件の判決

〔判旨〕　原決定取消し。申立てを却下。

（本決定は、前掲【11】と同一部、同一構成の裁判官によるものであり、担保権証明文書に関する判示は、前掲【11】決定と同一である。）

「しかしながら、担保権証明文書を定めた前示法意に照らすと、債務者以外の債権者、第三債務者らが事後的に作成した上申書ないし陳述書などをもってこれに充てることはできないものというべきである。」

「本件においてXが提出した……文書を考え併せるとXがY（A）に対し本件鉄骨の売買代金債権を有している事実の証明があるといえるけれども、これが第三債務者に転売されてY（A）が第三債務者にその転売代金債権を有している事実……の証明があったものとはいえない。」「かえってY（A）はZに対して請負代金債権を有するにすぎないものと推認できる。」

【14】　東京高決昭和六〇年一〇月八日（判時一一七三号六六頁）

〔結論〕　否定

〔事案〕　XからY・Zと順次商品（内容は不明）が売買され、商品の一部はXからZに直送された場合に、Xが動産売買先取特権の物上代位に基づきYのZに対する転売代金債権の差押えを申請したが、原審は申請を却下した。

〔提出された書証〕　①X・Y間の代理店契約書、②同変更契約書、③X作成の売上伝票、④Y作成の証明書、Z作成の⑤物品受領書、⑥配送受領票、⑦証明書、⑧XのY・Z間の債権に対する債権仮差押決定正本。

〔判旨〕　抗告棄却。

「民事執行法一九三条一項にいう『担保権の存在を証明する文書』とは、同法一八一条一項、一九〇条等関連法条の法意に徴すると、当該文書自体から担保権の存在が直接かつ明確に証明されるものでなければならないと解され、本件のように動産売買の先取特権による物上代位に基づいて債権の差押えを求めるには、当該動産の売買を証する文書として、『売買契約書』又は『注文書・請書』その他これに準ずる程度に証明度の高い文書を提出することが必要であると解すべきである。」

「X提出の各文書……を検討してみると、各売上伝票はいずれもYの関与はなくXが一方的に作成した文書であり、物品受領書、配送受領票は、X主張の物件の各一部がXからZに直送された事実を証する文書にすぎず、代理店契約書、同変更契約書は、いずれもXとYの間に継続的な売買の基本契約が存在することを証明するにとどまり、証明書は、それぞれZ・Yの作成名義ではあっても、事後に本件売買の契約締結行為とは無関係に作成された文書にすぎず、いずれも、本件売買契約の事実を直接かつ明確に証明する文書ということはできないし、その余の債権仮差押決定等の文書が本件動産売買契約の存在を証明する文書というに足りないことは明らかである。」

【15】　仙台高決昭和六〇年一一月二七日（判タ六〇三号八六頁）

〔結論〕　肯定

〔事案〕　A—X（取扱商社）—Y（特約店）—Z（需要者）—Bら（工事施工者）と鋼材が売り渡され、鋼材自体はAからBに直送された事案において、Xが動産売買先取特権の物上代位に基づいてY—Zの転売代金債権の差押えを申請したが、原審は申請を却下した。

〔提出された書証〕　①X・Y間の覚書（継続取引契約書、同書面中には、Xは毎月末に当月中の契約成立分を一括記載した『売約又は買約確認書』を作成してYに交付し、Yはそれに押捺してXに返却する旨の記載がある）、②X・Yの捺印のある売約確認書、③同買約確認書、④Aから各B宛の受領書（工事名、商品名、数量のほか、取扱商社X、特約店Y、需要者Zの記載がある）、⑤XからYに対する請求書、⑥ZからX宛の確認書。

〔判旨〕　原決定取消し。原審に差戻し。

「民事執行法一九三条……にいう『担保権の存在を証する文書』は、登記登録を要する財産権を目的とする担保権の実行の場合を除いては、その文書の形式等につき制限はないから、当事者の署名又は捺印のある契約関係文書、又は外観・内容からみて当事者その他の関係人が業務に関し作成したと認められる文書、その他、報告書等の供述証拠によることなく、書面の形式内容自体から、当事者その他の関係人が真正に作成したと推認しうる文書であって、担保権の存在することの蓋然性を裏付けるものであれば足りるものというべきである」としたうえで、各書証によりX・Y間およびY・Z間の各売買の事実を認定して、Xの債権差押命令申請は理由があるとする。

【16】　名古屋地決昭和六〇年一二月一六日（判タ五九七号八八頁）

〔結論〕　否定

〔事案〕　XはAに自動車を売り渡し、AはそれをZにリースしていたが、Aが破産したのでXはAの破産管財人Yに対して動産売買先取特権の物上代位に基づき右リース料債権の差押えを申請した。

〔提出された書証〕　X作成の①Aに対する販売明細書、②登録事項等証明書（Yの所有権の証明）、③A・Z間の自動車リース契約書。

〔判旨〕　申請却下。

自動車自体に対する競売の場合には、民事執行規則一七六条二項により民事執行法一八一条が準用されていることからして、「自動車は法一九三条一項前段括弧書にいう『権利の移転等について登録などを要する……財産権』に該当し、ひいて自動車の売買による先取特権に基づく物上代位権を行使するためには、同括弧書が引用する法一八一条一項一号ないし三号の文書をもって担保権たる先取特権の存在を証明することが必要であることになる」。

「Xの提出した文書のうち、私文書である自動車販売明細書（当事者間で作成された契約書でも同じ）は法一八一条一項一号ないし三号の文書に該当せず、他方自動車登録事項等証明書は同三号の文書に該るがこれは単にYに当該自動車の所有権があることを示すのみであって、X・Y間で当該自動車の売買があったという先取特権発生の事実まで証するものではなく、結局Xの本件申立ては法一九三条一項後段が求める同項前段の要件を満たさず、失当である。」

【17】　名古屋高決昭和六一年三月一九日（判タ六〇六号八七頁）[25]

〔結論〕　否定

〔事案〕　【16】の抗告審である。

〔提出された書証〕　【16】掲記のほか、④Xの契約カード、⑤A振出しの約束手形。

〔判旨〕　抗告棄却。

「自動車は通常その権利の得喪について登録を要するものであ（るが）、……。自動車は文理上、法一九三条が『その他の財産権』の定義につき引用する法一六七条一項の財産権に含まれないのみならず、……現在の社会における大量の自動車取引の実情をも勘案すれば……これを不動産に準ずるものとして……取扱いをなすべき実質的理由までは見出し難い。そして右を前提として、本件が上述のように、物上代位権による賃料債権への担保権実行を目的とするものであることを併せ考えると、右一九三条一項前段の適用については、これを同前段中の『債権』を目的化する担保権の実行として扱うのが相当である。」

「従って、本件における担保権証明文書としては、『法一八一条文書』たることを要せず、かかる場合の原則たる『一般文書』をもって足るものと解するのが相当である。」

X提出文書のうち「契約カードはXの内部文書にすぎず、又販売明細書も……X側で一方的に作成したもので、契約の内容を承認する旨のAの意思を確認する趣旨が表示されたものではない。」、約束手形は販売明細書記載の売買代金支払方法と額面、振出人は一致するが支払場所は異なる。「登録証明書には、本件自動車の所有者がAと登録されているとはいえ、いまだこれらの文書をもってしては、XからAに本件自動車が売渡されたことを確実に証明するに足る文書が提出されたとは認め難いといわざるをえない。」

【18】　大阪高決昭和六一年七月一四日（判時一二一五号五九頁）[26]

〔結論〕　肯定

〔事案〕　AはZから什器、エクステリア商品であるアルミ温室等を受注し、それをXから買い受けたが、商品はXからZに直送された。Aが破産し、Xは動産売買先取特権の物上代位に基づきAの破産管財人Yに対してAのZに対する転売代金債権の差押えを申請したが、原審は申請を却下した。

〔提出された書証〕　①X・A間の取引基本契約書、②X作成の売上伝票、③X担当社員作成の報告書、④Aの営業所長B作成の証明書（Aの倒産後に作成）、⑤Z作成の証明書、⑥運送人C作成の配達原票。

〔判旨〕　原決定取消し、原審へ差戻し。

（本決定は、前掲【11】、【13】と同一部で、裁判官は一人を除き同一であり、担保権証明文書にかかる判示は、【11】が「債務者が作成した転売先たる第三債務者への納品書」とあるのを、「債務者又はその代理人が作成した転売先たる第三債務者への転売、納品を示す文書」とするほかは同一である。）

「しかしながら、担保権証明文書を定めた前示法意に照らすと、債務者及びその代理人以外の債権者、第三債務者らが事後的に作成した上申書ないし陳述書のみをもってこれに充てることは前示証拠制限を回避するものとして許されない。」

本件では、各書証からX―A、A―Zの各売買の事実が認められる。なお、④のA東大阪営業所長B作成の証明書は、「債務者作成文書に準じて民事執行法一九三条一項所定の担保権を証する文書に該ると考える。ただし、債務者またはその代理人が作成した文書は、それが取引後に事後的に作成された文書でも、同法一九〇条後段が動産の占有者（動産売買先取特権の場合には債務者（買主）たる動産の占有者）の差押承諾文書の提出を担保権実行による動産競売の要件としていることと、同法一九三条一項所定の前示証拠を文書に限定する趣旨などに照らし、その制限回避文書ではなく、同条項所定の『担保権の存在を証する文書』と認めるのを相当とするからである。」

【19】　東京地決昭和六一年九月一〇日（判時一二一〇号六五頁）

〔結論〕　否定

〔事案〕　ＸがＹに防水資材を売り渡し、Ｙはそれを用いてＺほかからの注文に基づいて防水工事を施工したことにより取得した請負工事代金債権につき、Ｘは動産売買先取特権の物上代位に基づき差押えを申請した。

〔提出された書証〕　不明

〔判旨〕　申請却下。

「請負代金債権総額の中の特定の一部について、なお転売代金債権性が維持されて」いる場合には動産売買先取特権の物上代位が認められるが、そのためには「一般社会通念に照らし、請負代金債権中に占める他の商品資材・労力などの価値構成要素と明瞭に識別・特定できる場合に限定されるものと解すべきである」。

本件では、「申立人は、単に担保目録記載の商品を債務者に売却したこと及び同商品を債務者が工事現場としている各第三債務者の指定場所に搬入したことに関する証明文書を提出するにとどまり、上記転売代金債権性を肯定するに足りる証明文書の提出がないものである」。

【20】　大阪高決昭和六二年一月二六日（金判七六七号二二頁）

〔結論〕　肯定

〔事案〕　Ａより防炎幕等の防災商品の注文を受けたＸは、下請のＢに縫製製作を請け負わせたが、その完成品をＡの依頼によりＡの転売先Ｚの納入先ＣにＢより直接納入させた。その後Ａが破産し、Ｘは動産売買先取特権の物上代位に基づきＡの破産管財人Ｙに対して転売代金債権の差押えを申請し、原審はそれを認めた。

〔提出された書証〕　X作成の①請求書、②納品書、③売上元帳、④Bの本件商品をZに対し出荷した旨の証明書、⑤Zの本件商品をAに発注し、受領した旨の証明書、⑥X社員の本件商品の売買・転売に関する報告書、③A発信のXに対する本件商品の注文ファックスの写、⑨BのXから本件防災品の原反を預り本件商品を完成し、Aに納品しさらにAの依頼でZに納品した旨の証明書。

〔判旨〕　抗告棄却。

「民事執行法一九三条一項によれば、本件のように動産売買先取特権に基づく物上代位権の行使のときは、先取特権の成立と物上代位権の発生を証する文書として、動産の債権者から債務者に対する売却事実、債務者から第三債務者に対する右売却動産の転売事実の双方を証する文書の提出が必要であるが、その文書の種類には制限はなく、かつ単独の文書に限られず複数の文書を総合して、執行裁判所の自由な心証により、右両事実を認めるに足るものであれば足りるというべきである。けだし、右証明文書を例えば作成名義人が債務者であるもの、あるいは当該動産売買契約を記載した内容の文書等に制限的に解釈すべき法文上の根拠に乏しく、かえって民事執行法が担保権の実行手続に債務名義制度をとらず、執行抗告において担保権の存否に関する実体上の主張を許しており、また同法一八一条一項四号、同一九三条一項が同一八一条一項一号ないし三号のように文書の種類を限定することをせずに、提出文書の証明力判断を裁判官の自由な心証に委ねていると解されるところに照らせば、前示のとおり解されるのである。」

一件記録によれば、本件のX・A、A・Zの各売買の事実が認められる。「以上のとおりで、本件差押命令の申立ては、その申立要件である、動産売買に基づく先取特権及び、物上代位権の各発生（存在）事実が、文書により証明されたというべきであ（る）。」

【21】　名古屋高決昭和六二年六月二三日（判時一二四四号八九頁）

〔結論〕　肯定

〔事案〕　ＸはＡに商品（内容は不明）を売り渡し、Ａはそれを Ｚほかに転売した。それら商品は、ＸからＡに納品されたものとＸからＺほかに直送されたものとがある。Ａは破産し、ＸはＡの破産管財人Ｙに対し動産売買先取特権の物上代位により転売代金債権の差押えを申請したが、原審はその申請を却下した。

〔提出された書証〕　①Ｘ作成の請求書（控）、②Ｘ担当社員の報告書、③荷物受取書（ＡまたはＺの担当社員の捺印あり）、④ＡからＺらに対する請求明細書。

〔判旨〕　原決定取消し。原審に差戻し。

「民事執行法一九三条一項による動産売買先取特権にもとづく物上代位権を行使するには、債権者債務者間の動産の売買がなされたこと、債務者の第三債務者に対するこれの転売がなされたことを債権者は文書によって証明することを要するが……複数の文書を総合して裁判所の自由心証によって担保権の存在が認定できる文書をもって足るものと解するのが相当である。」

本件において、Ａの記名押印等のある売買基本契約書とか注文書とかは存しない。「しかしながら、現在の商品取引社会においては、売買契約書、注文書などの書面を省略して売買契約をする商品取引が多く存在する（が）……このような書面の提出がないことの一事をもって……物上代位権の行使を拒否することは、右の取引社会の実情にそぐわないきらいがある」。動産売買先取特権の行使が手続上不当に制限されるべきでなく、債務者保護の点は執行抗告で争うことができ、反面債務者は容易に転売代金債権を処分できることを考慮すれば、「債務者が作成に関与した文書の提出を常に要求することは債権者にとって酷にすぎ、かつ取引の実情にもそぐわないというべきである」。

「Ｘが提出した前記各文書を総合して判断すれば、本件担保権の存在すなわちＸがＡに本件商品を売渡したこと及びＡがＺに右商品を転売したことが優に認められるというべきである。」

四　裁判例の分析

三において、民事執行法一九三条一項の担保権証明文書に関する裁判例を紹介したが、ここではそれらの裁判例が、担保権証明文書の証明対象をどう捉えているか、担保権証明文書の意義をどう解しているか、具体的な文書につきどのような判断をしているかについての分析を試みることとする。

1　担保権証明文書による証明の対象について

二にて述べたように、主として裁判官執筆にかかる論稿において、担保権証明文書による証明の対象は債権者と債務者の関係のみであり、物上代位の対象となる債務者の第三債務者に対する債権は債権者が差押申請の際にそれを特定すれば足り、その発生を証明する必要はないとの説が強く唱えられている（以下本項では、単に「特定説」という）。

しかしながら、公表された裁判例のなかで右の特定説の立場に立つものは、【9】のみである。(27)

裁判例のなかで、動産売買先取特権の物上代位で当該商品が債権者から第三債務者に直送されている事例では、第三債務者が債務者よりその商品を買い受けたことおよび第三債務者が債権者よりその直送を受けたことについての第三債務者作成の証明書等が提出されるが、それは動産売買先取特権の成立要件である債権者・債務者間の売買の事実および債務者への引渡しの事実の立証のためにも必要な書面であるから、それらの書面が証拠として提出されていることの一事をもって、債務者・第三債務者間の物上代位の対象となる債権の存否が証明の対象とされているとはいい得ない。

しかし、特定説によるならば、代位の対象となる債権の存否につき決定中で認定する必要はないこととなるが、動産売買先取特権の対象商品が第三債務者に直送された事例に関する裁判例のうち、提出された書証につき担保権証明文書にあたることを認めた【8】、【11】、【12】、【15】、【18】、【20】では、代位の対象となる転売代金債権の存在を積極的に認定している。また【21】は、一部の商品は債権者から第三債務者に直送され一部の商品は債務者に納入されたうえで第三債務者に転売された事案であるが、提出された書証が担保権証明文書に該当することを肯定するにあたり、債務者が転売した事実を積極的に認定しているのであって、これらの裁判例は、債務者・第三債務者間の債権の発生も担保権証明文書による証明の対象として捉えているということができる（なお、【1】、【4】、【5】は、債権者から第三債務者に商品が直送された事案において、債権者・債務者間の売買の事実につき担保権証明文書による証明がないとした事例であるが、債務者・第三債務者間の売買の事実を認定している。その点は傍論に止まるものであるが、それらの裁判例においても、転売の事実の存否を担保権証明文書による証明の対象として捉えていることを示すものである）。

さらに、【13】、【19】は、物上代位の対象となる債権が請負代金債権である点で少し特殊であるが、特定説によるならば、前記のとおり債権者は、債権者・債務者間の売買の事実のみを証明し、その対象物が第三債務者に対する債権に転化したとの点は証明の対象ではなく、単に特定すればよいのであるが、右何れの裁判例とも、転売代金性の証明がないとして債権者の差押申請を否定しているのであって、これらの裁判例も、債務者・第三債務者間の債権の存在も担保権証明文書により証明されるべき対象として捉えているといえるのである。

以上分析したように、少なくとも公表されている裁判例においては、担保権証明文書による証明の対象は債権者・債務者間の関係のみであり、債務者と第三債務者の関係は差押申請時に特定すれば足りるという、特定説を採る裁判例はわずか【9】の一例のみであり、それ以外の裁判例は何れも、担保権証明文書により、物上代位の対象となる債務者・第三債務者間の債権の発生も証明されなければならないと解していることが明らかとなった。(28)

2　担保権証明文書の意義について

担保権証明文書の意義に関する裁判例につき、前記のとおり中野教授は準名義説と書証説とに分類して検討を加えられ[5]、またその後、生熊教授[6]や小林助教授[16]によっても同様の立場からの検討がなされているので、ここではその点についての詳しい分析には立ち入らない（なお、裁判例を分析するにあたり、「担保権の存在を高度の蓋然性をもって証明する文書であることを要する」との表現が用いられているか否かは準名義説と書証説との分類とは無関係であることについては、生熊教授が指摘されているところである[6]）。

（一）　準名義説に立つ裁判例

三にて紹介した裁判例のうち、担保権証明文書の意義につき、債務名義に準ずる程度に当該文書自体から担保権の存在が直接かつ明確に証明されなければならないとする、所謂準名義説にはっきりと立つ裁判例は、【3】、【5】、【14】の三件にすぎない。そのうち【3】は、仮処分異議訴訟の却下判決が担保権証明文書にあたるか否かという事例に関するもので、書証説の立場からも、同判決のみでは仮処分の保証金に対する被担保債権の発生に関する証明が不十分であるとして同一の結論を導くことが可能な事例である。また【5】は、債務者作成の文書としては対象となる売買以前の残高確認書しか提出されていない事例であり、当時の書証説からすればやはり同様の結論となったのではないかと推察される事例である。他方【14】は、債務者が関与作成した文書としては、事後に作成された証明書しか存しない事例であり、書証説に立っても証明の程度を厳しく解すれば消極判断に導かれる可能性もあり得るが、準名義説に立つことがその結論を導く決め手となっているのではないかと推測される。

なお、中野教授は、【4】、【10】を準名義説に分類されているが[5]、【4】は、「私文書でも構わないが文書自体で担保権の存在が証明されるものでなければならない」と表現するものの、それは中野教授が準名義説には分類されていないもの【1】とほぼ同様の表現であり、生熊教授も指摘されるように[6]、どちらの説に立つのかはっきりしていないものに分類されるべきであり、また【10】は、「(債権者提出の) 文書を総合しても抗告人と相手方間の売買契約の存在が証明されたとは言え(ない)」としているのであって、生態教授が指摘されるように書証説に分類されるべきものである。[6]

(二)　**書証説に立つ裁判例**

いかなる文書が担保権証明文書にあたるかについては何ら限定されていず、裁判官の自由心証に委ねられているとする所謂書証説に立つことを明確に示した最初の裁判例は【8】であった。その後、【10】、【11】、【12】、【13】、【15】、【17】、【18】、【19】、【20】、【21】と書証説に立つ裁判例が続いており、実務的には書証説が定着しつつあるといって過言ではあるまい。また、書証説のなかでも当初の【10】、【17】等は債務者が作成した文書を必要とし、かつ事後的に作成した文書は担保権証明文書にあたらないとしていたが、【18】は債務者会社営業所長が事後的に作成した文書につき担保権証明文書たることを肯認しており、さらに【8】、【21】は債務者が関与した文書が存在しない場合についても、担保権証明文書たることを肯認しているのであって、書証説のなかにおいても、担保権証明文書該当性の認定は次第に緩やかになってきているものといえる。

なお、裁判例のうち、【7】については中野教授、生態教授とも書証説に分類されているが、債権者・債務者間の商品売買基本契約書、債務者から債権者に対する注文書およびその納品書が提出されており、準名義説からも担保権証明文書の提出が肯認され得る事案であり、分類としては、どちらの説に立つのかはっきりしないもののなかに分類されるべきである。

(三)　**準名義説か書証説か何れかはっきりしないもの**

(一)、(二) 以外の【1】、【2】、【4】、【6】、【7】、【9】、【16】がここに分類される。

しかしそのうち、【6】は和解調書によるものであり、【16】は自動車に対する動産売買先取特権の行使に民事執行法一八一条一項一ないし三号書面が必要とされるか否かに関するものであって、担保権証明文書の意義をどう解するかとは直接関係しないものである。

3　担保権証明文書についての類型的分析

ここでは、三で紹介した各裁判例において、いかなる文書が提出され、それに対してどのような証拠評価がなされているかについて、類型化して分析する。

(一)　公文書

担保権証明文書として公文書が提出されているのは、【2】、【3】、【6】、【13】、【14】、【16】と【16】の抗告審である【17】である。

【2】は手形判決の強制執行停止決定正本につき、その執行停止に伴い供託された保証金取戻請求権に対する法定質権の担保権証明文書としての効力を認め、他方【3】は、仮処分申請却下の仮処分異議の確定判決につき担保権証明文書としての効力を否定したが、【3】は、右確定判決のみでは被担保権の発生に関する証明文書として不十分であるとするものであって、【2】と【3】の相違は、右の如き法定質権実行の場合において被担保債権の発生に関する証明の要否についての考え方の相違に基づくものである[29]。

次に【6】は裁判上の和解調書であり、それは民事執行法一八一条一項一号に該当する文書であるから、担保権証明文書にあたることは明らかである。

その次の【13】では、債権者の債務者に対する売掛代金請求事件の判決（欠席判決）が提出されている。同判決も民事執行法一八一条一項一号に該当する文書ではあるが、【13】の決定は、債務者と第三債務者間の転売代金債権存在の事実の証明がないとしたものである。

【14】では、債権者より債務者に対する債務者の第三債務者に対する債権の仮差押決定が提出されている。しかし、債権仮差押決定自体は動産売買先取特権およびその物上代位権を直接証明するものではないので、【14】決定も仮差押決定が担保権証明文書にあたることを否定する。

さらに【16】、【17】では、債務者所有名義の自動車の登録事項証明書が提出されているが、【16】は自動車に対して動産売買先取特権の物上代位権を行使するには民事執行一八一条一項一ないし三号の書面が必要であるとして、同登録証明書は同条の書面には該当しないとし、他方【17】は、自動車に対する動産売買先取特権の物上代位の場合には民事執行法一八一条一項一ないし三号の書面は必要としないとしたうえで、登録事項証明書は売買の事実を証明する文書にあたらないとした。

（二）　**債務者作成の文書**

債務者作成文書の存否は、ことに動産売買先取特権にあっては、債権者・債務者間の債権関係および債務者・第三債務者間の債権関係の存在の立証について非常に大きな要素を占め、前記のとおり準名義説ではその存在は不可欠であり、また書証説においても例えば【17】などではその不存在が、担保権の証明がないことの大きな理由とされているのである。

以下、裁判例に現われた債務者証明文書につき、各類型毎に分析する。

(1)　**売買契約書**

動産売買先取特権の対象となる動産自体の売買契約書が提出されているのは、【19】のみである。なお同事例では、他に債権者作成の納品書、債務者作成の受領書、債務者社員作成の証明書等が提出されている。

(2)　**商品売買基本契約書等**

当該動産自体の売買契約書ではなく、その基礎となる商品売買基本契約書が提出されているのは、【7】、【11】、

【18】であり、【14】の代理店契約書、【15】の覚書（継続的取引契約書）もほぼ同様のものである。

右のうち【7】（他に債務者作成の注文書等が提出されている）、【11】（債務者作成書類としては、他に債務者より第三債務者に対する納品書が提出されている）、【15】（他に債務者作成の買約確認書が提出されている）、【18】（他に債務者社員作成の証明書が提出されている）では、担保権証明の有無につき積極の結論が出されているが、【14】（他に債務者作成の証明書が提出されている）は、同決定が準名義説に立つものであり、消極の結論となっている。

基本契約書が提出されながら、債務者作成の他の文書が提出されていない事例はない。

(3)　**注文書**

債務者から債権者に対する注文書が提出されているのは【7】、【12】であり、【20】では注文ファックスの写が提出されている。

それらでは何れも債権者の納品書が提出されており、何れも担保権の証明につき積極の結論が出されている。

(4)　**買約確認書**

【15】では、取引基本契約で、一ヶ月毎に双方が捺印した売約確認書と買約確認書を交換することとされているところ、同事件ではその双方の書面が提出されており、決定の結論も積極判断がなされている。

(5)　**受領書**

商品の受領書であり、【9】で提出されている。

(6)　**受取書（運送業者の配達伝票に債務者担当社員の捺印のあるもの）**

【21】で提出されているが、これは債権者より債務者に対して、当該商品が引き渡されたことを証明するものである。

(7)　**債務者より第三債務者に対する納品書、請求明細書**

これらの書面は、債務者から第三債務者に転売されたことを証明するものであるとともに、債権者から債務者に対しても当該商品が引き渡されたことを証明する間接証拠となるものである。【11】では納品書が、【21】では請求明細書が提出されているが、各事例とも他にも債務者作成の文書が提出されており、他の証拠とも相まって、何れも担保権の証明ありとの結論となっている。

(8)　**約束手形**

債権者が債務者振出しの約束手形を所持していることは、動産売買先取特権の存在とは直ちには結びつかない。裁判例では【13】と【17】で提出されているが、【13】では債権者・債務者間の売買契約の存在については確定判決があり、【17】では同手形の存在にもかかわらず債権者・債務者間の売買の事実の証明がないとされている。

(9)　**残高確認書**

【5】と【10】で提出されている。そのうち【5】で提出された残高確認書は、争点とされている売買前の債権者・債務者間の売買取引残高を確認するものにすぎないというのであるから、同決定が判示するように、それが担保権証明のための文書たり得ないことは明らかである。次に【10】で提出された残高確認書は、債権者・債務者間の電気鉛の取引に関し、債務者の非鉄金属部次長が債務者が経営危機に陥った後に作成したものであるが、同決定は、同確認書は私印が押されているのみで会社印の押捺がなく私的な文書の体裁を有するものであり、しかも同人が債務の有無を確認しその証明文書を作成する権限を有しているか疑問であるとして、同文書が担保権証明文書にあたることを否定し、また結論としても担保権の証明なしとしているのである。

(10)　**証明書**

債務者側で作成された証明書が提出されているのは【9】、【14】、【18】である。そのうち【9】は債務者が当該商品自体を受領したことを証明するものであるが、他に当該商品自体の売買契約書が提出されているためか、その証明書の証明力については特段言及されていない。次に【14】であるが、同決定が準名義説に立つものであることにもよるが、「事後に本件売買の契約締結行為とは無関係に作成された文書」であるとして、担保権証明文書たることを否定し、他の文書についても何れも消極に解した。それに対し【18】では、債務者の営業所長が事後に作成した証明書につき、民事執行法一九〇条が動産売買先取特権の実行においては債務者が事後に作成した差押承諾書の提出を要件としていることとの対比から、物上代位の場合にも債務者またはその代理人が作成した文書は、事後に作成されたものでも担保権証明文書たり得るとしたうえで、作成者の営業所長を債務者の代理人と認め、同文書は担保権証明文書にあたるとした。

⑾　債務者と第三債務者間のリース契約書

【16】で提出されている。物上代位の被差押債権の発生を証明する資料であるが、同決定では債権者・債務者間の権利関係につき証明がないとされており、リース契約書の証明力については言及されていない。

⑿　まとめ

以上分析したように、債務者作成文書は各裁判例においても担保権証明文書として非常に高い評価を受けており、動産売買先取特権の物上代位に関する事例中、債務者作成文書が何ら提出されることなく担保権の証明ありとされたのは【8】のみであり、他方、債務者作成文書でも約束手形や当該売買取引以前の取引残高を確認する残高確認書のように、そもそも担保権証明文書としての証明力が少しでもあり得るのかさえ疑問に思われるような文書が提出された事例を除けば、債務者作成文書が提出されながら担保権の証明なしとされたのは、【10】(残高確認書)と【14】(証明書)の二例のみであり、他の【7】、【9】、【11】、【12】、【15】、【18】、【20】、【21】の各事例では、何れも担保権の証明ありとの結論が出されているのである。

(三)　第三債務者作成の文書

第三債務者作成の文書は、物上代位の対象となる債務者・第三債務者間の債権の存在を認定する証拠として重要であり、また、動産売買先取特権の物上代位で当該動産が債権者から第三債務者に直送されている事例では、当該動産が債権者から債務者に引き渡された事実を認定する証拠としても重要な意味をもつのである。

以下、裁判例において提出された第三債務者作成にかかる文書につき分析する。

(1)　証明書・確認書

裁判例のうち、動産売買先取特権の物上代位で商品が債権者から第三債務者に直送されているほとんどの事例では、第三債務者作成の証明書等が提出されている（そのような文書が提出されていないのは【11】と【12】であるが、【11】では債権者の仕入先から第三債務者に直送されていてその旨の仕入先の文書と次の貨物受取証が提出されており、【21】でも貨物受取証が提出されている）。

それら証明書の内容は、決定文によれば、債務者と第三債務者間の商品売買の事実ならびにその商品が債権者から第三債務者に直送された事実を確認するもの（【1】、【4】、【5】、【8】）、単に商品が債権者から第三債務者に直送された事実を確認するもの（【9】）、当該商品の債務者・第三債務者間の売買の事実を確認するもの（【18】、【20】）、当該商品が債権者から債務者に売り渡されさらに第三債務者に売り渡された事実とともに第三債務者の債務者に対する債務残高を確認するもの（【15】）、内容が不明なもの（【12】、【14】）がある。

また、【7】は、商品が債権者から第三債務者に直送されたのか否かが判文上はっきりしない事例であるが、第三債務者の、商品の配送を受けた旨の証明書が提出されている。

(2)　貨物受取証、配達受領書等

かかる文書が提出されているのは、【1】、【11】、【12】、【14】、【21】であり、何れも商品が債権者（またはその仕入

先）から第三債務者に直送された事例に関するものである。

(3)　まとめ

以上第三債務者が作成した文書が提出された事例のうち、【1】、【4】、【5】、【8】、【11】、【12】、【15】、【18】、【20】、【21】では、債務者・第三債務者の売買の事実が認定されており、また【1】、【4】、【5】を除いては、他の文書をも併せて担保権の証明ありとされている。

他方、【10】と【14】では、債権者・債務者間の売買についての証明がないとされたこともあって、債務者・第三債務者間の売買の事実は認定されていない。

これらの裁判例からして、動産売買先取特権において商品が債権者から第三債務者に直送されている事案では、第三債務者の協力を得てその証明書等を証拠として提出することがきわめて重要であるといえる。

(四)　債権者・債務者・第三債務者以外の関係者作成の文書

裁判例のなかで、債権者・債務者・第三債務者以外の関係者が作成した文書としては次のようなものがある。

(1)　**債権者の仕入先作成の文書**

【5】では、商品が債権者の仕入先から第三債務者に直送されているが、仕入先と債権者間の売買の事実およびその商品が第三債務者に直送された事実を証明するために、右事実の記載された「出荷データ受け入れリスト」および確認書が提出されたが、同決定が準名義説に立つものであることもあって、結論として担保権証明文書にあたらないとする。

次に【11】も商品が債権者の仕入先から第三債務者に直送された事例であるが、仕入先が債権者より発注を受けそれを第三債務者に直送したことを示す「出荷御案内」と、その代金の請求書（宛名は債権者・債務者の双方となっている）が提出されている。同決定では、他の文書をも併せて、担保権の証明を肯定している。

また【15】は、鋼材が債権者の仕入先から債務者の納入先（工事施工者）に直接納入されている事例であるが、工事名、商品名、取扱商品（債権者）、特約店（債務者）、需要者（第三債務者）の各記載がある仕入先より工事施工者宛の受領書（工事施工者が受領の事実を確認するためのものと推定される）が提出されており、同決定でも他の文書と相まって、担保権証明文書の存在が肯定されている。

(2)　**下請先作成の文書**

【20】は、防炎幕等の注文を受けた債権者が、下請業者に縫製製作を請け負わせそれを下請業者から第三債務者の納入先に直接納入させた事例であるが、同下請業者の右事実関係を証明する旨の証明書が提出されている。そして同決定では、その文書をも併せて担保権証明文書の提出を肯定している。

(3)　**運送業者の証明書等**

運送業者の当該商品を運送した旨の証明書等が提出されているのは【4】（証明書）、【18】（配達原票）【21】（受取票）である。右のうち【20】で提出されている受取票は、債務者または第三債務者の受取りのサインのあるものであるので、(二)、(三)においてすでに検討した。【4】と【18】は何れも商品が債権者から第三債務者に直送された事案である。

(4)　**まとめ**

裁判例において、債権者・債務者・第三債務者以外の文書が提出されているのは、運送業者のものを除くと何れも債権者の仕入先や下請先から第三債務者またはその納入先に直送された事例に関するものであり、そのような事例では、商品が引き渡された事実を証明するためにも、それら関係者が作成した文書を提出することは不可欠といえよう。

(五)　**債権者作成の文書**

民事執行法一八一条一項一ないし三号に該当する文書が提出されるのでない限り、債権者作成文書は必ず提出されており、他方その証明力については、多くの裁判例が消極的であって、（例えば【1】、【14】等）、ここでそれら文書につき分析する意味もないが、動産売買先取特権に関する裁判例（紹介した裁判例中【2】、【3】を除いたもの）において、債権者からどのような文書が提出されているかについてのみ類型化してみる（ただし、動産売買先取特権に関する裁判例中、【6】は和解調書が提出されており、【19】は提出された書証の内容が不明のため除く。また【16】は【17】の原審であるので【17】としてのみ掲げる。したがって、検討の対象となる裁判例は全部で一六件である）。

(1)　**得意先元帳、売上帳、総勘定元帳等**

【4】、【5】、【7】、【8】、【13】、【20】の各裁判例で提出されている。

(2)　**請求書**

【1】、【4】、【7】、【8】、【10】（兼売約書控）、【11】、【12】、【15】、【20】、【21】で提出されている。

(3)　**納品書**

【1】、【7】、【8】、【9】、【12】、【13】、【20】で提出されている。

(4)　**売上伝票、販売原票**

【9】、【14】、【18】で提出されている。

(5)　**報告書**

【1】、【5】、【7】、【10】、【13】、【18】、【20】、【21】で提出されている。

(6)　**その他**

以上のほかに債権者作成文書として提出されているものとしては、成約明細書（【4】）、債権届写（【5】）、出荷指図書（【9】）、出荷御案内および送り状（【12】）、契約カードおよび販売明細書（【17】）などである。

4　裁判例の分析についてのまとめ

以上、三にて紹介した裁判例につき、それらの裁判例が、担保権証明文書による証明の対象をどう捉えているか、担保権証明文書の意義につきどのように解しているか、それらの裁判例ではどのような証拠が提出されどのような評価がなされているのかについて分析を試みた。

その結果、証明の対象については債権者・債務者間のみがその対象であり、債務者・第三債務者間の債権の発生は証明の対象ではなく差押申請時に特定すれば足るとの説に立つ裁判例はわずか一例に止まり、圧倒的多数の裁判例は債務者・第三債務者間の債権の発生も担保権証明文書により証明されるべきものと解していることが明らかとなった。

次に、担保権証明文書の意義については、はっきりと準名義説に立つ裁判例は三件にすぎず、書証説に立つ裁判例の方が明らかに多く、実務的には書証説が定着しつつあるといってよく、また書証説のなかにおいても、担保権証明文書該当性の認定が次第に緩やかになってきているといえることが明らかとなった。

さらに、提出された各書証の検討の結果、担保権証明文書の提出ありとされた事例では、一件を除いて全て何らかの債務者作成文書が提出されており、それは注文書や受取書、あるいはファックス通信等も含まれるなど各種の書類に及んでいることは注目に値するし、さらには、【18】が債務者またはその代理人が事後的に作成した報告書につき、民事執行法一九〇条との対比から担保権証明文書としての適格性を認めたことは大いに注目に値する。

また、商品が債権者から第三債務者に直送されている事案では、何れも第三債務者作成の文書が提出されており、当然のこととはいえ、物上代位権行使において第三債務者作成文書がきわめて重要な意味をもつものであることも明らかになったといえる。

五　裁判例の分析結果の検討

四にて行った裁判例の分析結果について検討を加える必要があるが、本稿は現在までの裁判例の分析を主眼とするものであって、その目的は三までで達しており、また割り当てられた紙数を大幅に超過していることでもあるので、以下裁判例の分析結果のうちの幾つかの点につき、若干の検討を加えるに止めることとする。

1　担保権証明文書による証明の対象について

物上代位は、担保の目的物が滅失等したことによりその目的物の所有者が金銭その他の物を受け取る場合には、その金銭その他の物は目的物に代わるものであるので、それに対しても担保の効力を及ぼそうとするものである。それゆえ、担保権者が代位の対象となる金銭その他の物（以下、「債権等」という）につき担保の効力を及ぼそうとするならば、滅失等した目的物につき自己が担保権を有していたことを証明するとともに、その債権等が担保目的物に代わるものであることを証明しなければならないのは当然である。

また、民事執行法一九三条一項の担保権証明文書による証明の対象も、債権者・債務者間の関係のみならず、担保の目的物が代位の対象となる債権等に代わったこと、すなわち動産売買先取特権の物上代位ならば、債務者と第三債務者間の債権が発生している事実（売買等）もまた証明の対象となることは当然である。したがって、現在までの裁判例のうち一例を除く全てが、債務者・第三債務者間の関係も担保権証明文書による証明の対象と解していることはきわめて正当である。

なお、この理は物上代位一般に通じるものであり、動産売買先取特権の物上代位に限られるものではない。それゆえ、抵当権の物上代位にあっては、抵当権の存在のみならず物上代位の対象となる債権等（例えば、目的物の滅失の場合の損害賠償請求権）の発生の事実も、担保権証明文書により証明されなければならない[30]。

2　担保権証明文書の意義について

民事執行法一九三条一項による担保権証明文書の意義を、準名義説の如く限定的に解すべき理由のないことについては、中野教授の論文に始まり[5]、その後の生熊教授、小林助教授の論文においてほぼいい尽されている。それに加えて【18】の裁判例が、民事執行法一九〇条が、動産を目的とする担保権の競売は、債務者の差押えを承諾することを証する文書の提出により開始されると規定していることとの対比から、動産売買先取特権の物上代位の場合に、債務者（代理人）が事後的に作成した証明書にも担保権証明文書としての適格性を認めたことは、準名義説を否定するうえでの新たな論拠をもたらすものである。

ところで、これまでの担保権証明文書に関する論議はもっぱら動産売買先取特権についてなされてきており、抵当権の物上代位の場合に担保権証明文書としていかなる文書が必要かという視点での論議はほとんどされることのないまま、準名義説や書証説が主張されてきた。

しかしながら、抵当権の物上代位の場合を想定するならば、以下に述べるように準名義説が、単なる政策判断の枠を超えて到底成り立たないことがより一層明らかとなるのである。

すなわち、抵当権の物上代位では、抵当権の存在自体は民事執行法一八一条一項一号ないし三号の各書面により証明がなされるべきものとしても、その物上代位の対象となる債権の発生は、民事執行法一九三条一項の担保権証明文書によって証明されなければならない。そして準名義説は、かかる文書も民事執行法一八一条一項一号ないし三号またはそれに準ずべき文書に限り、その準ずべき文書としては、債務者の署名、記名、押印のある文書でなければならないとするのである。

すると、例えば抵当権対象建物が賃借人の債務不履行や第三者の過失により火災等で滅失（火災の場合には第三者の重過失）したとしても、債務者（または建物所有者）の署名等のある文書を入手するか、その賃借人等に対する判決等を得るまでは、たとえその賃借人等が自己の責任を認める文書を作成し、あるいは種々の証拠を総合すれば右賃借人等の責任が優に認められる場合であっても、物上代位権を行使することができず、その間に他の一般債権者が差し押さえても、抵当権者はせいぜい一般の仮差押えができるのみで[31]、ただ手をこまねいていなければならないこととなるのである[32]。

かかる結果が妥当性を欠くことは明らかであり、準名義説の論者も、かかる結果を是認されることはあるまい[33]。

このように、従前指摘されていた論拠に加えて、抵当権による物上代位の場合を想定してみるならば、準名義説が到底受け容れがたいものであることが一層明らかである。

これらの諸点からして、書証説こそ正当であり、裁判例において書証説が定着しつつあることは、きわめて妥当である。

3　担保権証明文書による証明の程度について

担保権証明文書による担保権の立証は、疎明ではなく証明だとされている（【4】、【8】）。その証明の程度について書証説に立つ裁判例においても、「それによって担保権の存在が高度の蓋然性をもって証明する文書であることを必要とする」（【16】）とする。

しかしそれに対しては、中野教授により、債権者は担保権の不存在、消滅を主張して執行抗告ができること、物上代位権の実効性確保の必要性等から、担保権証明文書による証明度について過大な要求をすることにより、実体法の

認めた担保権の実効性を失わせる結果となってはならないとの指摘がなされている。⑸

そして、近時の裁判例が、「高度の蓋然性をもって証明される」との表現を用いず、「提出文書の証明力判断を裁判官の自由な心証に委ねていると解される」（【20】）としたり、「複数の文書を総合して裁判所の自由心証によって担保権の存在が認定できる文書をもって足る」（【21】）などとするのは、右中野教授の批判に応えようとするものといえよう。

なお、ここでは詳しく論ずる紙数はないので結論だけ示すと、抵当権による物上代位の場合に典型的に顕れるのであるが、同じく担保権証明文書による証明の対象ではあっても、基本となる債権者と債務者の関係と、債務者と第三債務者との関係では、その証明の程度が相違して然るべきであると考える㉞（例えば、抵当建物の賃借人の過失による失火の場合などでは、債務者の第三債務者に対する債権の存在の証明は容易ではない）。

4　提出されるべき文書について

前記のとおり書証説による限り、提出された文書の総合判断によって、担保権証明文書が提出されたといえるか否かを判断するのであるから、関連性のある文書である限り提出できる文書に制限はないと解すべきである。

四にて分析したように、動産売買先取特権の物上代位に関する裁判例中、担保権証明文書の提出が肯認された事例では、一件を除いては債務者作成にかかる文書が提出されており、また何れの事例も目的たる商品が債権者から第三債務者に直接納入されている事例（ただし、【21】は、一部の商品が第三債務者に直送され、他の一部の商品は債務者に納入されている）であることにもよるが、第三債務者の証明書等が提出されている。

債務者が作成に関与した文書は、債権者・債務者間、債務者・第三債務者間の双方の関係につき証明し得る資料であり、また第三債務者作成の文書は、債務者・第三債務者間の関係につき証明するとともに、動産売買先取特権の目的物が債権者から第三債務者に直送される場合には、債権者から債務者に対する引渡しの事実をも証明し得る資料となり得るだけに、それらの文書を入手しかつそれを提出することができることが望ましくはある。

しかしそれらの文書は、担保権証明文書とし不可欠ではなく、それに代わるファックス受信簿、諸伝票類、運送業者の配送証明書等々により、債権者と債務者間の関係（動産売買先取特権ならば売買および引渡しの事実）、および債務者と第三債務者間の関係（動産売買先取特権の物上代位では転売等の事実）を証明することができればよいのである。

次に、前記のとおり各裁判例においては、債権者作成文書の証明力に対する評価は芳しくはない。しかし、債権者の請求書や伝票、帳簿類は、債権者側にとって債務者に対する債権の存在を基礎づける資料であり、それを提出すべきであることはいうまでもない。ことに動産売買先取特権において債務者作成文書の入手が難しく、第三債務者作成資料と運送業者の資料等のみによって証明しなければならない場合などでは、債権者から債務者に売却した動産と、債務者から第三債務者に売却されたものとの同一性は、伝票に記載された商品番号、数量等のきめ細かな立証による必要がある。

さらに、債権者や第三債務者作成の報告書類であるが、通常、伝票類にはその業界や個々の業者毎に特有の記号や番号が付され、あるいは記載の省略がなされることが多々あり、また各種の伝票類が作成された経緯等の説明もなければその内容を理解することができないものもあるから、それらの証拠説明の意味をも含めて、報告書類はぜひとも作成し、提出されるべきである[35]。

六　おわりに

一にて述べたように、最一小判昭和五九年二月二日により、債務者の破産宣言後も物上代位権の行使が認められることとなったものの、それと軌を一にするようにして、民事執行法一九三条一項の担保権証明文書につききわめて限定的に解する準名義説が法律雑誌で強力に主張されるに至ったが、本当にそうなのか、同条に関する裁判例は実際には準名義説と異なった判断をしているものの方が多いのではないか、との点が以前から気になっていた。

そして、一にて紹介したように、中野教授に始まる諸学者の判例分析により、理論的な側面は相当に整理されるに至ったが、実際に事件を担当するうえで、立証の対象は何なのか、どのような文書を提出すればよいのかとの観点に立つとき、それら諸学者の判例分析では未だ納得できなかった。

今般、近畿弁護士連合会研修委員会により会員による論文集を発行されるのを機に、これまで気になっていた判例分析を試みてみたが、その分析の手法自体もきわめて不十分であり、またその分析結果がはたして我々の実務にとって何ほどの価値をもたらすものかについては、内心忸怩たるものがある。

諸雑務に追われ、十分に検討を経ていない諸点も多々あり、大方の御叱正を賜ることを願う次第である。

（昭和六三年二月二二日脱稿）

（1）　かつての学説の状況などについては、「動産売買先取特権の効力に関する一試論」林良平先生還暦記念論文集『現代私法学の課題と展望（上）』（有斐閣・一九八二年）六九頁以下参照〔本書第1部第1章〕。

（2）　昭和六〇年頃までの判例、学説の状況については、今中利昭「動産売買先取特権実行上の諸問題」関西法律特許事務所開設二〇周年記念『民事特別法の諸問題　第二巻』（第一法規出版・一九八五年）一五一頁以下に詳しい。

（3）　動産売買先取特権に関する文献は近年著しく増加しているが、それらを詳細にフォローしているものとして、林田学「動産売主の先取特権による優先的回収の実現(1)〜(3)」ＮＢＬ三六一号（一九八六年）六頁、三八〇号（一九八七年）二五頁、三八三号（一九八七年）三八頁参照。

(4) 浦野雄幸「民事執行関係判例回顧（昭和五八年）(3・完)」NBL二九五号（一九八四年）二三頁、「同（昭和五九年）(4・完)」NBL三一九号（一九八五年）二八頁、「同（昭和六〇年）(4・完)」NBL三四三号（一九八六年）一九頁、「執行・倒産事件（昭和六一年）実務の展望（3・完)」NBL三六七号（一九八七年）一四頁。
(5) 中野貞一郎「担保権の存在を証する文書」判例タイムズ五八五号（一九八六年）八頁。
(6) 生熊長幸「動産売買先取特権の実行(2)」ジュリスト八七六号（一九八七年）一一六頁。
(7) 富越和厚「売主の先取特権に基づく保全処分」丹野達＝青山善充編『裁判実務大系　第四巻』（青林書院・一九八四年）二二八頁。
(8) 浦野雄幸ほか「〈研究会〉民事執行実務の諸問題（10・完)」判例タイムズ五三七号（一九八四年）四〇頁以下における浦野雄幸判事、大石忠生判事の各発言（四四~四七頁）、浦野雄幸「最近の動産売買先取特権の実行をめぐる諸問題（4・完)」NBL三二七号（一九八五年）一一頁、同『条解民事執行法』（商事法務研究会・一九八五年）八八四頁、同「民事執行関係判例回顧（昭和六〇年）(4・完)」前掲注(4)（なお、浦野判事は、かつては被差押債権が発生したことも「申立債権者以外の作成に係る文書以外の文書で厳格に証明すべきものと解すべきである」（「民事執行関係判例回顧（昭和五八年）(3・完)」前掲注(4)一四頁）とされていたが改説されたようである）。鎌田薫ほか「〈研究会〉債務者の破産宣告と動産売買先取特権の物上代位」判例タイムズ五二九号（一九八四年）六〇頁以下における小林秀之発言（八九頁）、小林秀之「判批」判例評論三四五号（一九八七年）五四頁（その注(10)）、今中・前掲注(2)一七三頁。
(9) 前掲注(8)の浦野ほか「〈研究会〉民事執行実務の諸問題（10・完)」における松田延雄判事、米津稜威雄弁護士、鈴木正裕教授の各発言（四三~四七頁）、中野・前掲注(5)（中野教授は、前掲注(8)の研究会における浦野、大石、小林各氏の各発言に対して、「これは誤解であろう」とされる）。
(10) 前掲注(8)の鎌田ほか「〈研究会〉債権者の破産宣告と動産売買先取特権の物上代位」における、企業法務担当者である森井英雄、堀龍児両氏の発言は、このことを裏付けている。
(11) 中野・前掲注(5)。
(12) 浦野・前掲注(8)の「最近の動産売買先取特権の実行をめぐる諸問題（4・完)」一九頁。
(13) 同旨、浦野・前掲注(4)の各論文、同『条解民事執行法』前掲注(8)八八四頁。富越・前掲注(7)も同旨。
(14) かつて浦野判事がこの見解に立たれていたが改説されたことについては、前掲注(8)参照。

(15) 中野・前掲注(5)。なお、同『民事執行法　下巻』（青林書院・一九八七年）三一五頁、三一六頁、三一九頁。
(16) 生熊・前掲注(6)、なお、同教授はかつては準名義説を支持しておられた（「民事執行法一九三条の書面」ジュリスト八一五号（一九八四年）一三五頁）が改説された。小林秀之「民法判例レビュー（担保）」判例タイムズ六四三号（一九八七年）八五頁、同・前掲注(8)の「判批」。
(17) 中野・前掲注(15)三一四頁。なお、物上代位における法定文書の要否の点につき論ずるものとして、西野喜一「民事執行法第一九三条第一項後段の法意」判例タイムズ六四一号（一九八七年）六四頁参照。
(18) 吉野衛「物上代位に関する手続上の二、三の問題」加藤一郎＝林良平編『担保法大系　第一巻』（金融財政研事情究会・一九八四年）三六六頁。
(19) 浦野・前掲注(4)の「民事執行関係判例回顧（昭和五八年）（3・完）」、生熊・前掲注(16)の「民事執行法一九三条の書面」は何れも賛成。
(20) 生熊・前掲注(16)、中野・前掲注(5)は、強制執行停止決定正本は、損害発生の可能性を証し得るに止まるものにすぎないとして反対。浦野・前掲注(4)の「民事執行関係判例回顧（昭和五九年）（4・完）」は賛成。
(21) 浦野・前掲注(4)の「民事執行関係判例回顧（昭和五九年）（4・完）」は結論に賛成。ただし、損害賠償債権の存在だけでなく、その数額が具体的、客観的に確定していることを要するとする点については反対。
(22) 浦野・前掲注(8)の「最近の動産売買先取特権の実行をめぐる諸問題（4・完）」は賛成。
(23) 中野・前掲注(5)はこの決定を準名義説に分類するのに対して、生熊・前掲注(6)は書証説に分類する。
(24) 判例時報一一七三号（一九八六年）六六頁には、「昭和六〇年八月四日」と表示されているが、判例時報の総索引を含めて多くの文献では八月一四日として引用されている。
(25) 西野・前掲注(17)は反対。副田隆重「民法判例レビュー・担保」判例タイムズ六一九号（一九八六年）四四頁は、高裁決定の方がより現実的であるとする。
(26) 小林・前掲注(8)参照。
(27) 本稿で取り扱うテーマが争点となっていないため、本稿では紹介していないが、民事執行法施行後に、物上代位の可否が問題となった裁判例としては、破産宣告後の動産売買先取特権の行使の可否に関するもの（最一小判昭和五九年二月二日民集三八巻三号四三一頁が出るまでに多数の下級審裁判例があるが、それらについては三宅正男「判批」判例評論三〇九号（一九八四年）三七頁等参照）、動産売買先取特権の物上代位により請負代金債権を差し押さえることの可否に関するもの（大阪高決昭和五六年九月二一日判タ四六五号一〇八頁。大阪高決昭和五九年七月一六日判時一一三三号八三頁、東京高決昭和五九年一〇月三日判時一一三四号八五頁、仙台高決昭和六一年一〇月二〇日判時一二一六号八四頁）、賃料債権に対する抵当権の物上代位の可否に関するもの（東京高決昭和六〇年二月二二日判時一一五〇号一九一頁、福岡高決昭和六〇年八月一二日判時一一七三号七一頁、大阪高決昭和六一年八月四日金判七五六号八頁）があるが、それらの裁判例でも少なくとも明確に特定説に立つ裁判例は見当たらない。

(28)　転売代金債権が存続していることの証明が不要である点については【7】参照。

(29)　前掲注(20)(21)参照。なお、約定担保権にあっては担保権の存在自体が被担保債権の発生を推定させるものであり、また動産売買先取特権などの法定担保権にあっては被担保債権の発生により初めて法定担保権も発生するが、強制執行停止決定や仮処分は、それがその後取り消されても相手方に当然に損害が発生するものではないから、強制執行停止決定正本や仮処分却下判決正本をもって被担保権の発生を直ちに推定させるものということはできず、結局担保権証明文書とはいえないこととなる。

(30)　浦野ほか前掲注(8)の「〈研究会〉民事執行実務の諸問題（10・完）」において、松田延雄判事は、動産売買先取特権の物上代位と抵当権の火災保険に対する物上代位は異なり、後者は特定説的な考え方で処理している旨発言されているが（四五頁、四七頁）、動産売買先取特権と抵当権の火災保険の物上代位との間で証明の程度に相違があるかはともかくとして、理論的には両者はまったく同一であり、取扱いを異にすべき理由はない。

(31)　物上代位権の行使方法として民事訴訟法上の仮差押えを利用できないことについては、東京高決昭和五九年一〇月二日判時一一三七号五七頁参照。

(32)　物上代位権者が自ら強制執行により目的債権を差し押さえた場合に、他の競合する債権者がいるときは、物上代位権者は配当要求の終期までに担保権の存在を証する文書を提出しなければ優先弁済を受けることはできない（最一小判昭和六二年四月二日金法一一六八号二六頁）。

(33)　準名義説に立つ論者は、物上代位の対象債権は申請時に特定さえすればよく、担保権証明文書による証明の対象でないので、かかる不当な結果が生ずることはないとするのであろうか、その見解が誤っていることは**五**および**一**で論じたところである。

(34)　証拠への近接の観点からしても、債権者により近い債務者との関係に比べて、より遠い債務者・第三債務者間の関係についての証明度は、より低くてもよい。

(35)　【18】の決定は「債務者及びその代理人以外の債権者、第三債務者らが事後的に作成した上申書ないし陳述書のみをもって」

担保権証明文書に充てることは、証拠制限を回避するものとして許されないと判示するが、同決定は、右判示からも明らかな如く、それらの書面「のみ」をもって担保権証明文書とすることは許されないとするものであり、債権者や第三債務者が事後的に作成した上申書の証拠能力を否定するものではない。小林「判批」前掲注(8)二〇三頁は、この点、若干誤解されているようである。

【振り返りコメント】

近畿弁護士連合会の研修委員会〔委員長滝井繁男弁護士〈その後最高裁判事〉〕が、同委員会主催の夏期研修が始まって三〇周年になるのを機に、研修成果の発表の場としての論文集の発行を企画したものの、なかなか論文が集まらず、委員長から何か投稿せよと求められて投稿した論稿である。

当時、民事執行法一九三条一項の「担保権の存在を証する文書」の法的性質について、準名義説と書証説とが鋭く対立している状況の下で〔現在は、執行実務は書証説でほぼ固まったといえる——中野貞一郎『民事執行法〔増補新訂六版〕』（青林書院・二〇一〇年）三六四頁参照〕、本稿執筆時までに公表されていた二一の裁判例につき、その裁判例にて認定されている事実とその認定に供された書証とについて、実証的に検討を加えた嚆矢の論稿であり、中野貞一郎『民事執行法〔新訂三版〕』（青林書院・一九九八年）から、同『民事執行法〔増補新訂五版〕』（青林書院・二〇〇六年）までには参考文献として引用されていたが、出典がマイナーな文献であることもあって、他の文献で引用されることがほとんどなかったため、本書に収録することとしたものである。

なお、その後の裁判例の動きや文献については、中野貞一郎『民事執行法〔増補新訂六版〕』（青林書院・二〇一〇年）三六七頁参照。

第2部　根担保

第１章　根債権質をめぐって
——主として確定、根保証との関係等について——

一　問題の所在

企業間の継続的取引や銀行取引において、株式や公社債、定期預金等を対象として、譲渡担保と並んで根債権質が実務上しばしば利用されている。[1] ところが、根債権質をめぐる裁判例はきわめて少なく、ことに根債権質の効力、例えば被担保債権の確定事由、共同根質権の効力、他の根担保との関係等に関する裁判例はほとんどなく、[2] 学説においてもほとんど論じられていない。[3] そのため、実務に携わっていて判断に迷うことが少なくない。

ところで、根担保をめぐっては、古くから根抵当を中心に論議が重ねられてきたが、根抵当については昭和四六年に規定が民法に追加されたことによって立法的に解決された。その後、同法が実務に定着していくなかで、根抵当法理の他の根担保への準用ないし類推適用の可否が論じられるようになり、[4] 根保証をも含めた統一的な根担保法理確立の必要性が主張されるようになった。[5]

そして、根抵当法が優れた担保機能を果たすに至ったことから、根担保法理の確立にあたっては、可能な限り根抵当法理を援用すべきであると有力に主張されるに至った。[6] それに対しては、「『根担保』の共通の本質的構造にまで立ち帰って捉え直し、逆に現行根抵当法の在り方をそのひとつの『型』として位置づけ直す作業までも要請されている」のであり、「各種の根担保への根抵当規定の類推適用（準用）の当否を問う前提として、現行根抵当法が果たして『根担保』一般にとって『目指さるべき理想型』という意味での『典型』たりうるか、また、いかなる点においてそうであるかが当然問われる」として、個々の根担保毎に、根抵当法の類推適用の可否を検討すべきであるとする説も有力である。(7)

筆者も、統一的な根担保論の確立を願うものではあるが、そのためには、担保目的物の性質やその実行方法の相違、公示機能の有無等が十分に検討されるべきであると考える。以下、かかる観点から、根債権質をめぐる諸問題のうち、被担保債権、確定、共同根質権、他の根担保との関係等のうち若干の問題点について、根抵当と対比するほか、債権を目的とする関係上、根保証とも対比しつつ検討を加える。

二　根債権質の被担保債権について

ここでは、被担保債権に関わる問題点のうち、一部実行の可否および被担保債権の範囲について検討する。

1　根債権質の一部実行の可否

数口の定期預金の如く、複数の債権に対して共同根債権質が設定されている場合に、被担保債権の入替りの可能性という根債権質関係を継続したまま、一部の債権につき質権を実行することができるかという問題である。

根抵当では、確定と担保権の実行によって担保価値全体の実現が図られ、また、後順位抵当権者に対する配当がなされるため、共同根抵当権の一部の実行ということはあり得ない。ところが根保証では、根保証関係を継続したままでの債権者による一部の履行請求の可否が論じられており、(8)実務上は、全体の確定をまって請求がなされる場合の方が多いとはいえ、必ずしも取扱いは確定していない。

ところで根債権質ではその目的債権は確定しており、その一部が実行されれば担保たる債権も減少するから、それにより担保権設定者が特段の不利益を被ることはない。また、債権質では、原則として後順位質権者が生じないことからすれば、[9]利害関係人が存しない場合には、根債権質関係を継続しつつ、一部の根質権の実行をなすことも許されよう。もっともかかることは例外に属するから、明確な約定の存する場合に限られるべきである。

２　被担保債権の範囲について

被担保債権の範囲に関しては、極度額を定めることの必要性の有無と包括根質権設定の可否について検討する。

まず、極度額の点であるが、根抵当では設定の効力要件とされており（民法三九八条ノ二第一項）、他方、仮登記担保では、根仮登記担保自体の優先弁済力が否定されている（仮登記担保法一四条）。根抵当や仮登記担保において右の如き立法政策がとられたのは、担保余剰価値の活用や一般債権者との利害の調整等によるものであるが、根債権質では仮に極度額を定めても、それを公示する方法はなく、また前述のとおり後順位質権者が原則として生じないこと、質権設定者はその目的物の価値以上の負担を負うことはなく、極度額を定めなくとも、設定者に特に不利益を生じないことからすれば、極度額の定めはその要件とはならないものというべきである。[10]なお、極度額を定めたときには、根債権質権者はその極度額の範囲でしか担保権を行使できず、それを超えて取り立てた場合には設定者に返還すべきこととなる。また、元本確定後は民法三九八条ノ二一の類推による極度額の減額請求や、三九八条ノ二二の類推による消滅請求が認められることになる。

次に包括根質権の点であるが、根抵当法では包括根抵当を排除したが、包括根保証については、通説・判例はその有効性を認めたうえで、具体的妥当性を欠くものにつき信義則によって制限している。ただし学説では、根抵当の場合と同様に回り手形についてはその旨の特約が必要であり、かけ込み割引によって取得した手形については根保証人に対して権利を行使し得ないと解すべきであるとされている。[11]

包括根担保では、右述の回り手形や不法行為に基づく債権の如く、当事者がその設定時に予測していない債務までもが担保されることとなるとの問題があるが、根債権質では、前述のとおり設定者の責任の範囲が画され、また後順位権利者との利害調整という問題も原則として生じないことからすれば、包括根保証について通説・判例が認めるのと同様に、包括根債権質についてもその有効性を認め、かけ込み割引手形や不法行為、不当利得に基づく債務等でその行使を認めることに具体的妥当性を欠くものについては、信義則によって制限すれば足りるというべきである。⑫

三　被担保債権の確定について

根債権質においても、被担保債権の入替りの可能性がなくなるという意味での確定の概念は不可欠である。根債権質における確定事由については、まず根抵当権に関する確定事由の規定がどこまで準用ないし類推適用できるかが検討されるべきであるが、⑬それに加えて根債権質の性質に基づく確定事由の有無についても検討する必要がある。

1　根抵当に関する確定事由について

根抵当につき民法が定める確定事由の、根債権質への準用ないし類推適用の可否につき、各条文毎に検討する。

(一)　確定期日

根抵当では、当事者は確定期日を定めることができ、その期間は五年以内でなければならないとしている（民法三九八条ノ六）。

しかし、根債権質では、期間を五年に限定すべき理由はない。例えば、期間一〇年の国債に根質権を設定した場合に、それを無効とし五年に限定すべき理由はない。また、根抵当では、確定期日は登記事項とされているため、例えば、取締役の在任中に会社に生じた債務に限って物上保証をするが如き不確定期限をもって確定期日とすることは認められないが、根債権質においては、かかる約定を無効とすべき理由はない。

確定期日を定め得ることは、根担保としての性質上当然のことであるから、民法三九八条ノ六の規定をまたずとも根債権質につき確定期日を定めることができる。したがって、同条が根債権質に類推適用される余地はない。

（二）　**確定請求権**

根抵当では、確定期日を定めない場合には、設定者は、設定後三年を経過したときは元本の確定を請求することができ、その請求が根抵当権者に到達後二週間で確定すると定める（民法三九八条ノ一九）。

根債権質では、不動産とは異なり、目的たる債権には原則として弁済期の定めがあり、それが到来すれば当該債権を取り立てることができるところから、一定期間の経過に基づく確定請求権を認めるべき必要性はそれほど大きくはない。

しかし、債権質にも株式の如くそもそも弁済期の存しないものや、集合債権に根質権を設定する場合の如く対象となる個々の債権の弁済期の影響を受けないもの[14]、期間二〇年の超長期国債の如く償還期間が通常の経済活動の期間を超えるもの等があり、また、自動継続定期預金に対する質権の如く満期到来後も質権の効力が認められることがある[15]こと等からすれば、設定者に確定請求権を認める必要性は否定できない。

他方、根保証では、期間、極度額の定めのない包括根保証につき、相当期間経過による解約権（通常解約権）が判例・通説によって認められており[16]、それらの裁判例では、一年[17]あるいは二年半[18]でもって相当期間が認定されていて、根抵当につき定められた確定請求権の期間より短い期間で解約が認められている。しかし、右裁判例は、極度額および期間の定めのない根保証に関するものであり、その何れかまたは双方が定められている場合の解約に関する裁判例はない。この点に関し、期間の定めのある根保証でも、その期間が余りにも長期に定められている場合には、期間の定めのないものに近い扱いを受け、相当期間の経過によって解約をなし得ると解してよいと主張する説[19]、根抵当の確定の規定の趣旨を根保証一般の解釈に及ぼすべきであると主張する説[20]、限定根保証に限って類推適用を考慮すべきである等の説[21]が主張されている。

根債権質では、極度額の定めがなくても、目的債権により責任の上限が画されていて設定者が予測外の負担を被る可能性がまず存しないことからすれば、期間の定めがある場合については、その期間が合理性を欠くような例外的な場合を除き、確定請求権を認める必要はないといえる。また、期間の定めがない場合であっても、目的債権の弁済期によって自ずから期間の定まる場合は、期間の定めのある場合と同様に取り扱うべきである。他方、期間の定めがない場合であって、株式の如く弁済期のないものや長期国債の如く償還期間が長期に亘るものについては、設定者をいつまでも根質権の拘束下におくことは、設定者の経済活動の自由を長期間奪うこととなり相当性を欠くといわざるを得ず、設定者に確定請求権が認められて然るべきである。その確定請求をなし得る時期であるが、根抵当権に関する民法三九八条ノ一九第一項がすでに定着していることからして、同条を類推適用して三年と解すべきであろう。

なお、確定請求権の行使による確定の効力が生ずる時期も、同条二項を類推適用して意思表示の到達後二週間と解して特に差し支えはないといえよう[22]。

なお、右の確定請求に代わり、根保証に関する通常解約権の法理を類推することも考えられるが、根債権質においては右に述べたとおり責任の限度額が目的たる債権の額に限定されることからすれば、根抵当に関する民法の規定を類推することがより適切であろう。

(三)　根質権者の死亡・債務者の死亡

根抵当では、元本の確定前に根抵当権者につき相続が開始したときは、根抵当権は相続開始の時に存する債権のほか、相続人と根抵当権設定者との合意により定めた相続人が、相続開始後に取得する債権を担保し（民法三九八条ノ八第一項)、また、債務者につき相続が開始したときは、根抵当権は相続開始の時に存する債務のほか、根抵当権者と根抵当権設定者との合意により定めた相続人が相続開始後に負担する債務を担保するが(同条二項)、その合意につき相続の開始後六ヶ月以内に登記をしないときには、相続開始時に元本が確定したものとみなされる(同条四項)。

根債権質においても、根質権者または債務者が死亡した場合には、根抵当と同様に根質権者の相続人と設定者の合意、または根質権者と設定者とが合意した債務者の相続人に関する新たな債権・債務につき、根質の効力を維持する必要性があり、またそれを認めても特段の不都合は認められないから、民法三九八条ノ八第一項・二項は何れも類推適用されるべきである。

しかし、同条四項を類推適用することには躊躇を覚える。同条一項・二項および四項については、根抵当権の相続性をめぐって、根抵当権者または債務者の死亡によっていったん元本は確定するものの、合意による根抵当存続の登記によって相続開始時に遡って確定の効果が消滅するとする解除条件説と、相続が開始しても元本は確定せず、存続の登記が六ヶ月以内にされないと相続開始時に遡って確定の効果が発生するとする停止条件説とが対立しているが、[23]四項は、その浮動状態を早期に解消して公示しないと第三者の取引を害することを防止するために設けられた規定である。[24]

ところで根債権質でも、根質権者の相続の場合であれば、相続性を認める見解からは相続による準共有から単純所有への、また相続性を認めない見解からは、実質上新たな根質権の設定として、対抗要件の具備が必要とされる。根抵当では、登記の公示機能を踏まえてこの具備期間を六ヶ月と法定したのであるが、根債権質、ことに指名債権を目的とする質権では、その対抗要件には公示機能をまったく欠くのであって、六ヶ月経過後に対抗要件が具備されても、それにより権利を害される第三者が存しない限り、六ヶ月を超えたことをもって無効と解すべき必要は存しない。また、六ヶ月以内でかつ対抗要件が備えられる以前の段階で第三者から質権の目的債権が差し押さえられた場合に、その後の根質権者と設定者との合意により、その差押えの効果を実質的に覆滅することが、実定法上の根拠もなく認められないのは当然であろう。この点は、債務者に、相続が開始した場合も基本的に同様である。

以上述べたとおり、根債権質に関しては民法三九八条ノ八第四項は類推適用されるべきではなく、対抗要件具備の先後によりその効力を判断すべきである。

（四）　根抵当権者・債務者の合併

根抵当では、元本の確定前に根抵当権者または債務者が合併した場合には、原則として合併後に生ずる債務も担保するが（民法三九八条ノ九第一項・二項）、物上保証人たる設定者は、合併のあったことを知った日より二週間以内または合併の日より一ヶ月以内に確定請求をすれば、合併の時に元本が確定する（同条三〜五項）。

根債権質においても、右の場合に原則として根債権質関係が継続され、合併に反対の設定者が確定請求をなすべき利益の存することは、根抵当の場合と同様であり、また確定請求をなすべき期間制限の点も、根債権質について、特に別異に解すべき事情も認められないので、同条は根債権質にも全て類推適用して差し支えないといえる。

（五）　被担保債権の範囲の変更、取引の終了

根抵当では、被担保債務を入替り可能な継続的取引に基づく債務から特定の債務に変更した場合や、根抵当の被担保債権の範囲として定められている特定の継続的取引が終了したときには、元本は確定すると定める（平成一五年改正前の民法三九八条ノ二〇第一項一号）。

これは、根担保関係が解消すれば元本も確定するという当然のことを定めた規定であり、類推適用を云々するまでもなく、右事由が生じた場合には、根債権質の元本も当然に確定するものというべきである。

（六）　根債権質権者による質権の実行等

根抵当では、根抵当権者が抵当不動産に対し競売の申立て（根抵当の実行によると債務名義に基づくとを問わない）または物上代位による差押えの申立てがなされ、競売手続開始決定がなされまたは差押えがなされたときにはその申立ての時に（民法三九八条ノ二〇第一項一号）、また根抵当権者が滞納処分による差押えをなしたときにはその差押えの時に（同条一項二号）、それぞれ元本が確定すると規定する。

これは、根抵当権者自らが、取引を打ち切る意思を示すものだからであると説明されているが、その点は根担保に共通する事柄であり、根債権質においても、右と同様の事由が生じたときには、当然に元本が確定するというべきである。

（七）　第三者からの差押え等

根抵当では、根抵当権者が抵当不動産に対する競売手続の開始または滞納処分による差押えがなされたことを知った時より二週間経過したときには、元本が確定するが、競売手続の開始または差押えの効力が消滅したときは、元本は確定しないものとみなすと規定する（民法三九八条ノ二〇第一項三号・二項）。

根抵当権の場合は、執行法が消除主義をとる以上、右の場合に元本が確定することは当然であるといえる。しかし、根債権質の場合は同列には論ずることができない。

債権質の目的たる債権を他の一般債権者が差し押さえた場合、その債権者は転付命令を得ることができ、その場合その債権者は根債権質の負担付きの債権を取得することになるが、かかる場合に敢えてその元本を確定させる必要は存しない。また、取立命令を得た場合も、差押債権者は質権の被担保債権の範囲では第三債務者から取り立てることができないのであるが、かかる場合に、根質関係は当然には終了せず、その間は目的物の価格が被担保債権の額（極度額）を超える範囲でのみ取り立てることができ、当事者間で元本が確定してその被担保債権額が極度額を下回るときに改めて差押債権者はその差額を取り立てることができると解しても、あながち根質権者を保護しすぎ、差押債権者に不利益を強いるものとはいえない。

なお、後順位質権者がいる場合のその権利行使についても、第三者による差押えの場合と同様に考えることができるといえよう。

他方、滞納処分の場合は、国税徴収法一八条が、国税に優先する根質権、根抵当権が国税に優先して弁済を受け得る債権元本額を、国税に基づく差押えまたは交付要求の通知を受けた時における債権額を限度とすると定めており[25]、右規定に従わざるを得ない[26]。

以上検討したとおり、民法三九八条ノ二〇第一項三号は、根債権質に類推適用するのは適切でないというべきである。

（八）　債務者、設定者の破産

根抵当では、債務者または設定者が破産宣告を受けたときは、元本が確定すると定める（民法三九八条ノ二〇第一項四号）。

債務者または設定者が破産して、その財産の清算がなされる以上、根担保関係も解消して被担保債権を確定のうえ清算すべきことは当然であり、類推適用を云々するまでもなく、根債権質についても同様に解すべきである。

2　根抵当の確定事由以外の確定事由の有無について

根抵当につき民法が定める確定事由のほかに、以下の各事由が検討されるべきである。

（一）　事情変更による確定請求権（解約）

根抵当に関しては、根抵当立法制定前の事案に関し、最三小判昭和四二年一月三一日（民集二一巻一号四三頁）は、期間の定めのない根抵当権を設定した物上保証人は、根抵当権設定当時に比して著しい事情変更があった等正当事由があるときは、設定契約を将来に向かって解約告知することができると判示したが、この判例法理は、根抵当法が制定された後も維持されていると解されている㉗。

また、根保証に関しては、保証契約締結後に保証契約締結時に予期し得なかったような事情の変更があるときには、根保証人に解約権（特別解約権）を認めるのが判例であり、通説もそれを支持している㉘。判例で解約権が認められた例としては、債務者の資産状態が急激に悪化した場合㉙、主債務者が再三履行しない場合㉚、一定の地位に基づいて保証をしたがその地位を去った場合等である㉛。

根債権質においても、かかる場合に解約権（確定請求権）が認められて然るべきであり、右法理は類推適用されるべきである。

（二）　根質権設定者の死亡

根抵当権は、不動産における物的な負担であり、設定者の交替により何らその影響を受けるものではないから、設定者が死亡しても確定しないのは当然である㉜。他方、根保証については、責任の限度額ならびに保証期間の定めのない根保証の相続性を否定するのが確定判例であり、その何れかが定まっている場合については判例は明らかではなく㉝、学説は相続性を肯定するのが多数説である㉞。

ところで、根債権質の場合は、右述のところからすれば、物権であることおよび少なくとも責任の限度額が定まっているところから、その相続性が肯定されるという結論が導かれそうであるが、次に述べるとおり、なお検討を要すべき点がある。

すなわち、指名債権を目的とする根債権質を例にとると、設定者に相続が開始すると、その目的債権が可分債権であれば、各共同相続人にその相続分に応じて分割されるとするのが確立した判例法理である㉟。そうすると、根債権質は各相続人に分割された各債権の上に共同根質権として存することになる。共同根債権質につき共同根抵当に関する民法三九八条ノ一六や同三九八条ノ一七の規定が類推適用されるとすると、設定者の一人に確定事由が生ずると全部が確定し、また一人に対する根質権が実行された場合の他の根債権質に対する代位関係が生ずるなど、非常に錯綜した法律関係が生ずることとなるが、根抵当権と異なり根債権質は公示機能を伴っていないために、例えば相続人の一人に対して破産宣告がなされることによって確定したにもかかわらず、それを知らずに根債権質権者が融資を継続するなど、利害関係人に予測外の不利益を及ぼすことになりかねない。

このような事態を生ずるのを避けようとすれば、根債権質にあっては、目的物が債権であり、相続によって分割されるという目的物の性質上、設定者の相続の開始によって確定すると解するのが、最も簡明な解決方法であるといえよう。

(三)　質権の目的債権の弁済期の到来

根債権質では、元本の確定時期の定めがない場合には、目的債権の弁済期の到来をもって元本の確定時期と定めたと解し得る場合が多いであろう。また、自動継続定期預金に対する根質のように、弁済期の延長が予定されている場合もある。しかし、契約の文言や当事者の意思解釈からは右の如き結論を導くことのできない場合で、目的債権の弁済期が到来する場合が問題となる。

通常の債権質では、目的債権の弁済期が質権者の債権の弁済期より以前に到来するときには、質権者は第三債務者をして供託させ、質権はその供託金の上に存すると定めるが（民法三六六条三項）、根質権の場合に、第三債務者に供託させてその還付請求権の上に根債権質が存すると解するのは、余りにも経済活動の実態から遊離する。

したがって、かかる場合には、目的債権の弁済期の到来によって元本が確定すると解すべきである。

四　共同根質権について

根抵当では、数個の不動産に根抵当権を設定する場合には、同一の債権の担保のために同時に設定された場合のみが共同根抵当であり（民法三九八条ノ一六）、その要件に当てはまらない場合には累積式根抵当となると定める（同法三九八条ノ一八）。根抵当では、後順位に担保権が設定されることも多く、複数の不動産に設定された根抵当権が共同根抵当となるとすると、各不動産が個別に売却される場合には錯綜した法律関係が生じ、また、根抵当権者の利益に反して根抵当権関係の終了を強いられることになりかねないから、原則として累積式とすることには合理性がある。

しかし、根債権質では、後順位の権利者が生ずる可能性はきわめて少ないだけに、必ずしも根抵当と同一に論ずる必要はない。また、例えば一定の極度額を定めて、設定者の有するAビルの年度毎にその返還金額が逓減する方式の保証金返還請求権に根質権を設定していたところ、経年によりその金額が減少したためにBビルの同様の保証金に追加的に根質権を設定する場合などでは、当事者の意思は非累積であることは明らかであるが、かかる場合に根抵当に関する右規定を類推して強いて累積式であると解すべき必要性はまったくない。根債権質の場合は、共同根債権質が累積式根債権質か否かは、当事者間の契約で自由に定め得ると解しても、何らの不都合はないといえよう。また、契約内容が明確でない場合には、与信枠の拡大に伴って設定されるときには原則として累積式、与信枠の拡大なしに同一設定者によって追加設定されるときには、原則として非累積と解してよいであろう。

五　他の根担保との共同設定について

根債権質が、根保証や根抵当等他の根担保と同時に設定された場合に、累積的に設定されたものと解すべきか否かという問題である。

1　根保証と共同設定された場合

最三小判平成六年一二月六日（判時一五一九号七八頁）は、物上保証人として根抵当権を設定すると同時に極度額を定めずに根保証契約が締結された事案につき、根保証の極度額は根抵当権と同額であり、かつ非累積となる旨判示した㊱。

根債権質と根保証が同時に設定された場合も、根保証に極度額の定めがないか、根債権質の極度額と同一金額が設定されている場合には、原則として右判例法理と同様に解してよいといえよう。

根債権質の目的債権の金額と異なる極度額を定めた根保証契約が同時になされた場合、あるいは保証契約が根債権質と時を異にして締結された場合に、累積的と解するか否かは、当事者の意思解釈の問題であり、それは、保証契約締結の経緯、与信枠の増加の有無、質権の目的債権の実勢価値や換価の難易度等から総合的に判断されるべき事柄であるが、原則として、根質権設定者と同一人が根保証する場合は非累積、第三者が保証する場合は累積と解してよいであろう。

2　根抵当その他の根担保と共同設定された場合

根債権質と同時に根抵当や根譲渡担保等が設定される場合には、原則として累積的根担保が設定されたといえよう[37]。しかし、極度額二億円の根抵当と二〇〇〇万円の定期預金に根債権質を設定しながら、与信枠が二億円しか設定されない事例では、非累積と解さざるを得ない。かかる事例は、根抵当権の実行には時間と費用を要するところから、より容易に実行できる担保方法を確保するために、大手企業と中小企業間の継続的取引などでは時として行われている。

このように、根債権質とともに他の根担保が設定される場合も、それが累積的か否かは、根保証の場合と同様に当事者の意思解釈の問題であり、同所で述べたような諸要素を総合的に判断して決せられるべき事柄であるが、同時に設定されるか否かを問わず、累積的と解される場合が多いであろう。

六　おわりに

根担保については、石井眞司氏の、根抵当に関する民法の規定を原則として類推適用すべきであるとの立場から詳細に検討された論文[38]があるが、実務において根債権質の問題に巡り会い、必ずしも同氏の論述どおりには解することができないのではないかというのが、本稿執筆の動機である。能力、時間の関係から、本来なら根質全体について論じたうえで根債権質について論ずべきところを、根債権質に絞って論じ、またそのなかでも被担保債権、確定、共同担保の三点に絞って論じたために、他の根質について検討を加えた場合に論理矛盾が生ずるような論議を展開している可能性なしとしない。

しかし、根債権質は根抵当と同様の担保物権型根担保であるにもかかわらず、少なくとも根抵当の規定のうちには根債権質に類推適用することができないものが少なからずあることは明らかにできた。本稿が、根担保の全体的な法理の構築に少しでも役立てればと願う次第である。

末尾ながら、本研究の報告の際に、貴重な御意見をお寄せいただいた現代担保法研究会（大阪）の会員各位に、厚く御礼申し上げる。

（1）　根債権質の対象としては、本文に掲げたほかに、火災保険金、入居保証金返還請求権、不動産の買戻請求権等に設定して利用されていることが、研究会参加者から指摘された。

（2）　筆者が探査した範囲では、後掲の自動継続定期預金に対する根質と国税滞納処分による取立権に関する東京地判平成二年六月二二日判時一三七六号七六頁が唯一の裁判例であった。

（3）　安田火災海上保険株式会社編『火災保険の理論と実務』（海文堂出版・一九七八年）三八四頁以下〔松村寛治〕において、包括根質の効力、極度額、元本の確定等につき論及されている程度である。

（4）　根譲渡担保、根仮登記担保に関して、鈴木禄彌『根抵当法概説』（新日本法規出版・一九七三年）二一四頁以下、二二一頁以下。根代物弁済予約に関して、柚木馨＝高木多喜男『担保物権法〔新版〕』（有斐閣・一九七三年）五五〇頁以下、山内敏彦「根代物弁済予約の要件」奥田昌道ほか編『民法学3』（有斐閣・一九七六年）二五八頁。根保証に関して、石井眞司「根保証の法律構成の再検討（その一～八）」手形研究二八六号四頁、二八八号三二頁、二九一号四頁、二九五号四頁、二九九号一八頁、三〇二号四頁、三一三号四頁、三一五号一六頁（一九七九～一九八一年）等。

（5）　石井眞司「根抵当法・根保証法から根担保法へ」金融法務事情一〇八八号（一九八五年）四頁。

（6）　石井眞司「根担保と根抵当権」米倉明ほか編『金融担保法講座Ⅱ』（筑摩書房・一九八六年）七七頁。なお、吉田眞澄「根担保契約論は、どういう構想のもとで論ずべきか」椿寿夫編『講座・現代契約と現代債権の展望　第三巻』三頁（日本評論社・一九九四年）も、基本的には同一の立場に立つ。

（7）　荒川重勝「根担保論」星野英一ほか編『民法講座別巻Ⅰ』（有斐閣・一九九〇年）一四三頁。なお、椿寿夫編『担保物権法〔現代民法講義3〕（法律文化社・一九九一年）一五一頁以下〔伊藤進〕も、同様の見地に立つ。

(８)　積極説として、鈴木禄彌ほか「セミナー・根保証」鈴木禄彌＝竹内昭夫編『担保・保証』〔金融取引法大系⑸〕（有斐閣・一九八四年）四一三頁以下、林良平「根保証人の代位弁済と担保権の移転」手形研究三〇七号（一九八一年）七四頁。荒川・前掲注(７)一八九頁以下は消極。

(９)　債権質で後順位が設定されるのは、火災保険金につきその対象建物に設定された抵当権の順位に応じて設定される場合、会社更生手続で、更生担保権の目的不動産を売却した場合に変換担保として設定される預金などに限られる。これは、要物性の関係から先順位質権者の同意なしに後順位を設定することが困難だからである。

(10)　同旨、伊藤・前掲注(７)一五二頁。なお、松村・前掲注(３)は、損害保険金の根質において極度額の定めがないときは、保険金額が極度額となるとする。

(11)　石井・「根保証の法律構成の再検討（その一）」前掲注(４)、松本恒雄「根保証」加藤一郎＝林良平編『担保法大系　第五巻』（金融財政事情研究会・一九八四年）二五〇頁等。

(12)　近江幸治「根譲渡担保」金融・商事判例七三七号（一九八六年）三三頁は、根譲渡担保につき同旨。

(13)　松村・前掲注(３)三八八頁は、根質権については公示機能がないことを理由に根抵当の規定の準用に反対し、元本の確定には明確な当事者の意思表示が必要であるとする。

(14)　もっとも、集合債権につき根質権を設定するには、個々の債権毎に対抗要件を備える必要があり、かかる場合には一般に集合債権譲渡担保が利用されるので、集合債権につき質権が設定されることはほとんどない。

(15)　最一小判昭和四〇年七月一四日民集一九巻五号一二六三頁。なお、大阪地判昭和四二年五月三〇日金法四九七号三三頁。

(16)　大判大正一四年一〇月二八日民集四巻六五六頁、大判昭和七年一二月一七日民集一一巻二三三四頁。なお、解約に関する判例を整理したものとして、鈴木禄彌「根保証人の解約権」堀内仁監修『判例先例金融取引法』（金融財政事情研究会・一九七九年）一八四頁、鈴木健太「根保証に関する判例」加藤＝林編『担保法大系　第五巻』前掲注(11)二七一頁、堀龍兒「民法判例レビュー・担保」判例タイムズ六一三号（一九八六年）六一頁以下参照。学説については、橋本恭宏「判批」『担保法の判例Ⅱ』〔ジュリスト増刊〕（一九九四年）一八四頁参照。

(17)　東京地判昭和三五年五月九日判時二二七号二六頁。信用金庫取引に関する事例。

(18)　前掲注(16)大判昭和七年一二月一七日。手形割引取引に関する事例。

(19)　松本・前掲注(11)二五七頁。

(20)　鈴木禄彌・前掲注(16)一八六頁。
(21)　石井・「根保証の法律構成の再検討（その五）」前掲注(4)一九頁。
(22)　同旨・石井・前掲注(6)九二頁。
(23)　学説の状況については、吉岡伸一「判批」『担保法の判例Ⅰ』〔ジュリスト増刊〕（一九九四年）二二三頁参照。
(24)　柚木馨編『注釈民法(9)〔増補再訂版〕』（有斐閣・一九八二年）四一〇頁〔高木多喜男〕。
(25)　国税徴収法一八条の規定は、民法三九八条ノ二〇第一項三号が、滞納処分の通知後二週間を経過したときに確定すると規定しているのと矛盾しており、国税徴収法も民法の右規定に歩調を合わせるべきであるとされている。高木・前掲注(24)四三九頁。
(26)　前掲注(2)の裁判例参照。
(27)　高木・前掲注(24)四三六頁、松尾英夫「根抵当権の処分、確定とその手続」加藤一郎＝林良平編『担保法大系　第二巻』（金融財政事情研究会・一九八五年）六六頁等。
(28)　前掲注(16)の文献参照。
(29)　大判昭和九年二月二七日民集一三巻二一五頁、大判昭和九年五月一五日法律新聞三七〇六号九頁、なお、大判昭和九年六月八日裁判例（八）民事一四一頁は、極度額の定めのある場合についても特別解約権の行使を肯認する。
(30)　最二小判昭和三九年一二月一八日民集一八巻一〇号二一九七頁。
(31)　大判昭和一六年五月二三日民集二〇巻六三七頁、金沢地裁小松支判昭和六〇年六月二八日判タ五六六号一八六頁等。
(32)　最二小判昭和三七年一一月九日民集一六巻一一号三二七〇頁。
(33)　鈴木健太・前掲注(16)二八九頁。
(34)　松本・前掲注(11)二六三頁、中務嗣治郎「保証人の死亡」藤林益三＝石井眞司編『判例・先例金融取引法〔新訂版〕』（金融財政事情研究会・一九八八年）二一四頁。
(35)　大判大正九年一二月二日民録二六輯二〇六二頁、最一小判昭和二九年四月八日民集八巻八号八一九頁。
(36)　判批として、秦光昭・金融法務事情一四二一号九八頁、磯村保・同誌一四二八号五二頁、大西武士・ＮＢＬ五七七号五九頁、石井眞司・判例タイムズ八七八号一一頁、八八四号五一頁、吉田光碩・同誌八七九号七一頁（いずれも一九九五年）。
(37)　石井・前掲注(6)九八頁。
(38)　石井・前掲注(6)。

【振り返りコメント】

本稿は、私が属していた法律事務所の若手パートナーが主任として担当していた倒産事案で、根質が設定されていて、その処理について相談を受けた際に適切な文献がなかったところから、機会があれば研究したいと思っていたところ、当時加入していた椿寿夫先生主催の「現代担保法研究会（大阪）」でレポートの順番が回ってきたのを契機として執筆したものである。

根担保をめぐっては、石井眞司氏、荒川重勝教授らの優れた先行研究があるが、検討していくと、根債権質と根抵当権とでは、その担保目的物の相違に由来する法的性質の相違が随所に浮かび上がり、根債権質の効力について、場合分けをして検討することが必要であると思料されたところから、かかる観点に立って論述したものである。

今日の時点から省みれば、執筆時に比して、学説や判例において、集合債権を含む将来債権に対する譲渡担保の効力がより大幅に認められていることからして、将来債権に対する根債権質の効力について、もう少し掘り下げた論述がなされるべきであったと思われるが、それらの点は他の研究者による批判的な検討に委ねざるを得ない。

なお、平成一五年の民法改正により根抵当関係の条文の一部に変更がなされたところから、条文中、同改正により削除されたものは改正前の条文であることを明記し、その余は改正後のものに修正した。

第２章　根譲渡担保をめぐる諸問題
――主として被担保債権・確定について――

一　はじめに

譲渡担保は、今日では担保方法として広く用いられ、その目的物も多様である。目的物のうち、不動産は金融機関や一般企業において用いられることはほとんどないが、機械・設備等の動産や、原材料・商品等の集合動産は商社等において用いられており、またゴルフ会員権や株式、集合債権は、ノンバンク等の金融機関や商社等において広く用いられている。(1)そのうち、不動産は、目的物として商社や一般企業で用いられることが少ないこともあって、継続的取引により生ずる債権のための担保（根担保）として用いられることは少ないが、機械・設備等の動産やゴルフ会員権、株式等は根担保の目的とされることが多く、集合動産や集合債権は原則として根担保として用いられている。

根担保をめぐっては、昭和四六年に民法に根抵当権に関する規定が設けられてそれが実務に定着していくなかで、根抵当法理の他の根担保への準用ないし類推適用の可否が論じられ、(2)根保証をも含めた統一的な担保法理の必要性が主張されるとともに、根担保には可能な限り根抵当法理を準用すべきであるとの有力な説が主張されるようになった。(3)

しかし、民法の根抵当権に関する諸規定は、不動産を目的とする根担保としては、実務上もきわめて優れた担保機能を果たしているものの、それが他の根担保権一般にとって典型たり得るか否かは、実務に携わっていても必ずしも明確とはいいがたく、個々の根担保毎に検討する必要があるところ、(4)従来判例もあまりなく、学説においても必ずしも十分な分析がなされてきたとはいいがたい。(5)かかる視点から筆者は、根債権質につき、主として確定、根保証との関係につき分析を試みたが、[6] 本稿では、同様の視点から、実務上の利用例の多い根不動産譲渡担保[7]および根動産（集合動産）譲渡担保権について、主として被担保債権、確定の点につき検討を加えることとする。

二　根不動産譲渡担保

1　根不動産譲渡担保の有効性

不動産譲渡担保は、仮登記担保と並ぶ権利移転型担保であるが、昭和五三年に制定された仮登記担保法は、根仮登記担保権の当事者間の効力は認めたものの、強制競売等においてはその効力を有しないものとし（仮登記担保法一四条）、また破産手続、会社更生手続においても別除権ないし更生担保権として取り扱われず（同法一九条五項）、さらに後順位の根仮登記担保権者の清算金請求権に対する物上代位を否定する（同法四条二項）など、第三者に対する効力を否定した。

仮登記担保法の諸規定と不動産譲渡担保との関係については、不動産譲渡担保の性質に反しない限り仮登記担保法を準用ないし類推適用すべきであるとする説が有力であるが、[8] 根仮登記担保に関する諸規定の根譲渡担保への類推適用については、根仮登記担保の第三者効を全面的に否定した仮登記担保法一四条以下の諸規定に関する立法政策自体に対する批判が有力であることもあって、[10] 同条を不動産譲渡担保に準用ないし類推適用すべしとする説は見当たらない。[11]

不動産譲渡担保では、根仮登記担保に関する規定の立法理由とされた担保権者による担保価値の全面的把握を防止するとの点は、登記名義が譲渡担保権者に移転されるため後順位担保権者が生ずる可能性がないこと、包括根抵当の禁止の問題は、別途の解決が可能であること、実務上もその利用をなすべき場合があることよりすれば、[12] 明文の規定がない以上、仮登記担保法一四条ほかを根不動産譲渡担保に準用ないし類推適用すべきではない。

2　被担保債権の範囲

被担保債権に関しては、被担保債権の範囲の定め方、包括根担保の可否および極度額を定めることの必要性が問題となる。

(一)　被担保債権の範囲の定め方

被担保債権の範囲について、判例[13]は、強行法規または公序良俗に反しない限り自由に定めることができ、第三者に対する関係においても、民法三七五条または三九八条ノ三の制約を受けないとする。それゆえ、譲渡担保の被担保債権として、当事者間で特定できる限り、不法行為上の債権や不当利得に関する債権を被担保債権に含ませることができ、また、被担保債権は登記されないから、根抵当権では不動産登記手続上登記することのできない継続的取引関係から生ずる債権や一定の種類の債権[14]についても、その被担保債権とすることができる。さらに、民法三七五条の定めを超えて「一切の利息・損害金」とする約定や、「目的物の管理、換価に要する費用等一切を含む」とする約定も有効である（なお、三九八条ノ三第二項については後述する）。

しかし、契約に定めのない限り、譲渡担保権者が先順位の抵当権の被担保債権を代位弁済しても、その求償権債権は譲渡担保によっては担保されない[15]。

(二)　包括根譲渡担保について

民法の根抵当権に関する規定では、包括根抵当権の設定を排除した（民法三九八条ノ二）。そして、仮登記担保に関しても、仮登記担保法の制定前は包括根仮登記担保の効力を否定するのが多数説であったが[16]、仮登記担保法では、当事者間での効力を認めた[17]。また、根保証についても、通説・判例は、その有効性を認めたうえで、具体的妥当性を欠くものにつき信義則によって制限している。[18]それらの点からして、根抵当の如く明文の禁止規定がない以上、包括根譲渡担保もその有効性は認められるべきである。ただし、債務者の危機状態後に担保権者が取得した回り手形や回り小切手については、担保権者がかかる手形、小切手を安価に取得して不当な利益を上げることを禁止する民法三九八条ノ三第二項の立法趣旨からして、根譲渡担保にも同項は類推適用すべきである。[19]また、設定者が設定時に予測し得なかったような不法行為や不当利得に基づく債権など[20]は、意思解釈あるいは信義則によって制限されるべきである。[21]

（三）　極度額について

根抵当権では、極度額の設定は根抵当権の効力要件とされている（民法三九八条ノ二第一項）。それは、担保物件の余剰価値の活用や一般債権者との利害調整を図る目的でなされたものであるが、根不動産譲渡担保につき極度額を定めても、それを公示する方法はなく、また譲渡担保においては、その所有権の移転登記がなされている限り後順位担保権者が生ずる余地はなく、第三者との利害調整との観点から極度額を定める意味はない。それゆえ、根不動産譲渡担保の設定にあたっては、極度額の定めはその効力要件とはならないものというべきである。[22]

極度額を定めたときは、それが効力を有することはいうまでもないが、極度額を定めないときは、その目的不動産の全価値が担保に供されているものというべきであり、目的不動産の時価が増大したときは、それに応じて担保の枠が拡大することになる。[23]

極度額を定めたときは、担保権者はその極度額の範囲でしか担保権を行使することはできず、譲渡担保権の実行により、処分清算型の場合はその処分価額、帰属清算型の場合にはその評価額との差額を、清算金として返還すべきことになる。被担保債権額が極度額（極度額の定めのないときは、その物件の価額）を超える場合に、譲渡担保権設定者が極度額（または物件の価額）を提供しても、その受戻しを請求し得ないことは、根抵当権の被担保債権額がその極度額を超えているときに、その極度額相当額の弁済の提供をしても、その抹消を請求することができない[24]のと同様である。また、極度額を変更するときは、根不動産譲渡担保においては、利害関係人が生ずる可能性がない以上、当事者の合意によって変更することができ、民法三九八条ノ四は類推される余地はない[25]。

なお、元本確定後は、民法三九八条ノ二一の類推適用による極度額の減額請求や、三九八条ノ二二の類推適用による消滅請求が認められるべきである[26]。

3　被担保債権の確定

根不動産譲渡担保においても、被担保債権の入替りの可能性が失くなるという意味での確定の概念は不可欠である。根不動産譲渡担保における確定事由については、まず根抵当権に関する確定事由の規定がどこまで準用ないし類推適用されるかが検討されるべきであるが、それに加えて根不動産譲渡担保の性質に基づく確定事由について検討する。

（一）　根抵当権に関する確定事由について

根抵当権につき民法が定める確定事由の根不動産譲渡担保への類推適用の可否につき、各条項毎に検討する。

(1)　確定期日

確定期日を定め得ることは、根担保としての性質上当然のことである。根抵当権では、その期間は五年以内とされているが（民法三九八条ノ六第三項）、その立法理由は、遠い将来の確定期日が定められることによって抵当不動産の担保価値が不当に長期間拘束されるという弊害を防止するためである[27]。根不動産譲渡担保においても、その担保不動産の担保価値が不当に長期間拘束されるという弊害を防止すべきことは当然であるが、根抵当権にあっては確定期日は登記事項（平成一六年改正前の不登法一一七条二項）であるのに対し、根不動産譲渡担保にあっては、その公示の方法はなく、また後順位の担保権者等の利害関係人が生ずる可能性はない。それゆえ、民法三九八条ノ六がそのまま類推適用される余地はなく、五年を超える確定期日の定めも有効というべきである。また、根抵当権では、取締役の在任中に会社に生じた債務に限って物上保証するというような不確定期限をもって被担保債権の確定期日とすることは、前記のとおり確定期日が登記事項である関係上認められないが、根不動産譲渡担保においては、かかる約定も有効というべきである[28]。

なお、確定期日が不相当に長期に定められた場合には、次に述べる確定請求権の行使が認められるべきである[29]。

(2)　確定請求権

根抵当権では、確定期日を定めない場合には、設定者は、設定後三年を経過したときは、元本の確定を請求することができ、その請求が根抵当権者に到達後二週間で確定すると定め（民法三九八条ノ一九）、この規定は根不動産担保に類推されてよいとの説がある[30]が、判例は未だ存しない。

根不動産譲渡担保は、根抵当権と同様不動産の根担保の一種であり、かつ根抵当法理が定着していることからすれば、右の類推適用説にも一理ある。他方、同じ根担保でも、根保証では、期間、極度額の定めのない包括根保証につき、相当期間経過による解約権（通常解約権）が判例、通説によって認められ[31]、それらの裁判例では、一年あるいは二年半[33]でもって相当期間が認定されており、根抵当権につき定められた確定請求権の期間より短い期間で解約が認められている。もっとも、それらの裁判例は何れも極度額および期間の定めのない根保証に関するものである[32]。

根不動産譲渡担保では、前記のとおり極度額を当事者間で定めてもその公示の方法はなく、極度額の定めのないときは、前記のとおり目的不動産の価値の限度まで担保に供されると解されているが、この場合、一面では極度額の定めのない根保証とは異なり、その責任の上限が目的物の価値の枠によって画されているとはいえる。しかし、他方では、不動産譲渡担保に供される不動産は、一般に設定者の自宅や工場等、言わば生活や業務の本拠ともいうべきものが多く、かつ所有名義が譲渡担保権者に移転されるという強い効力を有することからすれば、設定者（ことに物上保証人）に対し根保証に関すると同様の保護を与えることが考えられてもよい。

右に述べた諸点を彼此検討すると、確定期日の定めのない根不動産譲渡担保については、原則として根抵当権に関する民法三九八条ノ一九が類推適用されて、三年間経過後は確定請求をなし得ると解すべきであるが、物上保証の場合であって、住宅や工場等生活の基盤ともいうべきものが譲渡担保の目的物であり、かつ極度額の定めのない場合には、根保証に関する法理が類推適用され、三年の期間の経過を経ずとも、相当期間経過後は確定請求をなすことが認められるべきである。(34) なお、確定期日に関する定めがあっても、その期間が余りに長期に亘る場合であってかつその期間につき合理的理由がない場合には、相当期間経過後は確定の請求をなすことができて然るべきである。その相当期間は、根抵当権の確定期日が五年以内でなければならないと定められている（同法三九八条ノ六第三項）ことからして、五年程度と解すべきである。

(3)　根譲渡担保権者の死亡・債務者の死亡

根抵当権では、元本の確定前に根抵当権者につき相続が開始したときは、根抵当権は相続開始の時に存する債務のほか、相続人と根抵当権設定者との合意により定めた相続人が相続開始後に取得した債権を担保し（民法三九八条ノ八第一項）、また債務者につき相続が開始したときは、根抵当権は相続開始の時に存する債務の外、根抵当権者と根抵当権設定者との合意により定めた相続人が相続開始後に負担する債務を担保するが（同条二項）、その合意につき相続の開始後六ヶ月以内に登記しないときは、相続開始時に元本が確定したものとみなされる（同条四項）。

根不動産譲渡担保においても、根譲渡担保権者または債務者が死亡した場合には、根抵当権と同様に譲渡担保権者の相続人と設定者の合意、または譲渡担保権者と設定者とが合意した債務者の相続人に関して新たに継続的に発生する債権、債務につき、根不動産譲渡担保の効力を維持する必要性があり、それを認めても他に利害関係人が生じない限り特段の不都合は認められないから、民法三九八条ノ八第一項、二項は何れも類推適用されるべきである。

しかし、登記事項たる同条四項は、明文の規定がないままに根不動産譲渡担保に類推適用することはできず、またすべきではない。利害関係人が生じない限り、六ヶ月を過ぎてなされた合意を無効と解すべき理由はない。他方、例えば根譲渡担保権者の死亡後遺産分割協議を終えるまでに相続人の一人の債権者が、代位による相続登記をしてその相続による共有持分を差し押さえた場合、根譲渡担保権者の相続人の協議により他の相続人が当該根譲渡担保権を相続することを定めても、右差押債権者に対抗することはできない（民法九〇九条但書）。

(4)　根譲渡担保権者・債務者の合併

根抵当権では、元本の確定前に根抵当権者または債務者が合併した場合には、原則として合併後に生ずる債務も担保されるが（民法三九八条ノ九第一項・二項）、物上保証人たる設定者は、合併のあったことを知った日より二週間以内または合併の日より一ヶ月以内に確定請求をすれば合併の時に元本が確定する（同条三〜五項）。

根不動産譲渡担保の場合においても、根譲渡担保権者または債務者が合併した場合には、原則として根譲渡担保関係が継続されるべきであり、また合併に反対の物上保証人たる設定者に確定請求をなす利益の存することは根抵当権の場合と同様であって、根不動産譲渡担保につき根抵当権と別異に解すべき事情も認められないので、同条は根不動産譲渡担保にも類推適用されるものというべきである。

(5)　被担保債権の範囲の変更・取引の終了

根不動産譲渡担保の被担保債権が、入替り可能な継続的取引に基づく債権から特定の債権に変更した場合や、根譲渡担保の被担保債権として定められた特定の継続的取引が終了するなど、根担保関係が消滅すれば、元本が確定するのは当然である。平成一五年改正前の民法三九八条ノ二〇第一項一号は、根抵当権につき右の場合を元本確定事由として定めているが、その類推適用を云々するまでもない。

(6)　根譲渡担保権者による譲渡担保権の実行

根抵当権では、根抵当権者が抵当不動産に対し競売申立て等をなしてその開始決定があったときは元本が確定すると規定する（民法三九八条ノ二〇第一項一号）。これは、根抵当権者がその根抵当権を実行することにより取引を打ち切る意思を示すものだからであると説明されているが、その点は根担保に共通する事項であり、根不動産譲渡担保においても右と同様にその実行手続、すなわち処分清算型にあっては処分に着手した時点、帰属清算型にあっては帰属清算の意思表示が設定者に到達した時点で、元本が確定するものというべきである。

なお、民法三九八条ノ二〇第一項二号は、根抵当権者が抵当不動産に対して滞納処分による差押えをなしたるときにも元本が確定する旨規定するが、滞納処分権者が根譲渡担保権を設定してその実行をなす場合も、右に述べたところがそのまま妥当する（もっとも、滞納処分権者が根譲渡担保権を設定することなど、実務上はあり得ないが）。

(7)　第三者からの差押え等

根抵当権では、根抵当権者が抵当不動産に対する競売手続の開始または滞納処分による差押えがなされたことを知った時より二週間経過したときには、元本が確定するが、競売手続の開始または差押えの効力が消滅したときは、元本は確定しないものとされている（民法三九八条ノ二〇第一項三号・二項）。

根不動産譲渡担保において右規定に対比される場合としては、根不動産譲渡担保設定者の債権者が目的不動産に対して差押えをなす場合である。不動産譲渡担保では、譲渡担保権者に所有権移転登記がなされるから、その移転登記後に設定者の債権者によって差押えがなされることは通例あり得ない。かかる場合としては、譲渡担保権設定時にすでに抵当権が設定されていて、その抵当権が実行される場合と、国税徴収法二四条により譲渡担保財産に対して滞納処分がなされる場合である。

右の如き差押えや滞納処分がなされれば、根譲渡担保の目的不動産が換価されるのであるから、元本が確定するのは当然である。その確定の時期については、差押えがなされた時、あるいはそれを知った時とするのでは、その譲渡担保債権が継続的な取引関係から生ずるものである以上適当ではなく、根抵当権に関する右規定が類推適用されるべきである。また、競売手続の開始または滞納処分による差押えの効力が消滅したときは、元本は確定しないものとされても特に支障はないから、同条二項も類推適用されてよい。

(8)　債務者、設定者の破産

根抵当権では、債務者または設定者が破産宣告を受けたときは、元本が確定する（民法三九八条ノ二〇第一項四号）。債務者または設定者が破産して、その財産の清算がなされる以上、根不動産譲渡担保関係も解消して被担保債権を確定のうえ清算すべきことは当然であり、類推適用を云々するまでもなく、根不動産譲渡担保についても同様に解すべきである。

(二)　根抵当権の確定事由以外の確定事由について

根抵当権につき民法が定める確定事由のほかに、根不動産譲渡担保については、以下の各事由が検討されるべきである。

(1)　目的不動産の処分

根不動産譲渡担保権者が、譲渡担保権の実行として目的不動産を換価する場合以外にも、その目的不動産が処分される場合がある。その場合に、それが被担保債権の確定事由となるか否かにつき、場合を分けて検討する。

(ア)　目的不動産の譲渡

目的不動産が、譲渡担保権の実行としての換価処分以外に譲渡される場合としては、被担保債権が確定した後にその弁済期前に譲渡される場合と、被担保債権の確定前に第三者に譲渡される場合とがある。[35]

前者の譲渡が譲渡担保契約に違反する点はともかく、被担保債権は確定しているが、後者の場合には、その譲渡により被担保債権が確定するか否かが一応問題となる。

譲渡担保者が契約に違反して目的不動産を譲渡すれば、譲受人の善意、悪意を問わずその譲渡により被担保債権が確定すると解して問題はない。かつての通説、判例はそのように解していた(36)。しかし、近時の下級審裁判例(37)や学説(38)は、譲受人が善意の場合には、民法九四条二項が類推されてその所有権を取得することができるが、悪意の場合には、設定者は被担保債務の弁済の提供をして目的物を受け戻すことができると解している。そこで、譲受人が悪意の場合において問題が残る。ことに、その場合に、譲受人に譲渡人の有する譲渡担保権の移転の効果まで認めるとの説(39)に立った場合には、根譲渡担保関係についても移転するのかという問題が生ずる。しかし、根譲渡担保権者がかかる譲渡をなすのは、根担保関係を解消する意思の表明とみることができるのであって、かかる譲渡がなされた場合には、被担保債権は確定するものというべきである。

(イ)　目的不動産に対する担保権の設定、賃貸　根担保権者による抵当権の設定や譲渡担保の提供は、言わば転担保である。そして、目的不動産の期限前処分の場合に民法九四条二項の類推適用を認める前記の見解からすれば、転担保権者が悪意の場合には、元の譲渡担保関係を転担保権利者にも主張できることになりそうである。また、根譲渡担保権者が目的物の占有の移転をも受けた場合に、それを第三者に賃貸しても、根譲渡担保が実行されるまでにその賃貸借関係が解消されれば、かかる処分によっては根担保関係は解消されないと解することもできそうである。

しかし、かかる処分は、譲渡担保設定者が確定請求権を行使する等して根担保関係を解消しようとする場合に支障となることは明らかである。したがって、かかる処分がなされたときは、譲渡担保権者に対して設定者が明確にその処分権限を授権している場合以外は、根譲渡担保権者が根担保関係を解消する意思を表明したものとみなすべきである。

(ウ)　目的不動産に対する差押え、滞納処分　目的不動産に対して、根譲渡担保権者の債権者が差押えをなし、あるいは根譲渡担保権者に対する直接の租税債権（譲渡担保権者に第二次納税義務がある場合は前述した）による滞納処分(40)がなされる場合である。かかる差押えや滞納処分によって換価された場合には、前述の譲渡の場合と同様、根担保関係は終了し、被担保債権は確定すると解することで何ら問題はない。その確定時期およびその差押え等が取り消された場合については前述の目的不動産にすでに設定されていた抵当権が実行され、あるいはその効力がその後消滅した場合と同様に民法三九八条ノ二〇第一項三号、第二項が類推適用されるべきである。

なお、かかる差押えや滞納処分が実行されれば、設定者はその受戻権を喪失するのであるから、かかる差押え等がなされた場合には、その効力がその後消滅して根担保関係が継続する場合であっても、不安の抗弁権と同様の考え方により、設定者は確定請求をなし得るものと解すべきである。この理は、仮差押えがなされた場合であっても同様であるといえるから、その場合にも確定請求権が認められるべきである。

(2)　事情変更による確定請求権（解約）

根抵当権に関しては、それに関する民法の規定が設けられるより以前に、判例[41]は、期間の定めのない根抵当権を設定した物上保証人は、根抵当権設定当時に比して著しい事情変更があった等正当事由があるときは、設定契約を将来に向かって解約告知することができるとしていたが、この判例法理は、根抵当権に関する立法後も維持されていると解されている[42]。

また、根保証に関しては、判例は、保証契約締結後に、例えば、主債務者の資産状態の急激な悪化[43]、一定の地位にあることを前提に保証した後にその地位の喪失等が生じた場合[44]に、根保証人に解約権（特別解約権）を認めており、学説[45]もそれを支持している。

物上保証にかかる根譲渡担保権においても、右の法理は類推適用されるべきであって、右の如く著しい事情の変更が生じたときは、設定者は被担保債権の確定を請求し得るものというべきである。

三　根動産譲渡担保

動産の譲渡担保でも、特定動産につき根譲渡担保が設定されることは近年はまずなく、設定されるのはほぼ全てが集合動産であり、かつ倉庫内の商品のように、搬出入により絶えず目的物が変動する流動集合動産譲渡担保(46)である（かかる事情から、以下では、「流動集合動産」を単に「集合動産」という）。流動集合動産譲渡担保においては、その担保目的物の価値が、搬出入により絶えず変動していること、その被担保債権はその目的物の売買代金等目的物に関連するものとされることが多いこと、目的物が変動するという性質上契約期間が相当長期に亘ることが前提とされること等もあって、根担保契約がなされることが多い(47)。

動産譲渡担保では、根担保の第三者に対する効力を否定する仮登記担保法一四条が類推適用される余地はないから、根譲渡担保の有効性それ自体が問題となることはない。根動産担保においても、被担保債権の範囲や確定については、前項にて根不動産譲渡担保について検討したところが基本的に妥当すると考えられるが、目的物が動産であること、また集合動産であることからくる相違点もあるので、以下、根不動産譲渡担保について検討した順序に従って検討する。

1　被担保債権の範囲

被担保債権の範囲の定め方、包括根譲渡担保の効力、極度額の定め、それを定めない場合の担保目的物の範囲等は、根不動産譲渡担保について述べたところが基本的にはそのまま妥当する。

なお、集合動産譲渡担保においては、設定者が目的物を搬出したときには一定限度まで補充すべき義務が契約上定められているのが通例であり、[48] その意味で一種の極度額の定めがなされているともいえる。そして、その補充義務の範囲を超えて著しく大量の商品や原材料が搬入された場合には、一般的には譲渡担保の効力はその補充義務として定められた範囲内に制限されるものというべきである。

2　被担保債権の確定

根動産譲渡担保においても、根不動産譲渡担保と同様に、根抵当権に関する民法の確定事由の類推適用の可否および動産（集合動産）譲渡担保特有の確定事由について検討する。

（一）　根抵当権に関する確定事由について

根抵当権に関する確定事由のうち、根譲渡担保権者の死亡・債務者の死亡、根譲渡担保権者・債務者の合併、被担保債権の範囲の変更・取引の終了、債務者・設定者の破産の各場合については、根不動産譲渡担保について述べたところがそのまま妥当するので、ここでは、若干検討すべき必要のあるその余の確定事由について検討する。

(1)　確定期日

確定期日については、根不動産譲渡担保について述べたところが基本的にはそのまま妥当する。ただし、動産譲渡担保、就中集合動産譲渡担保では、物上保証がなされることは非常に稀であるから、不確定期限が被担保債権の確定期日とされる事例が生ずることは、まず存しない。

(2)　確定請求権

設定者が債務者であるときは、被担保債権を確定するには、設定者が根担保の発生原因たる継続的な契約関係を解約すること等によって対応することができ、確定請求権について論ずべき実益はほとんどない。ただ、包括根担保であるときには確定請求権が問題となる余地もある。また、例外的に設定者が物上保証人の場合にも確定請求権の行使が問題となり得る。

その場合に、根抵当権に関する民法三九八条ノ一九の規定が当然に類推適用されると解すべき理由はない。他方、動産譲渡担保では、目的物の範囲でしか責任を負わず、その目的物も通例は倉庫内の商品・原材料等であって、その実行によって生活の基盤が覆されるおそれも生じないことからすれば、前述の根保証に関する法理が安易に類推適用されるべきではない。以上の諸点からすれば、確定期日の定めのないときは、設定者は、相当期間経過後は確定請求権を行使し得るものの、その相当期間の認定に当っては、民法三九八条ノ一九に定める三年を一応の基準として、個別具体的な諸事情を考慮して定めることになろう。

なお、確定期日に関する定めがあっても、その期間が余りに長期に亘る場合には、相当期間経過後は確定請求権を行使できることは、根不動産譲渡担保について述べたのと同様である。

(3)　根譲渡担保権者による譲渡担保権の実行

根動産譲渡担保についても、その実行が被担保債権の確定事由となるのは、根不動産譲渡担保の場合と同様である。なお、その確定時期は、特定動産においては処分清算のための目的物の引渡請求がなされた時[49]、集合動産譲渡担保においてはその実行の着手時（実行する旨の意思表示時[50]）である。

(4)　第三者からの差押え等

根動産譲渡担保において、根抵当権に関する民法三九八条ノ二〇第一項三号に対比されるべき場合としては、動産である関係上、抵当権の設定された不動産が譲渡担保に供される場合の如く、すでに第三者のために対抗力のある担保権が設定されたうえで新たに譲渡担保に供されることはあり得ず、国税徴収法二四条により目的動産に対して滞納処分がなされる場合のみである。その場合には、根不動産譲渡担保に関して述べたところがそのまま妥当するといえる。

なお、動産譲渡担保の場合には、不動産と異なり、その所有権が譲渡担保権者にあることが表示されないところから、設定者の債権者により差し押さえられることがあるが、その場合には、譲渡担保権者は第三者異議の訴をもって対抗できるとするのが判例である[51]。

(二)　根抵当権の確定事由以外の確定事由について

根抵当権につき民法が定める確定事由のほかに、根動産譲渡担保においては、以下の各事由が検討されるべきである。

(1)　設定者による目的物の処分

動産譲渡担保では、不動産と異なり一般にその所有名義が譲渡担保権者に移転したことが外部に表示されず、また設定者が占有を保持し続けるのが通例であるところから、設定者が譲渡担保契約に反して目的動産を処分する場合がある。以下特定動産譲渡担保と集合動産譲渡担保に場合を分けて検討する。

(ア)　特定動産譲渡担保　特定動産譲渡担保の目的物が譲渡された場合に、その譲受人が即時取得すれば、譲渡担保権は消滅するから、被担保債権の確定を云々するまでもない。他方、譲受人が悪意・有過失のときは、譲渡担保権者は目的物を取り戻せるが、設定者のかかる行為は、一般に、譲渡担保契約に違反し、あるいは民法一三七条二号の担保の毀滅に該当して期限の利益喪失事由にもあたるのであって、通例は契約上の確定事由に該当するであろうが、契約にその旨の定めがなくても、根譲渡担保権者から根担保関係の終了を請求し得る事由にあたるというべきである（なお、かかる背任行為をなした設定者からの確定請求権は認めるべきではない[52]）。

なお、設定者が譲渡以外の質権設定、賃貸借等の処分をなしたときも右に述べたところがそのまま妥当するといえよう。

(イ)　集合動産譲渡担保　ここで論じている集合動産譲渡担保では、その目的物が搬出されるのが当然の前提とされており、通例、譲渡担保契約上、設定者は通常の営業の範囲内で目的物の処分権限を有している。

したがって、設定者による処分が通常の営業の範囲内のものである限り、その処分が問題となる余地はない。その営業の範囲を超えて処分された場合は[53]、明確な契約上の定めがなくても不当な処分として、根譲渡担保権者から根担保関係の解消を請求し得ると解すべきである（設定者からの確定請求を認めるべきでないことは、設定者からの特定動産譲渡担保について述べたのと同様である）。なお、集合動産の場合、集合動産の状態のままの処分が理論上はあり得るが、実際上はかかる処分はあり得ない[54]。

追って、設定者が集合動産の個々の目的物を譲渡以外に質権設定、賃貸等の処分をなしたときも、右に述べたところが基本的にはそのまま妥当するといえよう。

(2)　譲渡担保権者による目的動産の処分

動産譲渡担保においても、譲渡担保権者により、譲渡担保権の実行以外に目的動産が処分されることがあり得る。その場合に被担保債権の確定事由たり得るかについて場合を分けて検討する。

(ア)　目的動産の譲渡　　目的動産が譲渡担保権者によって譲渡される場合である。譲渡担保につき担保権構成をとれば、譲受人が目的動産の所有権を取得するのは即時取得が成立する場合のみであるが、特定動産、集合動産を問わず、譲渡担保権者は通例目的動産を直接占有していないことからすれば、即時取得が成立する場合はほとんどない。

即時取得が成立する場合には、特定動産譲渡担保の場合には、それにより譲渡担保の目的物が失くなるのであるから、担保権としての実行の場合と同様に捉えて、被担保債権は確定するとして特に問題はない。集合動産譲渡担保の場合には、その後も譲渡担保の目的動産は、減少したとはいえ存続するから、それは当然には譲渡担保の目的物の消滅を意味しない。

しかし、そのような処分行為は、根譲渡担保権者による根担保関係を解消するについての意思の表明とみることができるのであって、かかる譲渡がなされた場合には、当然に被担保債権は確定するものというべきである。

(イ)　目的動産に対する担保権の設定、賃貸　根譲渡担保権者が目的動産に質権を設定し、あるいは他に賃貸する場合である。

かかる場合については、特定動産、集合動産（ただし、流動集合動産の状態を維持したままでのかかる処分はあり得ず、個々の動産がその対象となる）を問わず、根不動産譲渡担保について述べたところが、基本的にはそのまま妥当する。

(ウ)　目的動産に対する差押え、滞納処分　動産譲渡担保の目的物は、通例設定者が占有しているから、譲渡担保権者の債権者や国税徴収権者により民事執行法による差押えや滞納処分がなされても、占有者たる設定者がそれに応じない限り差押えをなすことはできない（民執法一二四条、国税徴収法五八条一項）(55)。

したがって、設定者の意に反して目的動産が第三者により差押えがなされ、設定者がその受戻権を喪失するという事態は通例生じ得ないが、かかる差押えや滞納処分がなされるということは、譲渡担保権者の信用状態の悪化の徴憑であり、設定者にとって目的動産の受戻権を喪失しかねない事態が生ずる危険の存在を示すものであるから、設定者には、根不動産譲渡担保について述べたのと同様、その確定請求権が生ずるものと解すべきである。

(3)　**事情変更による確定請求権**（**解約**）

根動産譲渡担保についても、根不動産譲渡担保と同様、事情変更による確定請求権が認められるべきことは当然である。

四　おわりに

以上、根譲渡担保のうち、不動産譲渡担保と動産譲渡担保、ことに集合動産譲渡担保に関する被担保債権の範囲と確定に関する問題について一応の検討を行ってきたが、この結果、別稿[56]でも論じたように、根抵当権法理を根担保に関する基本法理として、根不動産譲渡担保、根動産譲渡担保にそのまま準用ないし類推適用することが困難であり、個別具体的にその条項の類推適用の可否につき検討されるべきことが明らかにはなった。しかし、本稿によって、その作業がどこまで進められたかといえば些か心許ない限りではあるが、本稿が少しでも、根担保関係の法理解明の一助になれば幸いである。

追って、林良平先生の御学恩に接して三五年余を迎えるが、その御恩に応えられないまま馬齢を重ねてきた。今般先生の追悼論集が企画されるにあたり、些かでも御恩に報いることができればと思って筆をとったものの、能力の不足に加えバブル経済崩壊に伴う実務の多忙に追われ、きわめて不十分なものしかできず、出稿もためらわれたが、私のような者をも弟子の末端に加えていただいたことのせめてもの御礼をと思い、本稿を出稿した次第である。

（1）　現代財産法研究会編「譲渡担保の法理」ジュリスト増刊（一九八七年）一三頁〔岩城発言〕、一四頁〔菅野発言〕。岩城謙二「担保に関するアンケートの分析結果」別冊ＮＢＬ一〇号（一九八三年）一頁。

（2）　根譲渡担保、根仮登記担保に関して、鈴木禄彌『根抵当法概説』（新日本法規出版・一九七三年）二一四頁以下、二二一頁以下。根代物弁済予約に関して、柚木馨＝高木多喜男『担保物権法〔新版〕』（有斐閣・一九七三年）五五〇頁以下、山内敏彦「根代物弁済予約の有効要件」奥田昌道ほか編『民法学3』（有斐閣・一九七六年）二五八頁。根保証に関して、石井眞司「根保証の法律構成の再検討（その一～八）」手形研究二八七号四頁、二八八号二二頁、二九一号四頁、二九五号四頁、二九九号一八頁、三〇三号四頁、三一三号四頁、三一五号一六頁（一九七九～一九八一年）等。

（3）　石井眞司「根抵当法・根保証法から根担保法へ」金融法務事情一〇八八号（一九八五年）四頁、同「根担保と根抵当権」米倉明ほか編『金融担保法講座Ⅱ』（筑摩書房・一九八六年）七七頁、吉田眞澄「根担保契約論は、どういう構想のもとで論ずべきか」

椿寿夫編『講座・現代契約と現代債権の展望　第三巻』（日本評論社・一九九四年）三頁等。

（4）荒川重勝「根担保論」星野英一ほか編『民法講座別巻Ⅰ』（有斐閣・一九九〇年）一四三頁、椿寿夫編『担保物権法』〔現代担保法講義3〕（法律文化社・一九九一年）一五一頁以下〔伊藤進〕。

（5）根抵当権の規定の根担保・根保証への類推の可否を検討するものとして、石井「根担保と根抵当権」前掲注(3)。不動産譲渡担保につき検討するものとして、荒川・前掲注(4)一七四頁以下。

（6）「根債権質を巡って──主として確定、根保証との関係等について」ジュリスト一〇八三号（一九九六年）九四頁〔本書第2章第1部〕。

（7）不動産譲渡担保には、所有権移転登記を完了する本来型のもののほか、仮登記に止めるもの、買戻特約の登記をなすもの等があるが、以下では議論を単純化するため、所有権移転登記のなされているものを前提とする。

（8）吉田眞澄『譲渡担保』（商事法務研究会・一九七九年）三三七頁以下は、仮登記担保法の全面適用を主張する。荒川重勝「不動産譲渡担保と仮登記担保法──不動産譲渡担保の私的実行を中心として」立命館法学一九八九年三＝四号（一九八九年）六〇頁、竹内俊雄「不動産の譲渡担保における仮登記担保法の準用」米倉明ほか編『金融担保法講座Ⅲ』（筑摩書房・一九八六年）一〇一頁は、仮登記担保法の各条文毎に準用ないし類推適用の可否を論ずるが、右荒川論文は、「不動産譲渡担保権者に対する法的保護のレベルは、基本的に少なくとも仮登記担保権者に対する以上のものであってはならない」（六一頁）とする。

（9）立法理由については、法務省民事局参事官室編『仮登記担保法と実務』（金融財政事情研究会・一九七九年）一六六頁、五六二頁以下。

（10）鈴木禄彌「根仮登記担保と普通仮登記担保」『物的担保制度の分化』（創文社・一九九二年）三二三頁（初出「仮登記担保法雑考(10)」金融法務事情八八〇号（一九七九年）二九頁）、椿寿夫「仮登記担保と抵当権規定」『民法研究Ⅱ』（第一法規出版・一九八三年）二七三頁以下（初出「仮登記担保と抵当権の規定──根抵当権に関する規定（上）」手形研究二七三号（一九七八年）一六頁）、米倉明「非典型担保における倒産法上の問題点(1)──仮登記担保契約を中心として」ＮＢＬ一七三号（一九七八年）九頁等。

（11）荒川・前掲注(4)一七七頁、近江幸治「根譲渡担保」金融・商事判例七三七号（一九八六年）三三頁、高木多喜男ほか『担保物権〔改訂版〕』〔民法講義3〕（有斐閣・一九八〇年）二八〇頁〔半田正夫〕。

（12）大阪高判昭和四一年二月一五日金法四四一号一一頁は、不動産の根譲渡担保の事例である。実務上は、きわめて稀であるが、不動産開発プロジェクト等で、開発業者が金融機関以外から融資を受けるにあたり一定の与信枠を設定したうえで、不動産を根譲渡担保に供する場合もある。

(13)　最三小判昭和六一年七月一五日判時一二〇九号二二頁。なお、学説も右判例を支持する。石田喜久夫「判批」判例評論三三七号（一九八七年）一七三頁、学説については近江幸治「判批」ジュリスト臨時増刊八八七号（一九八七年）七一頁参照。

(14)　昭和四六年一二月二七日民事三発第九六〇号・民事局第三課長依命通知第二、昭和四七年七月二七日民事三発第六六四号・民事局第三課長通知、昭和四八年一月一一日民事三発第二七三号・民事局第三課長通知等。

(15)　前掲注(13)の最三小判昭和六一年七月一五日。原審は東京高判昭和五八年五月三〇日判時一〇八四号八五頁。事案は、先順位抵当権の付された土地を、その被担保債務の履行を引き受けて購入した甲が、その購入資金を甲が代表者をしている乙社名で丙から借り入れるにあたり、いったん甲に所有権移転登記を経たうえで、丙に譲渡担保に供していたが、乙から丙に右被担保債権が弁済されるのと引換えに甲に対して丙の所有権移転登記の抹消を求めたものであり、丙は、先順位抵当権の被担保債務を弁済したので、それも譲渡担保により担保されるとして争ったが、原審、最高裁ともにそれを否定した。なお丙において譲渡担保権を実行した場合には、その清算金返還債務と抵当権の被担保債務を弁済したことに伴う求償権とを相殺できることは当然である。ところで、右最判は、丙は求償権の範囲内で先順位の抵当権を行使できると判示するが、混同の例外として丙の所有名義のままでかかる抵当権を行使できるかは疑問であり、また丙の債権者が当該土地を差し押さえた場合にも、混同の例外を主張できるかは疑問である。

(16)　学説については、山内・前掲注(2)参照。

(17)　前掲注(9)一七〇頁。

(18)　松本恒雄「根保証の内容と効力」加藤一郎＝林良平編『担保法大系　第五巻』(金融財政事情研究会・一九八四年)二三八頁。

(19)　前掲注(13)の最三小判昭和六一年七月一五日は、譲渡担保の被担保債権は「民法三九八条ノ三の規定に準ずる規定の制約を受けない」として、同条二項の根譲渡担保への類推適用をも否定するかの如き判示をしているが、右判示自体が傍論であり、同条二項については他に何ら触れていないことからして、右判示も本文の如く解することを否定する趣旨とまでは解されない。

(20)　例えば、設定者が担保権者との間の一切の取引上の債権およびその取引に付随して設定者の従業員によって惹起される不法行為債権を被担保債権とする趣旨で譲渡担保権を設定したところ、取引関係とはまったく関係のない私的紛争に関する不法行為債権につき被担保債権性が主張される場合などが想定される。かかる制限をしないと、担保権者が被担保債権の弁済による目的物の受戻しが制約される。

(21)　同旨：近江・前掲注(11)三五頁、荒川・前掲注(4)一七八頁、伊藤・前掲注(4)一五二頁。反対：柚木馨＝高木多喜男『担保物権法〔第三版〕』(有斐閣・一九八二年)五五九頁、竹内俊雄『譲渡担保論』(経済法令研究会・一九八七年)六〇頁、道垣内弘人『担保物権法』(三省堂・一九九〇年)二五八頁。

(22)　同旨：近江・前掲注(11)三六頁、荒川・前掲注(4)一七八頁、伊藤・前掲注(4)一五二頁。

(23)　仮登記担保法制定前の判例である最二小判昭和五二年三月二五日民集三一巻二号三二〇頁。なお、学説については、椿寿夫「根仮登記担保と極度額」前掲注(10)二四一頁以下(初出：金融法務事情七八八号四頁、七八九号九頁(ともに一九七六年))。

(24)　大判昭和九年五月二二日民集一三巻七九九頁、最二小判昭和四二年一二月八日民集二一巻一〇号二五六一頁等。

(25)　荒川・前掲注(4)一七八頁。

(26)　同旨・荒川・前掲注(4)一七八頁。なお、極度額の減額請求については、後順位担保権の設定が考えられない以上、実際上の意義はない。

(27)　鈴木・前掲注(2)一二一頁。

(28)　根債権質に関して、田原・前掲注(6)九五頁。

(29)　荒川・前掲注(4)一七八頁は、五年経過後は設定者のため確定請求権が与えられると解したい、とする。しかし、本文で述べた取締役在任中の債務の担保のような事例でその在任期間が五年を超える場合等には、五年経過することにより確定請求権が生ずると解することはできない。

(30)　荒川・前掲注(4)一七九頁。

(31)　根保証人の解約に関する判例を整理したものとして、鈴木健太「根保証に関する判例」加藤＝林編・前掲注(18)二七一頁、堀龍兒「民法判例レビュー・担保」判例タイムズ六一三号(一九八六年)六一頁以下。学説については、橋本恭弘「判批」『担保法の判例Ⅱ』〔ジュリスト増刊〕(一九九四年)一八四頁参照。

(32)　東京地判昭和三五年五月九日判時二二七号二六頁。

(33)　大判昭和七年一二月一日民集一一巻二三三四頁。

(34)　田原・前掲注(6)では、根債権質では、その目的物の性質上、民法三九八条ノ一九がそのまま類推適用されてよいと解したが、本文で述べたような物上保証の事例では、根譲渡担保では根債権質以上に保護すべき必要がある。

(35)　かかる場合には、譲受人は確定的に所有権を取得するとするのが判例である。最三小判平成六年二月二二日民集四八巻二号四一四頁参照。

(36)　大判大正九年六月二日民録二六号八三九頁、我妻栄『新訂担保物権法』〔民法講義Ⅲ〕（岩波書店・一九六八年）六四九頁は、その譲渡は有効であり、設定者は目的不動産を受け戻すことができないと解していた。

(37)　東京高判昭和四六年七月二九日下民集二二巻七＝八号八二五頁。

(38)　近江幸治『担保物権法』（弘文堂・一九八八年）二八四頁、道垣内・前掲注(21)二六六頁、高木多喜男『担保物権法〔新版〕』（有斐閣・一九九三年）三四七頁。

(39)　高木・前掲注(38)。

(40)　最三小判昭和六二年一月二〇日訟務月報三三巻九号二二三四頁は、不実の登記名義人に対する滞納処分として右登記にかかる不動産について差押えをした行政庁は、民法九四条二項の第三者にあたるとする。

(41)　最三小判昭和四二年一月三一日民集二一巻一号四三頁。

(42)　柚木馨編『注釈民法(5)〔増補再訂版〕』（有斐閣・一九八二年）四三六頁〔高木多喜男〕、松尾英夫「根抵当権の処分、確定とその手続」加藤一郎＝林良平編『担保法大系　第二巻』（金融財政事情研究会・一九八五年）四四頁、六六頁等。

(43)　大判昭和九年二月二七日民集一三巻二一五頁、大判昭和九年五月一五日法律新聞三七〇六号九頁等。

(44)　大判昭和一六年五月二三日民集二〇巻六三七頁、金沢地裁小松支判昭和六〇年六月二八日判タ五六六号一八六頁等。

(45)　前掲注(31)の文献参照。

(46)　集合動産譲渡担保の他の類型としては、特定した機械・器具類等の動産を目的とする「確定集合動産譲渡担保」と、原材料―半製品―製品と変質する「変質集合動産譲渡担保」とがあるが（伊藤進「集合動産譲渡担保理論の再検討」ジュリスト六九九号（一九七九年）九二頁参照）、それらにあっては、その目的物の性質上、根担保ではなく、特定の債権の担保に供されることが多い。

(47)　流動集合動産譲渡担保に関する裁判例のほとんどがそうである。例えば、最一小判昭和五七年一〇月一四日判時一〇六〇号七八頁、東京地判昭和六〇年一一月二〇日判タ六〇四号一二一頁、最三小判昭和六二年一一月一〇日民集四一巻八号一五五九頁、東京地判平成六年三月二八日判時一五〇三号九五頁等。なお、東京高判昭和四三年三月二九日判時六六五号五七頁、最一小判昭和五四年二月一五日民集三三巻一号五一頁は、何れも流動集合動産譲渡担保であるが、その被担保債権は特定の貸金債権の事例である。

(48)　吉田眞澄「集合動産の譲渡担保(7)」ＮＢＬ二二八号（一九八一年）三四頁参照。なお、前掲注(47)の東京地判平成六年三月二八日は、設定者の補充義務違反が問題とされた事例である。

(49)　特定動産譲渡担保においては、処分清算型を原則とすべき点については、田原睦夫「集合動産譲渡担保の再検討——担保権実行の局面から」金融法研究・資料編(5)（一九八九年）一四一頁以下。
(50)　田原・前掲注(49)一五一頁。
(51)　最一小判昭和五六年一二月一七日民集三五巻九号一三二八頁、最一小判昭和五八年二月二四日判時一〇七八号七六頁。なお、集合動産譲渡担保権者の動産売買先取特権者に対する第三者異議につき最三小判昭和六二年一一月一〇日民集四一巻八号一五五九頁。
(52)　かかる背任行為をなした設定者に確定請求権を認めるとすると、被担保債権が不法行為債権をも含む包括根担保の場合に、根担保関係が継続していれば担保されていたであろう債権がかえって無担保債権になるなど、設定者に有利な結果を招来しかねない。
(53)　集合動産譲渡担保の設定者による不当処分については、道垣内弘人「集合動産譲渡担保の再検討——『目的物』の中途処分」金融法研究・資料編(5)（一九八九年）一二八頁以下参照。
(54)　道垣内・前掲注(53)一三四頁。
(55)　高木・前掲注(38)三五〇頁。
(56)　田原・前掲注(6)。

【振り返りコメント】

本稿は、本誌に掲載した拙稿（前章）「根債権質をめぐって——主として確定、根保証との関係等について」（一九九六年）の続編として機会があれば検討してみたいと思料していたテーマであるところ、恩師林良平先生の追悼論文集が企画されたのを機に執筆したものである。

検討の手法は、債権質と譲渡担保という目的物の相違からくる検討項目の相違はあるものの、基本的には債権質の検討を行った前章の論稿とほぼ同様の手法で根抵当法理、根保証法理の類推の可否およびその限界について検討を行ったものである。

譲渡担保は、基本的には根担保として利用されることが多いにもかかわらず、判例も乏しく、また学説においても未だ十分解明されていない諸点も多々あると思われるので、本稿で未だ論究できなかった諸点を含め研究者によってさらに究明されることが望まれる。

なお、平成一五年の民法改正により根抵当関係の条文の一部に変更がなされたところから、条文中改正により削除されたものは改正前の条文であることを明記し、その余は改正後のものに修正した。

第３章　倒産手続と根担保

一　はじめに

近時、金融取引や商取引において設定される担保権は、根担保が圧倒的に多い。ことに、集合動産譲渡担保や集合債権譲渡担保においては、個別債権のために設定されることはまず存しない。

ところで、倒産手続と根担保の関係については、従来、会社更生手続と根抵当権との関係につき若干論じられているが[1]、その点についての判例が存しないこともあって、更生手続開始決定によっては元本が確定しないと解した場合（後述のとおり、多数説であり、また実務の取扱いであった。なお、後述のとおり、民事再生法、新会社更生法は、不確定説に立った）の、その後の被担保債権の成立およびその内容、更生計画との関係、その後元本が確定した場合の実行の可否、破産に移行した場合の処理等の問題点については、十分な論議がなされていない。

ことに、元本不確定説に立つ従来の学説は、後に検討するとおり、更生手続開始後の根担保取引にかかる共益債権が当然に担保されるかの如く解していたが、根担保権者のみが何故にそのような有利な地位を得られるのかについて論議されていない。また、根譲渡担保については、根抵当とは必ずしも同様に解することはできないにもかかわらず[2]、ほとんど論議されていない。

実務に携わる立場からすると、右のような各諸点について学界においても十分な論議されていない下で、一定の判断をなさざるを得ないことには不安がつきまとう。ことに、近時は民事再生法や新会社更生法を受けて、それらの再建型倒産手続の開始決定後、牽連破産に至る場合が増えてきていて、再建型法的手続開始と根担保との関係と、破産に移行した場合の効力の問題が現実化する場合が増えつつあるから、なおさらである。

本稿は、右のような状態を踏まえて、各種倒産手続と根担保との関係につき、そのなかでも再建型倒産手続開始が元本確定事由にあたらない場合の共益債権と根担保の関係を中心に検討を加えようとするものである。以下、破産、会社更生、民事再生の順に分析を試みる。

二　破産手続と根担保

破産手続との関係で根担保が問題となる場面としては、担保権の債務者または物上保証人に対して破産手続が開始される場合と、根担保権者に破産手続が開始される場合とがある。そのうち後者については、破産手続開始は根抵当権の確定事由ともなっておらず（民法三九八条ノ二〇第一項）、破産管財人は破産手続開始という事実に何ら制約されることなく、根担保権を行使することができるので、ここでは特に取り上げない。以下、債務者兼担保権設定者、債務者および物上保証人に対して、それぞれ破産手続が開始された場合に分けたうえで、最も主要な根担保である根抵当権について主として検討し、また根譲渡担保についても主要な問題点について検討することとする。

1　債務者兼担保権設定者に破産手続が開始した場合

（一）　根抵当権

債務者兼根抵当権設定者に破産手続が開始した場合には、以下のような問題がある。

(1)　元本の確定

債務者または根抵当権設定者が破産手続開始決定を受けると、元本は確定する（民法三九八条ノ二〇第一項四号）。破産になれば、継続的な取引関係に基づく新たな債権は発生せず、根抵当権の流動性を失わせて元本を清算するのが妥当であるからである、とされている。③ したがって、破産手続開始時にたとえ被担保債権が極度額を下回っていても、根抵当権者が破産手続開始決定後に取得した財団債権④は、根抵当権によって担保されない。

ただし、破産の効力が消滅したときは、その前に確定したものとして根抵当権またはこれを目的とする権利を取得した者があるときを除き、右の確定効は覆滅する（民法三九八条ノ二〇第二項）。破産の効力が消滅する場合としては、一般に、破産手続開始決定が即時抗告によって取り消された場合や同意廃止が例に挙げられる。⑤ しかし、そのほか、破産手続開始後、再生手続開始や更生手続開始決定がなされて破産手続が中止になった後（民再法三九条一項、会更法五〇条一項）、再生計画や更生計画が認可されると、中止されていた破産手続は失効する（民再法一八四条、会更法二〇八条）。

確定効が覆ると、遡って元本は確定していないこととなり、確定後に生じた被担保債権となり得る債権は全て担保されることとなる。破産手続開始が抗告審で取り消されたような場合には、右の結論に何ら問題はない。

次に、破産から再生手続に移行して破産手続開始の効力が失効する場合であるが、後述のとおり、再生手続開始には元本の確定効はないと解せられ、根抵当権者は、元本未確定の別除権者として再生手続に参加することになる。その被担保債権には、破産手続中の財団債権であり再生手続において共益債権となるものも含まれる（民再法三九条三項一号）。なお、再生手続開始決定後に生じた債権の問題については後述する。

また、破産から更生手続に移行して破産手続が失効する場合であるが、後述のとおり更生手続開始には元本の確定効はないと解されるので、根抵当権者は、元本未確定の更生担保権者として更生手続に参加することになる。その被担保債権には破産手続開始によっていったん確定した後に生じた債権も含まれるが、そのうち更生手続に更生担保権として参加できるのは、更生手続開始決定までに生じた被担保債権および更生手続開始決定後一年間の利息、損害金のみであり、後述のとおり更生手続開始決定後に新たに生じた債権は、当然に被担保債権たり得るかは問題であるし、仮にそれが肯定されるとしても、その被担保債権は、極度額に余裕があっても更生手続に参加することはできない。なお、確定効の覆滅は更生計画認可決定によって遡及的に生ずるものであるから、破産手続開始によりいったん元本が確定した後に生じた更生担保権部分の届出は、更生計画認可を停止条件とするものとなる。

(2)　破産手続における配当参加

根抵当権者が、極度額を超える被担保債権を有している場合に、その極度額を超える部分につき根抵当権を実行しなくても、その権利の行使により弁済を受けられない債権額の証明があったものとして最後配当に加えることができるか否かにつき、従前争いがあり、[6] 実務上は、配当に加えることができない、とすることで決着していた。[7] 実務界からは、極度額を超える債権額につき、抵当権の実行により弁済を受けられない金額の証明を得ることなく破産配当の対象とすべきであるとの意見が強く、[8] それを受けて今回の破産法改正により立法的に解決された（破産法一九八条四項）。

(3)　担保権消滅請求

破産法では、破産管財人主導による担保目的物の特別換価制度ともいうべき担保権消滅請求制度が導入された（破産法一八六〜一九一条）が、前述のとおり破産手続開始によって元本は確定しており、極度額の枠に余裕がある限り消滅の対象となる根抵当権の利息・損害金は増加するという問題はあるものの、同請求権を行使する破産管財人の実務上の工夫で処理可能であり、特段問題にすべき点はない。

(二) 根譲渡担保権

(1) 元本の確定

根譲渡担保権についても、債務者が破産した場合には清算されるべきであるから、民法三九八条ノ二〇第四号を準用して、債務者の破産手続開始は、元本の確定事由と解すべきであり、確定および確定効の覆滅については、根抵当権について述べたところが基本的に妥当する。

ただし、集合動産譲渡担保、集合債権譲渡担保については、破産手続開始決定により担保目的物は固定化すると解されるため、(9) 確定効が覆滅した場合の問題がある。すなわち、破産手続開始決定によって固定化する結果、破産管財人が、営業継続許可等によって取得した動産や債権が、譲渡担保契約上は集合物に組み込まれるべきものであっても組み込まれず、破産管財人は、それを自由に処分できるのであるが、確定効が覆滅すると、その結果は遡及的であるだけに、その間の集合物の処理が問題となる。そのうち、破産管財人が処分したものについては、破産管財人は適法に処分権限を有しているのであり、また、民法三九八条ノ二〇第二項ただし書の趣旨からしても、処分の相手方の権利が覆されることはないものというべきであるが、覆滅時になお破産財団に残存している動産や債権は、集合物に組み込まれるというべきである。

なお、破産から再生手続や更生手続に移行する場合、前述のとおり確定効の覆滅の効果は各手続の認可決定によって生ずるところ、破産管財人の管理下にある動産や債権のうち、各手続開始決定までに取得されたものは、集合物に組み込まれるが、各手続開始決定によって、集合物は固定化すると解されるから、各手続開始決定後のものは含まれない。(10) その結果、破産手続開始決定後、更生手続または再生手続開始決定までの間、破産財団が取得した、譲渡担保権者との契約上集合物に含まれるべき債権や動産について、再生債務者等や更生管財人の処分権限に影響を与えるかという問題がある。しかし、当該動産や債権は、先行する破産手続の関係から、各計画の認可決定までは集合物を構成しておらず、再生債務者等や更生管財人はその処分権限を有しており、かつ、各計画の認可の有無自体が浮動的なものであることからすれば、再生債務者等や更生管財人は、濫用等にあたる場合を除き、それらの目的物を自由に処分できるものというべきである。

(2)　破産手続における配当参加

この点については、根抵当権に関する規定が類推されると解される。なお、根譲渡担保では極度額を定めないこともでき、その場合には、目的財産の換価額全体が担保極度額であり、[11] 換価が完了するまで破産配当に参加できない。

(3)　担保権消滅請求

破産法の定める担保権消滅請求制度は、直接には譲渡担保権を対象としていない。しかし、譲渡担保においては、後順位譲渡担保権者が生ずることはまずなく、配当手続が問題となり得るのは、国税徴収法二四条により譲渡担保財産に対して租税債権の徴収がなされる場面のみであって、配当手続をめぐって困難な問題が生ずることもないので、同制度は譲渡担保権にも類推適用されて然るべきである。しかし、担保消滅のための納付金については、民事執行手続による配当手続が予定されている（破産法一九一条）ので、手続的には難しい問題がある。もっとも、不動産譲渡担保では、その所有名義が譲渡担保権者になっている関係上、譲渡担保権者が担保権消滅請求にかかる売却手続に応じなければ、事実上、実行することができない、という問題がある。

(4)　清算金請求

破産法では、担保目的物に対する破産管財人の自助売却権が拡充されたが、譲渡担保、特に不動産譲渡担保の目的物については、所有名義が譲渡担保権者である関係上、自助売却権を行使することができない。他方、譲渡担保権者は、目的物に対して、原則として処分清算をなすべき義務があり、清算金が生ずるにもかかわらず譲渡担保権者が清算を行わない場合には、破産管財人は譲渡担保権者に対して清算金の交付を請求できるものというべきであり、[12] この点は根譲渡担保であっても同様である。

2　債務者に破産手続が開始し物上保証人がいる場合

債務者に破産手続が開始し、物上保証人がいる場合の問題点は、基本的には債務者自身が担保権設定者である場合と異ならないが、主要な問題点について検討する。

（一）　根抵当権

(1)　元本の確定

債務者兼物上保証人に破産手続が開始した場合につき前述したところが基本的に妥当する。破産手続開始後の財団債権については、物上保証の極度額に余裕があっても、それは担保されない。ただし、破産の効力が消滅した時に確定効が覆滅し、確定後に生じた被担保債務も担保されることとなること、破産から再生手続または更生手続に移行した場合には、再生計画または更生計画が認可されることを停止条件として、破産手続開始後それらの移行にかかる手続開始決定に至るまでに生じた被担保債務は、当該根抵当権によって担保されることは、債務者兼担保権設定者の破産について述べたのと同様である。なお、それらの手続開始決定後に債務者が負担した債務につき、物上保証人が当然に責任を負担するか否かについては問題があり、後に検討する。

(2)　破産手続における配当参加

債権者は、債務者の破産手続にはその債権額の全額をもって手続参加でき、物上保証人設定にかかる抵当権を有していても、破産債権の全額の弁済を受けるまでは、破産手続から配当を受けられるのであり（破産法一〇四条二項）、設定されている担保権が根抵当権であることに伴う特段の問題は存しない。

(3)　担保権消滅請求

破産法の定める担保権消滅請求は、破産財団に属する財産を対象とするものであるから、物上保証人にはまったく関係のない制度である。

(二)　根譲渡担保権

根譲渡担保権についても、債務者が破産すると元本が確定する点および確定効の覆滅の点は、債務者兼担保権設定者の破産に関して述べたのと同様である。

破産から再生手続や更生手続に移行する場合には、破産手続開始決定から覆滅の効果が生ずるまでの間に担保権設定者の下でなされた、流動動産や流動債権の集合物に組み込まれるべきであったものの処理が問題となるが、そのうち担保権設定者が処分したものについては担保の効力は及ばず、覆滅の効果が生じた時になお残存しているものがあるとき、それに担保の効力が及ぶことは、前述した債務者兼担保権設定者に破産手続が開始される場合と同様である。再生手続や更生手続が開始しても、根譲渡担保の被担保債務元本が確定しないと解すると、物上保証人の設定した集合動産譲渡担保や集合債権譲渡担保は、なお流動性を有し続けることになるが、そのように解することには問題があり、後に詳述する。

なお、破産手続における配当参加、担保権消滅請求の点は、根抵当権について述べたところがそのまま妥当し、根譲渡担保特有の問題は存しない。

3　物上保証人に破産手続が開始した場合

物上保証人に破産手続が開始した場合の問題点としては、以下のような事項がある。

物上保証人が破産手続開始決定を受けると元本は確定する（民法三九八条ノ二〇第一項四号）。破産により物上保証人の財産の清算がなされる以上当然である。破産手続開始後に債務者が被担保債務たるべき債務を負担しても、それは担保されない。ただし、破産の効力が消滅したときには確定効が覆滅し、その場合、遡って元本が確定しないことになることは、債務者の破産について述べたのと同様である。

破産から再生手続や更生手続に移行した場合には、再生計画や更生計画が認可されることを停止条件として、破産手続開始後それら移行にかかる手続開始決定までに生じた根抵当権の被担保債権の種類に属するものが、被担保債権となることは、債務者に対して破産手続開始決定があった場合と同様である。各手続開始決定後に債務者に生じた債務と被担保債権との関係については後述する。

根抵当権者は、物上保証人に対して破産債権を有していないから、配当参加の問題は生じない。また、物上保証人においても、破産法の定める担保権消滅請求の制度の適用はあるが、債務者兼担保権者について述べたところと同様であり、物上保証人特有の問題は存しない。

以上、根抵当権について述べたところは、根譲渡担保権についても基本的には同一である。なお、破産から再生手続または更生手続に移行して破産手続が失効した場合、破産によって固定化していた集合動産や集合債権の流動性は遡及的に復活することおよびそれに伴う問題点については、債務者兼担保権設定者の項において述べたとおりである。

三　会社更生手続と根担保

会社更生手続の関係でも、更生手続が債務者兼担保権設定者、債務者、物上保証人の何れに始まるかによって、その問題点が異なるので、それぞれ場合を分けて検討する。

1　債務者兼担保権設定者に更生手続が開始した場合

(一)　根抵当権

更生手続と根抵当権の関係については、更生手続開始により元本が確定すると解するか否かで、その後の法律関係が大きく異なり、確定説を採れば、根抵当権特有の問題はほとんどなくなる。しかし、会社更生法一〇四条七項は、担保権消滅許可決定書が根抵当権者に送達されると元本が確定すると規定し、不確定説を採用することを明らかにした。ただし、そのことだけでは、以下に検討する不確定説の抱える問題点は当然には解決しない。そこで以下では、元本の確定に関する従前の議論の状況につき一覧したうえで、不確定説に伴う問題点につき個別に検討することとする。

(1)　元本の確定

債務者または物上保証人に対する更生手続の開始は、根抵当権の確定事由とはされていない。そこで、従前から確定説と不確定説との鋭い対立があったが、以下に述べるとおり不確定説が従来からの多数説であり、裁判例、実務の取扱いであった。そして、右述のとおり、会社更生法は不確定説に立つことを明らかにした。

(ア)　確定説　　確定説は、学説では少数説であるが[13]、かつて実務では確定説により処理されていた[14]。その確定説の主な論拠は次のとおりである。

①　確定事由を定めた民法三九八条ノ二〇第一項各号の類推適用を許さない理由はない。

②　会社更生手続は、事業を継続しながら旧債務の清算をなし、これによって企業の更生を図る手続であるが、旧債務の処理という面では一種の清算であり、従来の法律関係は断絶、終了し（担保権についての消除主義）、事業経営の面では継続するとみるべきである。また、更生手続における更生担保権の行使は、単なる被担保債権の行使ではなく根抵当権の行使でもあり、そうだとすると民法三九八条ノ二〇第一項一号ないし五号（平成一五年改正前）を類推

適用することができる。

③　不確定説を採ると、先順位根抵当権に担保余力があり、かつ、その根抵当権者の協力が得られれば新たな金融の途が拓かれるが、現実にはかかる例は少ない。また、元本が確定しない結果、後順位担保権者は先順位極度額まで優先される不利益を受けることとなり、更生手続に協力を得られない。

④　更生手続は、債権の集団的処理手続であるが、それは簡易・迅速に処理できることが望ましく、そのためにも元本は当然に確定するものとすべきである。

⑤　民法三九八条ノ三第二項は、いわゆる回り手形につき、債務者（設定者）が更生手続開始の申立てを受けたときは、申立て前に取得した手形に限り根抵当権を行い得るとしているが、その趣旨は、更生手続開始により元本が確定するとの見解に通ずるものである。

(イ)　不確定説　不確定説は、根抵当権に関する民法改正を契機に、主として立法関係者や実体法学者によって主張されていたが[15]、倒産法関係の学者、実務家からの支持も得ていて[16]、右述のとおり会社更生法は、同説に立って規定された。不確定説の従前の主な論拠は、次のとおりである。

①　更生手続開始を確定事由とする規定がない。

②　更生手続は、破産と異なり会社の事業を継続する手続であって、管財人による取引の継続が予想される。

③　極度額に余裕があるときは、管財人はそれを利用して再建に向けて資金を調達できる。

④　後順位担保権者は、先順位根抵当権の被担保債権額如何にかかわらず、極度額の優先権があることを承知して設定しており、更生手続開始のゆえをもって、特段、後順位担保権者の不利益を云々する必要はない。

なお、右の後順位担保権者の不利益を配慮して、不確定説を採りながら、根抵当権の確定と更生担保権の範囲の算定は別であるとして、更生手続における更生担保権の範囲の算定につき、根抵当権者の被担保債権が極度額を下回るときは、極度額と被担保債権との差額は後順位担保権者の更生担保権として算定され、更生手続が廃止されて牽連破産になったときは、更生手続開始によって元本は確定していないので、根抵当権者は極度額まで実行できるとする見解（以下、「修正説」という）がある。⑰

この点に関する裁判例は、東京地判昭和五七年七月一三日（下民集三三巻五＝八号九三〇頁・判時一〇五八号一一五頁）⑱のみである。事案は、第三順位根抵当権者の更生担保権確定訴訟であるが、同判決は、右①～④の理由を挙げて、先順位更生担保権二件があり、その評価額は第二順位の根抵当権極度額にも足りないとして、原告の請求を棄却した。そして、更生手続の実務においても、右学説、裁判例の動向を受けて、不確定説によって処理されてきた。

(ウ)　両説の一応の検討　右述のとおり立法上の解決が図られたので両説についての細かな分析は行わないが、確定説は、その後の更生手続が簡単になり、以下に検討する問題も生じず、後順位担保権者の保護も図られ、理論的にも、福永説⑲などは説得的である。⑳しかし、会社更生法施行後に制定された根抵当法で、更生手続開始が確定事由とされていないことの意義は大きく、また極度額に余裕がある場合に利用できる可能性は更生に資すること、後順位担保権者は先順位の極度額の設定を認識して設定したものであること、そして何よりも、右裁判例以降二〇年以上に亘って、実務が不確定説で処理されてきた重みを考慮すれば、新会社更生法が不確定説に立つことを明示したことは、実務を安定させるとの点から評価できる。

ただし、私見では、後述のとおり更生担保権として届け出ることにより更生手続に参加し、また更生計画認可決定が確定したときは更生計画の定めによって認められた権利は確定判決と同一の効力を有するに至るのであって（会更法二〇六条）、その限度で根抵当権は更生計画によって制約され、極度額の残余が存する範囲で根抵当権として存続するものと解する。

なお、前述の修正説は、極度額に余裕がある場合に、それに相当する部分は更生担保権としての評価を受けるが、牽連破産となって根抵当権が実行される段になると、先順位の根抵当権は極度額の範囲で優先するとする。しかし、それでは、後順位の更生担保権として評価された部分は破産になればまったく保護されず、更生担保権として評価することに背理する。

(2)　更生担保権の範囲

更生担保権となるのは、極度額の範囲で、かつ更生手続開始当時の被担保債権および更生手続開始後一年間の利息・損害金のうち、根抵当権の目的物の価額によって担保される範囲である（会更法二条一〇号）。極度額の範囲であれば、利息・損害金は二年分に止まらず（民法三七五条）、その全部について行使することができる。

更生手続開始後一年間の利息・損害金をも加えた被担保債権の総額が極度額を下回るときは、元本が確定しない結果、更生手続開始後一年を経過した後の利息・損害金も根抵当権によって担保されることになるが、それは更生手続においては更生担保権として取り扱われない。(21)なお、更生債権、更生担保権は、債権届をして更生手続に参加しなければ、更生手続上失権し、更生計画認可決定によって免責される（会更法二〇四条一項）。その場合、新規の被担保債権が発生していない限り、被担保債権ゼロの根抵当権が残存することとなる。(22)

(3)　後順位更生担保権の範囲の算定

更生担保権は、担保目的物の価額の範囲で成立し、同一の担保目的物に複数の担保権が設定されているときは、実体上の権利の順序に従って更生担保権となるか否かが定められる。そこで、先順位担保権が根抵当権であって、更生担保権の範囲が極度額を下回っているときに、後順位の更生担保権評価にあたり、目的物の価額から差し引くべき先順位担保権の額は、更生担保権として評価される債権額か極度額かという点が問題となる。

不確定説による限り、右において目的物の価額から差し引くのは極度額となる。(23)後順位抵当権者は、先順位根抵当権の極度額を認識したうえでその担保権を設定しているのであるから、そのように解することによって後順位抵当権者が新たな不利益を被ることはない。なお、共同根抵当の場合は、民法三九二条一項が類推適用され、各物件に割り付ける額は極度額となる。[24]

(4) 第三者による弁済と代位

更生手続開始後の、保証人等第三者の弁済と民法三九八条ノ七第一項との関係が問題となる。まず、代位弁済時に更生担保権として確定している場合、当該債権の更生担保権者表への記載は確定判決と同一の効力があり、債権として特定しているから、同債権につき全額の代位弁済がなされるならば、当該弁済者は根抵当権者に更生担保権の範囲で代位し（会更法一三五条、旧破産法二六条、破産法一〇四条）、届出名義を変更することになる（会更法一四一条）。[25]

次に、更生担保権として確定していない状況の下で全額の代位弁済がなされた場合であるが、根抵当権者により更生担保権の届出がなされることは、更生手続への裁判手続参加であり、未確定の根抵当権も、被担保債権として届け出た限度または目的物の価額が被担保債権額を下回っているときは目的物の価額の限度で、届出された更生担保権の債権と一体として更生手続に服する状態となっているものというべきであり、かかる手続参加の限度で随伴性が生じ、民法三九八条ノ七第一項の適用は排除されるものというべきである。

そして、更生計画が認可されれば、根抵当権はその計画の限度で変容を受け、更生担保権の債権との結びつきはより強固になって随伴性がより一層明確となるが、更生計画認可前に廃止となった場合には、更生担保権であることには相違ないものの、後述のとおり、代位弁済者は根抵当権自体を代位取得することはできないといわざるを得ない。[26]

(5) 共益債権と被担保債権

不確定説は、更生手続開始決定時において極度額に余裕枠があるときに、それを利用して根抵当権者から新規融資を受け、あるいは従前の取引先との取引の継続を図るのに役立てようとするものである。[27] 不確定説の論者は、更生会社が更生手続開始前に振出した手形を根抵当権者が割引取得したような場合を除き、[28] 管財人が根抵当権の被担保債権にかかる取引をなしたときは、その共益債権が根抵当権の被担保債権の範囲に含まれる限り、根抵当権によって担保されるのは当然であると解していた[29]。

しかし、かかる取引上の債権が、管財人による新たな担保権設定行為（根抵当権の被担保債権とすることの合意）なしに、当然に被担保債権として担保されると解することは疑問である。

共益債権は、更生計画によらず随時弁済され、また、更生債権等に先立って弁済するものであるから（会更法一三二条）、更生会社の事業が安定している限り、共益債権者にとって担保権の設定は必要としない。共益債権のために担保の設定が必要なのは、更生手続がうまくいかず、その支払いが滞り、牽連破産に立ち至る危険がある場合である。

更生会社では、通常、新たに担保に差し入れるべき資産を有していないから、管財人が行う取引は担保を差し入れずに行われ、そのため取引先による与信の供与を最小限に抑えるために現金による同時決済や締日から支払日までの期間をできるだけ短縮して取引を行っている。そして更生会社の事業遂行上取引先に担保を差し入れることがやむを得ない場合には、裁判所の許可（会更法七二条二項一号）を得て、担保設定（保証金差入れ）契約を締結している。このように、共益債権につき担保を設定するには、通常は、裁判所の許可を得たうえで、管財人による契約の締結という新たな行為が必要であるのに、根抵当権者のうち極度額の枠に余裕がある者だけ[30]が、他の共益債権者と異なって、当然に被担保債権の種類の範囲で担保権を取得することを許容できる合理的理由は見出しがたい。

更生会社が設定した根抵当権設定契約は、更生手続開始決定後においては、同契約で定められた種類の債権が当然に被担保債権となるとする部分は、他の共益債権者との衡平を害し、また、同一の種類の債権者は、その間で公正かつ衡平に取り扱うべしとする更生法の理念に反するものであって（会更法一六八条一項・三項参照）、管財人は拘束されない（管財人との関係で無効）と解さざるを得ない[31]。

また、手続法的にみても、管財人が共益債権のために担保権を設定する行為は、会社更生法七二条二項一号の「会社財産の処分」行為にあたるというべきであり[32]、仮に、すでに担保目的物に根抵当権が設定されているのであるから「財産の処分」行為にあたらないと解する余地があるとしても、借入行為は同条二項三号の、担保付共益債権を負担する行為は同条二項八号の裁判所の要許可行為にあたるのであり[33]、その許可を得ないでした行為は無効となる（同条三項）。ただし、無効をもって、善意の第三者に対抗することができない（同条三項ただし書き）とされているが、管財人と取引関係に入る更生担保権者が、裁判所の要許可行為か否かにつき、善意であることなど、ほとんどないといってよい。

したがって、管財人が根抵当権の極度枠を利用した取引を行うには、金融機関との間であれば、個々の借入行為、手形割引契約や当座貸越契約であれば当該契約、取引先との継続的な商品仕入契約等であれば当該契約の締結につき、それぞれ被担保債権とすることについて裁判所の許可を得る必要があり、そのうえで根抵当権者と従前の根抵当権の範囲に含まれる旨の契約をして初めて、当該契約にかかる共益債権が根抵当権の被担保債権にあたることになるものというべきである。

なお、更生計画の定め方にもよるが、更生計画認可後も従前の根抵当権が存続し、かつ当該目的物にかかる更生担保権を担保するとの内容のものである場合[34]、更生計画の遂行により更生担保権の弁済が進めば、極度額の枠に余裕ができる。その余裕枠につき、当然に共益債権に用いることのできる担保枠が拡がるとの説[35]と、更生計画に定まった弁済をすれば、それに見合う担保権が消滅するのが原則である（会更法二〇四条）として、共益債権のための担保枠は拡がらないとする説[36]とがあるが、根抵当権者に、更生計画認可後も、更生担保権の弁済に従って共益債権のための担保枠拡大の利益を与える必要はなく、他方、更生担保権を弁済して目的物の担保価値に余裕が生じた更生会社に対しては、その余裕枠を利用して第三者の与信を得る機会を得さしめるべきであるから、後説をもって妥当であるといえる。その場合、更生担保権の弁済が進めば、管財人は、極度額の変更（減額）を請求することができるものというべきである（民法三九八条ノ五）。

不確定説においても、更生計画における根抵当権の取扱いにつき、当然に一定の制約を受けるが、以下、場合を分けて検討する。

(6) 更生計画

(ア) 被担保債権が存在しない場合　被担保債権がゼロであっても、根抵当権は存在し、その届出の有無にかかわらず、更生計画においてそれを失権させることはできない[37]。根抵当権は被担保債権の随伴性の存しない物権であり、更生担保権に関わらない部分については、その変更、消滅は、実体法の定め（民法三九八条ノ二以下）によってなされるべきであるからである。ところで実務上、更生計画において、根担保の元本が確定する旨の定めをおくことがあり、その場合に、被担保債権がゼロであると、根抵当権は被担保債権が不存在となって消滅することとなる。しかし、右述のところからすれば、更生計画においてかかる定めをおくことができるか否か自体に問題が存することになるが、実務上は、当該根抵当権者が、元本確定に異を唱えることはなく、その場合、合意によって確定したものと解することになろう。なお、更生計画認可決定があったときは、計画の定め、または会社更生法の規定によって定められた権利を除き、更生会社の財産を目的とする担保権は全て消滅する（会更法二〇四条一項本文）から、被担保債権ゼロの根抵当権も、更生計画に定めがおかれない限り消滅する[38]。その場合、根抵当権者の同意を得ていないという点において更生計画の違法性が問題となり得るが、更生計画認可の取消事由となるまでの違法性はなく、根抵当権者に対する管財人の損害賠償責任が問題になる余地があり得るだけである。

(イ) 被担保債権が根抵当権の極度額以下である場合　確定した更生担保権に見合う限度で、根抵当権は更生計画による拘束を受ける。それゆえ共益債権を担保し得る金額は、極度額から確定した更生担保権の額を差し引いた金額となる。この点において極度額の変更手続によることなく実質的に極度額が減少したのと同じ結果が、更生計画認可によってもたらされるものというべきである。また、更生担保権に見合う部分は、更生計画による拘束を受けるから、例えば、更生計画において更生担保権の担保の目的を変更する定めをおく場合には、右根抵当権によって担保された更生担保権にかかる部分も、当然にその変更の対象とすることができる。他方更生担保権の金額を超える部分については、右述のとおり、根抵当権者の同意なしに更生計画においてその処理を定めることはできない。

(ウ)　被担保債権が根抵当権の極度額を上回る場合　　かかる場合には、極度額の全てが更生担保権の目的となっているから、極度額の限度まで更生計画で定めることができる。この場合根抵当権を普通抵当権に変更することもでき、また根抵当権のまま残存させておくこともできるが、前述のとおり更生計画による弁済の進行に伴って極度額に空枠が生じても根抵当権者はその枠を利用できないと解する限り、そのまま残存させる利益はない。(39)

(7)　共益債権に基づく根抵当権の実行

根抵当権のうち、更生担保権にかかる部分は、更生手続中は更生計画に従ってのみ権利の行使が認められるのであるから（会更法四七条）、更生手続中その部分の根抵当権に基づいて競売の申立てをすることはできない。しかし、共益債権部分にかかる根抵当権は、その被担保債権の不履行があれば、競売の実行をすることができる。(40) 競売が実行された場合、共益債権部分は配当に供されるが、更生担保権にかかる部分は管財人に交付される（同法五一条二項参照）。(41)

なお、売却価額が、更生担保権にかかる部分と担保される共益債権額の合計額を下回るときは、その両担保権は同順位であるから、(42) 按分して配当され、更生担保権にかかる部分は管財人に交付されるが、仮に交付される金額が更生担保権額を下回ったとしても、そのことは、更生担保権の権利そのものに何ら影響をもたらさない。

(8)　担保権消滅請求

担保権消滅請求の制度（会更法一〇四〜一一二条）が、根抵当権にも用いることができることは、会更法一〇四条七項の規定から明らかである。問題は、当該根抵当権が更生手続開始後の共益債権をも担保し得る点である。

根抵当権の被担保債権が根抵当権の極度額を上回っているか、下回っていても共益債権にかかる被担保債権がゼロのときは、担保権消滅許可決定が根抵当権者に送達された後二週間の経過により元本が確定する（同法一〇四条七項）から、特段の問題は生じない。

しかし、共益債権にかかる被担保債権が存する場合には、その被担保債権は更生手続外で弁済を受けられるべきものである。担保目的物の価額相当額として裁判所に納付された金銭のうち、更生担保権に配当される可能性のある金額は、更生計画の認可まで裁判所に留保されるが（同法一〇九条）、それを超える剰余金は管財人に交付されるのであり（同法一一一条）、被担保債権たる共益債権が弁済期にあれば、管財人はその交付を受けた金員から被担保債権たる共益債権を弁済することになると解される。ところで、共益債権にかかる担保権者が裁判所に対して直接右被担保債権に対応する額の払渡しを受けることができれば、その方が当該債権者の保護に資するが、それについての規定は何ら設けられておらず、それができると解することは解釈の粋を超えるものといわざるを得ない。なお、共益債権にかかる担保権者は、管財人の各金員交付請求権について、物上代位権を行使することはできる。

(9) 牽連破産と根抵当権

更生手続開始申立て後、申立て棄却、更生手続の廃止、あるいは不認可となって破産手続に移行する場合の根抵当権の取扱いは、以下のとおりになると解される。

(ア)　更生手続開始決定までに破産手続に移行した場合　　根抵当権は、更生手続開始申立ての影響は受けず、最初から破産手続が開始された場合と同様に取り扱われることになる。

(イ)　更生手続開始決定後、更生担保権調査終了までに廃止になった場合　　更生担保権の届出の有無にかかわらず、根抵当権は破産手続において通常どおり取り扱われる。すなわち、破産手続開始決定によって元本が確定するが、その確定までは債権の随伴性を伴わない。前述のとおり、更生手続において更生担保権の届出がされた債権につき第三者弁済がなされた場合、当該弁済者は更生手続の関係では根抵当権者の承継人となるが、更生担保権として確定していない関係上、破産に移行した場合には、その弁済は民法三九八条ノ七の適用を受け、破産手続において当該根抵当権にかかる別除権者として参加することはできないものと解される。

(ウ)　更生担保権調査が終了し、更生担保権として確定した後に廃止になった場合　　更生担保権として届け出てその調査の結果が確定すれば、それは確定判決と同一の効力を有するに至り（会更法一五〇条三項）、その結果、更生担保債権とその担保権が随伴する一種の確定効が生じる。しかし、かかる効力が生じた後に更生手続が廃止された場合の更生債権表の効力に関する会更法の規定は手続内確定であって、破産手続に移行した場合その確定の効力は及ばないとするのが近時の多数説[43]であるから、結局(イ)と同様の取扱いになると解される。また、利息・損害金については、更生担保権として認められるのは、更生手続開始後一年間のみであるが（同法二条一〇項）、それはあくまでも更生手続との関係においてであり、更生手続が廃止になればそれに制約されないから、更生手続開始後一年を超える利息・損害金についても担保されるものというべきである。

なお、更生担保権として確定後に第三者弁済がなされれば、更生手続においては前記のとおり民法三九八条ノ七の適用はなく、当該第三者が更生担保権者に代位するが、破産手続に移行した場合には、右述のとおりその確定効が及ばず、当該第三者は破産手続に別除権者として参加することはできないものというべきである。

(エ)　更生計画認可決定後に更生手続が廃止された場合　　更生計画の認可決定によって、更生担保権の内容は変容されるが、その結果は、更生計画中に別段の定めがない限り更生手続が廃止となっても変わらない（同法二四一条三項）。更生計画認可決定の結果、更生担保権の内容は更生計画に定められたとおり確定し、それを担保する担保権も固定化する[44]。

（二）　根譲渡担保権

債務者兼根譲渡担保権設定者に更生手続が開始した場合の主要な問題点は、根抵当権について検討したところがほぼ妥当するので、ここでは根譲渡担保特有の問題について検討する。

(1)　元本の確定

元本の確定の問題は、根抵当権について述べたところが基本的に妥当する。なお、根譲渡担保においては、極度額を定めなくても有効であり、極度額を定めないときは、その担保目的物の価額全部が担保に供されていると解すべきであって、(45)元本の確定やその他の問題も、その点を前提として考える必要がある。集合動産譲渡担保や集合債権譲渡担保は、保全管理命令または更生手続開始決定によって固定化するが、(46)そのことは被担保債権の元本の確定には影響しない。

(2)　被担保債権の範囲および後順位担保権の範囲、第三者による弁済と代位、共益債権と被担保債権、牽連破産

これらの点については、根抵当権に関し述べたところが基本的には妥当する。なお、後順位担保権の被担保債権の問題については、譲渡担保では、担保の性質上、後順位担保権者が生ずることは、まず存しない。

(3)　更生計画

基本的には根抵当権について述べたところが妥当し、更生担保権にかかる担保部分については、譲渡担保以外の担保に変換することもできる。なお、更生計画に譲渡担保権にかかる定めがおかれなかった場合には、譲渡担保権は失効するが、不動産譲渡担保や債権譲渡担保では対抗要件が具備されているので、失権すると再度更生会社（管財人）に移転するについての対抗要件具備行為が必要となる。動産譲渡担保で現実の引渡しがなされている場合には、失権後管財人への引渡しが必要となるが、簡易の引渡しや占有改定によってなされている場合には管財人からの通知（簡易の引渡しの場合には譲渡担保権者に代位しての通知）でもって足りる。

(4)　共益債権に基づく譲渡担保権の実行

被担保債権中の共益債権部分につき、担保権を実行することができることは根抵当権の場合と同様である。その場合、換価代金のうち更生担保権に該当する部分は、譲渡担保権者は弁済を受けることができないので、管財人に交付すべきことになる（会更法五一条二項参照）。なお、集合動産譲渡担保や集合債権譲渡担保など目的物が可分な場合には、当該共益債権の担保にかかる限度で実行することもできると解される[47]。

(5)　担保権消滅請求

譲渡担保のうち、不動産譲渡担保は、目的財産の所有名義が譲渡担保権者となっている関係上、担保権消滅請求制度を利用することはできない。しかし、動産譲渡担保の場合には、後順位担保権者が生ずることはなく、配当手続上の問題も生じないので、類推適用する余地は十分にある[48]。

2　債務者に更生手続が開始し物上保証人がいる場合

債務者の更生手続開始は根担保の元本確定事由とはならない以上、物上保証人の根抵当権の元本が確定しないのは当然である。物上保証人は更生手続の制約を受けないから、更生手続開始決定後一年を超える利息・損害金に対しても根抵当権の効力は及ぶ。

物上保証人は、根抵当権を実行される場合の将来の求償権につき更生手続に参加できるが、債権者が更生手続に参加している限り、債権者がその全額の満足を得るまで配当を受けることはできない[49]。他方、更生手続開始によって根抵当権の被担保債権が確定しない結果、新たに発生する共益債権についても担保の効力が及ぶ。この共益債権については管財人に対して求償権を行使し得るが、共益債権は管財人にて随時弁済をなし得るものであり（会更法一三二条一項）、かかる共益債権につき担保権が実行されるのは、更生会社の資力が乏しい場合であるからその求償権の実効性は、事実上確保されないことを意味する。

物上保証人は、このように一方的に不利益な立場に立たされるのであるから、根抵当権設定より三年を経過したときは、確定を請求し（民法三九八条ノ一九第一項）、右期間経過前であっても、債務者の資産状態の著しい悪化を理由として、物上保証人は将来に向かって物上保証契約を解約し、根抵当権を確定させることができると解されている。(50)

以上、根抵当権について述べたところは、根譲渡担保にもそのまま妥当する。

3　物上保証人に更生手続が開始した場合

物上保証人に更生手続が開始すれば、根抵当権者は、更生手続開始決定時の債権額をもって、更生担保権者として更生手続に参加できる。物上保証人に更生手続が開始しても元本は確定しないから、更生手続開始後に債務者に生じた債務についても、更生会社は引き続き物的責任を負うことになる。なお、物上保証にかかる担保権も、担保権消滅請求の対象になると解せられるので、管財人は同制度を利用して担保権を消滅させることもできる。

更生管財人としては、更生会社がかかる不利益な立場に立つことを放置しておくことは許されないから、根抵当権設定より三年を経過しているときは、確定請求をなし、その期間が未経過であっても、前記のとおり事情変更を理由に将来に向かって解約することができるものというべきである。

なお、更生手続開始決定までに生じた被担保債権については、更生担保権としての拘束を受けるために、更生手続開始決定後は、その実行をすることはできないが（会更法四七条）、更生手続開始決定後に生じた被担保債権についても、開始後債権に類するものとして、開始後債権に関する規定（同法一三四条）を類推適用して、更生手続開始決定後更生計画で定められた弁済期間が満了するまでの間は、その実行はできないものというべきである。(51)

以上、根抵当権について述べたところは、根譲渡担保にもそのまま類推して差し支えないといえる。

四　再生手続と根担保

民事再生手続では、抵当権は別除権であり、他方、後述のとおり破産と異なり再生手続開始は根抵当権の確定事由とはならないことにより種々の問題が生ずる。以下、それらの論点のうち、破産手続、会社更生手続との関係において論じた点は除き、民事再生手続特有の問題について場合を分けて検討する。

1　債務者兼担保権設定者に再生手続が開始した場合

(一)　根抵当権

(1)　元本の確定

再生手続開始決定も、更生手続開始決定と同様、根抵当権の元本確定事由とはされてはいない。民事再生法の前身ともいうべき和議においては、和議手続開始は元本確定事由とはならないことに異論をみなかった[52]。民事再生法では、再生手続開始決定により、根抵当権の元本が確定しないことを立法的に明らかにした（民再法一四八条六項）。再生手続開始後の再生債務者は、従前の債務者と異なる第三者性を有していることからして[53]、基本的には会社更生手続における論議がそのまま当てはまるといえ、再生手続開始は元本確定事由にはならないとした立法選択は妥当であったといえる。

したがって、根抵当権は再生手続開始決定後の原因に基づいて生じた債権をも担保することとなるが、その点は、後述するとおり更生手続と同様、制限的に解すべきである。

(2) 被担保債権による手続参加

別除権者は、その別除権の行使によって弁済を受けることのできない部分（以下、「別除権不足額」という）についてのみ再生債権者としてその権利を行うことができる（民再法八八条本文）。別除権者が別除権不足額につき再生計画に従って弁済を受けるには、別除権の実行等によって、別除権不足額が確定していることが必要であるが（同法一八二条）、別除権者と再生債務者等との合意（別除権協定）によって弁済を受けることもできる（同法八八条但書）。

根抵当権者は、元本確定前であっても、再生債権届をなすことはできるが、右の別除権協定を締結することはできない。別除権予定不足額が確定していない再生債権を有する者があるときは、再生計画において、その債権の部分が確定した場合における再生債権者としての権利の行使に関する適確な措置を定めなければならず（同法一六〇条）、根抵当権の元本が確定していてその被担保債権が極度額を超えている場合には、根抵当権者の同意を得たうえで、右超過部分について、再生債権の権利変更の一般的な基準に従った仮払いに関する規定を設けることができる（同法一六五条二項）。なお、根抵当権の元本が未確定の状態のままでは、再生手続に参加して、極度額を超える部分につき再生債権者としての権利を行使することはできない。

(3) 第三者による弁済と代位

再生手続では、根抵当権は別除権であり、かつ再生手続開始や再生計画によっては確定しないから、第三者が被担保債権を弁済しても、民法三九八条ノ七第一項の規定により、根抵当権を代位取得することはできない。

(4) 共益債権と被担保債権

再生手続開始決定によっては根抵当権の元本は確定しないので、再生手続開始後の共益債権（民再法一一九条）も当然に被担保債権に含まれることになる。

しかし、再生手続が開始すると、再生債務者は前述のとおり従来の債務者と異なって第三者性を有し、言わば総債権者の利益を代表する立場に立つのであるから（同法三八条二項参照）、かかる再生債務者が従前の根抵当権者と取引を行う場合に生ずる債権が、被担保債権の種類に含まれる限り当然に根抵当権により担保され、根抵当権者が他の債権者より有利な地位を取得することになることは、債権者間の衡平を害し許されないというべきであって、更生手続について述べたのと同様、根抵当権設定契約のうちのかかる条項は、再生債務者（管財人が選任されているときは管財人）との関係では効力を有しないものというべきである。また、民事再生法の解釈からして、共益債権に担保を設定する行為（既存の根抵当権の被担保債権とする行為も含まれる）は、裁判所の要許可事項であり、許可を得ないでした行為は相手方が善意でない場合には無効となる（民再法四一条一項・二項）。

再生債務者が右根抵当権の極度枠を利用するには、予め裁判所の許可（または、監督委員の同意。同法四一条・五四条）を得たうえで、根抵当権者との間で、当該共益債権を根抵当権の被担保債権に組み入れる旨の合意をなすことが必要であると解すべきである。

⑸　**共益債権に基づく根抵当権の実行**

再生手続においては根抵当権は別除権であり、再生債権を担保する部分についてはその実行をすることは何ら妨げない。また、共益債権を被担保債権とする部分も、右述のとおり裁判所の許可を得ている限り、それが実行をなすことについて、何らの問題もなく、また、競売手続実行後も更生手続におけるように再生債権にかかる部分につき配当できないという問題も生じない。

⑹　**担保権消滅請求**

再生手続上の担保権消滅請求制度（民再法一四八〜一五三条）は、当該財産が再生債務者の事業の継続に欠くことができないものであるときに、裁判所の許可の下に、再生債務者等が、裁判所に対し当該財産の価額に相当する金銭を納付して当該財産の上に存する全ての担保権を消滅させる制度であり、担保が根抵当権の場合には、担保権消滅許可決定が根抵当権者に送達された時から二週間を経過したときに、元本は確定する（同法一四八条一六項）のであって、その実行には何らの法律上の問題はない。問題は再生手続開始によって元本が確定しない結果、再生手続開始後の債権をも担保する点である。

しかし、再生手続においては抵当権は別除権であり、担保権消滅請求制度は再生債務者等から裁判所に納付された担保目的物の価額相当額をもって各抵当権に配当する手続であって、実質において競売が実施されて配当が行われる場合と異ならないから、再生手続開始後の共益債権にかかる被担保債権の存在、さらには再生手続開始後に設定された後順位担保権の存在は、担保権消滅請求権の行使の支障にはならないものというべきである。その点においては、前述した更生手続の場合とは異なる。

(7)　**牽連破産と根抵当権**

再生手続が、申立て棄却、廃止により牽連破産となっても、再生手続において根抵当権は別除権であり、破産手続においても同様であるから、破産に移行することにより元本が確定する以外、根抵当権者の権利に影響を与えることはない。

(二)　**根譲渡担保権**

債務者兼根譲渡担保権設定者に再生手続が開始した場合の主要な問題点は、根抵当権について検討したところがほぼ妥当するので、ここで根譲渡担保特有の問題について検討する。

(1)　**元本の確定**

元本の確定の問題は、根抵当権について述べたところが、そのまま妥当する。なお、根譲渡担保において極度額の定めは不要であり、極度額の定めがないときは、その目的物の価額全部が担保に供されていると解すべきことは、更生手続において述べたのと同様である。また、集合動産譲渡担保や集合債権譲渡担保は、再生手続開始決定に伴い再生債務者が第三者性を有するに至る以上、固定化すると解すべきであるが、[54]そのことは被担保債権の確定に影響しない。

(2)　**被担保債権による手続参加**

根譲渡担保権者が、別除権予定不足額につき再生計画に従って弁済を受けるには、元本を確定させたうえで別除権を実行するのが原則であり、それ以外には、元本を確定のうえ別除権協定を結ぶか、被担保債権が根譲渡担保権の極度額を超えるときに、その超過部分につき再生計画の一般的基準に従った仮払いを行う規定が再生計画に設けられる場合であり、元本を確定しないまま弁済を受けることができないのは、根抵当権について述べたのと同様である。

(3)　**共益債権と被担保債権**

再生手続開始決定後の原因に基づいて生じた共益債権につき、根譲渡担保の効力を及ぼせるには、裁判所の許可と再生債務者等と根譲渡担保権者との合意が必要と解されることは、根抵当権について述べたのと同様である。集合動産譲渡担保や集合債権譲渡担保は、前述のとおり再生手続開始決定によって固定化するが、当事者間の合意によって新たに流動化することができると解される。このように解したとしても、元の流動譲渡担保は別除権であり、また、その性質上後順位担保債権者が生ずることはないから、第三者の権利を害するおそれはない。

次に、共益債権を被担保債権とする根譲渡担保権の実行の問題であるが、根抵当権について述べたのと同様、それが実行できることに、何らの問題もないと解される。

(4)　**担保権消滅請求**

根譲渡担保のうち、不動産譲渡担保については、目的物の所有名義が譲渡担保権者となっていることから、民事再生法の定める担保権消滅請求制度を利用することはできない。動産譲渡担保については類推適用の余地があるといえるが、手続のスキームが、再生債務者等が目的物の価額を裁判所に納付して裁判所により配当がなされるという点で、

通常の動産譲渡担保の実行手続とは異なるだけに、手続上、直ちに類推適用できると解するには、なお難しい問題がある。(55)

2　債務者に再生手続が開始し物上保証人がいる場合

債務者の再生手続開始が根担保の元本確定事由とはならない以上、物上保証人の根担保（根抵当権、根譲渡担保権）の元本が確定しないのは当然である。したがって、物上保証人は債務者の再生手続開始後も引き続き、物上保証人としての負担を負い続けることになる。ただし、根担保が実行された場合の求償権は、被担保債権が再生債権にかかる部分については、債権者がその全ての満足を受けるまで再生計画による弁済を受けられない(56)という制約を受けるが、共益債権にかかる部分については、その全額につき求償権を行使することができ、要件が整えば事前の求償権を行使することもできる。

物上保証人としては、根担保設定後三年を経ていれば、確定請求権を行使し（民法三九八条ノ一九第一項）、右期間満了前であれば再生債務者の信用状態の欠如という事情変更を理由として、将来に向かって根担保設定契約を解約できることは、前述した更生手続におけると同様である。

3　物上保証人に再生手続が開始した場合

再生手続開始が根担保（根抵当権、根譲渡担保権）の元本確定事由でない以上、物上保証人に再生手続が開始しても、その被担保債権の元本確定事由とならないのは当然である。再生手続では担保権は別除権であるから、物上保証人に再生手続が開始しても、更生手続の場合と異なり、別除権者の再生手続参加という問題は生じない。ただ、再生債務者等としては、別除権が実行されることにより再生に支障をきたす状態になることを防止すべく、担保権者との間で別除権協定を結んだり、担保権消滅請求制度を利用して（ただし、根譲渡担保の場合に問題があることは前述したとおりである）、根担保権を消滅させることができるものというべきである。

再生債務者としては、別除権の負担が増加することを防ぐために、根担保権設定後三年を経過していれば確定請求権を行使し、またその期間を経過していなければ、事情変更を理由として将来に向かって根担保契約を解約し得ると解され得ることは、前述した更生手続の場合と同様である。

なお、物上保証人につき再生手続が開始しても、担保権は別除権であるから、被担保債権の発生原因が再生手続開始決定の前後を問わず、担保権者はこれを実行し配当を受けることができるものというべきである。

五　おわりに

以上、倒産手続と根担保の関係につき、根抵当権と根譲渡担保権を対象に、破産、会社更生、民事再生の各手続との関係について検討を加えてきた。更生手続開始および再生手続開始が根担保の元本確定事由とはならないとする従来の多数説が当然の如く解していた、既存の根担保が、被担保適格を有する種類の新たな共益債権をも当然に担保する、との前提自体への疑問から、その点についての新たな提案を試みるとともに、それに関連する諸点について検討を加えてみた。

筆者は、法制審議会倒産法部会委員として、民事再生法制定に始まる今回の倒産法改正作業に関与する機会を得たが、立法作業の厖大さと求められるスピードとの関係もあって、立法過程では根担保関係についてまで十分視野に入れた論議を尽くすだけの余裕がなかった。本稿は、それらの論点のうちの幾つかについて解釈上の試みをなすものであるが、どこまで成功したか心許ない。大方の御叱正を乞う次第である。

最後に、私の恩師故林良平先生を通じ、また、各種の倒産法関係の研究会を通じて学恩を得た谷口安平先生の古稀記念論集に執筆の機会を与えられ、感謝の念に耐えない。本稿がその御学恩にどれだけお応えできるものか忸怩たるものがあるが、能力の不足を感じつつ、本稿を謹呈する次第である。

（二〇〇四年五月脱稿）

脱稿後、更生計画に従って更生担保権の基礎となった担保権が消滅した後に牽連破産手続に移行した場合に、更生担保権者は更生担保権として確定した金額について財団債権者としての地位を有するとする神戸地判平成一六年一〇月一五日（金判一二〇三号四頁）に接した。同判決は注(44)に関係するので一言付け加えるが、更生手続上は更生担保権は、更生計画上更生債権より優先する地位を与えられるに止まり、更生担保権のために当然に担保権が設定されるべきものではない。したがって、牽連破産になった際に、当該更生担保権のための担保権が存せず、あるいは担保目的物が滅失していたとすると、当該更生担保権者は別除権者たる地位を得ることはできず、他の更生債権者より優先する地位が与えられるに止まると解すべきであり、その点において同判決の結論は疑問である。

（1）　論点をまとめて取り上げているものとしては、三ケ月章ほか『条解会社法〔第四次補訂版〕』（弘文堂・二〇〇一年）五二四頁（以下、「三ケ月・条解」として引用する）、荒川重勝「会社更生と抵当権」判例タイムズ八六六号（一九九五年）二六九頁、岡正晶「更生手続開始と根抵当権」判例タイムズ一一三二号（二〇〇三年）一一五頁参照。

（2）　根譲渡担保に根抵当の法理をそのまま適用できないことについては、「根譲渡担保を巡る諸問題」林良平先生献呈論文集刊行委員会編『現代における物権法と債権法の交錯』（有斐閣・一九九八年）二九一頁参照〔本書第2部第3章〕。

（3）　我妻栄『新訂担保物権法〔第三刷〕』〔民法講義Ⅲ〕（岩波書店・一九七一年）五四一頁、貞家克己＝清水湛『新根抵当法』（金融財政事情研究会・一九七三年）二七三頁、鈴木禄彌『根抵当法概説〔第三版〕』（新日本法規出版・一九九八年）一六〇頁等。

（4）　破産手続開始決定後に別除権者が財団債権を取得する場合としては、破産管財人が営業継続許可を受け、別除権者が営業にかかる原材料や商品を販売する際の販売代金や、破産者が買主の双方未履行双務契約で、破産管財人が履行を選択する場合などがある。

（5）　松尾英夫「根抵当権の処分、確定とその手続」加藤一郎＝林良平編『担保法大系　第二巻』（金融財政事情研究会・一九八五年）七〇頁。

（6）　学説については、伊藤一夫「根抵当権の極度額を超える債権額部分に対する破産財団からの配当の可否」金融法務事情一四九七号（一九九七年）六頁、小海隆則「根抵当権の極度額を超える債権部分に対する破産財団からの配当の可否」金融・商事判例一〇六〇号（一九九九年）六八頁。斉藤和夫「根抵当権の不足額の証明」『倒産判例百選〔第三版〕』（有斐閣・二〇〇二年）一三八頁。なお、山野目章夫「別除権に関する不足額責任主義と根抵当権の実行」金融法務事情一四八三号一〇号（一九九七年）は、後掲注(7)の東京地決に対して消極。

（7）　東京地決平成九年六月一九日判時一六一四号九二頁。その抗告審たる東京高決平成一二年一月二〇日金判一〇八七号三頁。

（8）　多比羅誠「破産管財人の心得（4・完）」NBL五八九号（一九九六年）三一頁。小川秀樹ほか「『破産法等の見直しに関する中間試案』に対する各界意見の概要(2)」NBL七五七号（二〇〇三年）五七頁。

（9）　「集合動産譲渡担保の再検討」金融法研究・資料編(5)（一九八九年）一五〇頁およびその引用文献参照〔本書第5部第1章〕。

（10）　更生手続開始決定や再生手続開始決定は、集合物の固定化事由と解されるから、破産による確定効が覆滅しても、更生手続または再生手続開始決定による固定化の効力は生ずると解される。田原睦夫「倒産手続と非典型担保権の処遇」別冊NBL六九号（二〇〇二年）六二頁参照。

（11）　田原・前掲注(2)二九五頁。

（12）　田原・前掲注(10)七八頁。

（13）　宮川種一郎「取引の終了等による根抵当権の確定」金融法務事情六三六号（一九七二年）四八頁、山内八郎「会社更生手続開始と根抵当権確定の有無（下）」ジュリスト六一七号（一九七六年）一三五頁、鈴木正和「更生手続開始と根抵当権の確定」金融法務事情七七三号（一九七五年）三頁、松田二郎『会社更生法〔新版〕』（有斐閣・一九七六年）二二六頁、福永有利「倒産法と抵当権」米倉明ほか編『金融担保法講座Ⅰ』（筑摩書房・一九八五年）三四九頁、川井健『担保物権法』（青林書院新社・一九七五年）一七二頁等。

(14)　山内八郎『実務会社更生法〔第三版〕』（一粒社・一九七五年）三〇四頁、同「会社更生手続と根抵当権確定の有無（上）」ジュリスト六一六号（一九七六年）一〇七頁、石井眞司ほか「貸付先の会社更生と銀行対応策（下）」手形研究二二二号（一九七四年）五九頁〔山口和男発言〕。

(15)　宮脇幸彦＝時岡泰『改正会社更生法の解説』（法曹会・一九六九年）二〇〇頁、清水湛「新抵当法の逐条解説（中）」金融法務事情六一九号（一九七一年）五一頁、宮崎直見「会社更生開始決定と根抵当取引」金融法務事情六六六号（一九七二年）三二頁、貞家＝清水・前掲注(3)二七九頁、鈴木・前掲注(3)一六一頁、柚木馨＝高木多喜男編『新版注釈民法(9)』（有斐閣・一九九八年）七四〇頁〔高木多喜男〕、高木多喜男『担保物権法〔第三版〕』（有斐閣・二〇〇二年）二八五頁、近江幸治『担保物権法』（弘文堂・一九八八年）二二九頁、道垣内弘人『担保物権法』（三省堂・一九九〇年）二〇五頁。

(16)　宮脇幸彦＝井関浩＝山口和男編『注解会社更生法』（青林書院・一九八六年）四三六頁〔西澤宗英〕、三ケ月・条解（中）五二四頁、谷口安平『倒産処理法〔第二版〕』（筑摩書房・一九八六年）二二五頁、時岡泰「更生手続と根抵当取引」金融・商事判例五五四号（一九七八年）七四頁、井関浩＝谷口安平編『会社更生法の基礎』（青林書院新社・一九七八年）七五頁〔南敏文〕、大西武士「更生手続開始と根担保取引」判例タイムズ八六六号（一九九五年）一二四頁、斉藤哲「更生手続開始決定と根抵当権」『倒産判例百選〔第三版〕』（有斐閣・二〇〇二年）一二二頁、川上正俊「判批」金融法務事情一〇五三号（一九八四年）一二頁。

(17)　稲葉威雄「会社更生手続開始と根抵当権の確定」ＮＢＬ一一六号（一九七六年）六頁。なお、同説は、会社更生法が不確定説を採用した後においても論理的には存続し得る。

(18)　判例時報では、判決年月日が昭和五七年七月六日とされているが、誤記のようである。

(19)　福永・前掲注(13)。

(20)　荒川・前掲注(1)は、両説を検討したうえで、それぞれに理由があり、元本を確定させるか否かは管財人の判断によるべきであり、更生開始決定をひとつの事情変更とみて、管財人に確定請求権を付与することが最も妥当な処理であるとする。

(21)　旧会社更生法一二一条では劣後的更生債権とされていたが、新法は劣後的更生債権制度を廃止した。しかし、実際の更生計画においては、劣後的更生債権部分は免除を受けるのが一般的であるので、更生手続開始後一年を経過した後の利息・損害金が被担保債権となっても、免除の結果、被担保債権自体が消滅することとなる。

(22)　三ケ月・条解（中）五二五頁は、極度額一〇〇〇万円の根抵当権が設定されていて、更生手続開始当時、被担保債権は七〇〇万円だったとした場合、担保権者は七〇〇万円のうち四〇〇万円を一般更生債権として届け出て、六〇〇万円の範囲で更生手続開始後の債権を当該根抵当権によって担保することも可能であるとするが、右の更生担保権と更生債権に割り振る債権がそれぞれ別個の債権ならともかく、一口の債権を右の如く更生担保権と更生債権とに分けて届出ができるとすることは、その後の確定手続等を考えれば疑問である。

(23) 三ケ月・条解（中）五二五頁、前掲東京地判昭和五七年七月一三日、岡・前掲注(1)一一五頁。

(24) 三ケ月・条解（中）五四六頁。荒川・前掲注(1)二七一頁。前掲東京地判昭和五七年七月一三日。

(25) 最一小判昭和六二年六月二日民集四一巻四号七六九頁。

(26) 稲葉・前掲注(17)一〇頁は同旨。

(27) 更生手続開始を申し立てる企業で、極度額に枠が残っていることは稀であるし、枠が残っていても、担保権者は容易に融資してくれない。従来の実務上は、せいぜいで、管財人が更生手続開始後金融機関に手形の割引枠を受ける際に、極度額に余裕があれば、稟議が通りやすいという程度である。なお、近年のディップ・ファイナンスでは、利用可能な面が出てくると見込まれる。

(28) 三ケ月・条解（中）五二五頁、民法三九八条ノ三第二項参照。

(29) 三ケ月・条解（中）五二五頁、時岡・前掲注(16)一七五頁、宮崎・前掲注(15)三三頁、堀内仁「判批」金融法務事情一〇二一号（一九八三年）四頁、稲葉・前掲注(17)九頁。

(30) 被担保債権が極度額を超えている場合であっても、更生計画で根抵当権が存続し、かつ、更生担保権の弁済により極度枠に空きができると、後掲注(35)の説のように、その枠につき共益債権のための根抵当権が機能すると解すると、同様の問題が生ずる。

(31) 最三小判昭和五七年三月三〇日民集三六巻三号四八四頁は、いわゆる「倒産解除条項」を無効としたが、その理由として、かかる特約は「債権者、株主その他の利害関係人の利害を調整しつつ窮境にある株式会社の事業の維持更生を図ろうとする会社更生手続の趣旨・目的（旧会更法一条参照）を害するものであるから、その効力を肯認しえないものと」解すべきである、と判示する。

(32) 三ケ月・条解（上）五〇一頁、宮脇＝井関＝山口編・前掲注(16)一八六頁〔中村勝美〕。

(33) 実務では、通常、共益債権の承認のうち、「日常取引にかかるもの」は除外する旨の決定がなされるが、担保負担付の共益債権を承認する行為は、日常取引行為には該当しない。

(34) 更生担保権が根抵当権で後順位に抵当権が存する場合に、更生計画においてそのまま根抵当権を存続させることがある。なお、三ケ月・条解（下）三八二頁。

(35)　三ケ月・条解（中）五二五頁、同（下）三三四頁、岡・前掲注(1)一一六頁。
(36)　稲葉・前掲注(17)九頁。なお、同氏は、「更生担保権として届け出られ、確定した範囲内においては、更生計画で特に定められない限り根抵当権の一部が消滅する」（一一頁）とするが、その場合、当該更生担保権にかかる担保がどのようになるのか触れない。同氏は、「更生計画において、更生担保権となった被担保債権を担保する部分の根抵当権も存続させる旨の定めをしたときは、根抵当権は全体としてそのまま存続し、更生担保権が弁済によって減少したときは、当該根抵当権によって担保される手続開始後の債権の限度額が増加する」としており、その点においては前掲注(35)の見解と同一であり、私見とは異なる。
(37)　三ケ月・条解（中）五二七頁、（下）七二八頁は、元本未確定の結果、根抵当権が共益債権部分を担保することになると、あたかも更生手続開始後に設定された根抵当権と同じく、更生計画によって変更できないとする。稲葉・前掲注(17)一一頁は、当該根抵当権により担保されるべき共益債権が生じていないときには、更生計画において、更生担保権だけを担保する確定抵当権に変更し、あるいは根抵当権を全て消滅する定めをすることもできるとする。岡・前掲注(1)も同旨。他方、宮脇＝井関＝山口編・前掲注(16)八八九頁〔白川和雄〕は、届出がないときは失権するとする。
(38)　白川・前掲注(37)。
(39)　前掲注(35)の三ケ月・条解のように、極度額に余裕ができると当然に共益債権の担保に供し得ると解すると、根抵当権として存置するメリットはある。ことに、近時の早期弁済型の更生計画においてそうである。
(40)　三ケ月・条解（中）五二六頁、稲葉・前掲注(17)一〇頁、宮脇＝井関＝山口編・前掲注(16)七三三頁〔加藤哲夫〕。反対：宮崎・前掲注(15)三三頁、南・前掲注(16)七六頁。
(41)　従来の共益債権に基づく競売実行可能説は、更生担保権に充てられるべき換価代金は供託すべしとしていた（三ケ月・条解（中）五二六頁、稲葉・前掲注(17)一三頁）。しかし、かかる供託が認められる根拠法規については説明していない。会社更生法の規定の類推により本文の如く解すべきである。
(42)　三ケ月・条解（下）三三四頁。
(43)　宮脇＝井関＝山口編・前掲注(16)五一七頁〔三上威彦〕。
(44)　更生計画では、更生担保権のために担保権が付され、多くの場合、従前の担保権がそのまま用いられるのが従来の取扱いであった。しかし、論理上は必ずしも担保を付する必要はなく（ただし、山本克己「更生計画による担保の解除」金融・商事判例一一八四号（二〇〇四年）一頁は、従前のかかる見解を批判する）、付する場合も、更生計画により他の担保に付け替えることも可能なのであって、その意味では、更生担保権に付される担保に、その被担保債権の変動を前提とする根担保が付されることはなく、更生計画認可後の更生担保権の担保として従来の根抵当権を存続させて用いるとしても、右に述べたとおり、実質は、普通抵当に変容しているのである。

(45) 田原・前掲注(2)二九四頁。
(46) 田原・前掲注(9)一五〇頁、伊藤眞『債務者更生手続の研究』(西神田編集室・一九八四年) 三四九頁。
(47) 集合動産譲渡担保などでは、一般に時の経過による資産価値の劣化が著しいものが多く、更生手続開始によって目的物が固定化することにより、ことにその傾向が顕著なだけに、譲渡担保権を実行するならば、全部を換価した方が、更生会社、譲渡担保権者の双方にとって有利である。
(48) 伊藤眞ほか「研究会・新会社更生法・第四回」ジュリスト一二六〇号 (二〇〇四年) 一八三頁〔田原睦夫発言〕。
(49) 最三小判平成一四年九月二四日民集五六巻七号一五二四頁参照。
(50) 最二小判昭和三九年一二月一八日民集一八巻一〇号二一七九頁。稲葉・前掲注(17)一一頁。
(51) 三ケ月・条解 (中) 五二二頁は、更生手続開始後の共益債権を被担保債権とする抵当権の実行が許されるのは、共益債権が何らかの意味で会社の更生に役立つものであるのに対し、更生会社が物上保証人の場合の更生手続開始決定後の被担保債権は、更生のために役立たないことは明らかであるから、それに基づく根抵当権の実行は許されない、とするが、何故に許されないのか明らかにされていない。なお、稲葉・前掲注(17)一二頁も同旨。
(52) 時岡・前掲注(16)七四頁。
(53) 田原睦夫「民事再生法の理念と主要な特徴」才口千晴ほか編『民事再生法の理論と実務　上』(ぎょうせい・二〇〇〇年) 一頁参照。
(54) 前掲注(46)の各文献参照。
(55) 伊藤眞ほか『民事再生法逐条研究・解釈と運用』〔ジュリスト増刊〕(二〇〇二年) 一三四頁以下〔福永有利・林道晴・田原睦夫・鎌田薫各発言〕参照。
(56) 前掲注(49)の判例参照。

【振り返りコメント】

筆者は、五グループ三二社の更生管財人に就任したほか、多数の倒産手続に申立代理人、破産管財人、管理人、監督委員、債権者代理人として関与してきたが、それらの事案の実務に携わるなかで、倒産手続と根担保の関係案件に遭遇するにつき、根担保をめぐる法的問題については、従来十分に論議が尽くされているとは思われなかった。

そこで、谷口安平先生の古稀記念論文集に執筆の機会を与えられたことを機に、各種倒産手続と根担保の関係につき分析的に検討を加えることとした。ことに、会社更生法と根抵当権の関係について、従前、更生手続開始により元本が確定するか否かについて学説上対立が存し、多数説および実務は不確定説によっていたが、新会社更生法は不確定説を採用することを明らかにしたところから、同説を前提として、会社更生手続と根担保の関係および民事再生手続と根担保の関係につき検討を加えた。

ところで、従来の不確定説中の多数説は、更生手続開始時の根抵当権の被担保債権額が極度額を下回るときは、更生手続開始後に生ずる根抵当権の被担保適格を有する種類の新たな共益債権にも根抵当権の効力が及ぶと解していたが、本稿では会社更生手続の構造を踏まえてそのことに疑問を呈して、新たな提案を試みるとともに、それに伴う問題点につき検討を加えたものである。

第3部　抵当権

第1章　賃料に対する物上代位と建物の管理

一　はじめに

賃料に対する抵当権者による物上代位については、その可否、競売手続開始決定前の行使の可否、抵当権に先行する賃貸借に及ぶか否か等をめぐり、学説・裁判例が分かれていたが（学説・裁判例については、鎌田薫「賃料債権に対する抵当権者の物上代位」石田・西原・高木三先生還暦記念論文集刊行委員会編『石田喜久夫・西原道雄・高木多喜男先生還暦記念論文集（下）金融法の課題と展望』（日本評論社・一九九〇年）二五頁を参照）、最二小判平成元年一〇月二七日（民集四三巻九号一〇七頁・金法一二四七号二四頁）が、右の諸点につき、何れも積極説に立つことを明らかにし、実務的には一応の決着がついた（なお、同判決が、抵当権に先行する賃借権に物上代位を肯定したことにつき、伊藤眞「賃料債権に対する抵当権者の物上代位（上）」金融法務事情一二五一号（一九九〇年）六頁等の有力な批判がある）。

右のとおり、判例が賃料債権に対する抵当権の物上代位を無条件に肯定したのに加え、バブル経済崩壊後競売価格が低迷し、あるいは、競売事件の進行が遅延することから、より確実な被担保債権の回収手段として、賃料債権の物上代位申立て案件が激増している（高木新二郎「東京地裁における最近の民事執行事件の状況」金融法務事情一三七八号（一九九四年）一九頁によれば、東京地裁の新受件数は、平成三年一〇五件が平成五年一二五三件に、また最上侃二「大阪地裁（本庁）における最近の民事執行事件の処理状況」金融法務事情一三七八号（一九九四年）二四頁によれば、大阪地裁の新受件数は、平成元年三件、同三年四六件、同五年三九一件となっている）。

このように賃料債権に対する物上代位の事件が増加することにより、その結果、新たに対象不動産の管理をめぐる諸問題が浮上するに至っている。

二　問題の所在

1　共益費と物上代位

賃料債権の物上代位の申立て事案のほとんどが、テナントビルやマンションの個々の賃料債権である。それらの賃貸借契約では、賃料のほかに廊下、階段等の共用部分の保守、清掃等に充てるための費用として共益費の定めがおかれているのが通例である。

共益費は、それが建物の維持・管理の費用の実質を有する場合には、建物の抵当権者は物上代位によりこれを差し押さえることはできないと解されている（東京高決平成五年一二月二七日金法一三七九号三四頁）が、実際には、名目が共益費であっても賃料にあたるケースもあり、債権執行手続でその性質を的確に判断することは困難であることから、その全額に対して物上代位の差押命令を発令すべきであるとされている（山崎敏充「抵当権の物上代位に基づく賃料債権の差押えをめぐる執行実務上の諸問題」民事訴訟雑誌四二号（一九九六年）一〇八頁）。そして実務上も、共益費部分を除外する賃料の物上代位の申立ての例はほとんどなく、また差押命令において共益部分が除外されることもまず存しない。

その結果、賃貸人は、純粋の賃料部分のみならず、共益費に相当する費用も賃借人から得ることができず、賃貸建物を従前どおり維持・管理するには、別途費用を調達して投入せざるを得なくなる。しかし、かかる行動をする賃貸人は稀であり、賃貸人は管理業務を放棄し、賃借人は、自衛のために共益費部分を不払いにして自主管理をなし、あるいは、管理不十分を理由に次第に退去することとなる（かかる問題点を指摘するものとして、高木・前掲論文、荒木新五「抵当権者による賃料債権に対する物上代位」金融法務事情一三七八号（一九九四年）九一頁参照）。なお、賃料に対して抵当権者の物上代位権が行使されるような建物は、賃貸人の資力が不十分なのであるから、建物の維持・管理もなされていないのではないかとの見方があるが、実情は、バブル経済期の借入額が過大なため、抵当権者に対しては債務不履行状態を続けながら、賃料収入でもって建物の維持・管理をなし、賃貸人自身（法人である場合はその社員）の生活を維持している例がほとんどである。

近時の不動産市場では、バブル経済期と異なり、テナントビル等賃貸用物件では、新築建物でない限り、収益還元率がその価格の最大要素を占めており、空室率の如何がその価格に如実に反映されている。それゆえ、空室率が高く、あるいは管理状況が悪く賃貸人との間でのトラブルが予測される物件は、価格が低廉となりがちであり、このことは競売物件についても同様である（競売事件でも、かかる物件では、競落人は、抵当権に対抗できない賃借権であっても、それを承認して従前の賃貸借関係を維持するのが通例である）。

2　破産と物上代位

抵当権は、別除権であるから、破産財団に属する物件であっても、破産手続に関わりなく実行することができ、そのことは賃料に対する物上代位についても同様であり、前記最高裁判例によれば、競売を申し立てることなく物上代位権を行使することができることになる。

しかし、破産手続の場合、その行使が共益費相当額にまで及ぶとすれば問題がある。すなわち、破産財団の維持・管理に要する費用は財団債権であり（改正前破産法四七条三号）、また破産管財人が破産財団に属する建物の維持・管理を怠った場合には、賃借人に対して債務不履行責任を負い、それは破産財団の負担となる。ところが、賃料について物上代位が行使されると、共益費が区別されていない場合には、破産財団には当該不動産から何らの収入も生じないのにその共益費部分を支出しなければならず、また賃料と共益費とが区別されていて賃料部分のみが差し押さえられた場合であっても、その共益費には建物の保守・修繕費用等は含まれていないから、それらの費用は破産財団から支出されることになる。

右のうち、前者にあっては、一般債権者の負担において抵当権者の利益を図るのにほかならないこととなる。後者の場合には、競売申立て後であれば、対象物件の価値を維持することは別除権の実行不足額を減少させることになるので、破産財団に不利益をもたらさないと解する余地もあるが、競売申立てをすることなく物上代位権の行使のみがなされる場合には、前者と同様のことがいえる。

破産管財人として、右の如き状態を継続することは善管注意義務に違反することになりかねず、それを避けるために破産財団から当該不動産を放棄することとなる（かかる問題点を指摘するものとして、田中康久「最近における東京地裁破産部の現状と課題(2)」ＮＢＬ五二六号（一九九三年）二二頁、高木新二郎「弁護士と法務担当者のための債権等執行についての諸問題」ＮＢＬ五五一号（一九九四年）八頁等）。こうして破産財団から放棄されると、それは管理者のいない物件となり、その荒廃が進むこととなる。

三　実務の道標

賃料に対する抵当権の物上代位権の行使を肯認した前記最高裁判例以後、物上代位権行使による利益のみが強調されてきたきらいがあるが、その行使の結果建物の維持・管理に支障をきたしたのでは、かえって抵当権の価値を減衰させることになりかねない。

そこで、その実行にあたっては、建物所有者に共益費相当分の費用が確保できるように物上代位権の行使を一部に止めるとか、全部につき行使する場合には、共益費や保守・管理費は抵当権者自らが負担するとすること等をも十分考慮する必要があろう。

【振り返りコメント】

賃料に対する抵当権者による物上代位が認められて以降、バブル経済の崩壊によって競売事件の進行が遅延したこともあって、抵当権者による賃料に対する物上代位の申立て事件が激増した。

テナントビルやマンションの賃貸借契約では、本来の賃料（このなかには固定資産税を含む建物の維持管理費部分と、償却費および本来の収益部分が含まれる）のほか廊下、階段等共用部分の水道・光熱費、清掃費等に充てられることを目的とする共益費が定められていることが多い。

抵当権者が賃料に対する物上代位の申立てをなす場合には、共益費部分を含めて申立てをなし、またそれを含めて差押えがなされるところから、賃貸人は、その管理業務を放棄することになり、また当該建物が破産財団に属するときは、破産管財人は財団放棄をすることとなって、賃貸建物は荒廃し、その結果競売価格も低下することになる。

本稿は、抵当権の物上代位の積極面を強調する論稿が多数公表されている下で、現にその荒廃が進んでいる事案が生じていたことから、その負の側面にも光を当てることの重要性を指摘すべく執筆したものである。

第２章　将来の賃料債権の譲渡と抵当権の物上代位
——大阪高判平成七年一二月六日、東京高判平成九年二月二〇日をめぐって——

将来の賃料債権の譲渡と抵当権の物上代位に関して、最近、大阪高判平成七年一二月六日（金法一四五一号四一頁）、東京地判平成八年九月二〇日（金法一四六四号二九頁）およびその控訴審である東京高判平成九年二月二〇日（金法一四七七号四五頁）が相次いで公表された。

そのうち前二者は、将来債権の譲渡の通知による対抗要件の効力と、それに対する物上代位の差押えとは、何れも債権が発生すると同時に生ずるとしたが、かかる見解は従来の一般的な理解とは異なり、また、将来の債権に対する譲渡担保や質権の設定に対する実務に大きな影響を与えるものである。

また、右各裁判例は、何れも抵当権の物上代位の対抗要件は登記であるとして、抵当権設定登記後になされた債権譲渡に、抵当権の物上代位が優先するとしたが、この点も、抵当権の設定された建物の賃料の担保化に大きな制約を課すものである。

そこで、右各見解の当否を検討するが、前者については、債権譲渡の確定日付のある通知の到達時にその第三者対抗要件が具備されると解すべきである。また後者は、物上代位と差押えに関する昭和五九年以降の最高裁判例とは異なる見解であり、またかかる見解は、物上代位の効力を強めすぎて、関係当事者間の利害関係が複雑となり、賛成できない。

一　はじめに

最二小判平成元年一〇月二七日（民集四三巻九号一〇七〇頁・金法一二四七号二四頁）が、賃料債権に対する抵当権の物上代位を広く認めたのをきっかけとして、折からバブル経済の崩壊により不動産競売事件が増加したものの、不動産価格の低下もあってなかなか落札されないこと等経済的な要因も相まって、かかる物上代位の申立て事例が激増し(1)、また転貸料に対する物上代位を肯定する裁判例が多数現れるなど(2)、資料に対する抵当権の物上代位の行使を広く認めようとするのが最近の裁判例の傾向といえる。

そうしたなかにあって、最近、前掲大阪高判平成七年一二月六日ならびに前掲東京地判平成八年九月二〇日およびその控訴審判決である前掲東京高判平成九年二月二〇日の三つの下級審裁判例が、将来の賃料債権の譲渡と抵当権に基づく物上代位との関係につき、物上代位が優先する旨判示したが、その結論の適否は、金融実務に大きな影響を及ぼすだけではなく、その判決理由の妥当性の有無も、将来債権の譲渡の対抗要件、物上代位の効力の範囲、民法三〇四条一項但書の「払渡又ハ引渡」の意義等を検討するうえにおいて、重要な意義を有すると思われる。

しかし、紙数の関係等から、右各判決の提起した問題点のうち、従前の論考であまり採り上げられていない将来債権の譲渡の対抗要件、および登記を抵当権の物上代位の対抗要件と解することの適否の二点に絞って、検討を加えることとする。

二　各裁判例の概要

1　大阪高判平成七年一二月六日（金法一四五一号四一頁）

（一）　事案の概要

昭和六二年五月三〇日、E銀行はBに対し、一億一〇〇〇万円を融資し、YはBの委託を受けて、連帯保証をした。そして本件土地・建物を共有するBおよびCは、右事前求償権のために、Yに対し、本件土地・建物に抵当権を設定した。B・Cは平成元年一〇月三一日、本件土地・建物をDに対し賃貸した。

平成五年一一月一〇日、XはB・Cの連帯保証の下にAに対し、六五〇〇万円を融資し、B・Cは、同日Dに対する平成五年一二月分以降の本件土地・建物の賃料債権をXに譲渡し、その通知は、一一月一三日、Dに送達された。他方、Yは、抵当権に基づく物上代位として、債権差押命令送達時に支払期にある分以降一億一〇〇〇万円に満つるまでの差押えを申し立て、平成六年一〇月一七日その決定がなされ、同月一九日Dに送達された。そこで、XはYに対し、右差押えの排除を求めて第三者異議の訴を提起した。第一審ではXが敗訴し、控訴した。

（二）　判旨

Yの執行完了分については請求を却下し、その余は控訴を棄却したが、その理由は、以下のとおりである。

将来発生する継続的賃料に対して、債権譲渡と差押えとがなされた場合、支分債権である賃料債権が現実に発生すると同時に譲渡の効力が生じ、あるいは差押えによる取立ての効力が生ずるのであって、支分債権として発生した時点で、物上代位による差押えと債権譲渡とが競合する。

差押えと債権譲渡が競合する場合、実体法上の権利に優劣があれば、その順序、実体法上の権利に優劣がなければ、先に包括的な差押えあるいは対抗要件を講じた方が優先すると解すべきである。そして、抵当権の物上代位は、抵当権の内容である優先弁済権に由来するものであるから、物上代位による差押えが優先する。

２　東京地判平成八年九月二〇日（金法一四六四号二九頁）

（一）　事案の概要

昭和五八年一二月一四日、ＹはＡ所有の建物に抵当権を設定した。平成六年二月四日、ＸはＡらとの間で取引限度額を三〇〇〇万円とする継続的金銭消費貸借契約を締結し、同契約に基づく債権を担保するため、Ａは、本件建物の賃借人Ｂらに対する平成六年三月分以降の賃料債権をＸに譲渡し、その通知は、同年二月四日から同月五日の間にＢらに送達された。他方Ｙは、抵当権の物上代位に基づく賃料債権の差押えを申し立て、平成七年四月一八日、その決定がなされ、同月二九日、Ｂらに送達された。そこでＢらは、平成七年七月分以降の資料を供託したところ、ＸからＹに対し、供託金還付請求権の確認を求めて本訴が提起された。

（二）　判旨

Ｘの請求を棄却したが、その理由は、以下のとおりである。

債権の一括譲渡の対抗要件…

未発生の賃料債権につき予め第三者に対する対抗要件を具備することができるが、対抗要件の効力発生時期は、債権譲渡の効力発生時、すなわち債権の発生時と解するのが相当である。他方、抵当権者の目的不動産に対する物上代位権は、抵当権設定登記により公示され、第三者に対する対抗力を具備するものというべきである。したがって、その優劣は債権譲渡の第三者に対する対抗要件の効力発生と抵当権設定登記の具備の先後によって決すべきであるから、本件では、Ｙの抵当権に基づく物上代位が優先する。

また物上代位による差押えは、払渡しまたは引渡し前になす必要があり、将来の賃料債権の債権譲渡と差押命令の効力とは、何れもその賃料債権の発生時に生じたこととなるが、この場合、債権譲受人は、当該債権が債権譲渡によって債務者の一般財産から逸出したことを、当然には主張できないというべきであるから、払渡しまたは引渡し前に差し押さえたと同様に、民法三〇四条一項但書の要件を充たすものと解することができる。

3　東京高判平成九年二月二〇日（金法一四七七号四五頁）

2の控訴審であり、控訴を棄却したが、その判決理由は、以下のとおりである。

未発生の賃料債権が譲渡された場合の対抗要件の効力は、賃貸人の確定日付のある通知が賃借人に到達した時、または確定日付のある証書をもってした賃借人の承諾の時に発生するものと解するのが相当である。次に民法三〇四条一項による差押えは、物上代位権の効力を保全するためのものであって、第三者に対する関係で、実体法上の対抗要件としての意義を有するものではない。目的不動産の賃料債権に対する物上代位権は、抵当権の一内容であるから、抵当権設定登記により、公示され、かつ第三者に対する対抗力を具備するというべきであり、本件ではYが優先する。また、民法三〇四条一但書の「払渡又ハ引渡」は、厳格に解釈する必要があり、弁済またはそれと同視できる処分等があった場合をいうものと解すべきである。そして、転付命令が確定した場合には、弁済と同視できる処分等があったものといえるが、将来発生する債権等転付命令の対象とならない債権については、弁済と同視できる処分があったことにはならない。

三　将来発生する債権の譲渡と対抗要件

1　将来発生する債権の譲渡・差押え

将来発生する債権であっても、現在すでにその基礎となる法律関係が存在し、かつその内容の明確なものについては、その譲渡性は異議なく承認されており、一般には、将来の賃料債権や利息債権がその例として挙げられているが、[3]最二小判昭和五三年一二月一五日（金法八九八号九三頁）は、診療担当者が診療報酬担当機関に対する将来一年間の診療報酬債権を譲渡担保に供した事業につき、それは「現在既に債権発生の原因が確定し、その発生を確実に予測しうるものであるから、始期と終期を特定して、その権利の範囲を確定することによって、これを有効に譲渡することができる」と判示して、その譲渡の有効性を認め、学説もこの判例を支持している。なお、譲渡し得る将来債権の範囲については、従来あまり論議されておらず、必ずしも後述の差押えの場合と同様に解する必要はないが、譲渡人を余りに長期間拘束するものは無効と解すべきである。[4]

次に、その差押えの可否であるが、賃料等については、継続的給付債権として、差押債権者の債権および執行費用の額を限度として差し押さえることができるが（民執法一五一条）、その場合、期間それ自体は限定されない。他方、将来の債権として差し押さえることもできるが、その場合は、右最二小判昭和五三年一二月一五日の趣旨からして、金額・時期を限定する必要があり、診療報酬請求権については、一年間を限度として認めるとの実務上の取扱いがなされている。[5]

なお、発生・金額が未だ確定するに至らない債権や、将来の給料債権や賃料債権のように、不代替的な反対給付の履行にかかる将来の債権は、執行債権と即時に決済できず、券面額を欠くため、転付命令を発することはできないと解されている。⑥

このように、将来発生する債権の譲渡や差押えを適法になし得るところから、実務上、将来債権は譲渡担保や質権の目的に供されており、⑦また強制執行の対象とされている。

2　将来発生する債権譲渡の対抗要件、差押えの効力

(一)　従来の学説・制例

将来発生する債権の譲渡の場合、現在において譲渡の通知をなし得ることは承認されており、⑧その譲渡の第三者に対する対抗要件の効力は確定日付のある通知の到達時（なお、承諾の場合も同様）に生ずると解され、⑨また、将来債権につき差押えがなされた場合は、それによって当然に処分禁止効が生ずると解されており、継続的給付債権（民執法一五一条）についても同様に解されている。⑩

判例も、大判昭和九年一二月二八日（民集一三巻二二六一頁）は、将来合名会社が解散して清算する場合の残余財産分配請求権、および会社が煙草元売捌廃止に基づき転業資金を国庫から受けた場合の分配請求権を、当該会社の解散前に社員が譲渡し、確定日付のある書面によってその通知をし、その後、当該会社の解散後でかつ転業資金が交付される前に譲渡人が破産して、その債権譲受人と破産管財人間で債権の帰属が争われた事案につき、債権譲渡の効力を認めたが、右事案からして、債権発生時ではなく、確定日付のある債権譲渡の通知時をもって譲渡人の破産管財人への対抗力を認めたものであって、通知到達時説に立つものということができる。⑪

(二)　本件各判決の立脚する論理とその問題点

本件二1・2の両判決は、前述のように、将来の賃料債権が譲渡された場合、その譲渡による移転、対抗要件の効力は逐次支分債権が発生する時に生じ、また、物上代位による差押えの効力も、その賃料債権による差押えの効力が

発生する時に生ずるものとして、将来の賃料債権については、その発生のつど、債権譲渡と物上代位による差押えとが競合する旨判示したが、右判示は明らかに、今日までの一般的理解とは異なる。右両判決が右の如き結論に達したのは、将来債権の譲渡の効力につき、次に述べる対債務者との関係と、対第三者との関係を区別することなく論じたことによるものではないかと思われる。その結果が右の如き結論となり[12]、その論理がもたらす将来債権の二重譲渡等に与える影響等については、本件二1の判決に対する判例批評のほとんどが批判的である[13]。

そして、本件二3の判決は、右の批判もあってか、前記のとおり通知到達時説に立った。

(三)　将来債権の譲渡の債務者に対する対抗と第三者に対する対抗

(1)　対債務者に対する対抗

将来債権の譲渡につき債務者に通知をしても、譲受人は債権が現実に発生するまで、その取立てができないのは当然であるが、その通知により譲受人として、将来、債権が現実に発生したときには、その債権者になることを対抗し得る地位に立つことには異論がないといえよう。ところで、将来債権の譲渡の通知につき、その到達をもって債務者に対しても完全な対抗力が生ずるとすると、民法四六八条二項がそのまま適用されることになる。しかし、それでは債務者はきわめて不利な地位におかれることになる。そこで、将来債権の譲渡の場合には、債務者は「通知を受けるまで」ではなく「債権が現実に発生するまで」に譲渡人に対して生じたる事由をもって、譲受人に対抗し得ると解すべきであるとされている[14]。この意味において、将来債権の譲渡の通知の完全な効力は、対債務者との関係においては、債権発生時に生ずるといえる[15]。この点は、将来債権に対して差押えがなされた場合も同様である[16]。

なお、債務者が異議を止めない承諾をした場合には、民法四六八条一項の規定の趣旨からして、債務者はその承諾の時からその後債権発生までに譲渡人に対して生じた事由をもって、譲受人に対抗することができないものというべきである。

(2)　**対第三者に対する対抗**

将来債権の譲受人も、その債権の発生を侵害する者に対しては、不法行為に基づく請求権（損害賠償、場合によっては差止め）を有するものであって、かかる譲受人も債権が現実化する以前の段階においても、他の譲受人との間の対抗の問題が生じ得る。したがって、その間の対抗関係は、現に生じている債権譲渡の場合と同様に、債務者に対する確定日付のある通知の到達または債務者の確定日付のある承諾の先後によることとなるものというべきである[17]。また、債権譲渡に対比すべき差押えについてみるに、将来の債権の差押えがなされた場合、差押債権者はその債権の現実の発生を待たずに譲渡命令・売却命令によって換価することができるのであり（民執法一六一条一項・六項）、その場合、差押えの効力は将来債権の発生時ではなく、差押え時に生ずると解さざるを得ないことは明らかである[18][19]。

（四）　**本件二1・2の両判決の論理が他に与える問題点**

本件二1・2の両判決は、右述のとおり理論面でも問題があるのみならず、それを一般化するときには、実務に与える影響は著しく、その結論は到底容認できないものである。以下、主な問題点について述べる。

(1)　**将来債権の譲渡等を安心して受けられない**

将来債権は、前記のとおり譲渡担保や質権の目的として利用されており、集合債権譲渡担保の法理は、まさにかかる必要から生じた理論である。ところが、本件二1・2両判決の説く法理によれば、債権が具体的に発生するまでに、他に譲渡がなされて対抗要件が具備されたり、差押えがなされると、それらの債権譲渡や差押えは同順位になることになる。その場合には、一連の最高裁判決によって形成された法理によって、各譲受人および差押債権者は、その債権額の割合に応じて対象債権を取得することになり[20]、安心して譲渡担保や質権を設定することができないことになる。

(2)　**将来債権を差し押さえても安心できない**

将来債権を差し押さえた場合、現在の一般的な解釈では、前記のとおり転付命令を申し立てることができないから、その取立て・換価を完了するまでに、他の債権者が差押え、あるいは配当加入をすれば、それは有効であるが、少なくとも差押えによる処分禁止効があるから、債務者がさらに処分する危険性はない。ところが、本件二1・2の各判決の説く法理によれば、差押え後も債権が現実に発生するまでは、債権譲渡をなすことができ、かつその債権譲渡と差押えとは前記のとおり同順位となるのであり、差押債権者としては、それを避けるためには、早期に譲渡命令や売却命令を得る必要があることになる。

右に述べたような事態は、今日までの判例法理・実務の取扱いに著しく背馳するものであって、実務的にも到底受け容れられない法理である。

四　物上代位による差押えと対抗要件

近時、抵当権の物上代位の行使できる範囲を拡げようとする学説・裁判例の傾向のなかで、抵当権の物上代位の対抗力を登記に求める説[21]を支持する見解が裁判例に現れ[22]、本件各判決は正面からそれを認めた。そして、近時の学説においても、実務家を中心に右見解を支持する主張がなされている[23]。

しかし、右の考え方は、以下に述べるとおり、少なくとも昭和五九年以降の一連の最高裁判決によって形成された判例法理とは、相容れないものというべきである。

1　最高裁判決の判例法理

物上代位と差押えをめぐっては、従来から種々の学説があり、大判大正一二年四月七日（民集二巻二〇九頁）以下の大審院判例に関して、種々の論議がなされているが[24]、それらについてはここでは触れず、昭和五九年以降の一連の最高裁判決の結論部分のみを以下に摘記する。

（一）　**最一小判昭和五九年二月二日**（民集三八巻三号四三一頁・金法一〇五六号四四頁）

債務者の破産宣告後に動産売買先取特権の物上代位権が行使された事案につき、その物上代位権の行使を認めたが、民法三〇四条一項但書の差押えの趣旨につき、「物上代位の対象である債権の特定性が保持され、それにより物上代位権の効力を保全せしめるとともに、他面第三者が不測の損害を被ることを防止しようとすることにあるから、第三債務者による弁済又は債務者による債権の第三者への譲渡の場合とは異なり、単に一般債権者が……差押命令を取得したにとどまる場合には、これによりもはや先取特権者が物上代位権を行使することを妨げられるとすべき理由はない」としたうえで、債務者に破産宣告がなされた場合も、一般債権者による差押えの場合と区別すべき理由はないとした。

（二）　**最二小判昭和六〇年七月一九日**（民集三九巻五号一三二六頁・金法一一〇五号六頁）

目的債権につき一般債権者が仮差押えをした後に、動産売買先取特権者が物上代位により差し押さえた事案につき、右（一）の判決を引用したうえで、第三者の損害予防の点につき「目的債権の弁済をした第三債務者又は目的債権を譲り受け若しくは目的債権につき転付命令を得た第三者等が不測の損害を被ることを防止しようとすることにある」と判示して、先取特権者の物上代位の優先性を肯定した。

（三）　**最一小判昭和六二年四月二日**（金法一一六八号二六頁）

動産売買先取特権に基づく物上代位権を有する債権者が、自ら目的債権を強制執行によって差し押さえたが、競合する差押債権者がある事案において、先取特権者は「その配当要求の終期までに、担保権の存在を証する文書を提出して先取特権に基づく配当要求又はこれに準ずる先取特権行使の申出をしなければ、優先弁済を受けることはできない」とした。

（四）　最三小判平成五年三月三〇日（民集四七巻四号三三〇〇頁・金法一三五六号六頁）

目的債権に対し、動産売買先取特権に基づく物上代位権者が仮差押えをした後、他の債権者による差押えがなされたために、第三債務者が供託した事案において、先取特権者は、その供託前に差し押さえなければ、配当手続において優先権を主張し得ないとした。

これら一連の最高裁判決は、何れも動産売買先取特権に基づく物上代位に関する事案であり、抵当権に関するものではないため、抵当権の物上代位に関しては、右判例法理は及ばないとする見解も主張されているが㉕、一般には、右一連の判決は、物上代位権の行使一般を射程距離においた判示であると解されている。そのうえで、これら各判決の判示する趣旨について、種々論議がなされているが㉖、筆者は、右一連の最高裁判決は、遠藤賢治判事が指摘されるよう㉗に、物上代位権による差押えは、第三債務者に対する関係でのみ対抗要件としての意味を有し、債務者および第三者に対する関係では、単なる担保権実行の要件としての意味を有するにすぎないものであることを判示したと解するのが正しいと考える㉘。

このように解してこそ、差押えが先行した後未だ配当がなされるまでの間の物上代位権の行使が肯定され、また、物上代位権が競合した場合の相互の優先関係を矛盾なく説明できるのである㉙。

2　登記のない抵当権と物上代位

抵当権の物上代位の対抗力は登記であるとする見解を検証するために、未登記抵当権の物上代位の行使につき検討する。

未登記の抵当権であっても、抵当権の存在を証する確定判決の謄本等または抵当権の存在を証する公証人が作成した公正証書の謄本があれば、不動産競売の申立てをすることができる（民執法一八一条一項一号・二号）。競売開始決定後に目的物が滅失・毀損した場合には、かかる抵当権者であっても、民事執行法一九三条一項後段により物上代位権を行使し得ることについては、何人も異論がないであろう。[30]その場合、差押えがなされれば、債務者および第三債務者は差押えによる処分禁止の効力を受け、その効力は民事執行法に基づくものであって、物上代位の基礎となった抵当権の対抗力の有無には影響されないというべきである。そして判例[31]は、競売申立ての前後を問わず、抵当権の賃料債権に対する物上代位権の行使を認めているのであるから、未登記の抵当権であっても少なくとも不動産競売の申立ての要件を充たしている限り、判例法理による限り、競売申立て前の物上代位権の行使が認められて然るべきである。

このように、対抗力を欠く未登記の抵当権であっても、物上代位権の行使による差押えがなされれば、第三者に対して対抗することができるのであって、その意味で抵当権の登記の有無は、少なくとも第三債務者に対する関係では、対抗要件としての意義を有しないものというべきである。

次に、他の第三者の関係でいえば、抵当権が未登記である以上、その物上代位権の行使をもって第三者に優先権を主張できないのは当然のことである。それゆえ、未登記の抵当権者が物上代位により差し押さえた後に、第三債務者に対して他の一般債権者が差し押さえれば、優先権を主張し得ない以上、債権額に応じて配当されることとなり、また、登記のある抵当権者の物上代位や国税徴収法による差押えが競合したときには、それらの債権に劣後することになる。しかし、債務者に対する差押えによる処分禁止効の効果として、債務者が差押え後はその債権を譲渡しても、譲受人に対して対抗できるのは当然である。

他方、未登記抵当権者に優先する抵当権者であっても、物上代位権を行使しない限り、第三債務者に対してその権利を主張することはできず、また、未登記抵当権者の物上代位の実行手続において、配当を主張することはできないのである。

３　登記により抵当権の物上代位の対抗力が具備されるとする見解の問題点

抵当権の物上代位は、登記によりその対抗力が付与されるとする場合には、以下に検討するとおり、理論面・実務面で解決困難な種々の問題が生ずる。

（一）　後順位抵当権者は、物上代位権の行使後も不安定な地位におかれる

現在の一般的な考え方では、後順位抵当権者が賃料に対して物上代位権を行使しても、先順位の抵当権者が物上代位権を行使しない限り、後順位抵当権者はその行使によって得た金員を取得することができる。ところが、抵当権は目的物にかかる賃料に対しても常に物上代位としての効力が及んでおり、その対抗力は登記であるとすると、後順位抵当権者により賃料に対する物上代位権が行使された後に、競売が実行されて、先順位抵当権者が被担保債権全額の弁済を受けられないときには、先順位抵当権者は、物上代位権を行使した後順位抵当権者に対して、不当利得返還請求権を行使することができることになる[32]。かかる結論は、物上代位権を行使する後順位抵当権者の地位を非常に不安定なものにする。

（二）　物上代位権の行使が義務になる

抵当権の物上代位権は、登記によってその対抗力が付与されるとすると、登記がなされた後は、物上代位権を行使することができる債権に対しては、常にその対抗力が及ぶことになる。それゆえ、債務者所有の不動産に抵当権を設定していて他に連帯保証人がいる場合に、物上代位権の行使を怠れば、民法五〇四条の担保保存義務違反が問題となり得ることとなる。また、甲・乙二個の不動産に共同抵当権を設定していて、甲不動産につき物上代位権を行使し得るにかかわらずそれを怠ったときは、乙不動産が競売される場合には、その後順位抵当権者は、先順位抵当権者が甲不動産につき一部抵当権を放棄した場合と同様の主張をなし得ることとなる[33]。

しかし、かかる結論は、物上代位権の行使は、権利ではあっても義務ではないとする現在の実務の認識からすれば、

到底受け容れることはできない。

(三)　賃料債権等の担保化の途が妨げられる

前述のとおり、抵当権が設定されている建物の賃料につき、集合債権譲渡担保や質権が設定されることがある。抵当権の登記が物上代位の対抗要件であるとすると、それらの担保権は、抵当権の物上代位が行使されない間は賃料を収受することができるが（もっとも、その場合も前記のとおり不当利得が問題とされる余地がある）、抵当権の被担保債務につき債務不履行が生じて、物上代位権が行使されると、それに劣後することになる。

現在の判例・多数説は、抵当権の物上代位権の行使を、抵当権を行使できない場合や、実行しても抵当権の完全な満足が得られない場合に限定していないから、当該目的物の担保価値が抵当権の被担保債権額をはるかに上回る場合であっても、抵当権の設定された不動産の将来の賃料につき譲渡担保や質権の目的としても、抵当権の物上代位が行使されれば、常にそれに劣後することになり、担保としての脆弱さを伴うことになって、その担保化の途を妨げることになる。

4　まとめ

以上検討したとおり、抵当権の物上代位は、登記により実体法上の対抗力を有するとの見解は、未登記抵当権につき物上代位権が行使される場合を考えれば妥当せず、また、かかる見解に立った場合には、理論面・実務面で種々の問題が生ずるのであって、少なくとも前述した一連の最高裁判決により形成された判例法理とは相容れないものといわざるを得ず、賛成できない。

五　おわりに

前述のとおり、前掲最二小判平成元年一〇月二七日以降、抵当権の物上代位を広く認めるのが、学説・裁判例の傾向となっている。しかし、物上保証人が賃貸した後に抵当権が設定された場合に、右最二小判の法理を推し進めて、かかる場合にも抵当権の物上代位権が及ぶと解するのは、抵当権者に、抵当権によって把握した以上の価値の把握を認めるものであって、明らかに行きすぎであると思われる[34]。また、本稿において検討したとおり、抵当権の物上代位の対抗力を登記に求めることによって、その力を強めることにより、かえって、その行使が義務となって抵当権者に負担を負わせることとなり、あるいは賃料債権の担保化の途を狭めることとなる。その他、賃料に対する物上代位をめぐっては、不動産の維持管理との調整の問題もある[35]。

抵当権の物上代位、ことに賃料債権に対する物上代位については、物上代位に関する理論的な側面もさることながら、関係当事者間の利害調整を含め、抵当権の効力をどの範囲で認めるのが適切かという、法政策的な側面を看過できないと考える。

（１）　山崎敏充「東京地裁における民事執行事件の現状と運用上の問題点」金融法務事情一四二二号（一九九五年）一八頁によれば、東京地裁本庁における建物抵当権の物上代位による賃料差押事件は、平成元年七件であったのが、平成三年一〇五件、平成五年一二五三件、平成六年一四〇三件と激増している。

（２）　東京高決昭和六三年四月二二日金法一二〇七号二八頁ほか。なお、裁判例については、田原睦夫「抵当権の物上代位に基づく転貸賃料の差押えの可否」金融法務事情一四四一号（一九九六年）四頁参照。

（3）　奥田昌道『債権総論〔増補版〕』（悠々社・一九九二年）四二七頁、林良平＝石田喜久夫＝高木多喜男『債権総論〔第三版〕』（青林書院・一九九六年）四八六頁〔高木多喜男〕等。

（4）　裁判例に現れたものとしては、八年三ヶ月に亘る診療報酬請求権が譲渡され、その支払いが二年数ヶ月に及んだ後に第三者から差し押さえられた場合に、支払基金のした供託を有効と認めた事例（最二小判昭和六三年四月八日金法一一九八号二二頁）、一〇年分の将来の診療報酬金債権の譲渡がなされた場合につき、譲渡が余りに長期に及ぶ場合には、その譲渡を、差し押さえた第三者等の利害関係人に対抗できないとして、譲渡後三年以上経過した後の将来の診療報酬債権の差押債権者に対し、右債権譲渡をもって対抗できないとした事例（東京地判平成五年一月二七日判タ八三八号二六二頁）等がある。

（5）　最高裁事務総局編『民事執行事件に関する協議要録』（法曹会・一九八五年）一五〇頁、東京地裁民事執行実務研究会編著『債権執行の実務』（民事法情報センター・一九九二年）一九六頁〔柴崎正人〕。なお、札幌高決昭和六〇年一〇月一六日金法一一二六号四九頁は、差押命令の約八ヶ月後から一年分の診療報酬請求権の差押えを命じた原決定につき、差押命令後一年を超える分については差押えの対象とすることができないとして、その一部を取り消した。また、高木新二郎「弁護士と法務担当者のための債権等執行についての諸問題」ＮＢＬ五五一号（一九九四年）八頁は、差押えの対象は、目安として半年先までであるとする。

（6）　中野貞一郎『民事執行法〔第二版〕』（青林書院・一九九一年）五五六頁。

（7）　主として集合債権譲渡担保に供されることが多い。集合債権譲渡担保に関する最近の文献を整理したものとして、巻之内茂「債権非典型担保の実務上の問題点——集合債権譲渡担保を中心に」椿寿夫編『担保法理の現状と課題』別冊ＮＢＬ三一号（一九九五年）一七三頁参照。筆者らの経験でも、抵当権が設定されている土地に設定した事業用定期借地権の賃料に質権を設定することなどがある。

（8）　我妻栄『新訂債権総論』（岩波書店・一九六四年）五三二頁、奥田・前掲注（3）四三八頁、林＝石田＝高木・前掲注（3）四九七頁〔高木〕等。

（9）　高木多喜男『金融取引の法理(1)』（成文堂・一九九六年）一二六頁。

（10）　中野・前掲注（6）五三二頁。

（11）　高木・前掲注（9）一二六頁は、同判決の事案は、通知到達時に対抗力が生ずると解しても、債権発生時に生ずると解しても、結論は異ならないとされるが、譲渡の対象となった債権のうち、国庫よりの転業資金は、譲渡人の破産宣告後に合名会社に交付され、その結果その分配請求権が発生したものと解される事案であって、何れの説を採るかによって結論が異なる事案である。なお、時として、前掲最二小判昭和五三年一二月一五日が通知到達時説に立つものとして引用されることがあるが、同判決は将来債権の譲渡の通知後、それが現実に発生した後に差押えがなされ、その譲渡通知との関係が問題とされたものであり、通知到達時説に立つものとして引用するのは不適切である。

(12) その背景には、抵当権の物上代位の効力をより積極的に認めようとする思考があるものと推察される。

(13) 秦光昭「将来債権の譲渡と抵当権に基づく物上代位との優劣」金融法務事情一四五五号（一九九六年）四頁、同「物上代位における『払渡』前の差押の意義」金融法務事情一四六六号（一九九七年）六頁、小林明彦「将来の賃料債権の包括譲渡と物上代位に基づく差押えの優劣」金融法務事情一四五六号（一九六六年）六頁、道垣内弘人「賃料債権に対する物上代位と賃料債権の譲渡」銀行法務21五二二号（一九九六年）九頁、吉田光碩「将来の賃料債権の包括譲渡の後になされた抵当権に基づく物上代位の効力」判例タイムズ九一六号（一九九六年）二四頁、佐久間弘道「賃料債権の包括譲渡と物上代位による差押えとの優劣」銀行法務21五三〇号（一九九七年）四頁。なお、角紀代恵「将来の賃料債権の包括譲渡と抵当権者による物上代位に基づく差押の優先関係」判例タイムズ九一八号（一九九六年）四四頁は、この点に対する見解を保留される。

(14) 『判例民事法昭和九年度』（有斐閣・一九四一年）五四七頁〔有泉亨〕。

(15) 林＝石田＝高木・前掲注(3)四九七頁〔高木〕が、将来債権の譲渡の通知につき、「譲受人が対抗しうる時期は、債権の発生時である」とされるのは、この意味であると解される。

(16) 例えば、将来の賃料債権が差し押さえられた後に、賃借人が、差押え後賃料債権が現実に発生するまでに、有益費用償還請求権その他の反対債権を取得した場合に、その相殺が認められるのは当然である。

(17) 本件二1の判決は、前記のとおり実体法上の権利に優劣がない場合には、包括譲渡の対抗要件の先後によるとしているが、対抗力が債権発生時に生ずるとする論理との整合性が明確でない。

(18) この点を指摘するものとして、小林・前掲注(13)七頁。なお、本件二3の判決は、民法三〇四条一項但書の「払渡又ハ引渡」の意義を検討するにあたり、前記のとおり転付命令の可否のみを検討しているが、将来債権も譲渡命令・売却命令の対象となることを看過している。

(19) 関西金融法務懇談会での研究発表の場において、磯村保教授より、かかる場合を法的に説明するには、将来債権の譲渡の効力は、将来発生した債権がいったん譲渡人に帰属しそれと同時に譲受人が取得すると説明するよりも、原始的に譲受人が取得すると説明する方が妥当なのでは、とのご教示をいただいた。

(20) 最三小判昭和五三年七月一八日判時九〇五号六一頁、最三小判昭和五五年一月一一日民集三四巻一号四二頁・金法九一四号二六頁、最三小判平成五年三月三〇日民集四七巻四号三三三四頁・金法一三五六号四二頁。それら各判決の関係については、潮見佳男『債権総論』（信山社出版・一九九四年）四七八頁以下参照。なお、債権譲渡の通知の到達と破産宣告との先後が不明の場合には、どのように解すべきかについてはこれまで論じられていないが、破産の一般執行としての性質を強調して、破産が優先することになるのではなかろうか。

(21) 清原泰司「抵当権の物上代位性をめぐる実体法上の問題点」加藤一郎＝林良平編『担保法大系　第一巻』（金融財政事情研究会・一九八四年）三三八頁。

(22) 東京高判平成六年三月三〇日判タ八五四号二八二頁は、一般債権者の賃料債権の差押えに抵当権の物上代位が優先することを認めるにあたり、傍論ながら「抵当権者の目的不動産に対する物上代位権は、抵当権設定登記により公示され、第三者に対する対抗力を具備するものと解すべきである」と判示する。

(23) 古賀政治＝今井和男「賃料の物上代位と賃料債権の譲渡」金融法務事情一四三九号（一九九六年）七三頁、小林・前掲注(13)八頁、佐久間・前掲注(13)八頁、なお吉田・前掲注(13)二七頁は、賃料債権は抵当権により潜在的に把握され、それが顕在化するのは物上代位による差押えがなされたときであり、第三者対抗要件は抵当権設定登記時に遡るとする。

(24) 最近までの学説・判例を整理したものとしては、鎌田薫「賃料債権に対する抵当権者の物上代位」石田・西原・高木三先生還暦記念論文集刊行委員会編『石田喜久夫・西原道雄・高木多喜男先生還暦記念論文集下巻　金融法の課題と展望』（日本評論社・一九九〇年）二五頁参照。

(25) 道垣内弘人『担保物権法』（三省堂・一九九〇年）一二〇～一二二頁、同・前掲注(13)。

(26) これら最高裁判決につき、鋭い分析を加えられたものとして、生熊長幸「民法三〇四条の差押えの趣旨について」民事研修三六三号（一九八七年）一三頁、山本克己「債権執行・破産・会社更生における物上代位権者の地位(1)～(3)」金融法務事情一四五五号三四頁・一四五六号二三頁・一四五七号二九頁（いずれも一九九六年）等。

(27) 遠藤賢治『最高裁判所判例解説民事篇昭和五九年度』（法曹会・一九八九年）八〇頁。

(28) 清原・前掲注(21)三五九頁は、民法三〇四条一項の差押えが、第三債務者に対してのみ対抗要件となることを指摘する。

(29) 村上正敏「抵当権に基づく賃料差押えとその優先関係」判例タイムズ七八七号（一九九二年）三二頁参照。

(30) 竹下守夫「判批」判例評論三三二号（一九八六年）四二頁は、抵当権の物上代位の場合につき、その抵当権が未登記でよいかどうかは別論であるとされているが、かかる場合に物上代位権が行使されることは認められるであろう。なお、吉野衛「物上代位に関する手続上の二、三の問題」加藤＝林編・前掲注(21)三六六頁は、仮登記がなされているだけの抵当権の物上代位権が行使され得ることを指摘する。

(31)　最一小判昭和四五年七月一六日民集二四巻七号九六五頁・金法五九二号三三頁、前掲最二小判平成元年一〇月二七日等。

(32)　配当手続に異議を主張しなかった債権者の不当利得返還請求権を認めた最二小判平成三年三月二二日民集四五巻三号三二二頁・金法一二八九号二三頁の趣旨からすれば、かかる場合も不当利得返還請求権が認められるであろう。

(33)　共同抵当権の一部の放棄の関係については、道垣内・前掲注(13)一六六頁等参照。

(34)　同様の視点から同最高裁判決を批判するものとして、伊藤眞「賃料債権に対する抵当権者の物上代位（上）（下）」金融法務事情一二五一号六頁、一二五二号一二頁（ともに一九九〇年）参照。

(35)　「賃料に対する物上代位と建物の管理」金融法務事情一四六九号（一九九六年）四頁参照〔本書第3部第1章〕。

(後注)　校正段階で、本件各判決と異なり、物上代位権の優先性を否定する東京高判平成八年一一月六日判時一五九一号三二頁が公表された。同判決は、将来債権の譲渡も、民法三〇四条一項但書の「払渡又ハ引渡」に該当するものということができるから、抵当権者は物上代位による差押え前に将来債権の譲渡を受けて対抗要件を備えた者に対し、物上代位権を主張することはできない、と判示する。

【振り返りコメント】

本稿は、平成七年（大阪高判平成七年一二月六日）と平成九年（東京高判平成九年二月二〇日）に相次いで公表された、何れも目的不動産の賃料債権に対する物上代位権は、抵当権の一内容であるから、抵当権設定登記により公示され、かつ第三者に対する対抗力を具備するとした裁判例につき批判的な立場から検討を加えるものである。ことに、物上代位の第三者対抗要件を登記に求めることは、昭和五九年以降の判例法理とは異なる見解に立脚するものであり、抵当権の物上代位の効力を過度に強め、後順位抵当権者の地位を弱めるとともに将来の賃料債権の譲渡担保の設定等を妨げること等、その弊害を指摘するものである。

ところで、最二小判平成一〇年一月三〇日（民集五二巻一号一頁）、最一小判平成一〇年三月二六日（民集五二巻二号四九三頁）以後の一連の判例は、抵当権設定登記をもって物上代位の対抗要件であることを明示し、また物上代位の効力をより強める内容の判示をしている。

しかし、筆者は、最高裁判所の一連の判例は、抵当権の物上代位の効力を過度に認めるものであり、本項で述べた批判は基本的には今日でも妥当すると考えている。

なお、本稿では掲載誌の紙数の関係等もあって十分に触れることができなかったが、今日、収益物件の不動産評価は、ＤＣＦ法が主流になりつつあるところ、ＤＣＦ法では固定資産税を含む管理コストは収入から差し引いて収益性を算定して評価がなされているにもかかわらず、抵当権の物上代位は、ＤＣＦ法では賃貸人に留保される管理コスト相当部分までをも抵当権者が取得することを認めるものであって、抵当権者が把握している換価価値以上の価値をその換価に先立って取得させることとなるといえよう。

追って、右最高裁判例後の収益執行の制度（民執法一八〇条二号）は、管理コストを差し引いた残額のみを抵当権者に対する配当の対象とするものであり、同制度と賃料に対する物上代位との整合性につき検討がなされてしかるべきであると考える。

第3章　抵当権の物上代位に基づく転貸賃料の差押えの可否

一　問題の所在

最二小判平成元年一〇月二七日（金法一二四七号二四頁）は、抵当権の物上代位が目的物の賃料債権に及ぶことを肯定したが、バブル経済の崩壊による地価下落の下で競売物件の換価が進まないこともあって、この種の事案が増加し、それに伴い、目的物が転貸されている場合の転貸料債権に対しても物上代位の効力が及ぶか否かという問題が生起するに至った。

この点につき、東京高決昭和六三年四月二二日（金法一二〇七号二八頁）は、民法三〇四条の「債務者」は抵当権の物上代位の場合には、「抵当権ノ目的タル不動産ノ権利者」と読み替えるべきであり、それには抵当不動産を後に借り受けた賃借人も含むとして、積極に解し、その後同旨の決定例が相次いだ（大阪高決平成四年九月二九日判時一五〇二号一一九頁、東京地決平成四年一〇月一六日金法一三四六号四七頁、仙台高決平成五年九月八日判時一四八六号八四頁、大阪高決平成四年九月二九日判時一五〇二号一一九頁①事件、大阪高決平成五年一〇月六日判時一五〇二号一一九頁②事件・③事件、東京高決平成七年三月一七日判時一五三三号五一頁）。また東京地裁の執行部では、数年前から積極の運用がなされており（村上正敏「抵当権に基づく賃料差押とその優先関係」判例タイムズ七八七号（一九九二年）三二頁、高木新二郎「バブル経済崩壊がもたらした民事執行についての諸問題」ジュリスト一〇三〇号（一九九三年）三五頁、同「弁護士と法務担当者のための債権等執行についての諸問題」ＮＢＬ五五一号（一九九四年）八頁）、名古屋地裁（寺本榮一「名古屋地裁

（本庁）における最近の民事執行事件の処理状況」金融法務事情一三七八号（一九九四年）三三頁）、仙台地裁（合田悦三「仙台地裁（本庁）における最近の民事執行事件の処理状況」金融法務事情一三七八号（一九九四年）四〇頁）でも、同様の取扱いがなされていることが報告されている。

それに対して大阪地裁では、従前は消極の取扱いがなされてきたが、前掲の大阪高裁の三つの決定を受けて、その取扱いの見直しが検討されているとの報告もなされており（最上侃二「大阪地裁（本庁）における最近の民事執行事件の処理状況」金融法務事情一三七八号（一九九四年）二四頁）、実務の大勢は、積極説に固まりつつあるといわれていた。

ところがこのたび、右の裁判例の流れとは異なる大阪高裁の決定例が二つ公表された。

二　大阪高裁の新たな決定例

大阪高裁の決定例は、金法一四三四号四一頁に掲載された、次の二つである。

1　大阪高決平成七年五月二九日

抵当不動産の賃借人が二一名に転貸している事案で、抵当権者の転貸料に対する物上代位による差押えの申立てを原審が却下した抗告審において、民法の規定の文理に則して考える以上、民法三〇四条一項の「債務者」を、所有者からの賃借人もこれにあたると読み替える余地はなく、また、転貸料の性質から考えても、これが抵当不動産の交換価値のなし崩し的実現とみることはできないとしたうえで、その転貸借が抵当権設定者の賃貸借と同視し得る場合や原賃貸借が詐害的短期賃貸借の場合には物上代位が認められる余地があるが、本件ではかかる事情も認められないとして、抗告を棄却した。

2　大阪高決平成七年六月二〇日

抵当権の目的建物の所有者A社とその賃借人兼転貸人Y社の代表取締役が同一住所に居住する夫婦で、かつ両社が同一グループに属する旨の会社案内の存する事案において、抵当権者の物上代位による転貸料の差押えを原審が認容したところから転貸人が抗告したのに対し、所有者と賃借人とが実質的に同一視される場合、あるいは所有者と賃借人との間の賃貸借が、賃料に対する抵当権の行使を妨害する目的でなされ、詐害的なものである場合には、所有者と転借人との間に直接賃貸借契約が締結されたものと評価することができ、また所有者は民法六一三条一項により原賃料額の限度で転借人に対して直接転貸料の請求をすることができる。右の如き場合には、直接請求権の額（原賃料額）を転貸料の額と同一のものと認めることも可能であるところ、本件では所有者と原賃借人（転貸人）を同一のものと評価できるか、あるいは原賃料額を転貸料額と同一のものと認めることができるとして、抗告を棄却した。

三　検　討

転貸料につき抵当権の物上代位を認める積極説は、前記のとおり、民法三〇四条一項、三七二条において、「債務者」を「抵当権の目的たる不動産上の権利者」と読み替えたうえ、それに抵当権設定後の賃借人も含まれると解するのであるが、その実質上の理由として次の諸点を挙げている（村上・前掲三二頁）。

①　抵当権設定後の長期賃貸借の場合、それは抵当権に対抗できないから、転貸料債権への物上代位を認め、目的不動産の使用・収益による利益を原賃借人から奪っても、原賃借人に不当な不利益を与えるものではない。

②　短期賃貸借の保護は、目的物を現実に利用する関係についてのみ認められるべきものであって、目的物を転貸して差益を得る地位まで保護されるべきものとは解さない。

③　原賃貸借の賃料が異常に安いときには、転貸料債権への物上代位を認める必要性がある。かかる場合にのみ転貸料への物上代位を認めればよいとの曖昧な基準で執行実務を運用することはできない。

しかし、抵当権に対抗できない賃借権であっても、抵当権の実行により競落されるまでは適法に使用・収益することができ、それには所有者（原賃貸人）の承諾を得て転貸する権限も当然に含まれるのであって、抵当権の実行による競落を待たずに転貸料債権を物上代位により奪われるのは、明らかに賃借権者に不利益を与えるといえる。実際にも、テナントビルの新築代金を融資した債権者の抵当権設定後に、一棟借りした業者が内装工事を施したうえで各テナントに賃貸する事例などでは、賃借人が原賃料と転貸料との差益を収授すべき利益が認められるべきことは明らかである。このことは、抵当権に対抗できる短期賃貸借の場合も同様である（もっとも、短期賃貸借ではかかる事例は稀であろうが。なお、牧山市治「判批」金融法務事情一二二〇号（一九八九年）一三頁は、転貸料のうち原賃貸借の相当賃料額を超える部分は、抵当権の物上代位が及ぶべきでないとする）。

消極説は、二1の大阪高決が説くとおり、民法三〇四条一項の「債務者」に賃借人を含めることが文理上困難であり、また実質的にみても、積極説の説く論理に無理がある以上、二1、2の大阪高決が説くとおり、原則として消極に解したうえで、転貸借が原賃貸借と同視し得るときや、濫用的転貸借の場合にのみ、転貸料債権につき物上代位を認めるのが妥当といえよう（最上・前掲二九頁も同旨。なお、積極説に立つ前掲各裁判例の事例は、そのほとんどが右の如く解しても物上代位が肯定される）。

四　実務の道標

抵当権の目的物の転貸料債権につき、当然に抵当権の物上代位が及ぶとする積極説の論拠には疑問を抱いていたところ、原則消極説に立ったうえで、例外的に物上代位を認める二つの大阪高裁決定が公表された。以上検討したとおり、抵当権に基づく転貸料に対する物上代位の可否は、濫用的転貸借以外では未だ判例は固まっていないというべきであり、なお裁判例の流れに注目する必要があるといえよう。

【振り返りコメント】

最二小判平成元年一〇月二七日（民集四三巻九号一〇七〇頁）が、抵当権の物上代位が賃料に及ぶことを認めて以降、バブル経済の崩壊による不動産価格の下落もあって、競売物件の換価が進まない（平成一一年末の不動産競売事件の未済件数は一一万六七二二件に達していた。ちなみに平成二四年末現在の未済件数は二万八三六一件である）という状況の下で、抵当権者による賃料債権に対する物上代位の申立てが激増した。

そうしたなかで、転貸賃料に対する物上代位の申立てがなされるようになり、それを肯定する高裁の決定例を受けて、東京、名古屋、仙台等の地裁の各執行部で積極の運用がなされていることが報告されていた。

本稿は、そうした傾向に反し、転貸賃料に対する物上代位は、転貸借が詐害的な場合に限定されるべきだとする大阪高裁の二つの決定例につき、同決定例に賛成する立場から紹介するものである。

なお、最二小決平成一二年四月一四日（民集五四巻四号一五五二頁）は、濫用型以外の場合には転貸賃料に物上代位の効力が及ばないとした。

第4章　抵当証券上に記載のない失権約定と民事執行法一八一条

——東京高決平成四年二月一九日金法一三二六号三二頁——

一　問題の所在

民事執行法の下では、不動産競売の申立ての際には、同法一八一条一項または二項の法定文書を提出すればよく、被担保債権の履行期の到来につき債権者はその立証を必要とせず、弁済期の未到来は債務者の執行異議事由であるが、同条の法定文書から期限の未到来が明らかな場合には、実体法上の要件を欠くものとして却下すべきものと解されている（田中康久『新民事執行法の解説〔増補改訂版〕』（金融財政事情研究会・一九八〇年）四一四頁、中野貞一郎『民事執行法〔第二版〕』（青林書院・一九九一年）三二七頁等）。

かかる場合に債権者は、法定文書以外の方法により、期限の利益喪失約款に定める事由の発生など、期限の到来を立証することができるか否かが、民事執行法一八一条の解釈として問題となる。

同条一項各号の書面のうち、判決や公正証書につき、それに表示された弁済期以前に弁済期が到来したことを債権者が主張する場合はほとんどない。また、同項三号の不動産登記簿謄本については、現行の不動産登記法は、抵当証券発行の特約のない場合には、被担保債権の弁済期は登記事項ではないとする結果、不動産登記簿謄本を法定文書として申し立てられる競売事件において、同謄本上に記載された弁済期が問題となるのは、抵当証券発行の約定がありながらその発行がなされなかった場合（後掲**四1**④の東京高決平成三年三月二九日はかかる事案である）など、きわめて例外的に生じ得るにすぎない。

最も問題となるのは抵当証券の所持人が競売を申し立てる場合である。抵当証券の所持人が競売を申し立てるには、抵当証券を提出しなければならず、またその提出をもって足りるのであるが（民執法一八一条二項）、被担保債権の元本または利息の弁済期は登記事項であり（平成一六年改正前不登法一一七条一項）、また抵当証券の必要的記載事項である（抵当証券法一二条一項、四条）。ところで、抵当証券の発行のもととなる金銭消費貸借契約には、通例、利息や分割弁済すべき元本の弁済の遅滞等を債務者の期限の利益喪失事由とする旨の定めがおかれており、それも、弁済期に関する登記事項であり、また抵当証券の記載事項にあたるのであるが、現実に発行される抵当証券のほとんどがモーゲージ証書による取引によるためか、抵当証券に期限の利益喪失約定の存在の記載すらしないものや、「平成〇年〇月〇日付金銭消費貸借及び抵当権設定契約第〇条の事由が生じたときは期限の利益を失う」と記載するに止まり、その内容が抵当証券上から判明しないものが多々ある（もっとも、登記実務では、失権約款につき全ての事由を記載しても、右の如く契約書を引用して記載しても何れの方法によっても差し支えないとされている（法務省昭和三年七月一四日民甲第一五九六号民事局長通達）。なお、法務省民事局内法務研究会編『抵当証券事務の解説』（テイハン・一九九二年）二二七頁参照）。

問題となるのは、㋑かかる場合に、契約書等民事執行法一八一条所定以外の文書により、債権者が期限の到来を立証することが許されるかという点と、㋺㋑について肯定説に立つとしても、抵当証券の有価証券としての性質上、抵当証券以外の文書による立証は許されないのではないかという点であり、本決定はその何れについても判示する。

㋑の点については、従前東京地裁では消極説に立っていたが、後述の一連の東京高裁決定が何れも積極説に立って原決定を取り消しており、本決定も積極説に立つことを明らかにした。

次に㋺の点は、右一連の東京高裁決定を受け、またその判例批評において抵当証券の有価証券性を再認識すべきであるとの指摘（倉田卓次「判批」判例タイムズ七三一号（一九九〇年）五一頁）を受けて、平成三年五月頃から東京地裁の執行部で採られるに至った見解である（淺生重機「抵当証券による担保権の実行（上）（下）」金融法務事情一二九二号四頁、一二九三号二一頁（ともに一九九一年））。本決定の事案では、原審ではその点は問題とされていなかったが、本決定時にはすでに右見解が明らかにされていたところから、本決定はその点にも言及し、抵当証券の有価証券性は他の文書により弁済期の到来を証明する妨げにならないとし、東京地裁執行部の右の新たな見解を否定したものである。

二　本件の事案

X（申立人・抗告人）はYとの間で、昭和六三年八月一二日、金銭消費貸借および抵当証券発行特約付きの抵当権設定契約を締結し、抵当証券の交付を受けていた。被担保債権元本は五〇〇〇万円で昭和六四年一一月二〇日から一年毎に一〇〇〇万円ずつ分割弁済する定めとなっており、右契約書には期限の利益喪失約款の記載があったが、抵当証券にはその記載を欠いていた。

Xは、平成二年四月二日、Yは期限の利益を喪失したとして元本の全部、利息、損害金につき不動産競売の申立てをし、付属書類として不動産登記簿謄本、金銭消費貸借および抵当権設定契約証書写し、抵当証券五通、弁済期の到来を示す通知書を提出した。

原審の東京地裁は、抵当証券の記載上すでに弁済期の到来している昭和六四年一一月二〇日分および利息ならびに同元本に対応する損害金については競売開始決定をしたが、その余については、弁済期到来の主張がなく、また抵当証券の記載によれば弁済期の未到来は明らかであるうえ、弁済期の到来については民事執行法一八一条一項・二項所定の文書以外の文書によって認定することは許されないと解すべきであるとして、申立てを却下した。

三　本決定の内容

原決定の却下部分を取り消し、原審に差し戻した。その理由は次のとおりである。

まず、弁済期到来の主張がないとした点は、請求債権目録への記載自体から、黙示的に弁済期の到来を主張しているものだとした。

次に民事執行法一八一条一項・二項の文書（「法定文書」）と弁済期の関係については、「同法は……抵当権の存在については、右文書によってのみ証明することを要するが、その他の実体法上の要件の存否は、右法定文書による証明に係らしめるものでなく、申立書に記載があれば、その存在等について証明することを要求しないものとしていると解せられる」。「このことは、本件のように法定文書に被担保債権の弁済期が記載されている場合であっても基本的には異ならないというべきであるが、法定文書に弁済期の記載があり、その記載から被担保債権の弁済期が未到来であることが認められる場合には、提出された資料から実体法上の要件が具備していないことが明らかであるから原則として競売の申立ては却下されるべきである。しかし……申立書に添付されている他の資料から……失権約款による期限の利益喪失により弁済期の到来が認められる場合には、実体法上の要件が具備していないことが明らかであるとはいえないと解するのが相当であ」り、競売手続は開始すべきであるとする。

そして最後に、前記の抵当証券としての性質論から原決定が維持されるべきであるとの見解に対し、ⓐ抵当証券は有因証券でかつ非設権証券であり、ⓑ民事執行法一八一条二項は、抵当権設定者と抵当権者との間に約定された権利とは別に、所持人に抵当証券上の記載文言による権利に基づく競売を定めたものではなく、ⓒ抵当証券法一〇条の異議の催告の制度は、一定の文言性を認めるものであるが、文言性は取引の安全性を図るものであって行為者の責任を免れさせるものではないから、抵当証券上の権利と異なる実体上の権利主張を許さないとする根拠とはならず、同法二六条も、特約を抵当証券に記載しないときはそれをもって第三者に対抗することができない旨を定めたにすぎないとして、同見解が述べる論拠を全て否定した。

四　裁判例の状況

本決定に直接関係する公開された裁判例は、全て東京地裁と東京高裁のものであり、そのうち東京地裁は全て消極、東京高裁は全て積極の決定となっている。以下、問題点毎に本決定以外の各決定例を通覧する。

1　民事執行法一八一条の解釈として、弁済期の到来につき法定文書以外の文書による立証が許されるか否かについて

① 東京地決平成元年一月二三日（判時一三二九号一四九頁）：抵当証券の所持人が、抵当証券に記載のない期限の利益喪失約款の適用を主張して競売の申立てをしたのに対し、いわゆる準名義説（「執行名義」）に立って、それに記載のない条項の効力を認めることはできないとして、申立て時において弁済期を経過している部分についてのみ競売手続を開始し、その余は却下した。

② 東京高決平成元年八月三〇日（高民集四二巻二号三一五頁・金法一二三五号三二頁）：①の抗告審である。本決定の本件判旨部分とほぼ同旨の理由の下に原決定を取り消した。

③ 東京高決平成三年一月一七日（金法一二九〇号二五頁）：①と同様の事案につき原審が①と同様に一部を認容し、一部を却下したのに対し、本決定の本件判旨部分とほぼ同様の理由の下に、原決定を取り消した。

④　東京高決平成三年三月二九日（金法一二九〇号二五頁②事件）：抵当証券発行の定めがあるため登記簿に弁済期が記載されているが抵当証券は未発行の事案において、抵当権者が未登記の期限の利益喪失約款の適用を主張して競売を申し立てたところ、原決定は、法定文書以外の文書等によって弁済期の到来を立証することは許されないとして、登記簿の弁済期の記載に従って一部につき開始決定をなし、残余を却下したのに対し、民事執行法は事後とはいえ異議手続のなかで、法定文書以外の書面等による実体的要件に関する主張・立証を制度上予定していることのほか、本決定の本件判旨部分とほぼ同様の理由の下に、原決定を取り消した。

⑤　東京高決平成三年三月二九日（金法一二九〇号二五頁③事件）：係属部は④と同一である。事案は③とほぼ同様であり、決定理由は、抵当証券所持人を抵当権者と別異に取り扱う必要がない、とするほかは、④と同様の理由を挙げて、原決定を取り消した。

⑥　東京地決平成三年一〇月二九日（金法一三〇五号四二頁）：事案は、④と同様に抵当証券発行特約がありながらその発行がなく、また期限の利益喪失約定につき登記がなされていない抵当権者が競売を申し立てたものであるが、前記④の高裁決定にかかわらず次のとおり述べて利息債権の一部についてのみ競売開始決定をなし、その余は却下した。ⓐ法定文書を提出させる法の趣旨は、執行の相手方たる所有者および買受人を保護するためである。ⓑ執行裁判所は執行異議の段階はともかく、申立て段階では実体判断が制限されるが、それは執行事件の迅速処理等の手続的な要請からであり、担保権の存在だけでなく、その他の担保権実行の要件についても執行裁判所の判断権は制限される。ⓒその結果、執行裁判所は法定文書の記載と異なる事実を認定することはできない。ⓓ本件では執行裁判所は法定文書である登記簿の記載に拘束される。

⑦　東京高決平成四年三月一八日（判時一四一九号五七頁）：抵当証券上の失権約款の記載は、契約書を引用する形のものである事案について、原審がその記載は抵当証券法二六条但書に定める特約としての効力を認められないとし

て、その約款の適用を否定して一部却下したのに対し、原審の同条の解釈を否定するとともに、抵当権の存在以外の要件は法定文書以外の文書による証明が許されるとして原決定を取り消した。

⑧　東京高決平成四年四月一五日（金法一三二〇号六七頁）：抵当証券に期限の利益喪失約款の記載を欠く事案において、本決定の判旨とほぼ同様の理由で取り消した。

2　抵当証券の有価証券性について

前記のとおり、東京地裁執行部では、平成三年五月頃から、抵当証券の有価証券性を正面から打ち出して法定文書以外の文書による立証を許さない取扱いとしたが、その考え方に基づく公表された裁判例としては次のものがある。

⑨　東京地決平成三年五月一七日（判タ七五八号二七六頁①事件）：抵当証券に記載のない期限の利益喪失約款の適用が主張された事案であるが、同決定は、抵当証券の有価証券法理を正面から打ち出し、その文言性を強調するとともに、その例外は債務者の側からする人的抗弁の限度で許されるに止まり、抵当権設定契約の当事者であっても、抵当証券の記載を超える権利を主張することはできない、そして期限の利益喪失特約は抵当証券法二六条但書の特約にあたるが、それは抵当証券に記載されない以上何の効力もない、として申立ての一部を却下した。

⑩　東京地決平成三年五月一七日（判タ七五八号二七六頁②事件）：抵当証券に契約書の内容を引用して記載された期限の利益喪失約款につき、⑨と同様の理由からその効力を否定した（なお、⑨と⑩は裁判官は異なるのに、右引用型に関する部分を除きまったく同じ文章である）。

⑪　東京地決平成三年一一月一八日（金法一三一五号二六頁）：事案は、抵当証券に記載のない期限の利益喪失約款の適用を主張するものであるが、抵当証券の有価証券性の法理から、その適用を否定したものである。理由の骨子は⑨、⑩と基本的に同一であるが、設権証券性をはっきりと認めるほか、論理的にも整理され、理由も詳細になってい

る。

これら⑨～⑪の決定例に対し、前記の⑦、⑧の各決定は、本決定の判旨部分とほぼ同様の理由から、原審が抵当証券法二六条の問題であるとする決定理由を否定している。

五　東京地裁、東京高裁の両裁判例の検討

本来ならここで、前項に記載した各裁判例につき、学説の状況をも踏まえてつぶさに検討すべきところであるが、紙数の関係上、半ば感想めいた検討に止めざるを得ない。

まず、前項で通覧したように、東京地裁と東京高裁の裁判例は、正面から対立している。特に、東京地裁は一カ部であるのに、東京高裁は全部で六カ部に及び、そのなかに東京地裁の決定を支持するものが一つもないということは異様ですらある。

東京地裁の執行部では、動産売買先取特権の物上代位に基づく差押えに関し、大阪地裁等と異なり、準名義説に近い運用が長らく行われていたが、それと同様の思考方法がこれら決定例のなかに垣間見ることができる。

東京地裁の決定群は、理論的には傾聴に値する点を含むものだとはいえても、⑥の決定例のように、法定文書による立証制限が、所有者や利害関係人の保護を図る規定だとは到底考えられないし（もし、真にその保護を図るなら、後に容易に覆滅されないよう慎重な手続を踏むことになろう）、また、手続の迅速と抵当権の存在以外の実体要件についても、法定文書に記載されている限りそれに拘束されるということが、論理的に結びつくのかも疑問である。

しかし何よりも、実務界において、抵当証券に失権約款の記載のないものや、契約書を引用した記載にすぎないもの（前記のとおり法務省はその効力を認め、登記もできる）が多数出回っている現状の下で、しかも他の地方裁判所では

法定文書以外の文書により弁済期の到来の立証を認めている状況にあるにかかわらず（富川照雄「抵当証券による競売」判例タイムズ七七九号（一九九二年）二七頁）、東京地裁が、競売申立ての段階では法定文書以外の文書による立証は一切認めないとしたり、突如として、学問的には一つの見解ではあっても、従来ほとんど論議されていず、また論理的にも相当飛躍のあると思われる抵当証券設権証券説に従って実務を運用するという、言わば立法作業に類する作業をしようとしたことこそが、根本的に批判されて然るべきなのではないだろうか。

六　残された課題

これら一群の東京高裁の決定例によって、期限の利益喪失約款については、法定文書に記載がなくとも、他の文書により立証が認められることが確立したといえよう。ただし、東京地決平成四年四月一五日（本件の差戻審。金法一三二〇号六七頁）は、期限の利益喪失特約は債権者にとって有利な約定であるのに、それを抵当証券に記載しなかったときは、その時点で特約が存在しなかったためではないかとの疑問が生ずるので、債権者は特約の記載がないことにつき他の原因が存したことを立証しなければならないとする。しかし、同決定は、立証責任の分配を一般の場合と同様と解すべきであるとする本決定や⑦の決定例の考え方に背馳するものであるといえよう。

なお、ここで検討したのは、あくまで抵当権者と設定者の関係である。抵当不動産の転得者との関係については、抵当証券所持人は抵当証券外の期限の利益喪失約款を対抗できないとする裁判例があり（大阪高決昭和六一年三月二七日金法一一四六号三九頁）、また②の決定も後順位抵当権者に対抗できないとしているので、注意を要する。

〈参考文献〉

本文中に引用したもののほか、山本和彦「判批」判例評論三九三号（一九九一年）三三頁、小林明彦「抵当証券が表象する権利と期限の利益喪失特約の記載」金融法務事情一二九七号（一九九一年）四頁、藤原勇喜『抵当証券の実務』（金融財政事情研究会・一九九二年）ほか、およびそれらの引用文献参照。

【振り返りコメント】

抵当証券法は、第一次世界大戦後のドイツにおける債権の流動化の流れを受けて昭和六年に制定されたが、当時の我が国の経済実態は、抵当証券を有価証券として流通させるだけの経済的基盤に乏しく、一部で抵当証券を分割したモーゲージ証券が発行されるに止まっていたが、その後の日中戦争、第二次世界大戦に至る経済状況の下で、それが実質的に活用されることはなかった。

第二次世界大戦後においても、我が国の経済状態の下、抵当証券が積極的に活用されることはなく、その利用も戦前同様モーゲージ証券として一部で活用されるに止まっていた（なお、昭和から平成にかけての不動産バブル経済の下で、抵当証券のモーゲージ証券を利用した大規模な詐欺商法が頻発したが、その最大規模の事件は平成一三年に会社整理の申立てがなされた大和都市管財事件である）。

本稿は、抵当証券上に記載のない失権約定と民事執行法一八一条所定の文書との関係につき、東京地裁執行部の取扱いと東京高裁の決定例が喰い違っていた点につき、その理論的な問題点を含めて解説したものであるが、残された課題についても、問題提起をしている（その後、本稿で指摘した残された課題に関する裁判例も、またそれらの点に論及する論稿にも接していない）。

なお、本稿を執筆していたことによって、抵当証券についての一定の基礎知識を有していたところから、前記大和都市管財の管理人（平成一七年改正前商法三九八条）に選任された時も、何とか速やかに対応できた。

第5章　転抵当と被担保債権の質入れとの競合と実務対応

一　問題の所在

転抵当は、その設定手続が面倒なこと、その実行面でも種々の制約があること等のため、金融機関において実務上利用されることは少ないが、賃貸ビルの借主の保証金返還請求権のためにそのビルに設定された抵当権に転抵当権を設定したり、融資先の担保に不足をきたした場合などに利用され[1]、また非金融機関による融資の場合などでは相手方に適切な担保物件がないために、やむなく転抵当権を設定する場合もある。

次に指名債権に対する質権の設定であるが、金融取引において債権質が用いられるのは、一般に預金や保険金請求権、ビルの賃借保証金返還請求権などであるが[2]、それらの債権のために抵当権が設定されている例は少ない。しかし右述のとおり、最近ではビルの賃借保証金返還請求権のために抵当権が設定される例や、また非金融機関による融資の場合などでは、融資先の有する抵当権の被担保債権自体に質権が設定される例も生じている。

ところで、転抵当の本質をめぐっては、債権・抵当権共同質入説と抵当権再度設定説とが対立しているが、通説は後者であり[3]、その対抗要件は転抵当権設定の付記登記である（民法三七六条二項、平成一六年度改正前不登法七条）。他方指名債権質権の対抗要件は、債務者から第三債務者に対する確定日付のある書面による通知または第三債務者の承諾であるが（民法三六四条・四六七条）、その質権の対象となる債権のために抵当権が設定されているときには、抵当権の随伴性によりその質権は抵当権にも及び、抵当権について被担保債権に質権が設定された旨の付記登記[4]がなされることになる。

このように転抵当と質権の対抗要件が異なり、他方、質権は随伴性により抵当権にその効力が及びそれについては登記がなされる結果、転抵当権の設定と被担保債権の質権設定とが競合する場合には、きわめて複雑な事例が生じ得る。

例えば、抵当権者を甲、債務者を乙、転抵当権者を丙、甲の乙に対する被担保債権の質権者を丁とした場合に、対抗要件が甲より乙への質権設定の通知、丙の転抵当権設定登記、丁の質入登記の順で充たされたとの事例において、丙と丁の何れが優先するのかという問題である。

この点については従来はほとんど論議されていないが、[5]前記のとおり転抵当権の設定や被担保債権の質入れの事例も増加傾向にあり、その競合も実務上生じ得るだけに、検討しておく必要がある。

以下、まず前提問題として抵当権の被担保債権の質入れの効力につき検討した後、被担保債権の譲渡・差押えと転抵当権との競合につき検討し、次いで本問題について検討を加えることとする。

二　抵当権の被担保債権の質入れとその効力

被担保債権の質入れの効力は、抵当権と根抵当権とでは異なる。

1　抵当権の場合

債権の質入れにより、質入債権の債権者（前例では甲）および債務者（乙）は、その債権の取立て・弁済・免除・相殺その他質入債権を消滅・変更させる一切の行為は質権者（丁）との関係で禁止され、それらの行為をしてもそれは質権者に対抗できない。

質権の効力は、質権の不可分性（民法三五〇条・二九六条）により利息を含む質入債権の全部に及び、丁の甲に対する債権額が甲の乙に対する債権額より小さい場合も同様である。

また、担保権の随伴性により質権の効力は抵当権に及び、甲は抵当権を実行することはできず、また処分することもできない。ただし、質権設定の付記登記との関係は後述する。

丁は、自己の債権の範囲で乙から直接取り立てることができ、また自ら甲の有する抵当権につき競売を申し立てることができ、[6]あるいは民事執行法に基づき質入債権を換価することができる（民執法一九三条）。[7]

2　根抵当権の場合

（一）　元本確定前の根抵当権

(1)　質権の質入債権それ自体に対する効力は、その担保権が抵当権か根抵当権かにより異なることはない。

(2)　問題は、質権の効力が元本確定前の根抵当権にも及ぶかという点にあり、積極・消極の両説に分かれている。

消極説は、確定前の根抵当権では被担保債権の範囲を第三者の承諾を得ずに自由に変更でき（民法三九八条ノ四）、またその随伴性が否定されている（同法三九八条ノ七）ことを理由に各個の債権は被担保債権そのものではなく被担保債権となり得る資格を有する候補にすぎないとして、質権の効力が根抵当権に及ぶことを否定する。[8]それに対して積極説は、確定前の根抵当権について随伴性が否定されるのは明文の規定が存する場合に限ること、確定前の各個の債権について質入れがされても、それは単に処分禁止という拘束力に止まり、その主体に変更を生ずるわけではないこと、確定前の各個の債権は被担保債権として一応存在し確定するまではそれが入れ替り得る可能性をもつだけであること、確定前の根抵当権の被担保債権が質入れされた後その債権が弁済されずまた譲渡もされないまま確定したときには、質権は確定後の根抵当権に当然及ぶべきであること等を理由として質権の効力が根抵当権に及ぶとする。[9]
登記実務では、かつては消極説の立場から元本確定前の根抵当権の被担保債権の質入れがなされてもその質入れの登記申請は受理すべきでないとしていたが、[10]昭和五五年の通達により積極説の立場に変更され、[11]質入れの付記登記申請も受理されるに至った。
(3)　ところで積極説に立つ場合でも、質権者に根抵当権による競売申立権が認められるべきかにつき肯定・否定の両説があり、[12]否定説は、競売の申立ては根抵当権の確定（民法三九八条ノ二〇第一項一号）を生じさせるので、単なる各個の債権の質権者にそこまでの権限を認めるのは相当でないとする。しかし、質権者は質入債権の直接の取立権を有するのであるから、質入債権にかかる担保権の実行も認められて然るべきである。もし質権設定者が元本の確定を避けたければ、質権者に対する債務を弁済すればよいのである。
(4)　なお、元本確定前の根抵当権の被担保債権が質入れ後に譲渡された場合に、その譲渡より前に質権者が民法三六四条による対抗要件を備えているときには、根抵当権者は債権譲渡をもって質権者に対抗できないとする見解がある。[13]しかし、債権質の設定者は、その質入れ後もその債権を譲渡する権限を有しており、その譲渡は質権者に対抗することができ、譲受人は質権の付着した債権を取得するにすぎない。そしてその債権の抵当権は随伴性により譲受人に移転するが、元本確定前の根抵当権では債権譲渡の場合の随伴性が否定されている以上（民法三九八条ノ七第一項）、その債権は根抵当権の被担保債権としての資格を失うと解さざるを得ず、質入れの付記登記については根抵当権者より質権者に対してその抹消登記手続を求めることができる。

(二)　元本確定後の根抵当権

元本確定後の根抵当権の被担保債権が質入れされた場合には、普通抵当権付き債権の質入れと同じく、質入れの効力が根抵当権に及ぶことに異論はみず、質入れに伴う各関係者間の関係も前述の普通抵当権の場合と同様である。

三　抵当権の被担保債権の譲渡と転抵当

抵当権の被担保債権の譲渡と転抵当との関係につき検討するにあたり、その譲渡と抵当権移転との対抗関係につき場合を分けて検討することとする。

1　債務者および債権の二重譲受人等との関係

被担保債権の譲渡の第三者への対抗要件は、民法四六七条による確定日付のある証書による債務者への通知または承諾であるが、抵当権の移転については、登記がその対抗要件であると説かれている。⒁

しかし、この場合の抵当権の移転は債権の移転に随伴して生ずるものであって、抵当権自体が独立して移転するものではない。すなわち、抵当権者ＡからＢに債権譲渡を原因として抵当権移転の付記登記がなされても、Ｂが債権譲渡につき対抗要件を具備しない限り、Ｂは抵当権を実行できず、⒂抵当不動産の所有者は競売申立てに対して執行異議（民執法一八二条）を申し立てることができる。⒃また、Ｂが債権譲渡の対抗要件を具備する前にＡからＣに譲渡されてＣが対抗要件を具備すると、Ｂは債権を取得できず、担保権の付従性によりＢは抵当権を取得することはできない。したがってＢの抵当権移転の付記登記は無効であり、ＡはＢに対してその抹消を請求でき、Ｃも債権者代位によりその抹消を請求することができる。⒄

以上のとおり、被担保債権それ自体につき対抗関係に立つ第三者との関係では、債権譲渡の対抗要件により対抗関係が定まり、登記は対抗要件として機能しないのである。

2　抵当不動産上の権利者に対する関係

抵当不動産上の権利者に対する関係では、抵当権移転については登記が対抗要件であると一般にいわれているが、それも場合を分けて検討する必要がある。

（一）　抵当不動産の第三取得者との関係

被担保債権の譲受人は、前記のとおり債権譲渡につき対抗要件を具備すれば、抵当権につき移転登記を経ずともその移転を抵当権設定者に対抗することができ、また移転の付記登記を経なくとも移転を証する公文書を提出して競売を申し立てることができる（民執法一八一条三項）[18]。右の公文書による証明の対象は、債権が譲渡された事実とその債権が抵当権の被担保債権である事実のみであることは抵当不動産が第三者に譲渡された場合も同様であり、この第三取得者の関係で右の公文書のほかに別の公文書は要求されてはいない。

以上に述べたところから明らかな如く、被担保債権の譲受人と抵当不動産の第三取得者との間では、抵当権移転の付記登記は対抗要件とはならないのである。

（二）　抵当不動産上の物権取得者との関係

前項で述べたとおり、対抗要件を具備した被担保債権の譲受人は登記なくしてその抵当権を当該不動産の第三取得者に対抗でき、かつ競売申立てをすることもできるのであるから、制限物権者にすぎない地上権者や他の抵当権者等に対しても同様に対抗することができるものというべきである。

（三）　抵当不動産の短期賃借権者との関係

抵当不動産に設定された短期賃借権が抵当権者に損害を及ぼすべきときは、抵当権者は解除請求の訴を提起することができる（平成一五年改正前の民法三九五条但書）。この請求は、抵当不動産につき債権関係に立つにすぎない賃借人に対してなされるものであるから、登記が対抗要件となるのが原則である。しかし、債権の譲受人が抵当権移転の付記登記を経ずに競売を申し立てた場合には、競売開始決定によりその抵当権の存在が認められるに至っているのであるから、移転の付記登記を経ずとも解除請求の適格が認められて然るべきである。

3　抵当権自体の放棄との関係

被担保債権の譲受人Ｂが抵当権移転の付記登記を受ける前に、譲渡人Ａが抵当権それ自体を放棄し抵当権の登記を抹消する場合である。

かかる場合、ＡがＢに債権を譲渡してその対抗要件を具備すると、それに伴い抵当権も当然にＢに移転し、Ａはその債権に対してはもちろん抵当権に対しても何らの権利も有しないのであるから、Ａの放棄は第三者に対する関係でも無効であり、Ｂはその無効を主張することができるものというべきである。

それに対して、登記が対抗要件で、Ｂが抵当権移転の付記登記を受ける前にＡが抵当権を放棄してその登記をすれば、Ｂは抵当権の取得を対抗できないとする見解がある。[19] しかし抵当権は債権に随伴し、債権者でないＡは抵当権に対して何らの権利も有さず、したがってそれを放棄する権利も有していないのであるから、前記の債権譲渡の対抗要件が抵当権移転の付記登記に優先するのと同様、登記は対抗要件ではないというべきである。

4　抵当権が処分された場合

抵当権の処分としては、民法三七四条二項に定める抵当権の順位の変更と、三七六条に定める転抵当、抵当権の譲渡・放棄、順位の譲渡・放棄がある。

これらの抵当権の処分は、抵当権の付従性を緩和するものであると一般にいわれている。[20] しかし、そこでいわれている付従性の緩和も被担保債権の処分を伴わずに抵当権の処分を行えるというに止まり、抵当権それ自体が有効に存続していること、またその被担保債権が存在していることが前提とされていることはいうまでもない。

被担保債権が弁済により消滅した後に、登記簿上残存している抵当権につき、転抵当や抵当権の譲渡等の処分がなされても、その相手方が転抵当権を取得できず、また抵当権譲渡の利益を取得できないのは当然である。

抵当権の被担保債権をＡがＢに譲渡し、Ｂがその譲渡につき第三者対抗要件を具備した後にＡになお抵当権の登記が残存していても、Ａがその抵当権につき何らの権利も有していないことは、右の被担保債務が弁済された場合と同様である。したがってＡが抵当権を処分しても無効であり、債権に随伴して抵当権を取得したＢはその無効を抵当権処分の受益者に対して主張できるものと解すべきである。

かかる場合にも前記の抵当権自体の放棄と同様に、登記が対抗要件であり、Ｂの抵当権移転の付記登記前にＡが抵当権の処分をすれば、Ｂはその処分による負担付きの抵当権を取得するにすぎないとする見解がある。[21]

しかし、右の場合には前記のとおりＡは抵当権の処分権限をまったく有しないのであるから、前項の場合と同様、登記は対抗要件ではないというべきである。

５　債権譲受人が抵当権を処分する場合

債権譲受人が、債権譲渡に随伴して取得した抵当権に転抵当権を設定し、あるいは譲渡等の処分をする場合には、その処分の登記のためには譲受人は自己のために抵当権移転の付記登記を経る必要があるが、これは登記による対抗とは別次元の問題である。

６　まとめ

以上詳述したように、被担保債権の譲受人が債権譲渡の対抗要件を具備すると、被担保債権を通して対抗関係に立つ不動産上の利害関係者に対して登記なくして対抗することができるのであり、右の対抗要件具備の後に抵当権が処分されてもその無効を第三者に主張することができるのである。

したがって、抵当権の処分の一種である譲渡人による転抵当権の設定と被担保債権の譲渡とが競合しても、その譲渡の対抗要件が先に具備されるならば、譲渡が転抵当に優先することとなるのである。

四　抵当権の被担保債権の差押えと転抵当

抵当権の被担保債権が差し押さえられると、債権者および債務者は、債権の取立て・弁済・免除その他債権を消滅させる行為や、債権の変更あるいは譲渡等債権を処分する一切の行為が差押債権者との関係で禁止され、それらの行為をしても差押債権者に対抗できない。また、抵当権の付従性により処分禁止の効力は抵当権にも及ぶ。

被担保債権が差し押さえられると、抵当権につき差押えの嘱託登記がなされるが（民執法一五〇条）、その嘱託は債権者の申立てによるから、差押債権者が被差押債権のために抵当権が設定されていることを知らずあるいはその登記が遅れれば、差押えの嘱託登記がなされず、あるいは差押えに相当遅れて嘱託登記がなされる場合があり、かかる場合にその後の債権譲受人の債権譲渡に伴う移転の付記登記が先になされることがあり、登記の対抗力が問題となる事態が生ずる。

その場合の各関係者との対抗関係は、基本的には前節で述べた債権譲渡の場合と同一であるが、抵当権の放棄や処分の関係では債権譲渡とは異なる。以下、順次検討する。

1　債務者、債権の譲受人等との関係

債権差押えにより債権者は債権の処分権限を奪われ、その結果債権を譲渡することができないことは、債権譲渡につき述べた場合と同様である。したがって、差押え後に債権譲渡がなされ抵当権移転の付記登記が差押えの嘱託登記より先になされても、差押債権者が優先するのである。

なお、元本確定前の根抵当権の被担保債権が差し押さえられた場合にも、前記の質権の場合と同様、その効力は根抵当権に及び、転付命令が確定するとその債権は被担保債権たる適格を失う（民法三九八条ノ七）。

2　抵当不動産上の権利設定者との関係

抵当不動産の第三取得者や他の物権取得者との関係でも、差押債権者は差押えの嘱託登記を経なくとも差押えを対抗できることは、債権譲渡の場合と同様である。

差押債権者が短期賃貸借の解除権を行使するのは、差し押さえた債権の取立権の行使の一環として行うのであるから、競売申立て前にそれを行使することはあり得ず、競売申立ての後であれば、前記の債権譲渡の場合と同様に解することができる。

3　抵当権自体の放棄との関係

この場合は債権譲渡の場合とは少し異なる。[22]まず差押え後その嘱託登記がなされる前に債権者が抵当権自体を放棄してその登記がなされても、それをもって債権者や債務者が差押債権者に対抗できないことはいうまでもない。また、放棄前に抵当不動産に権利を設定していた者も、その放棄の無効をもって差押債権者に対抗されるものというべきである。

問題は、放棄により抵当権が抹消された後に利害関係を生じた第三者との関係である。債権譲渡の場合と異なり債権者は被担保債権を有しており差押債権者との関係でのみその権利の行使が制限されているにすぎないこと、前記の差押債権者と債権譲受人や第三取得者との関係の場合には抵当権それ自体の登記は存在し、債権差押えの効力がそれに及ぶか否かという問題であるのに対し、ここでは抹消登記それ自体の対抗力が問題とされており、債権差押えの効力とは次元の異なる問題であること等からすれば、抵当権自体が放棄された後の第三者との関係では、登記が対抗要件となると解さざるを得ない。

4　抵当権が処分された場合

(一)　抵当権の譲渡・放棄、順位の譲渡・放棄

これらは前記のとおり、被担保債権自体の処分を伴わずに行うことができ、債権差押えとこれらの処分とは両立し得る関係にある。

したがってこれらの処分と抵当権の被担保債権に対する差押えとは登記が対抗要件となり、差押登記前にこれらの抵当権の処分の登記がなされると、差押債権者は抵当権の処分により制限された抵当権を差し押さえることとなる。

(二)　転抵当

同じ抵当権の処分でも転抵当は別異に解すべきである。すなわち、転抵当につき単独処分説に立っても、原抵当権およびその被担保債権が有効に存在しかつ実行できることが転抵当の要件である。(23) ところで原抵当権の被担保債権が差し押さえられている場合、原抵当権者甲自身はたとえ抵当権につき差押えの登記がなくても、原抵当権を実行することはできず、仮に転抵当権者丙による転抵当の実行により原抵当権の競売申立てがなされても、差押債権者戊は差押えを理由として執行異議の申立て（民執法一八二条）をすることができると解される。

この場合に、甲自身は抵当権の実行ができなくても、差押えに後れかつ差押登記に先行して転抵当権の登記を経た丙は、戊に対抗できるとの考え方も一応成り立つ㉔。しかし、転抵当権の実行とはいってもそれは甲の債務者乙に対する債権取立行為の一種であるから、右の考え方は戊の差押えに後れる転抵当権者丙に、被差押債権について優先弁済権を認めることになる。またこの考え方を推し進めると、差押債権者が抵当権実行以外の方法で被差押債権を取り立てることも許されないということにまでなる㉕。かかる結論が不当であることはいうまでもない。

このように転抵当の場合には、原抵当権の被担保債権自体に関する対抗関係が問題となるのであり、登記は対抗要件とはならないものというべきである。

五　抵当権の被担保債権の質入れと転抵当

以上、抵当権の被担保債権の質入れの一般的な効力および被担保債権の譲渡・差押えと転抵当の関係につき、登記が対抗要件となるか否かにつき検討してきたが、以下では質入れの場合につき検討する。

なお、差押えと質入れとでは、債権に対する処分禁止等の効力は、質入れでは質入債権それ自体の譲渡が認められる点を除いてほぼ同様であるので、前節の被担保債権の差押えについて述べたところがほぼ妥当する。

１　債務者、債権の譲受人、後順位質権者等との関係

この点は差押えの場合と同様であり、質権設定の対抗要件の具備の先後によって優先関係が定まり、質権設定の付記登記の先後はその優先関係に影響を及ぼさない。

2　抵当不動産上の権利設定者との関係

この点も差押えの場合と同様であり、質権の対抗要件を具備していれば、質権の付記登記がなくても質権を対抗することができる。

3　抵当権自体の放棄との関係

この点も差押えの場合と同様に解すべきである。すなわち、質権設定後その登記前に放棄されてもそれは質権者に対抗できないと解すべきであるが、抵当権の抹消登記後の利害関係者との関係では、登記が対抗要件になると解すべきである。その理由も、質権設定後も債権は債権者に帰属し、ただその行使が質権者との関係で制限されているにすぎないこと、質権それ自体の対抗力と抹消登記の対抗力とは次元を異にする問題であること等、差押えの場合とほぼ同様である。

4　抵当権が処分される場合

(一)　抵当権の譲渡・放棄、順位の譲渡・放棄

これらの処分は被担保債権自体の処分を伴わないものであるから、それと抵当権に対する質権の効力とは登記が対抗要件となることは、差押えの場合と同様である。

(二)　転抵当

この点も差押えについて述べたところがほぼそのまま当てはまる。すなわち、原抵当権の被担保債権に質権が設定されている場合、原抵当権者自身は質権の付記登記が未了でも原抵当権を実行することはできないのであり、そうである以上転抵当権者も転抵当権を実行することはできないのである。

この場合には、差押えについて述べたように、原抵当権の被担保債権それ自体について質権と転抵当権者の優劣関係が問題となっているのであるから、質権の対抗要件の有無が問題となり、登記は対抗要件たり得ないというべきである。(26)

そして、質権者は質権の第三者対抗要件を具備した時の状態で質入債権を質にとるのであるから、質権取得時に転抵当の対抗要件がすでに具備されていればかかる債権に質権が設定されたのであり、未だ具備されていなければ転抵当権の設定されていない債権に質権が設定されたのであって、転抵当と質権の登記の先後は質権の内容に何ら影響を及ぼさないものというべきである。

六　被担保債権の質入れと転抵当の競合についての実務上の留意点

以上詳述したように、被担保債権の質入れおよび転抵当ともきわめて複雑な法律関係を生み出しており、できる限りそれらの担保取得は避けるべきであるが、冒頭で述べたように現在その需要が増えているのも事実であり、実務的には次のような諸点に留意してその対応を図るべきである。

①　転抵当より被担保債権の質権取得を優先して考えるべきである。ただし、譲渡禁止特約のある債権は質権を設定することができないので注意を要する。

②　被担保債権に質権を設定した場合には、速やかに質権設定の付記登記をすべきである。登記をしない間に抵当権自体の放棄や転抵当以外の抵当権の処分がされると、質権者はそれに対抗できないことになる。また、登記がなければ競売申立て時に不便であり、また配当手続面でも裁判所から通知が来ない等不利益な扱いを受ける。

③　債権質を取得する場合には、時としてその債権のために抵当権が設定されていることを見落とすおそれがある

ので十分に調査する必要がある。

④　元本確定前の根抵当権の被担保債権に質権を設定しても、質権設定者がその債権を譲渡すれば被担保債権から外れるという弱い効力しかないことに留意し、担保評価のうえで被担保債権であることはあまり評価すべきではない。

⑤　転抵当を取得する場合には転抵当取得に際しての一般的な注意事項のほか、被担保債権に質権が設定されていればそれに劣後することに十分注意を要する。特に、質権の付記登記がなくても転抵当が劣後する点に注意を要する。

⑥　質権が設定されている場合には、質権者は抵当権実行以外の方法で質入債権を取立てることができるから転抵当権者不知の間に原抵当権の被担保債権が減少していることがあるので注意を要する。

七　おわりに

以上、被担保債権の質入れと転抵当の競合の問題につき検討してきたが、判例もまったくなく、また従来ほとんど論議されていない問題であり、しかもその検討の結果は従来主張されているところとは異なる結果となった。(27) 時間に追われての執筆のため未だ十分に検討しきれていない点も多々あるので、大方の御叱正を賜りたい。

（1）　旗田庸「抵当権の処分と金融実務」加藤一郎＝林良平編『担保法大系　第一巻』（金融財政事情研究会・一九八四年）七五三頁。

（2）　中島皓「債権・その他の財産権の質権と金融取引」加藤一郎＝林良平編『担保法大系　第二巻』（金融財政事情研究会・一九八五年）七六九頁。

(3) 甲斐道太郎「抵当権の処分の内容とその効力――民法三七五条、三七六条の内容」前掲注(1)七二二頁、石田喜久男「転抵当の本質と効力」金融法務事情一二六二号（一九九〇年）五頁。
(4) 香川保一『改訂担保』（金融財政事情研究会・一九六四年）四八三頁。
(5) 秦光昭「被担保債権の質入れと転担保（上）（下）」手形研究三六九号四頁、三七〇号四頁（ともに一九八五年）。同氏は転抵当の債務者、保証人等に対する対抗要件の規定である民法三七六条一項につき確定日付を要すると解されたうえで、それと質権の対抗要件具備の先後により優先関係を決せられるべきだとされる。
(6) 質権設定の付記登記を経ている場合には民事執行法一八一条一項三号により、また登記を経ていない場合には質権設定ならびにそれが抵当権の被担保債権である事実を証する公正証書があれば同項二号、三号により競売申立てをすることができる。
(7) 民事執行法に基づき質権の実行をすると、抵当権につき差押登記が嘱託され（民執法一五〇条）、質権者はその差押えに基づいて競売を申し立てることもできるが、前掲注(6)で述べたように質権者は直接抵当権による競売を申し立てることが可能なのであるから、かかる迂遠な方法をとる必要はない。なお、三ケ月章『民事執行法』（弘文堂・一九八一年）四六四頁参照。
(8) 柚木馨＝高木多喜男『担保物権法〔第三版〕』（有斐閣・一九八二年）四四七頁、川井健『担保物権法』（青林書院新社・一九七五年）一六二頁等。なお、鈴木禄彌「確定前の根抵当権の被担保債権の差押えと質入れの効力」金融法務事情九九三号（一九八二年）六頁、竹下守夫「根抵当権の被担保債権の差押・質入とその効力」幾代通ほか編『不動産登記講座Ⅲ　各論(1)』（日本評論社・一九七八年）二八八頁は、差押えについては肯定、質入れについては否定される。
(9) 清水湛「新根抵当法の逐条解説（上）」金融法務事情六一八号（一九七一年）四六頁、同「根抵当権の処分、被担保債権の差押えまたは質入れ」米倉明ほか編『金融担保法講座Ⅱ』（筑摩書房・一九八六年）五三頁等。
(10) 法務省昭和四七年一二月一九日民事三発第九四三号民事局第三課長回答・登記関係先例集追加編Ⅴ八〇七頁。
(11) 法務省昭和五五年一二月二四日民三第七一七六号民事局長通達・民事月報三六巻六号一四二頁。
(12) 否定説：清水「根抵当権の処分、被担保債権の差押えまたは質入れ」前掲注(9)七一頁。肯定説：松尾英夫「根抵当権付債権の差押・質入れの登記をめぐる諸問題」加藤一郎＝林良平編『担保法大系　第二巻』（金融財政事情研究会・一九八五年）三一五頁。
(13) 松尾・前掲注(12)三三四頁。
(14) 我妻栄『新訂担保物権法』〔民法講義Ⅲ〕（岩波書店・一九六八年）四一六頁等。

(15)　大判大正一〇年二月九日民録二七輯二四四頁。
(16)　大判昭和六年一二月九日民集一〇巻一二〇四頁。
(17)　柚木馨編『注釈民法(9)〔増補再訂版〕』（有斐閣・一九八二年）一四八頁〔柚木馨＝西沢修〕、香川・前掲注(4)三四〇頁。
(18)　鈴木忠一＝三ケ月章編『注解民事執行法(5)』（第一法規出版・一九八五年）二三二頁〔高橋宏志〕等。なお、伊藤善博＝松井清明＝古島正彦『不動産執行における配当に関する研究』（裁判所書記官研修所・一九八五年）四九七頁以下は、抵当権移転の付記登記を経由していない抵当権の特定承継人に対する配当につき、同人が競売申立人であるときは肯定し、配当加入者であるときには否定すべきであるとする。
(19)　香川・前掲注(4)三四三頁。
(20)　甲斐・前掲注(3)七二三頁。
(21)　香川・前掲注(4)三四三頁。
(22)　香川・前掲注(4)三四三頁は、被担保債権の移転の場合と差押えや質入れの場合とを区別しない。
(23)　柚木＝高木・前掲注(8)二九三頁。
(24)　差押えと転抵当権との優劣を登記の先後に求める考え方からは、かかる論理が導かれることになる。
(25)　差押債権者は、被差押債権を直接取り立て（民執法一五五条）、その取立訴訟を提起するなどして（同法一五七条等）、担保権実行以外の方法で被担保債権を消滅させることができる。
(26)　秦「被担保債権の質入れと転担保（下）」前掲注(5)六頁は、登記を対抗要件とした場合、質権設定後その登記前に転抵当の登記がなされると、質権者の債権の行使そのものが制限されるという構成をとる必要があるが、それは不当であるとする。
(27)　従来の見解については香川・前掲注(4)参照。なお、柚木＝高木・前掲注(8)二四三頁は、抵当権の処分のなかでの転抵当とその他の処分の相違を強調する。

【振り返りコメント】

金融法務事情で石田喜久夫、高木多喜男両先生らが中心になられて、「転担保――その理論と実務」の特集が組まれるに当たり、恩師林良平先生を通じて研究会等で御世話になっていた右両先生からのお声掛けを受け、執筆を引き受けたものである。

債権質と、その債権に設定された抵当権の処分の関係については、然るべき裁判例もなく、学説においても詰めた検討がなされていなかったところから、債権質の法的性質が問題となる場合について、それぞれについて検討を加えたところ、その結果は本稿に記述したとおり、当時の有力説とは異なる結論となった。

転質や転抵当に関しては、本稿以降二〇年余を経ているが、未だそれに関連する裁判例も乏しく、また学界においても若干の論稿（澤重信「債権担保と転抵当等をめぐる実務上の問題点（上）（下）」金融法務事情一四〇一号（一九九四年）一五頁、同一四〇二号（一九九四年）二〇頁、松本恒雄「転抵当と被担保債権の譲渡・質入れの競合」池田真朗ほか『マルチラテラル民法』（有斐閣・二〇〇二年）一八六頁等）があるものの、詰めた議論がなされていない。転質や転抵当は、その利用頻度はそれほど多くないとはいえ、金融実務では一定の利用がなされているのであるから、さらなる理論上の進展が求められる分野といえよう。

なお、平成一六年改正民法で条文が改定されたものは、改定後の条文に訂正し、削除された条文は改正前の条文であることを記載した。

第6章　原抵当権より弁済期が後の債権を担保する転抵当権の効力

——東京高裁昭和四二年一月一八日第七民事部判決（金法四七〇号三三頁）——

一　判決の要旨

転抵当権の被担保債権の弁済期が原抵当権の弁済期より後に到来する場合であっても、転抵当権は有効に成立する。

二　事実の概要

登載誌には、理由中の一部しか登載されていないため、事実関係の詳細は不明であるが、判決要旨の関係ではおおむね次のとおりであると推定される。

X（原告・被控訴人）はY（被告・控訴人）に対する借入金債務の担保としてその所有不動産に抵当権を設定した。Yは、その貸金の返済期経過後にその債権をAに譲渡し、抵当権につき移転の付記登記をした。その後AはYに対する債務を担保するために右抵当権に転抵当権を設定した。

Xは、転抵当権の設定につきXへの通知もXの承諾もないのでXに対抗できず、また転抵当権の被担保債権の弁済期が原抵当権の弁済期より後であるから転抵当権は無効であると主張して、その抹消登記手続を求めた。原審はXの請求を認容。

三　判旨の内容

①　転抵当権の設定につき、ＡよりＸに通知がなされている。

②　「一般に転抵当権は原抵当権の把握している担保価値を、その把握している範囲内において他の債権の担保に供するのであるから、本件におけるように転抵当権の被担保債権の弁済期が原抵当権のそれよりも後に到来する場合においても、原抵当権について弁済期が到来している以上原抵当権の被担保債権の債務者としては転抵当権についての弁済期到来前においても適法に弁済をなし得ることとなるのであるが、だからといってこのような場合には転抵当権の設定自体が無効になると解しなければならない理由はない。」

四　学説と判例

1　判旨は、学説の分かれている転抵当の性質につき、単独処分説に立ったうえで、原抵当権と転抵当権との被担保債権の弁済期の先後関係は、転抵当権の成立の要件となり得ないとするものである。

2　転抵当の法的性質につき、主要なものとして次の各説が主張されている。

(一)　債権・抵当権共同質入説（共同処分説）

抵当権の付従性を重視し、抵当権を被担保債権と共同に質入れする行為であるとする説で、転質においてこの説が当事者の意思にも最も多くの場合に適合し、かつ原質権者が被担保債権の取立てを禁止される点等につき、最も平明な構成をもって当事者の利害を調節し得るが、それと同様の根拠からこの説が妥当するとする（柚木馨＝高木多喜男『担保物権法〔第三版〕』（有斐閣・一九八二年）二九四頁）。

（二）　**抵当権単独処分説**

原抵当権者の把握している担保価値を転抵当権の担保に供するものであるとする説で、転抵当権の設定には被担保債権の処分が伴わないところから単独処分説と呼ばれ、現在の通説である。このなかにも、①目的物に再度抵当権が設定されるとする説（我妻栄『新訂担保物権法』（以下「我妻・新訂」と略記する。岩波書店・一九六八年）三六〇頁、川井健『担保物権法』（青林書院新社・一九七五年）一二七頁、柚木馨編『注釈民法(9)〔増補再訂版〕』（有斐閣・一九八二年）一三二頁〔西沢修〕、石田喜久夫「転担保論」篠塚昭次ほか編『高島平蔵教授還暦記念　現代金融担保法の展開』（成文堂・一九八二年）一八五頁）と、②抵当権に担保権を設定するとする説（鈴木禄彌『抵当制度の研究』（以下、「鈴木・研究」と略記する。一粒社・一九六八年）一九五頁（初出：民事研修七三号（一九六三年））、星野英一『民法概論Ⅱ』（良書普及会・一九八四年）二六五頁、甲斐道太郎「抵当権の処分の内容とその効力――民法三七五条、三七六条の内容」加藤一郎＝林良平編『担保法大系　第一巻』（金融財政事情研究会・一九八四年）七三〇頁、道垣内弘人『担保物権法』（三省堂・一九九〇年）一五〇頁）とがあり、さらにそのなかでもその担保権の性質につき抵当権と解する説と抵当権の権利質と解する説（鈴木禄彌『物権法講義〔全二訂版〕』（創文堂・一九七九年）一七三頁）とに分かれるが、その両説の相違は実益がないとされている（鈴木・研究一九六頁）。

この点に関する判例としては、大決昭和七年八月二九日（民集一一巻一七二九頁）は、原抵当権の被担保債権額が転抵当権の被担保債権額よりも少ない場合に原抵当権者の競売申立権を否定するにあたり、「民法第三百七十五条ニ依リ抵当権者カ其ノ抵当権ヲ以テ他ノ債権ノ担保ト為シタルトキハ抵当権者ハ其ノ抵当権ヲ以テ担保セラルル債権ト同額ノ範囲内ニ於テ其ノ抵当権ヲ実行スル権能ヲ其ノ債権者ニ付与シタルモノ」であると判示し、単独処分説中の何れかの立場に立つことを示している（香川保一『改訂担保』〔基本金融法務講座３〕（金融財政事情研究会・一九六四年）三八〇頁や西沢・前掲は、同判例をもって抵当権再度設定説に立つものとする）。

なお、大決昭和一〇年一一月二〇日（民集一四巻一九二七頁）が、転抵当権者（丙）による競売申立てにつき原抵当権の債務者（乙）に抗告権を認めるにあたり、原抵当権者甲は乙に対する債権および抵当権を担保として丙より金員を借り受けたと認定したうえで、「競売代金ニ因リテ甲カ其ノ被担保債権ノ弁済ヲ受クル限度ニ於テハ乙モ亦当然其ノ債務ヲ免ルヘキ民法三百七十六条ニ所謂主タル債務者タル関係ニ在ルモノナルカ故ニ乙モ亦競売法二十七条第三項ニ所謂債務者ニ外ナラサルモノト解スルヲ相当トス」と判示したことをもって、債権・抵当権共同質入説に立つと理解し、大審院の態度は必ずしも明確ではないとする見解があるが（柚木＝高木・前掲二九五頁、甲斐・前掲七三〇頁）、右判決の判旨自体は丙と乙との間で直接の債権債務関係が成立するとするものではなく、転抵当権者の競売申立てにより実行されるのは原抵当権であるところから、その債務者に抗告権を認めたものであって、共同処分説を前提とするものではない（同旨・我妻栄編『判例コンメンタールⅢ』（コンメンタール刊行会・一九六八年）三六八頁〔清水誠〕）。

最高裁になってからは、最一小判昭和四四年一〇月一六日（民集二三巻一〇号一七五九頁）は、抵当権の設定とともに代物弁済予約による所有権移転仮登記を受けていた原抵当権者が転抵当権設定後に予約完結権を行使した事案において、その代物弁済予約が清算型の仮登記担保であるならば、優先弁済権があるのは原抵当権の被担保債権額から転抵当権の被担保債権額を差し引いた金額についてのみであり、転抵当権の被担保債権額の方が大きい場合には予約完結権を行使できない旨判示した事例であるが、その判文中において、「転抵当は、原抵当権者の把握した担保価値の全部又は一部を転抵当権者に創設的に移転し、これに対して優先的地位を与えるものである」としており、またその判旨も原抵当権の被担保債権が転抵当権者のそれより大きい場合には被担保債権につき原抵当権者の権利行使を認めるものであるから、単独処分説に立つことは明らかである。

このように判例は、大審院以来単独処分説に立っているものといえる（ただし、そのなかのどの説に立つかは必ずしも明らかではない）。

3　次に転抵当権設定の要件であるが、一般に被担保債権額と弁済期について論じられている。

（一）　**被担保債権額**

かつては、転抵当の被担保債権額は原抵当権のそれを超過してはならないとされていた（我妻栄『担保物権法』（岩波書店・一九三六年）一八九頁、石田文治郎『担保物権法論　上巻』（有斐閣・一九三五年）二〇五頁）。その理由としては「『何人も自己の有するより以上の権利を他人に移転し得ず』と、法諺にもある如く、担保権者は、彼が支配している目的物の交換価値の限度においてのみ、これを処分することができるにすぎない」からであるとされていた（石田喜久夫・前掲一八七頁。ただし、同教授はその後改説され、通説の立場に立たれた――「転抵当の本質と効力」金融法務事情一二六二号（一九九〇年）五頁）。

それに対しては、転抵当権の性質を原抵当権の有する担保価値を担保に供するものであると解する限り、転抵当権者は原抵当権者の有する抵当権の権能ないし利益を超えて転抵当権の利益を享受し得ないことはもちろんであるが、それは転抵当権の権能に関する制限であって、被担保債権額が原抵当権のそれを超えてはならないと解する必要はまったくない、との鋭い批判がなされ（香川保一ほか「抵当権の処分と移転（一）」法律時報二八巻一一号（一九五六年）三六頁〔香川発言〕、香川・前掲三八四頁、鈴木・研究一九六頁等）、また登記実務においても転抵当の被担保債権額が原抵当権のそれを超える場合にもその登記が受理されていたのであり（昭和三〇年一〇月六日民事甲第二〇一六号民事局長通達・先例集追Ⅰ四七七頁）、今日では、転抵当権と原抵当権の被担保債権額の如何は、転抵当権設定の要件とはならないと解するのが通説となっている（柚木＝高木・前掲二九七頁、我妻・新訂三九一頁等）。

判例はかつて、原質権者がその被担保債権と同額を転質権者より借り受けた事案において、転質の内容が、債権額、存続期間等で原質の内容を超えるときには横領罪を構成するとし（大刑決大正一四年七月一四日刑集四巻四八四頁）、原担保と転担保の債権額の如何が転担保成立の要件になると解していた。その後、この点につき直接判示する裁判例はまったく存しないが、前記のとおりの学説の状況および登記実務からして、今日、判例が通説と異なる見解に立つことはあり得ないといえよう。

（二）　**弁済期**

かつては、転抵当権の存続期間は原抵当権の存続期間内なることを要する、とされ、転抵当権の被担保債権の弁済期は原抵当権のそれより後に到来するものであってはならないとされていた（我妻・前掲担保物権法一八九頁、石田文治郎・前掲二〇三頁）。

しかし、転質の場合には、民法三四八条に「質権者ハ其権利ノ存続期間内ニ於テ……転質ト為スコトヲ得」と規定されているが、転抵当の場合にはかかる規定が存しないこと、転抵当権の被担保債権の弁済期が原抵当権のそれより後に到来するときで、目的不動産が競売されるときには優先弁済権を有する転抵当権者のために供託され、また原抵当権の設定者は原抵当権の被担保債権の弁済期が到来すれば同金額を供託することにより原抵当権、転抵当権の双方の消滅を請求することができると解されていて、原抵当権者に不利益は認められないことから、今日では弁済期の如何は転抵当の要件とはならないと解されている（鈴木・研究一九八頁、香川・前掲三八六頁、柚木＝高木・前掲二九七頁、我妻・新訂三九一頁）。

判例も、かつては前記大刑決大正一四年七月一四日は、転担保の被担保債権の弁済期が原担保のそれより後れてはならないとしたが、その後判例はなかった。そして本判決は、その理由は説示していないが、近時の通説の説くとおり、転抵当権の被担保債権の弁済期の如何は、転抵当権設定の効力に影響しないことを明言したのである。

五　学理上の問題点

①　転抵当の性質論については、古くから各説が対立しているが、各説とも関係者間の利益衡量を図る結果修正がなされ、今日では共同処分説と単独処分説の具体的相違点は、共同処分説では転抵当権者が原抵当権の被担保債権を直接取り立てることができるのに対し、単独処分説ではそれができないところにあるとされている（柚木＝高木・前掲二九六頁）。今日においても転抵当権者による原抵当権の被担保債権の直接取立権を支持する見解もあるが（近江幸治『担保物権法』（弘文堂・一九八八年）一九六頁）、平成一六年改正前の民法三七五条・三七六条の規定からして、通説の説く如く、転抵当権は原抵当権の把握する担保価値をさらに担保に供するものであると解するのが理論上も説得力があること、実務上は、担保の取得や実行に手間が掛り（旗田庸「抵当権の処分と金融実務」加藤一郎＝林良平編『担保法大系　第一巻（金融財政事情研究会・一九八四年）七五四頁）、また抵当権の被担保債権の譲渡や質入れと転抵当との対抗関係は登記の先後によらず被担保債権に関する対抗要件の具備の先後によること等もあって転抵当はあまり利用されていないことからすれば、原抵当権の被担保債権の直接取立権を強調して、敢えて共同処分説を採る必要はないといえよう。

②　次に、転抵当権の被担保債権と原抵当権のそれとの債権額および弁済期の如何と転抵当権設定の要件との関係であるが、それらが要件とならないことについては、学説・判例上完全に決着がついた問題であるといえる。

③　転抵当権の関係で残された主たる問題点は、転抵当権の設定に伴う原抵当権に対する拘束、ことに原抵当権者の競売申立権、弁済受領権の問題である。判例（前掲大決昭和七年八月二九日、名古屋高決昭和五二年七月八日判時八八

三号四四頁）は、原抵当権の被担保債権額が転抵当権のそれを超える場合には、原抵当権者の競売申立権を肯定してその差額の受領権を認めるとともに、その差額につき任意弁済も受けることができるとする。それに対し学説においては、かつての多数説は判例を支持していたが（我妻・前掲担保物権法一九〇頁、西沢・前掲三七五頁）、近時は、任意弁済については原抵当権者の受領権を否定するのが通説である（我妻・新訂三九五頁等）。原抵当権の実行については、㋑肯定説――そのなかでも説が分かれていて、競売により転抵当権の被担保債権額が確定するとして競売を認める説（香川・前掲三九五頁）、競売代金は全額供託すべしとする説（鈴木・研究二〇四頁）、差額の有無は民事執行法一八八条、六三条の剰余主義に委ねればよいとする説（道垣内・前掲一五三頁）等がある。また、㋺否定説――平成一六年改正前民法三七六条二項の趣旨に反し転抵当権者の利益を害するとする説（柚木＝高木・前掲二九八頁、川井・前掲一三九頁、近江・前掲一九八頁）、㋩限定的肯定説――基本的には否定説に立つが、原抵当権、転抵当権ともに競売の要件を備えた場合に肯定する説（我妻・新訂三九四頁）、それらの要件に加えて超過額が確定できるときおよび担保価値を維持するために必要あるときに肯定する説（福永有利「前掲名古屋高決昭和五二・七・八判批」判例タイムズ三六四号（一九七八年）一一七頁、甲斐・前掲七三五頁）、等があり、諸説に分かれている。

六　実務上の留意点

①　転抵当権の性質論については単独処分説が通説・判例であるから、それに従って処理すべきである。

②　転抵当権と原抵当権の被担保債権の額や弁済期の如何が転抵当権設定の要件とはならないことについては、すでに解決済みの問題である。

③　原抵当権の被担保債権額が転抵当権のそれを上回る場合の原抵当権者の競売申立権および弁済受領権について

は、前記のとおり学説は対立しており、他方、判例は何れも相当古く、また傍論あるいは限定された事案に関するものだけに今後動く可能性があることに留意する必要がある。

④　しかしそれ以上に、既述のとおり転抵当権は徴求、実行の両面において不便な担保であり、かつ債権質や債権譲渡担保との対抗関係でも問題の多い担保であることに、十分に留意する必要がある。

【振り返りコメント】

転抵当の法的性質につき、かつては債権・抵当権共同質入説（共同処分説）と、抵当権単独処分説とが鋭く対立していたところ、通説ともいうべき単独処分説に立ったうえで、転抵当権の性質からして、転抵当権の被担保債権の弁済期と原抵当権の被担保債権の弁済期の先後は、転抵当権設定の効力に影響しないことを判示した東京高裁の裁判例を取り上げて、従前の判例、学説、当時の学説の状況について解説をなしたものである。

法理的に新たな論点を指摘するものではないが、本稿執筆時における学理上の問題点および実務上の留意点について指摘するものである。

第4部　留置権

第１章　手形の商事留置権と破産宣告

一　問題の所在

銀行の取引先が破産したときに、破産者から取立てや割引の依頼を受けながら未だその実行をしていない手形を、銀行が所持していることがある。銀行が破産者に債権を有する場合、その手形について商事留置権が成立するならば、破産法九三条一項によりその留置権は特別の先取特権とみなされ、別除権となることは広く知られている。

しかし、商事留置権が特別の先取特権とみなされることによる留置的効力の帰趨、その特別の先取特権の実行方法、ことに手形の場合の実行方法など、平成一六年改正前破産法（以下、「旧破産法」という）九三条一項が適用されることに伴う実体法上・手続法上の諸問題についてはほとんど論議されていない。[1] 先般の最三小判昭和六三年一〇月一八日（金法一二一一号一三頁）の事案では、取立委任手形を破産宣告後に取り立てた信用金庫に対する、破産管財人からの手形金相当額の返還請求に対し、商事留置権が抗弁として主張されたが、信用金庫は商人ではないとの理由で抗弁が排斥されたため、手形に対する商事留置権については何ら論及されることなく終わった。

破産管財実務では、ときとして債権額を上回る手形を所持する銀行が、商事留置権を主張して手形の取立金が債権額に満つるまで、相殺済手形や不渡手形をも含めて破産管財人への引渡しを拒むことがあるが、話合いによって解決が図られているため、未だその問題点が顕在化するには至っていない。

しかし現在、一般に破産管財事務の処理について、より細かな処理が求められており、商事留置権をめぐる問題点が顕在化する可能性は十分にある。例えば右の例で、銀行に手形をとめおく権利が認められないならば、その間に遡求義務者の信用状態が悪化して、破産管財人が手形の返還を受けてもその回収が不能になった場合には、銀行の責任が追及され得るし、また銀行に対して手形の返還を請求しなかった破産管財人の責任が追及される可能性もある。

手形に商事留置権が生ずるのは銀行取引に関連するものがほとんどであるから、以下では銀行取引を前提に、銀行取引約定書を踏まえて、手形の商事留置権と破産宣告に関する実体法上・手続法上の問題点につき順次検討する。

二　銀行取引で手形の商事留置権が生ずる場合

銀行が手形に対して商事留置権を取得するのは、商法五二一条の商人間の留置権による場合のみである。同条は留置権の成立要件として、①被担保債権が商人間の双方的商行為によって生じた債権で弁済期にあること、②目的物が債務者の所有する物または有価証券であること、③その目的物が債務者との間の商行為によって債権者の占有に帰したものであること、の三要件を定めている。そこで以下では、債務者が商人であることを前提として、銀行が手形の占有を取得する各場合につき、商事留置権が成立するか否かにつき検討する。

1　割引依頼を受けたが割引実行前の手形

手形割引の依頼を受けた後、その実行前に割引依頼を解除された場合である。問題は、手形割引は手形の売買であると解されているから、手形割引契約により手形の所有権はいったん銀行に帰属しており、その後契約が解除されて手形の所有権が債務者に復帰しても、銀行は商事留置権を取得し得ないのではないかという点である。しかし、債権者が債務者から所有権とともに占有を取得した後に所有権が債務者に復帰しても、同条の要件を充たすとするのが有力説であり、[2] その有力説によれば、銀行が占有する割引実行前の手形について商事留置権が成立する。

2　取立委任裏書手形

債務者が商人の場合、取立委任行為は附属的商行為にあたるから、取立委任手形につき商事留置権が成立することには問題はない。

3　銀行取引約定書八条四項による「とめおき手形」

銀行取引約定書八条四項は、銀行と債務者間で相殺がなされた後に、なお債務者が直ちに履行しなければならない債務が存する場合に、手形に債務者以外の他の債務者があるときは、銀行はその手形をとめおき、取立てまたは処分のうえ、銀行が有する債権に充当することができる旨規定する。一般にこの特約は、担保権ではなく、相殺済手形の取立委任に関する特約と解されているから、[3] 取立委任の解約により失効するが、その場合に商事留置権が成立するか否かが問題となる。本項によるとめおき手形が生ずるのは、主として銀行が割引手形買戻請求権と相殺を行った場合であり、それ以外には同行相殺を行う場合があるので、それぞれにつき検討する。

（一）　割引手形買戻請求権と相殺された手形

かかる手形については商事留置権の成立を否定する説と肯定する説とがある。否定説の論拠は、かかる手形は他人の所有物が自己の占有に移ったとの要件を欠き、また相殺は商行為にあたらないという点にある。[4] しかし、売買契約後に契約が解除された場合にも商事留置権が認められることとの対比からして、右否定説は形式論すぎるとする肯定説が学説の大勢である。[5]

(二)　同行相殺手形

A振出・債務者裏書・B裏書・被裏書人銀行の手形が不渡りとなったときに、銀行は債務者の預金と相殺することができ、その場合にも本条項によりその手形をとめおくことができる。しかしかかる手形は、債務者の所有物ではなく、また債務者の商行為によって銀行が占有を取得したものでもないから、商事留置権は成立しない。

4　保護預かり

銀行が債務者の所有する手形を保護預かりとして預かった場合に、その手形につき商事留置権が成立することには問題がない。しかし、封緘預かりの場合に、その内容物にまで銀行の占有がおよび商事留置権が成立するといえるかについては、なお問題がある。⑥

5　商業担保手形

第三者振出の手形を担保にとって行われるいわゆる商担手貸しの場合には、手形の譲渡担保が設定されると解されているから、⑦商事留置権の成否を云々する必要はない。

三　手形の商事留置権それ自体の問題点

留置権は、被担保債権の弁済を受けるまで目的物を留置し得るにすぎず、留置権者はその間に生ずる果実については収取権を有するものの、債務者の承諾のない限りその使用・収益権はない（民法二九七条・二九八条）。ところが留置物が手形の場合には、次に述べるとおり手形特有の問題が生ずる。

１　手形法上の問題

（一）　留置権者による手形の呈示、取立権

手形は呈示証券であり、また遡求するためには呈示期間内に適法な呈示をなす必要がある。ところで、留置権者が呈示をすることができるのか否か、また呈示に対して手形金が支払われればそれを受け取ることができるのか否かが問題となる。

まず呈示の点であるが、留置権は手形という紙を単に留置できるにすぎないとする見解や、⑧呈示は民法二九八条二項の留置物の使用にあたり許されないとする消極説⑨がある。しかし、手形は商法五二一条に定める有価証券であって単なる紙ではなく、また留置権者は留置物に対して保存行為をなす権限を有しまた善管注意義務を負っていることよりすれば（民法二九八条一項・二項）、適法に呈示し得る手形を所持しながらそれを呈示しないのはむしろ同義務違反とすらいい得るのであって、留置権者は手形の呈示権限を有すると解すべきであり、それは現在の有力説でもある。⑩

次に支払いの点であるが、留置権者はその支払いを受けることはできず手形債務者に手形金額の供託を求め得るにすぎないとか、留置権には物上代位が認められていないので、支払われた手形金はそのまま債務者に返さねばならないとする見解がある。⑪しかし、現行法上かかる供託をなし得る根拠はなく、また支払われた手形金は、債権者代位権により債権者が取り立てた金員の返還債務と債務者に対する債権との相殺が認められているのと同様に、留置権者は債務者に対する手形金の返還債務と被担保債権とを相殺できると解することができる。

（二）　留置権者の白地補充権

留置権者は、白地手形につきその補充権を有するかという問題である。白地補充権については、主観説と客観説とが対立しているが、⑫客観説によっても補充権は手形の正当な所持人のみが有しているのであって、手形を単に留置し得るにすぎない留置権者は、補充権を有しないものと解さざるを得ない。なお、留置権発生の基礎をなす実体的な関

係が、例えば取立委任や手形割引等、手形上の権利の行使権限やその移転を伴うものであるときには、その実体的な関係に基づく白地の補充権を有することは当然である。

2　執行法上の問題

民事執行法は、留置権による競売は担保権の実行としての競売の例によると規定する（民執法一九五条）。同法は手形に対する執行は動産執行によるとしているから、同法一九〇条により、留置権者が留置している手形を執行官が差し押さえて競売することとなる。同法一九二条は、担保権の実行としての動産の競売につき動産競売に関する規定を原則として準用するので、執行官は、債務者に代わって手形を呈示することができ（同法一三六条）、その手形を売却したときには、買受人のために債務者に代わって裏書することができる（同法一三八条）。

それゆえ、手形上の権利者が債務者となっているときは、執行官により呈示や裏書がなされ得る。手形上の権利者である留置権者が手形を競売に付する際には、留置権者は手形の所有者たる債務者を被裏書人とする裏書をなしたうえ申し立てるべきであり、執行官はその手形につき債務者に代わって呈示や裏書をなし得る。

白地手形につき競売の申立てがなされると、執行官は債務者に対し、当該手形に記載すべき事項を補充するよう催告する（民事執行規則一〇三条二項）。しかし、債務者がその催告に応じないときには、それを強制する方法はなく、また、執行官は未完成手形の呈示義務を負わないと解されているから、呈示期間を過ぎると売却の見込みのない差押物となり、差押えが取り消されることになる。[13]

なお、留置権には優先弁済権能はないが、留置権に基づく競売に他の債権者が配当要求することはできないから、[14]留置権者は執行官より引き渡された換価代金の債務者への返還債務と被担保債権とを対当額で相殺することによって、事実上被担保債権の優先弁済を受けることができる。[15]

四　破産宣告と商事留置権

手形の商事留置権と破産宣告との関係について検討するのに先立ち、商事留置権が旧破産法九三条によって特別の先取特権とみなされることによる実体法上の効力およびその実行手続等について検討する。

1　留置的効力について

旧破産法九三条二項が、民事留置権を破産手続上失効させていることとの対比からして、商事留置権は特別の先取特権とみなされることにより、その留置的効力は失効すると解される。本条の如き規定を欠く会社更生法において、商事留置権の消滅請求に関する規定が昭和四二年に新設された（平成一四年改正前会更法一六一条の二）のは、破産手続では商事留置権の留置的効力が失効することを当然の前提としていたからであるとされている。

したがって商事留置権者は破産管財人より留置権の目的物の引渡しを求められたときには、特別の先取特権による競売申立てをしない限り、その請求に応じなければならない。

その引渡債務は、破産管財人の請求によって付遅滞となり、商事留置権者からの競売申立てによって遅滞の責めを免れ得ると解すべきであろう。

2　商事留置権者による換価手続

破産宣告後の商事留置権者による目的物の競売は、特別の先取特権とみなされる結果、目的物が動産の場合には、民事執行法一九〇条によって行われる。

留置権による競売では、前記のとおり他の債権者は配当要求をすることができないが、担保権の実行による競売の場合には他の先取特権者は配当要求をすることができ（民執法一三三条）、商事留置権者はその目的物に対する他の特別の先取特権者に後れる。例えば、商事留置権の目的物が動産売買先取特権の目的物でもあるときは、同先取特権者は商事留置権者に優先して配当を受けることができる。

なお、商事留置権者が債務者との契約により目的物につき法定の方法以外の手続による換価権を有するときには、破産管財人の申立てにより裁判所はその処分期間を定め、その期間内に処分をしないときには、商事留置権者はその処分権を失う（旧破産法二〇四条一項・二項）。

3　破産管財人による換価

破産管財人は、別除権の目的物を民事執行法の規定により換価することができ、別除権者はそれを拒むことはできない（旧破産法二〇三条一項）。破産管財人は、破産宣告決定を債務名義として、留置権者が占有する動産を差し押さえて換価することになる。[16]

五　手形の商事留置権と破産宣告

前記のとおり民事執行法上は、手形は動産として取り扱われるから、前節で述べたことが全て妥当する。ただし、手形の場合には、以下のような手形特有の問題がある。

１　手形の呈示、取立権について

手形に対する特別の先取特権には、占有権限すらないのであるから、その効力として手形の呈示、取立権があると解することは、到底できない(17)。しかし、前記のとおり、破産管財人から手形の引渡しを請求されるまでは商事留置権者による占有は違法性を帯びないと解され、その間は、商事留置権者は留置物を留置権が存するのと同様に占有し得るものと解される。

そして、前記のとおり留置権者は手形の呈示、取立権能を有するのであるから、右の間は、商事留置権者は手形を呈示し、また取り立てる権限を引き続き有すると解することができる。

しかし、破産管財人から手形の返還を請求された後は、破産管財人に対する関係では手形を占有すべき何らの権限がない以上、その呈示、取立権限も有しないと解すべきである。なお、この無権限は人的抗弁事由にすぎないから、呈示および手形債務者による支払いは有効であり、手形の商事留置権者は民法七〇四条の悪意の受益者として、破産管財人に対して利息および損害を賠償すべきこととなる。もっとも、当該手形につき競売がなされるべきであった時期（破産管財人の請求に対し商事留置権者が競売の申立てをなせばその返還を免れ得るから、右請求時から民事執行規則一一四条の定める期間内における適正な時期）における評価額相当額については、商事留置権者は被担保債権と対当額で相殺することができると解される。

２　競売に供された手形が不渡りとなったときの買受人の遡求権の性質

特別の先取特権に基づいて競売がなされた後、その手形が不渡りとなったとき、買受人が破産者に対して取得する遡求権は、一般破産債権か財団債権となるのかという問題である。

商事留置権者が破産者との契約により手形の随意処分権を有している場合、その処分による取得者が有する破産者に対する遡求権が破産債権となることは明らかである。しかし、前述の如く手形が競売に付される場合、その売主は破産管財人であるから、手形が不渡りとなった場合の遡求権は旧破産法四七条四号により財団債権となる。

六　破産宣告と銀行取引約定書との関係

銀行が手形の商事留置権を有する債務者が破産したとき、銀行は銀行取引約定書の効力を破産管財人に対していかなる範囲で主張し得るかという問題であり、約定書四条三項・四項、一〇条三項が問題となり得る。

1　約定書四条四項について

銀行取引約定書四条四項は、債務者の債務不履行時に銀行が占有している手形について、銀行の取立て、処分権を規定する。

この規定については、約定担保権に関する規定であるとの説も存したが[18]、前掲最三小判昭和六三年一〇月一八日は、本項と同旨の規定である信用金庫取引約定書四条四項について、同条項は手形等の取立て、処分権および取立て、処分により取得した金員を債務者の債務に充当し得る権限を授与したに止まり、右手形につき何らかの担保権を設定する趣旨の定めではなく、取引先が破産した場合には、民法六五六条、六五三条の規定により右の権限は消滅すると判示した。

したがって、破産宣告時に銀行が占有している手形のうち、商事留置権の成立しないものについては、銀行はその占有権限がないから、直ちに破産管財人に返還しなければならない。

２　約定書四条三項について

銀行取引約定書四条三項は、担保物の任意処分権について規定するが、同項は旧破産法二〇四条一項の「別除権者カ法律ニ定メタル方法ニ依ラスシテ別除権ノ目的ヲ処分スル権利」にあたるから、銀行は商事留置権の目的たる手形を同項によって処分することができる。

ところで、約定書四条三項は、「一般に適当と認められる方法、時期、価格等により」処分し得る旨定めるが、商事留置権の目的たる手形の場合に、いかなる方法による処分が「一般に適当と認められる方法」にあたるのかという問題がある。銀行がその手形を第三者で割り引いたり、代物弁済として取得することは、その価格さえ適正ならば肯認されるであろう。

満期に手形を呈示して取り立てることは、「適当と認められる方法」にあたるとは一応いえる。しかし、前記のとおり商事留置権者は破産宣告により手形の占有権限を喪失することからすれば、破産管財人より手形の返還請求を受けた後は原則としてこの方法により換価することは許されないと解される。ただし、手形を他の方法により換価をするのに通常必要とされる期間（破産宣告後計算を整理して競売の申立ての可否等を勘案する期間等を考慮すれば、破産宣告後せいぜい二ヶ月程度までか）内は、破産管財人からの返還請求後も、なお呈示により取り立てることができると解すべきである。

なお、旧破産法二〇四条は前記のとおり、随意処分権を有する別除権者に対し破産管財人の申立てにより裁判所が処分期間を定める旨規定しているが、前記のとおり手形の商事留置権者はその占有権限を有しないことよりすれば、前記の処分に通常必要とされる期間経過後は、破産管財人は同条による手続を経ることなく、銀行に対して手形の返還を請求し得るものと解される。そして銀行は、その後に手形を取り立てても、五１に述べたように銀行は破産管財人からの請求時までの遅延損害金しか取得できず、他方その時点での手形の評価額が被担保債権額を上回るときには、その差額につき悪意の受益者として利息と損害賠償を支払う責めを負うことになる。

3　約定書一〇条三項について

銀行取引約定書一〇条三項は、手形要件の不備、権利保全手続の不備により手形上の権利が成立せずまたは消滅した場合でも、債務者が手形面記載の金額の責任を負う旨規定し、またそれに関連する規定として当座勘定規定一条二項は、銀行が白地補充義務を負わない旨定めており、それらの規定は有効であると解されている⒆。

右のうち約定書一〇条三項は、債務者が銀行に対し手形上の債務を負担している場合に関する規定であるところ、銀行が商事留置権しか有しない手形につき、債務者が銀行に対して手形上の債務を負担することは考えられず、商事留置権が適用される場面で同項が問題となり得る余地はない。

次に当座勘定規定一条二項であるが、同項は債務者より当座勘定に受け入れた手形に関する規定である。したがって手形の商事留置権が成立する場合のうち、とめおき手形や保護預かりにかかる手形には適用され得ない。同項の適用の可否が問題となるのは、取立委任がなされた場合のみである。しかし、取立委任は破産宣告により失効するから（民法六五六条・六五三条）、破産宣告後にその手形を取り立てることはできない。破産宣告後に商事留置権者が取り立てることができるのは、前記のとおり商事留置権者であったことに伴う善管注意義務または約定書四条三項によるのであり、その場合に当座勘定規定が適用されないのは当然である。

したがって銀行が、破産宣告後に手形を取り立てる場合には、約定書一〇条三項や当座勘定規定一条二項が適用される余地はなく、白地未補充のまま呈示しあるいは権利保全の手続を怠ったことにより破産財団に損害が生ずれば免責されず、その賠償の責めを負う。

七　おわりに

以上、銀行取引を前提として手形の商事留置権と破産宣告の関係について検討したが、破産宣告により銀行は手形の留置権限を失い、約定書四条三項により換価するかまたは民事執行法により競売の申立てをしなければならないことが明らかとなった。

したがって取引先の破産宣告時に、銀行が被担保債権を上回る期日未到来の手形を所持している場合には、破産管財人は、いたずらに期日の到来を待つことなく速やかに旧破産法二〇四条一項により裁判所に処分期間の決定を申し立てるか、相当期間経過後には銀行に対して手形の返還を求めるべきであり、銀行としても、破産管財人がかかる手続をなすことを予測して、それらの手形のうちどの手形につきいかなる方法で権利を行使するのかについて事前に検討しておくべきである。なお、その検討にあたっては、民事執行法による競売の場合には、例えばＡがＢに手形を割り引いてもらい、その代金が未払いのままＢがＣ銀行に取立委任をした後Ｂが破産した場合には、Ｃ銀行が申し立てた競売にＡは動産売買先取特権に基づき配当加入することができ、かつＡはＣ銀行に優先することになることなどにも十分に留意しなければならず、また権利行使にあたっては白地の補充にも意を尽くすべきである。

破産宣告と商事留置権については、従前ほとんど論議されていないが、本稿がその論議を深める機縁の一つとなれば幸甚である。

（１）　破産法の教科書でもほとんど触れられていない。倉田卓次「金融判例研究会報告」金融法務事情一〇八九号（一九八五年）一五頁は、商事留置権が特別の先取特権とみなされる場合の優先弁済は、取立金返還債務と被担保債権との差引計算によるとする。

（2）平出慶道『商行為法』（青林書院新社・一九八〇年）一一四頁等。

（3）西尾信一「銀行取引約定書上の留置的機能を営む諸制度」加藤一郎＝林良平編『担保法大系　第二巻』（金融財政事情研究会・一九八五年）八五八頁、大西武士「相殺と手形の処理〔八条関係〕」堀内仁先生傘寿記念『銀行取引約定書――その理論と実際』（経済法令研究会・一九八五年）二四三頁、大阪地判昭和四九年三月一八日金法七二一号三三頁等。

（4）京都地判昭和三二年一二月一一日下民集八巻一二号二三〇二頁。

（5）鈴木竹雄編『手形割引』（有斐閣・一九六三年）八三～八五頁〔竹内発言〕、江頭憲治郎「銀行取引約定書八条三項（差引計算ずみ手形のとめおき）の趣旨」ジュリスト五五二号（一九七四年）一二一頁、大隅健一郎＝河本一郎『注釈手形法・小切手法』（有斐閣・一九七七年）三二五頁、西尾・前掲注（3）。ただし、前田庸＝龍田節「金融・証券」竹内昭夫ほか『現代の経済構造と法』（筑摩書房・一九七五年）三九五頁以下の四六二頁は消極である。

（6）藤林益三ほか「〈座談会〉貸金保全・回収の法律実務（第一五回）」金融法務事情四二六号（一九六五年）三二頁参照。なお、全国銀行協会連合会法規小委員会編『新銀行取引約定書ひな型の解説』（金融財政事情研究科会・一九七七年）七一頁は消極である。

（7）名古屋高判昭和五三年五月二九日金法八七七号三三頁。

（8）藤林ほか「〈座談会〉貸金保全・回収の法律実務（第一六回）」金融法務事情四二七号（一九六五年）三六頁〔宮脇発言〕。

（9）清水元「銀行取引約定書四条四項の担保性――商人留置権との対比において」鈴木禄彌＝竹内昭夫編『金融取引法大系5』（有斐閣・一九八四年）二〇三頁には、同説として前掲注（8）の宮脇発言が引用されているが（二〇四頁）、同発言中にはかかる説は述べられていない。また、御室龍「銀行占有の取引先動産・有価証券の任意処分特約の効力〔四条四項〕」堀内傘寿・前掲注（3）一〇六頁にも同説が紹介されているが、出典は明示されていない。

（10）「座談会」前掲注（8）の鈴木発言（三五頁）、浦野発言（三六頁）、本間輝雄「代金取立手形」金融財政事情五八五号（一九七〇年）一〇頁、御室・前掲注（9）等。

（11）清水・前掲注（9）二〇四頁。

（12）最近の判例・学説については、梅津和宏「白地補充権濫用の抗弁」村重慶一編『手形小切手訴訟法』〔裁判実務大系2〕（青林書院・一九八四年）二一九頁参照。

(13)　鈴木忠一＝三ケ月章編『注解民事執行法４』（第一法規出版・一九八五年）三三一頁〔佐藤歳二〕。
(14)　東京地判昭和六〇年五月一七日判時一一八三号一一一頁。
(15)　桜井孝一「民事執行法と留置権」米倉明ほか編『金融担保法講座４』（筑摩書房・一九八六年）一四三頁。
(16)　斉藤秀夫ほか編『注解破産法』（青林書院新社・一九八三年）八九八頁〔斉藤秀夫〕。
(17)　倉田・前掲注(1)は、商事留置権が破産宣告により特別の先取特権とみなされる後にも手形の取立権を認めるが、その論拠は述べていない。
(18)　学説の概要は、最三小判昭和六三年一〇月一八日の金法一二一一号一三頁コメント参照。
(19)　約定書一〇条三項について、田中誠二『新版銀行取引法〔全訂版〕』（経済法令研究会・一九七四年）三〇五頁、米津稜威雄「銀行取引における債権保全条項の効力」米倉ほか編『金融担保法講座４』前掲注(15)七一頁等、横浜地判昭和六〇年五月八日金法一一〇五号三八頁。なお、加藤一郎＝鈴木禄彌編『注釈民法17』（有斐閣・一九六九年）二九九頁以下〔中馬義直〕は、同条の効力につき疑問を呈する。当座勘定規定一条二項については、最一小判昭和五五年一〇月一四日金法九五六号三一頁参照。

【振り返りコメント】

本稿は、筆者が破産管財人をしていたある法人の破産事件で、某巨大金融機関が、破産会社が割引依頼をしていた手形を預金と相殺した後も、商事留置権を主張してその返戻に応じなかったところ、破産管財人としてその返戻を受ければ振出人の売掛金等にかかる届出債権に対して相殺を主張し得たにもかかわらず、手形を所持していなかったために相殺を主張することができなかったことを契機として検討を試みたものである。

本稿が公表されるまで、本論点に関する論稿はほとんど存しなかった。本稿執筆後に、金融機関が破産宣告後に留置した手形を取り立てて融資金に充当した行為につき、破産宣告によって商事留置権の留置的効力は消滅したとして、破産管財人から手形を取り立てた金融機関の不法行為責任を問う訴訟が破産管財人から提起されたところから、本論点につき学界、実務界での論議が盛んになされるようになった。その留置的効力を否定する一部の下級審裁判例（大阪高判平成六年九月一六日判時一五二一号一四八頁等）が存したが、最三小判平成一〇年七月一四日（民集五二巻五号一二六一頁）は留置権効力を肯定し、判例上は決着がついた（なお、筆者自身は、当時の銀行取引約定書との関係上、金融機関の取立権は肯定されるとの立場であった）が、本稿は、その論議の嚆矢となった論稿として、本書に掲載することとしたものである。

なお、最一小判平成二三年一二月一五日（民集六五巻九号三五一一頁）は、会社から取立委任を受けた約束手形につき商事留置権を有する銀行が、同社の再生手続開始後に同手形を取り立て、同社に対する債権の弁済に充当することを認めた。

追って、本稿が検討の対象とした銀行取引約定書雛型は、平成一二年四月に廃止されたが、各銀行とも、従前の雛型とほぼ同旨の約定書を作成して用いているので、本稿の記載内容は、なお今日的意義を有していると考える。

第2章　破産と手形の商事留置権に関する最高裁平成一〇年七月一四日判決（民集五二巻五号一二六一頁）を読んで
――破産管財実務の遂行上問題あり――

一　はじめに

手形の商事留置権につき、破産宣告後の留置的効力を否定し、またその取立てにつき、銀行取引約定書四条三項、四項の効力も否定したうえで、銀行に対し取り立てた手形金額相当額の損害賠償を認めた本件の原審判決（大阪高判平成六年九月一六日金法一三九八号二八頁）が、上告審で破棄されるであろうことは、大方が予測していたところである。

これは、破産宣告後の商事留置権の留置的効力を認める立場や、銀行取引約定書の効力を認める立場からはもちろんのこと、これらを何れも否定する見解に立ったとしても、旧破産法九三条一項により商事留置権に特別の先取特権の効力が認められることに鑑みれば、取り立てた約束手形金額全額につき損害賠償を認めた原審判決は到底首肯しがたいからである（原審判決に対する判例批評は何れもこれらの点を指摘する）。

問題は、最高裁がいかなる理由で破棄するかであった。筆者は、後述の破産手続において商事留置権に留置的効力を認めた場合の問題点、商事留置権が成立しない場合との均衡、近時の下級審裁判例の動向等からして、その留置的効力を否定したうえで、銀行取引約定書四条三項または四項の効力を認めて破棄するのではないかと推察していた。ところが本判決は、商事留置権につき破産宣告後の留置的効力を破産管財人との関係で認めると判示した。本判決の判旨は、手形だけではなく商事留置権の成立する場合一般に関するものだけに、破産実務に対する影響は大なるものがあり、破産管財実務に携わる立場からは賛成しがたいといわざるを得ない。

以下、近時の裁判例、学説の状況を一瞥したうえで、商事留置権に破産宣告後も留置的効力を認める場合の問題点および商事留置権が成立しない場合との対比をなすこととする。

二　近時の裁判例、学説の動向

本件の第一審判決（大阪地判平成六年二月二四日金法一三八二号四二頁）および原審判決が公表された後、学説は本件判決の論点をめぐって鋭く対立した（学説の状況については、鈴木正裕「判批」私法判例リマークス一六号（一九九八年）一五六頁参照）。

本件原審判決後の、本判決の論点に関する裁判例としては、本件と同様の事案に関し本件原審判決と同様に留置的効力を否定して銀行の損害賠償責任を認めた京都地判平成七年二月二八日（金判一〇二〇号四四頁）と、その控訴審判決で、留置的効力を否定しつつ、銀行取引約定書四条三項の効力を認めて損害賠償責任を否定した大阪高判平成九年三月二五日（金法一四八六号九〇頁。その上告審は、本件と同じ第三小法廷に係属していたが、本件判決と同日に、本件判決と同旨の判示のうえで、原判決は結論において妥当であるとして上告を棄却している）、および、宅地造成地の所有者が破産宣告を受けた場合につき、その請負人の商事留置権の主張を認めたうえで留置的効力を否定した福岡地判平成九年六月一一日（判時一六三二号一二七頁）がある（なお、東京地判平成七年一月一九日金法一四四〇号四二頁は、破産者から請け負った建築請負人の敷地に対する商事留置権の有無が争われた事例であるが、破産管財人側から留置的効力の存否につき主張されていない）。

このように、近時は、破産宣告後の商事留置権の留置的効力を否定する裁判例の方が有力であり、また学説も否定説が有力に主張されていた（鈴木・前掲「判批」および同「判批」私法判例リマークス一四号（一九九七年）一四六頁等）。

三　破産宣告後に商事留置権に留置的効力を認める場合の問題点

債務者の破産宣告後も、商事留置権に留置的効力を認めると、破産管財実務の遂行上、次のような問題が生ずる。

1　破産管財人による破産財団の速やかな換価、整理が妨げられる。留置的効力が認められなければ、破産管財人は、速やかに商事留置権から転化した特別先取特権の行使を促すとともに、それに応じないときは破産管財人に引き渡すべきことを求めることにより、留置権者との間で和解的な解決を図ることができた。ところが留置的効力が認められると、かかる解決を図ることが困難となる。

2　目的物の減価の危険を破産財団が負うことになる。破産手続上、実際に商事留置権が問題となるのは、倉庫業者、運送業者や、販売寄託中の商品等であり、その多くは季節性が大きく、時間の経過による減価が大きいものが多い。それらの業者に留置的効力が認められなければ、破産管財人の引渡請求後の減価の危険は商事留置権者が負うことになるが、留置的効力が認められると、減価の負担は全て破産財団が負うことになる。

3　商事留置権者は、事実上最優先弁済を受けることとなる。商事留置権から破産によって転化する特別の先取特権は、他の特別先取特権に劣後するものにすぎない。かかる特別の先取特権が相互の衝突を生ずる場合としては、動産売買先取特権の目的物が倉庫業者や運送業者によって留置されている場合がある。動産売買先取特権は、周知のとおり民事執行法一九三条の関係で破産宣告後は事実上行使することができないのにもかかわらず（大阪地判昭和六一年五月一六日判時一二一〇号九七頁等参照）、それに劣後する特別先取特権たる商事留置権者は、事実上その被担保債権の全額の弁済を受けることができることになる（本判決は、商事留置権の留置的効力を対破産管財人に限定しているが、動産売買先取特権者は倉庫業者の商事留置権に基づく先取特権に優先するとしても、その実行のために引渡請求をなすことはできないから、右限定は事実上意味がない）。

4　手形の商事留置権についても、濫用的な事案が生ずる。

手形の商事留置権が問題となるのは、通例は取立委任手形であり、銀行取引約定書四条の効力を認めればその解決が可能である。問題となるのは、銀行が取立委任手形が不渡りとなった後も留置し、あるいは割り引いていた手形が不渡りとなった場合に、その買戻請求権と預金とを相殺したうえで、さらに残債権が存することを理由として、当該手形を留置する場合である。一般には、不渡手形であるから銀行が留置しても破産管財人に引き渡してもさして変わらぬようであるが、破産事件では、破産者が相手方と融通手形を交換している場合も多く、かかる事案では、当該手形が破産管財人に返却されると、破産管財人が振出人に対してその手形金を請求すれば、当該振出人が有している破産債権と相殺され、結局、破産債権の総額が減少し、破産配当率の上昇に寄与することがある。ところが、銀行が商事留置権を行使してその返戻に応じないと、破産管財人による右の如き権利行使が妨げられることになる（筆者が「手形の商事留置権と破産宣告」金融法務事情一二二一号（一九八九年）一二頁〔本書第4部第1章〕を執筆したのは、かかる事例に遭遇したのが、そのきっかけである）。

四　商事留置権が成立しない場合との不均衡

破産宣告後に商事留置権に留置的効力を認める場合に、商事留置権が成立しない場合との不均衡が一番問題となるのは、商人性を認められない信用金庫、信用組合、農業協同組合等が手形の取立委任を受けている場合である。金融機関としての一般的な社会的機能としては、右の各機関と銀行との間に何ら相違がないのにもかかわらず、本判決の判旨によれば、その間に大きな相違が生ずることになり、その妥当性が問われる。

五　おわりに

本判決は、前記のとおり破産と商事留置権一般の問題としたために、その影響するところは余りに大きいといわざるを得ない。今後、各論点での細かな検証が必要とされよう。

【振り返りコメント】

本稿は、破産宣告後も手形の商事留置権の留置的効力を全面的に肯定した最三小判平成一〇年七月一四日（民集五二巻五号一二六一頁）に対する破産管財実務の立場からのコメントである。

本稿では、原審判決が銀行取引約定書との関係を十分に検討せず、また、破産手続では商事留置権は特別の先取特権としての効力が存するにもかかわらず、その点を考慮することなく損害を算定しているところからして破棄を免れないものであることを前提にしつつ、本判決が、手形の場合に限局せず、破産宣告後の商事留置権の留置的効力を一般論として余りに広く認めていることから、破産管財業務を速やかに遂行するうえで、様々な問題点が生ずることを具体的に指摘するものである。

第3章　留置権者に対する使用の承諾と競落人

一　問題の所在

不動産競売の目的物に留置権が存するときは、買受人がその被担保債務の弁済の責めを負う（民執法五九条四項）。留置権が存しないものとして競売がなされたが実際には留置権が存した場合、目的物の所有者は担保責任を負うが、同人が無資力のときは配当を受けた債権者がその担保責任を負う（民法五六八条一項・二項、五六六条）。それゆえ、目的物に留置権が存するか否かは、抵当権者にとっても大きな利害関係がある。

ところで、目的物の占有が不法行為により始まった場合には留置権は成立しないが（民法二九五条二項）、その適用について判例は、賃貸借契約解除後の有益費につき留置権を認めず（最二小判昭和四六年七月一六日民集二五巻五号七四九頁）、また占有につき過失がある場合にもその成立を否定し（最一小判昭和五一年六月一七日民集三〇巻六号六一六頁・金法八〇六号三三頁）、あるいは濫用的短期賃借権者の留置権を否定する（大阪高決平成元年三月六日判タ七〇九号二六五頁、東京高決平成二年一〇月二六日金法一二八二号二〇頁等）など、留置権成立を否定する場合を拡げており、留置権の成立を制約する傾向にある。

他方、成立後の留置権を制約するものとしては、留置権者が保存に必要な範囲を超えて使用し、または債務者の承諾なく使用した場合の、債務者による留置権消滅請求権がある（民法二九八条二項・三項）。このうち、保存に必要な範囲か否かをめぐっては幾つかの裁判例（最二小判昭和三〇年三月四日民集九巻三号二二九頁は、木造帆船を従前どおり遠方に航海させた場合につき否定、最一小判昭和四七年三月三〇日判時六六五号五一頁は、建物を従前どおり店舗として使用する場合につき肯定）があるが、使用につき債務者の承諾があった場合の第三取得者に対する効力については従来あまり論じられることもなく、判例もなかったが、最一小判平成九年七月三日（民集五一巻六号二五〇〇頁）は、債務者の承諾をもって新所有者に対抗できる旨判示した。

二　最一小判平成九年七月三日（民集五一巻六号二五〇〇頁）

事案は、昭和五九年三月にＹがＡから同人所有の土地上に建物の建築を請け負い、同年六月に完成し、その請負代金中約五割の弁済を受けてＡに引き渡し、Ａはその建物にＢのために抵当権を設定した。その後Ａは請負代金残金を支払うことができなかったため、昭和六〇年七月、建物の利用につき包括的な承諾を与えてＹに引き渡した。同建物に対して、平成元年一一月競売開始決定がなされ、Ｘが平成二年七月に競落したが、その間の平成元年一二月にＹは同建物をＣに賃貸している。

Ｘは、その敷地をも競落し、土地・建物の所有権に基づきＹに対し建物明渡しを求め、Ｙは抗弁として留置権を主張し、Ｘは再抗弁として、Ｙの使用は新所有者Ｘの承諾を得ていないとして、留置権の消滅請求権の行使を主張した。

第一審はＸの請求を全部認容したが、控訴審（仙台高判平成六年二月二八日判時一五五二号六二頁）は、Ｙの留置権の抗弁につき、留置権者が旧所有者から承諾された使用状態をそのまま継続している場合は、新所有者に対する関係でも民法二九八条三項の義務違反は成立しないので建物の留置権が成立し、その敷地についても建物の留置権の反射的効果として適法に占有し得る権原を有するとして、留置権の被担保債権との引換給付を命ずる判決を言い渡した。

Ｘは、旧所有者の承諾は債権的な効力しか有しないとして上告したが、本判決は、「留置物の所有権が譲渡等により第三者に移転した場合において、右につき対抗要件を具備するよりも前に留置権者が民法二九八条二項所定の留置物の使用又は賃貸についての承諾を受けていたときには、留置権者は右承諾の効果を新所有者に対し対抗することができ、新所有者は右使用等を理由に同条三項による留置権の消滅請求をすることができないものと解するのが相当である」とし、YはAから使用についての包括的承諾を受けていたので、自らの使用および競売開始後のCへの賃貸をXに対抗することができるとして、上告を棄却した。

三　検　討

民法二九八条二項本文の留置物の使用を承諾できる「債務者」の意義につき、通説は、同項は「債務者＝所有者」という通常の場合を予想したにすぎず、債務者と所有者とが異なるときは所有者であるとするが、債務者が所有権を有していなくても処分権限をもつ場合があり、事案によって判断すべきであるとする有力説がある（林良平編『注釈民法(8)』（有斐閣・一九六五年）一二九八頁〔田中整爾〕）。本判決の事例は債務者＝所有者であったため、判旨はこの点については何ら触れていない。

この承諾があると、留置権者はその承諾の範囲内で、目的物の保存のために必要な範囲を超えて使用することができる。

この承諾の有無およびその内容は、何らの公示方法もないから、この承諾に物権的効力が存すると、新たに所有権を取得する第三者は不測の損害を被るおそれがある。他方、その承諾が債権的効力に止まるとすると、留置権者は、旧所有者の承諾に従って目的物を使用していても、留置権者の与り知らぬ間に目的物の所有権が移転し、その結果その使用が保存行為の範囲を超えているときは、消滅請求により留置権を喪失することとなり、留置権者にとってきわめて酷な結果となる。

この点につき原審は明確な判示をしなかったが、本判決は前記のとおり判示して、旧所有者の承諾の物権的効力を認めた。

このように承諾に物権的効力が認められると、その承諾の範囲を超えて使用した場合の消滅請求権者は誰かという点が問題となるが、通説・判例（最一小判昭和四〇年七月一五日民集一九巻五号一二七五頁）は、債務者のほか、新所有者にもそれを認めている。

なお、留置権の目的物を競落した買受人はその被担保債務の弁済の責めを負うが（民執法五九条四項）、その責任の性質につき一般には買受人が債務を承継し、旧債務者との間で連帯債務関係が生ずると解している（中野貞一郎『民事執行法〔第二版〕』（青林書院・一九九一年）三六三頁、学説の状況については、関武志「不動産競売における買受人の債務と留置権の主張（上）（中）（下）」判例評論四六六号（一九九七年）一頁・四六七号（一九九八年）一頁・四六八号（一九九八年）一頁参照）。しかし、そのように解すると、買受人は、留置権の消滅請求権の行使後も被担保債務を負担することとなるが、かかる結論は留置権の性質上到底認められない。買受人は、留置権の被担保債務につき、その債務そのものは引き受けず、留置権の存する限りにおいてその負担の責めを負うにすぎないものというべきである。

四　実務の道標

不動産競売の目的物が留置権の目的物となっているか否かは、通常は執行官の現況調査報告（民執法五七条）によって判明する。しかし、留置権者がその目的物を使用している場合、これが保存行為の範囲内か否かは法的判断であって、同調査によって明らかになる事項ではない。また債務者（所有者）が使用を承諾していても、その承諾内容がいかなるものかは、何ら公示されず、また現況調査報告によっても必ずしも明らかにはならない。かかる承諾につき物権的効力を認めた右判決は、留置権者の保護の点からすれば、法的には当然の結論であるといえる。不動産競売実務においては、留置権の存否およびその効力が問題となり得る場合には、抵当権者としても不測の損害を避けるべく、物件の調査に十分に意を払うべきである。

【振り返りコメント】

不動産競売の目的物に留置権が存するときは、買受人がその被担保債務の弁済の責めを負う（民執法五九条四項）ところ、留置権の成否自体が対外的に明確であるとは必ずしもいえず、また留置権者は債務者の使用の承諾を得て使用することができる。

この承諾の効力につき、物権的効力が存するのか債権的な効力に止まるのかについて従来十分な論議が尽くされていないなかで、最一小判平成九年七月三日（民集五一巻六号二五〇〇頁）は、旧所有者の承諾に物権的効力を認めた。

本稿は、同判例を紹介するとともに、実務上の留意点を指摘するものである。なお、留置権の目的物を競落した買受人が負担する被担保債務の範囲につき、従来の通説は、旧債務者との間で連帯債務関係を生ずると解していたが、同説によれば民法二九八条により留置権の消滅請求権を行使した場合にまで買受人が残債務を負担することになり、その結果は不当であるといわざるを得ないのであって、買受人は留置権が主張される限度でその債務の負担を負うにすぎないことを指摘している。

第5部　集合物譲渡担保

第1章　集合動産譲渡担保の再検討
——担保権実行の局面から——

一　はじめに

集合動産譲渡担保については、我妻栄博士が「集合動産の譲渡担保に関するエルトマンの提案」[1]において、集合物論の立場からその有効性を提唱されて以来、今日まで数多くの論稿が公表されてきた。ことに、最一小判昭和五四年二月一五日（**判例資料①**）が、一般論として、構成部分の変動する集合動産につき集合物として譲渡担保の目的となることを認めて以降、譲渡担保の関係ではこのテーマが学界の強い関心を集め、また最三小判昭和六二年一一月一〇日（**判例資料③**）が、最高裁としては初めて具体的なケースについて構成部分の変動する集合動産につき譲渡担保の効力を認めたところから、同判決をめぐっても多くの論稿が著されている。

ところでそれらの論稿は、主として集合物としての特定性の基準や対抗要件、差押債権者等との関係での対外的効力等が論じられており、集合物譲渡担保の実行手続について自覚的に論じられているものはほとんどない[2]。しかし、権利は容易に実行され得て初めてその実効性が確保されるのであるから、集合動産譲渡担保の有効性や効力を論ずるにあたっても、その実行方法や難易等、実行手続面における問題点の検討がなされて然るべきである。ことに、「譲渡担保がその担保としての弱さを最も明白に露呈するのは、その実行面においてである」[3]と指摘されていることからすれば尚更である。

そこで以下には、最高裁判決による判例理論を前提にしたうえで、集合動産譲渡担保の実行の局面に現れる諸問題につき検討を加える。その検討にあたっては、まずその実行手続面で対比されるべき特定動産譲渡担保の実行につき、不動産譲渡担保との相違面を中心に検討を加え、次いで集合動産譲渡担保につき、担保権の実行と集合物の固定につき論じたうえでその実行手続につき検討し、最後に倒産手続との関係につき論ずることとする。

なお、譲渡担保の場合債務者と設定者とが一致することが多いところから、本稿では特に断らない限り設定者を単に債務者として表記する。

二　特定動産譲渡担保の実行方法

1　問題の所在

集合動産譲渡担保の実行をめぐる諸問題を検討するに当っては、まず、それと対比されるべき特定動産譲渡担保の実行方法につき検討する必要がある。

譲渡担保の実行については、かつては譲渡担保の法的構成に関する判例法理の内外共移転型と外部のみ移転型とに応じて、帰属型と処分権取得型とに分け、また清算型と非清算型（流担保型）とに分け、その各組合せについて何れが原則とされるべきかが論じられていた。[4]ところが、最一小判昭和四二年一一月一六日（民集二一巻九号二四三〇頁）から最大判昭和四九年一〇月二三日（民集二八巻七号一四七三頁）に至る仮登記担保に関する一連の最高裁判決により、仮登記担保に関して清算義務の法理が確立され、またその判例法理の成立と並行して不動産譲渡担保についても最一小判昭和四六年三月二五日（民集二五巻二号二〇八頁）により清算義務の法理が確立された。[5]さらに受戻権の消滅時期に関しても、仮登記担保[6]および不動産譲渡担保に関する判例[7]により、弁済期経過後であっても①帰属清算型の場合には清算金の支払いまたは提供、清算金の存しない場合にはその旨を通知したとき、②未清算であっても第三者に処分したとき、③処分清算型の場合にはその処分までの間は、債務者は取戻権を行使し得るとする判例法理が確立した。

ところで従来のほとんどの学説では、目的物が不動産か動産であるかを特に区別することなく、不動産譲渡担保の実行に関して形成された判例法理の適否が論じられてきた。(8) 譲渡担保の本質に関わる事項についてはもちろんのこと、それ以外の事項でも、目的物の如何にかかわらず原則として同一の法理に服すべきものではある。例えば、前記の清算義務や受戻権などはそうである。

しかし他方、異なる目的物について同一の法理が適用されるか否かを決するに当っては、目的物の性質の相違についても十分に検討されるべきことは当然である。ところで不動産の場合には担保権者はすでに所有権移転登記を受けており、目的物を第三者に奪われる危険はなく、また目的物の減価のおそれも小さい。しかし、債務者に占有を委ねる動産抵当型の譲渡担保にあっては、常に第三者に即時取得される危険があり、また目的物が減価するおそれも大きいのであって、実行方法を検討するに当ってはこの相違は無視できないものと考える。

そこで以下では、譲渡担保の実行をめぐる諸問題のうち、上記の相違点が直接影響すると思われ、また集合動産譲渡担保の実行方法を検討するうえでも不可欠の要素である清算方法、清算金額の算定時期、清算金の支払いとの引換給付の有無の点につき、判例法理が一応確立したとみられる不動産譲渡担保についてそれらの点を通覧したうえで、特定動産譲渡担保に関してそれらの諸点を検討する。

2　不動産譲渡担保の実行方法

(一)　清算方法

不動産譲渡担保の清算方法について、帰属清算方式と処分清算方式の何れを原則とすべきかについて判示した最高裁の判例はない。(9) しかし、仮登記担保に関する前掲最大判昭和四九年一〇月二三日が帰属清算方式を原則とし、また仮登記担保法三条が帰属清算方式を採用したこともあって、多数説は帰属清算方式を原則とする。[10]

（二）　**清算金の算定時期**

清算金の算定時期については、従来、弁済期日時説、意思表示時説、清算金支払いまたは提供時説、清算期間（仮登記担保法二条一項）経過時説等が存したが、[11] 最一小判昭和六二年二月一二日（民集四一巻一号六七頁）は、帰属清算型譲渡担保の清算金の有無およびその額の確定時期は、①清算金が存するときには、その支払いまたはその提供をした時、②清算金が存しないときはその旨債務者に通知した時、③清算金の支払いまたは提供もせず、また清算金が存しない旨の通知をしない間に第三者に処分したときにはその処分時、処分清算型にあってはその処分時に、清算金の有無および額が確定すると判示し、清算金の有無およびその額の確定時期を受戻権の消滅時期に一致させた。[12] この判決の結論は従来の多数説と一致する。

（三）　**清算金との引換給付**

前掲最一小判昭和四六年三月二五日は、不動産譲渡担保につき処分清算、帰属清算を問わず、債務者に対する目的物の引渡しないし明渡しの請求と清算金の支払いとは同時履行の関係に立つ旨判示するが、事案は帰属清算方式にかかるものであり、処分清算方式についての判示は傍論である。

仮登記担保に関する前掲最大判昭和四九年一〇月二三日は、帰属清算方式については清算金との引換給付を認めたが、処分清算方式については引換給付を認めなかった。しかし最一小判昭和五八年三月三一日（民集三七巻二号一五二頁）は、清算未了の仮登記担保権者から目的不動産を譲り受けた者からの債務者に対する明渡請求に関し、清算金について留置権の成立を認めている。

学説は、帰属清算方式の場合に清算金と目的物の引渡しが引換給付の関係に立つことには異論をみないが、処分清算方式の場合には、引換給付の関係に立つとする説、[13] 引換給付の関係には立たないとする説、[14] 引換給付の関係に立たないが清算金の支払いに不安が生じた場合には帰属清算方式への転換や不安に代わる担保の提供を担保権者に求め得るとする説[15]などがある。そのうち、引換給付を肯定する説が多数説である。

3　特定動産譲渡担保の実行方法の検討

（一）　判例および学説

特定動産譲渡担保の実行方法に関して、その清算方法や清算金の算定時期、引換給付の関係等につき判示した裁判例は、少なくとも戦後には存しない[16]。学説は、そのほとんどが不動産譲渡担保に関する説をそのまま援用しているが、清算方法に関して、高木多喜男教授は、同教授が動産の処分清算の場合にも清算金との引換給付を認められることもあって、動産の場合には事実上帰属清算方式が強制されることとなるとされ[17]、また吉田真澄助教授は、動産と不動産の価格変動の差異に着目されたうえで、動産につき帰属清算方式を原則とすることに疑問を呈しておられる[18]。

（二）　検討

(1)　清算方式について

清算の方式につき帰属清算方式と処分清算方式の何れを原則型とすべきかとの問題は、結局何れの方式がより当事者間の衡平を図れるのかという点にある。そこで、前述した不動産譲渡担保では担保権者が登記を有しているのに対し、通常行われる動産抵当型の動産譲渡担保では担保権者は目的物を間接占有しているにすぎないという譲渡担保権者のおかれた立場の相違や、動産と不動産という目的物の性質の相違からすれば、以下に述べる理由により、動産譲渡担保については、処分清算方式を原則型と解すべきである[19]。

①　帰属清算方式の場合、担保権実行の意思表示後その引渡しを受ける前に債務者の責めに帰すべからざる事由で滅失、毀損した場合、その危険は担保権者が負うことになる。

② 帰属清算方式の場合、担保権実行の意思表示時に存した動産がその評価の対象となるから、担保権実行の意思表示後に目的物の一部または全部が第三者に即時取得されても、担保権者は清算金の減額を主張することはできない。なお、その場合に担保権者が債務者に対して債務不履行または不法行為による損害賠償請求権を取得することは別問題であり、かかる請求権を取得してもそれは当然には被担保債権とはならないから、仮に被担保債権につき他に保証人がいても同人に請求できない。

③ 動産の場合、今日の如く機械等にあっても技術の進歩が著しく急速に陳腐化し、また商品でも流行の激しい時代にあっては、実際に処分してみなければ評価できないものが多く、動産類を引渡し未了のまま債務者の手許においた状態での評価は実際にはなかなか困難である。

④ 商品等にあっては、時間の経過による減価が著しい（例えばシーズン用の衣料品であれば、シーズンを過ぎると半値以下となり、翌シーズンになっても価格は回復しない）。帰属清算方式の場合、清算金額確定後担保権者が現実に引渡しを受けるまでの減価による負担は担保権者が負うことになる。

⑤ 処分清算方式を採れば、上記①～④の負担は債務者が負うことになるが、債務者が現実に目的物を占有支配している間に生じた滅失や減価の危険を債務者が負担することこそ衡平に合致する。

⑥ 帰属清算方式を原則とするのは、清算金と目的物の引渡しとを同時履行とすることによって、債務者が清算金を確実に取得できるようにしようとする政策的な目的があるが、特定動産の譲渡担保では担保物の価格が債権額を上回る事例は実際にはきわめて少ない。譲渡担保権者による第三者異議が問題とされた戦後の公表裁判例二四件（原審、上級審ともに公表されているものは一件として計算）をみても、全て被担保債権額が目的物の価格を大きく上回っている。

⑦ 一般に動産類の価値が相対的に低下したこともあって、高利貸が動産譲渡担保により融資する事例自体が減少

しており、処分清算方式を原則型としても弊害は予測されない。

⑧　動産の価額が被担保債権額を大幅に上回る例外的な場合には、債務者は他から融資を受ける等して受戻権を行使することができるから、債務者が著しい不利益を被ることは避けられる。

⑨　譲渡担保の社会経済的価値を肯認し、その積極的な利用を図ろうとするならば、債権者にとって利用しやすいものにすべきであるが、譲渡担保は前記のとおりその実行手続が最大のネックとなっているのであるから、債権者にとってより利用しやすい処分清算方式を原則型とすべきである。

(2)　清算金の算定時期

清算金の算定時期については、動産について不動産と特に別異に解すべき事情は存しない。動産譲渡担保について処分清算方式を原則型と解しても、当事者が帰属清算方式の約定をなすことは妨げず、その場合の清算金の算定時期は不動産譲渡担保と同様と解される。なお、従前は論議されていないが、帰属清算方式の場合に債務者が受戻権の消滅前にそれを放棄して清算金を請求すれば、その時に清算金額は確定すると解すべきである。また、処分清算方式の場合に担保権者が処分し得る状態になりながら処分を遅滞しているときには、通常処分をなし得た時期に処分をしたものとして清算金を算定すべきである。

(3)　清算金との引換給付

前記のとおり、多数説は処分清算方式の場合にも、清算金と目的物の引渡しとは同時履行の関係に立つとする。しかし、前記のとおり前掲最一小判昭和四六年三月二五日の処分清算方式の場合の清算金と引渡しの同時履行に関する判示は傍論にすぎず、また不動産に関する事例に関するものであるから、同判決は動産譲渡担保に関しては先例とはなり得ないものである。

処分清算方式の場合、目的物たる動産を債務者の占有に委ねたままで処分することがあり得ないわけではないが、通常の買受人ならば債務者から任意に引渡しを受けられるか否か判らない状態で買い受けることはあり得ず、したがって処分のためには担保権者は目的物を債務者から引渡しを受ける必要がある。[20] その場合の清算金額は将来になされる処分価格から被担保債権額と処分費用を差し引いたものであるが、いつ債務者から現実の引渡しを受けられるかも定まらないのに将来の処分価格を算定することはできず、また処分費用の予測も困難であることからすれば、目的物の引渡しを請求する時点で清算金額を算定することは事実上不可能である。したがって、処分清算方式の場合に清算金と目的物の引渡しとを引換給付の関係に立たせることは相当でないといわざるを得ない。

なお、前掲最一小判昭和五八年三月三一日は、仮登記担保につき清算金は留置権の被担保債権となると判示するが、処分清算方式の場合には債務者は目的物引渡しの先履行義務を負い、清算金は処分後に初めて発生すると解されるから、同最判は上記解釈と抵触するものではない。

(三)　まとめ

以上検討したように、特定動産譲渡担保の実行においては、処分清算方式が原則型とされるべきであり、また目的物の引渡しと清算金の支払いとは引換給付の関係には立たないものと解すべきである。

三　集合動産譲渡担保の実行

1　担保権の実行と集合動産の固定

(一)　問題の所在

構成部分が流入、流出を繰り返し、絶えず変動する集合動産も、集合物として特定される場合には譲渡担保の目的となり得るとするのが判例、[21] 多数説[22]である。問題は、集合物として特定性を有しているとはいえ、かかる変動性を帯びたままの状態（以下、かかる状態にあることを「流動性」と呼ぶ）で譲渡担保権を実行することがはたしてできるのか、流動性を喪失させ集合動産として固定しなければ譲渡担保権を実行できないのか、という点にある。また、流動性を喪失させて固定しなければ譲渡担保権を実行できないとした場合、どうすれば固定させることができるのか、あるいはどのような状態が生ずれば固定するのか、が検討されなければならない。

以下には、まず、流動性を帯びた状態のままで譲渡担保権を実行することができるか否かを検討するが、そこではその検討の前提として、流動性を帯びたままでの譲渡担保権それ自体の処分の可否の問題や、流動性を帯びた集合動産自体の譲渡の可否の問題を論ずる。そして、次に集合動産の固定の問題について検討を加える。

（二）流動性を有する集合動産譲渡担保権の実行の可否

(1) 流動性を有する集合動産譲渡担保権自体の処分の可否

譲渡担保権それ自体を被担保債権とともに、あるいは被担保債権と離れて譲渡し得ることは通説も認めている。また転譲渡担保が成立し得ることも判例[23]、通説の認めるところである。流動性を有する集合動産の譲渡担保についても、その有効性が認められる以上、その処分の効力を否定すべき理由はない。被担保債権が確定債権である場合には、被担保債権とともに譲渡されるときには付従性により、また被担保債権と離れて譲渡されるときには民法三七五条の抵当権の処分に準じて取り扱えばよく、その場合の対抗要件は民法一八四条の指図による占有移転によることとなる。また、譲渡担保が根譲渡担保であるときには、民法三九八条ノ一二に準じて債務者の承諾を要するものと解すべきである。

問題は、流動性が譲渡担保権の処分の効力に影響を及ぼさないかとの点である。しかし、譲渡担保権の処分により担保権者が交替するのみであり、すでに成立している譲渡担保権それ自体は変らないのであるから、流動性がその処分に影響をもたらすことはないものというべきである。なお、処分の効力が争われる場合には、譲渡担保権の存否の確認訴訟を提起することができる。

(2) 流動性を有する集合動産自体の譲渡の可否

判例・多数説は、流動性を有する集合物たる動産につき譲渡担保権が有効に成立することは認めたが、集合動産それ自体の譲渡の可否について判例は何も触れていない。また学説も、その問題につき正面から論じているものはほとんどないが、我妻博士[24]および竹内俊雄教授[25]は、集合物全体を処分することができ、また差し押さえることができるとされる。ただし、両氏とも執行手続上の問題については言及されていない。また品川孝次教授[26]および米倉明教授[27]は、我妻博士の所説を前提として集合物全体に対して第三者より差押えがなされた場合の問題につき言及しておられるが、執行手続法上許されるか否かについては疑問を呈しておられ、また、ジュリストに掲載された現代財産法研究会の座談会[28]でも、流動性を有する集合物そのものに対する差押えの可否が論じられているが、執行法上の疑問が呈されている。

ところで、我妻博士や竹内教授が譲渡担保を離れて流動性のある動産の集合物を観念され、その譲渡の可否を論じておられるのかは必ずしも定かではない[29]。しかし、動産の「集合物」なる一個の物権が観念されるとするならば、その「物」それ自体の譲渡性の可否が検討される必要がある。そして、「物」の譲渡が可能であるといい得るためには、現行法上その引渡しを求める給付訴訟を提起することができ、かつ、その判決に基づいて強制執行することができなければならない。強制執行ができるためには、執行官が読めば直ちに判る程度に判決の主文で引渡しの目的物が特定されている必要がある。しかも、判決の既判力の標準時は口頭弁論終結時であるから、引渡しの目的物の所在場所に口頭弁論終結後に他の類似の物が置かれたり入れ替ったりした場合にも、執行官が引渡しの目的物を直ちに特定できる程度にまで判決主文で特定されている必要がある（その特定の程度は相対的なものであり、目的物の種類にもより、また債務者が同種の物を取り扱う商人か否かによっても異なる）。

そこで、流動動産の集合物の場合であるが、それは常に変動していることをその最大の特徴とするものであり、かかるものを、既判力の標準時を基準として引渡しの執行が可能なように判決の主文で表示することは不可能である。[30]したがって、かかる流動性のある集合物の引渡しを求める給付訴訟を提起することはできず、仮に提起されても請求の趣旨の不特定を理由に却下されることになるのであって、[31]このように給付訴訟の提起できないものについての譲渡ということもあり得ないものといわねばならない。

また、判例により認められた流動性のある動産の集合物は、その特定性に関してもっぱら論議されているように、[32]場所的限定を伴うことによって初めて集合物としての特定性を取得し、その限定から外れると直ちに集合物としての特定性を喪失するものであるが、このように一定の場所と結びついてのみ初めて成立する集合物たる動産が、所在場所とは無関係に常に成立し、その引渡しに当っては当然に場所的な移動が予定される動産として、引渡しの目的物たり得るのかという点からも、その譲渡性には疑問が存する。

なお、このように流動性のある動産の集合物自体の譲渡性を否定しても、そもそも集合物概念自体が、動産群に一つの譲渡担保権を認めるための道具概念にすぎないとされているのであって、[33]譲渡担保権以外の場面でここで問題としているが如き集合物概念が取り上げられることはほとんど考えられず、流動性ある動産の集合物それ自体の譲渡性を否定しても、それによる影響は考えられないのである。

(3)　流動性を有する集合動産譲渡担保権の実行

動産の譲渡担保権の実行に際しては、帰属清算方式であれ処分清算方式であれ、担保権は債務者よりその目的物の引渡しを受ける必要がある。[34]それゆえ、流動性を有する集合動産譲渡担保権を、そのままの状態で実行するには、流動性の存する状態のままで集合動産を譲渡することができねばならない。しかし、前項で詳述したとおり、そのような譲渡は不可能であり、したがって流動性の存したままでの譲渡担保権の実行もなし得ないのである。

それゆえ、流動性のある集合動産譲渡担保権を実行しようとすれば、流動性を喪失させた状態、すなわち集合動産をもはや流動しないように固定させたうえで実行しなければならないことになる。

なお、集合物論を貫徹するならば、譲渡担保権の実行段階においても流動性の存するままでの処分による実行につき検討が加えられて然るべきであるが、集合動産譲渡担保権の実行に論及する論者は、特に理由を明示することなく、実行によって固定すると説く。[35]

(三)　担保権実行のための集合動産の固定

(1)　集合動産の固定の意味

(二)で述べたように、流動性を有する集合動産譲渡担保権を実行するには流動性を喪失させ、集合動産を固定する必要がある。集合動産が固定するとは、固定時以降新たに集合動産から流出したり流入したりすることがなくなり、譲渡担保の目的物が固定時に存する動産類に確定することを意味する。

(2)　集合動産の固定の効果

集合動産が固定すると、債務者はそれまで有していた集合物中の個別動産の処分権[36]を失い、また固定前には当然に集合物に組み入れられていた新規の流入物も集合物に組み入れられないこととなる。[37]

したがって、固定後は集合動産譲渡担保は、構成部分が変動するという意味での特殊性をまったく失い、単に多数の特定動産に対して一個の共同譲渡担保権が設定されているにすぎなくなるのである。

(四)　集合動産の固定事由

(1)　判例・学説

集合動産譲渡担保の目的物の固定事由について言及した裁判例はまったくない。学説には、①弁済期説、[38]②実行着手説、[39]別の観点からのものとして③破産宣告時説[40]等がある。

(2) 検討

集合動産の固定時期につき、上記各説に加え、他に考えられる諸説につき検討する。

① 弁済期説　弁済期説は、客観的な基準ではあるが、債務者に帰責事由がなく債務不履行とならない場合にまで、弁済期の到来により固定するとするのは妥当とはいえない。

② 債務不履行説　①よりは合理性がある。しかし担保権者が未だその実行を望んでいないのにもかかわらず、固定させてその実行を事実上強制させることになることは好ましくない。

③ 実行着手説　担保権者が譲渡担保権の実行に着手したことをもって、集合動産が固定するとする説である。実行着手時に債務者が債務不履行にあることは当然の前提である。担保権者の主観的事情により集合動産の固定時期が変るが、担保権者はその権利を行使する自由を有しており、また担保権が実行に着手された以上、債務者が集合動産を構成する個々の物に対する処分権を剝奪されるのは当然であり、この説は妥当であると考える。

なお、何をもって実行の着手と目すべきかとの点であるが、譲渡担保権は担保権者による私的実行である以上、その実行の意思表示が債務者に到達した時をもって基準とすべきである。

④ 破産宣告時説　債務者に対して破産宣告がなされると、債務者の財産の管理処分権は破産管財人に移るため、集合動産に新規に流入することはなくなる。かかる状態で集合物から流出することのみを認めるのは衡平に反するので、破産宣告によって集合動産は固定すると解すべきである。

⑤ 更生手続開始決定　債務者が財産の管理処分権を失うという点では、会社更生法による更生手続開始決定がなされた場合も同様であり、その場合にも集合動産は固定すると解すべきである。なお、会社更生法三九条（平成一四年改正前）による保全管理人が選ばれた場合も、保全管理人は債務者の財産の管理処分権を有するから、更生手続開始決定があった場合と同様に解してよいと解される。(41)

⑥　和議手続開始決定、会社整理開始命令　これらの法的倒産手続が開始されても、債務者は財産の管理処分権を失わないから、それらの手続の開始決定がなされても集合動産は固定しないものと解せられる。

⑦　目的物に対する差押え　前記のとおり、流動性のある集合物たる動産それ自体を差し押さえることができるとの見解もあるが、差押えによって担保権者の管理処分権が奪われるのにかかわらず、なおその内容が変動するといった物に対する差押えが成り立つとすることについては疑問であり、消極に解すべきである。(42) 次に、集合物を構成する個別の動産に対する差押えであるが、集合物を構成する動産の一部が差し押さえられても、新規の流入はそれによっては当然には阻止されず、またその流入物には差押えの効力は及ばないから流出も可能である。したがって集合動産を構成する個々の動産に対する差押えがなされても、流動性それ自体が喪失することにはならないから、それは集合動産の固定の原因とはならない。

⑧　その他　その他に考えられるものとしては、担保権著による目的物の引渡請求訴訟の提起や仮処分申請がある。しかしそれらは担保権者による担保権実行着手の一種として捉えれば十分であって、集合動産の固定を裁判手続の申立てに限定すべき理由はない。

2　集合動産譲渡担保の実行手続

１　(三) で詳述したように、集合動産譲渡担保は実行の着手により流動性が喪失して固定し、多数の特定動産に対して一個の共同譲渡担保権が設定されているのと同様になるから、集合動産譲渡担保の実行手続が開始されれば、集合動産譲渡担保独自の問題は喪失し、その実行手続は二3で詳述した特定動産譲渡担保の実行方法によることとなる。ただし、譲渡担保の実行着手までに存した流動性が、その実行手続に反映する面もあり得るので、以下その視点を踏まえつつ、実行手続における主な問題点について述べる。

（一）　**実行の着手**

譲渡担保権者から債務者に対する実行の意思表示である。この意思表示の到達により集合動産は固定する。なお、集合動産譲渡担保契約では債務者に担保権者に対する集合物の出入りの状況の報告義務を課すのが通例であるが[43]、それが履行されていないのが一般であるから[44]、実行の着手とともに、目的物の現状を把握し併せて債務者による不当処分を防止するために、目的物に対する執行官保管の仮処分を申請することは不可欠である。

なお、学説のなかには集合動産譲渡担保についても、仮登記担保法二条一項を類推して意思表示後二ヶ月間は具体的に実行できないとする説[45]がある。しかし、その間に従前処分権を有していた債務者による不当処分がなされる危険があること、および集合動産譲渡担保の目的物は商品等減価が速いものが含まれているのが通例であることからすれば、二ヶ月もの期間、具体的な実行を担保権者に待機させるべき合理的な理由は見出しがたい。

（二）　**実行着手後の流入**

実行の着手によって譲渡担保の目的物は固定するので、それ以後の流入物には譲渡担保の効力は及ばない。債務者はそれ以後の流入物につき、譲渡担保の効力が及ばないことの確認を求める訴訟を提起することができ、またその流入物も譲渡担保の目的物とともに処分されたときには、不当利得返還請求権を有する。なお、このことは集合動産固定時の動産が契約で定められた最低量を下回り、債務者がその補充義務を負う場合も同様である。その場合に新規流入物につき新たに譲渡担保契約を結ぶことはできるが、それは従前の集合動産譲渡担保契約とはまったく別個の契約である。

（三）　**実行着手後の流出**

実行の着手によって集合動産譲渡担保の目的物は固定し、債務者はその処分権限を喪失するから、その後に債務者が処分しても、それは無権限者の処分である。

担保権者は、債務者がかかる処分をなすおそれがあるときは、所有権に基づく差止請求権を有する。また、処分がなされた場合には担保権には追及効が存する。

しかし、第三者が即時取得をしたときには、債務者の第三者に対する売掛債権につき物上代位することができるのみである。[46] なお、第三者の即時取得を阻む要件たる悪意は、譲渡担保の実行に着手されるまでは債務者は集合物を構成する個々の動産の処分権を有していたことからして、目的物が譲渡担保の対象となっていることでは足りず、その実行に着手されたことを知っていることである。したがって、集合動産譲渡担保たるネームプレートが表示されている場合には、[47] その表示は債務者による個別動産の処分権限を裏付けるものであるから、担保権者は実行に着手するとともに実行に着手した旨のネームプレートに付け変えなければ、かえって第三取得者の善意が推定されることになりかねない。

なお、担保権者によって仮処分がなされていれば、その後の第三取得者の悪意が推定されることはいうまでもない。

(四)　受戻権

集合動産譲渡担保の受戻権の消滅時期につき、前述の不動産譲渡担保において形成された判例法理と特に別異に解すべき事情は存しない。したがって、処分清算方式の場合には処分時、帰属清算方式の場合には清算金のあるときには清算金の支払いまたは提供時、清算金のないときはその旨通知した時、ただし何れの場合もそれ以前に処分したときには処分時（債務者に直接占有させたまま処分することは通常存しないが、あり得ないことではない）となる。

(五)　清算方式

二3で詳述したとおり、処分清算方式を原則とすべきである。その理由は前述したところに尽きるが、集合動産譲渡担保の場合、前述のように通常の特定動産譲渡担保に比べて債務者による不当処分の危険が大きいこと、目的物に商品等経済的な陳腐化の進行が速いものが多いことなどからすれば、より一層処分清算方式が妥当する。

なお、吉田助教授は、集合動産の場合に、担保権者により実行通知がなされた後その清算金が支払われるまでは、債務者は目的物をそのまま維持しなければならず、そのことは債務者の社会・経済的活動にとって致命的なものになりかねないので、債務者は清算期間後速やかに清算すべきことを請求し、それが実現されないときには目的物を適当な方法で処分でき、処分代金から清算金を取得できる、との手続を考えるべきであるとされる(48)。しかし、そのうち清算期間の点はおいても、実行通知後債務者が目的物を保管しなければならないのは当然であり、またその清算が遅れることにより社会・経済的に打撃を受けることは多数の特定動産を譲渡担保の目的に供した場合にも生じ得ることであって、集合動産に特殊の事態ではない。さらに債務者に処分権を与えることを主張される点も、債務者にてかかる買手をみつけることができれば、その買手より融資を受けて被担保債務を弁済し、あるいはその買手にて代位弁済してもらったうえで売り渡せば済むことであって、そのために新たな手続を設ける必要など毛頭存しないと思料される。

（六）　清算金の算定時期

特定動産に関して述べたと同様に、受戻権の消滅時期に一致する。また、債務者にて受戻権を放棄して清算金の請求をなすことも認められる。

（七）　清算金との引換給付の有無

特定動産に関して述べたように、処分清算方式の場合には清算金と目的物の引渡しとは引換給付の関係には立たないというべきである。集合動産譲渡担保の目的となるような商品のうち、流行性のあるものや季節商品などはまさに処分してみなければ、その処分価格は判らないのである。

（八）　民事執行法一二八条の趣旨の類推の可否

集合動産譲渡担保の場合に被担保債権額が目的物の価格を下回るときには、民事執行法一二八条に定める超過執行禁止の趣旨を類推して、債務者は被担保債権額の範囲内でのみ担保権者に目的物を引き渡せば足り、それを上回る部分の引渡しを拒否できるとする見解がある。[49]

しかし、前述したとおり実行段階に入って集合動産が固定した後は、多数の特定動産に対して一個の共同譲渡担保権が設定されているのと同様なのであるから、担保権不可分の原則により、担保権者はその全部について引渡しを請求できて然るべきである。[50]なお、被担保債権額と目的物の価格との差が隔絶しているような場合には、権利濫用や信義則の一般条項で救済を図れば足り、また受戻権の適宜の行使によっても救済され得る。

四　集合動産譲渡担保の実行と倒産手続

前述のとおり、破産宣告や更生手続開始決定、旧会社更生法三九条による保全処分は、集合動産の固定事由になると解され、その結果、集合動産譲渡担保は流動性を喪失して多数の目的物に対して特定動産譲渡担保が共同担保として設定されているのと同じ状態に変わるのであって、集合動産譲渡担保の実行による特別の問題は生じない。ただし、固定するまで流動性を有したことによる若干の問題もあるので、集合動産譲渡担保の実行と法的倒産手続との関係につき簡単に述べることとする。

（一）　破産

債務者に対して破産宣告がなされると、前述のとおり集合動産は固定し、担保権者は別除権者として譲渡担保権を行使することができる（通説）。破産管財人は裁判所に譲渡担保権者の換価権の行使期間を定めるよう申し立てることができ、その期間内に譲渡担保権者が換価権を行使しないときは、譲渡担保権者はその換価権を失い破産管財人が換価することとなる（旧破産法二〇三条・二〇四条）。譲渡担保権者は、破産管財人に対して、換価のためにその引渡しを請求することができる。

なお、集合動産譲渡担保では、債務者はその固定時期まで集合物を構成する動産の処分権を有しており、また集合動産譲渡担保が設定されていることは公示されていないことが多く、債務者も破産管財人に譲渡担保権設定の事実を必ずしも告げないため、事情を知らない破産管財人によって目的物を処分される危険があり、その場合破産管財人に過失があればその損害賠償請求権は財団債権となるが（旧破産法四七条四号）、そうでなければその処分により被担保債権の満足を受けられない事態が生じてもそれは破産債権に止まることとなる。それゆえ、担保権者としては、破産宣告後速やかに破産管財人に対し譲渡担保権が設定されている事実を告げる必要がある。

（二）　会社更生

旧会社更生法三九条の保全処分決定がなされ、また更生手続開始決定がなされると集合動産は固定することは前述した。会社更生法上は譲渡担保権は更生担保権として取り扱われる[51]。更生手続開始決定までは譲渡担保権者は担保権の行使ができるが、旧会社更生法三七条による中止命令が発せられれば、その手続は中止される。中止命令が出されても譲渡担保権自体は存続しているから、保全管理人がその目的物を処分しようとすれば担保の変換の手続をしなければならない（旧会更法五四条九号[52]）。

なお、伊藤眞教授は、保全管理人の選任や更生手続開始決定がなされた後も、保全管理人や更生管財人は、集合動産譲渡担保を構成する個々の動産を、集合物の利用行為の一つとして処分することができるとの見解に立たれたうえで、その場合の譲渡担保権者の保護について詳述しておられる[53]が、前述のとおり、保全管理人の選任や更生手続開始決定により集合動産は固定し、債務者がそれまでに有していた個別動産の処分権は喪失すると解されるから、保全管理人や更生管財人が担保の変換の手続を経ずして集合動産譲渡担保の目的となっていた個々の動産を処分することは許されないものというべきである。

㈢　和議、会社整理

和議手続開始決定や整理開始命令がなされても、集合動産は固定しないことは前述した。したがって、集合動産譲渡担保の流動性は失われないが、実際には流出のみが生じ担保補充義務は果たされないおそれが強いであろうから、譲渡担保権者としては担保権の実行に着手せざるを得ない場合が多いと思われる。

五　おわりに

以上、集合動産譲渡担保につき、その実行の局面から種々検討を加えたが、その結果、集合動産譲渡担保も、その実行の局面に入ると流動性を喪失して固定し、多数の動産に対して特定動産譲渡担保が共同担保として設定されているのと同様になることが明らかになった。またその実行手続においても、実行に着手される寸前まで流動性のある集合物であったことによる残滓がなお若干残っているとはいえ、通常の特定動産譲渡担保の実行手続と異ならないことも明らかになった。

かかる結論は、検討の当初に予測していたところにほぼ一致するが、従前ほとんど論議されていないテーマでもあり、大方の御叱正を期待する。

〔判例資料①〕最一小判昭和五四年二月一五日（民集三三巻一号五一頁・金法八九四号四〇頁）

〈事実〉

昭和四六年八月二六日、訴外Ａ会社は、Ｘ会社（原告・控訴人・上告人）から、弁済期昭和四七年一月一日として一二〇〇万円の融資を受け、その担保として訴外Ｂ会社振出の約束手形のほか、Ａ会社がＹ会社（被告・被控訴人・被上告人）に寄託中の乾燥ネギ四四トンのうち二八トンを譲渡担保として提供するという合意をなした。そこで、Ａ会社は、Ｙ会社作成のＸ会社宛の冷凍貨物預り証をＸ会社に交付した。

然るに、その後同年九月二八日に、Ｙ会社はＡ会社の指示に基づき、保管中の乾燥ネギのうち約二四トンを訴外Ｃ会社に引き渡した。そこで、Ｘ会社は、Ｙ会社の行為は譲渡担保により取得したＸ会社の所有権を侵害するものだとして、約一三〇〇万円の損害賠償を請求した。

第一審、二審ともＸ敗訴。Ｘがさらに上告。

〈判旨〉

上告棄却。「構成部分の変動する集合動産についても、その種類、所在場所及び量的範囲を指定するなどなんらかの方法で目的物の範囲が特定される場合には、一個の集合物として譲渡担保の目的となりうるものと解するのが相当である。

原審が認定したところによれば、(1)　訴外Ａ会社は、昭和四六年八月二七日その所有する食用乾燥ネギフレーク（以下「乾燥ネギ」という）のうち二八トンをＸ会社に対する一四〇〇万円の債務の譲渡担保として提供すること、Ｘ会社は右ネギをいつでも自由に売却処分することができることを約した、(2)　当時Ａ会社は、Ｙ会社との間に締結した継続的倉庫寄託契約に基づきその所有する乾燥ネギ四四トン三〇三キログラムをＹ会社倉庫に寄託していた、(3)　同日Ａ会社からＸ会社あて交付されたＹ会社作成の冷蔵貨物預証には、「品名青葱フレーク三五〇〇Ｃ/Ｓ」「数量８kg段ボール四㎜」「右貨物正に当方冷蔵庫第No.５、No.８、No.11、No.12号へ入庫しました。出庫の際は必ず本証をご提示願います」と記載されていたが、右預証は在庫証明の趣旨で作成されたものであり、Ｘ会社社員がＹ会社倉庫へ赴いたのも単に在庫の確認のためであって、目的物の特定のためではなかった、(4)　Ｘ会社は、前記譲渡担保契約締結前にＡ会社から乾燥ネギ一七・六トンを買い受けたことがあったが、そのうち八トンはＡ会社三重工場から直接Ｘ会社に送付され、残り九・六トンについてはＹ会社のＸ会社あて冷蔵貨物預証が差し入れられ、その現実の引渡しとしては、Ｘ会社からＡ会社に指示し、Ａ会社がこれを承けてＹ会社から該当数量を受け出し、これをＸ会社指定の荷送先に送付する方法によってすることとされていたところ、本件譲渡担保契約においてもこれと異なる約定がなされたわけではなく、右契約締結後Ａ会社からＸ会社に対し乾燥ネギ二八トンのうちの三トン二四八キログラムが六回にわたり引き渡されたが、うち二トン八四八キログラムはA会社三重工場からX会社に直送され、うち四〇〇キログラムは、さきの場合と同様、X会社の指示によりA会社がY会社から受け出してX会社指定の荷送先に送付したものであった、というのである。右の認定は、原判決挙示の証拠関係に照らし、正当として是認することができ、右事実関係のもとにおいては、未だA会社がY会社に寄託中の乾燥ネギのうち二八トンを特定して譲渡担保に供したものとは認められないとした原審の判断は、正当として是認することができ、その過程に所論の違法はない。」

〔判例資料②〕 最一小判昭和五七年一〇月一四日（金法一〇一九号四一頁・判時一〇六〇号七八頁）

〈事実〉

X（原告・被控訴人・上告人）は、昭和四九年二月一二日、A（酒類、食料品類の販売業者）との間で、XのAに対する酒類の継続的販売から生ずる一切の債権の担保のため、以下のような集合動産譲渡担保契約を締結した。すなわち、第一に、Aの二つの居宅・一つの店舗兼住宅の各建物（以下「本件二建物」）内に現に納置されている商品（酒類・食料品等）、運搬具、什器、備品、家財一切のうちA所有のものはXに譲渡され、占有改定の方法によりXは引渡しを受けた。第二に、Aは、同人の通常の業務の範囲内において無償で右担保物件を使用すること、および、通常の営業の目的のために第三者に相当な価額で譲渡することができ、右のように譲渡された物件は担保の範囲から除外される。第三に、反面、将来、本件建物内に搬入されるA所有の物件は搬入の時に担保の目的に入り当然Xに譲渡され、占有改定によりXに引き渡されたものとする。第四に、Aは毎月末日現在の担保物件の概要、価値をXに通知しなければならない。以上である。

ところが、同年七月二〇日、Y（被告・控訴人・被上告人）は、Aの本件建物内の清酒、醤油等の商品のほか、下駄箱、水屋、ガステーブル、置物等について、強制執行のための差押えをした。そこで、Xは、それらの物件につき譲渡担保により所有権を取得し、占有改定により引渡しを受けているとして、第三者異議の訴を提起した。

第一審ではXが勝訴したが、原審では、「全体として一個独立の集合物と観念される商品についでは集合物として一個の譲渡担保の目的となることが肯定されるが、本来内容の変動を予定していないその他の物については物件の特定がなかったのであるから、これら物件については譲渡担保の効力は認めがたい」とされ、商品以外については第三者異議が否定された。

これに対して、X上告。

〈判旨〉

上告棄却。「本件譲渡担保契約においては、一応目的物につきその種類、所在場所及び量的範囲が指定されてはいるが、そのうち『家財一切』とある部分は、そこにいう家財が営業用の物件を除き家庭内で家族全体の共同生活に供用されるある程度の恒常性と経済的価値を有する物件を指すものと解しうるとしても、家族の共同生活に使用される物件は多種多様であって、右のような指定だけでは個々の物件が具体的にこれに該当するかどうかを識別することが困難な場合が当然予想されるから、これだけでは譲渡担保の目的物の種類についての特定があったとするのに十分であるとは考えられないのみならず、右契約においては、譲渡担保の目的物として本件建物内に存すべき運搬具、什器、備品、家財一切のうちA所有のものという限定が付されているところ、右にいうA所有の物とそれ以外の物とを明確に識別する指標が示されるとか、また、現実に右の区別ができるような適宜な措置が講じられた形跡は全くないのであるから、これら物件については本件譲渡担保契約は契約成立の要件としての目的物の外部的、客観的な特定を欠くものと解するのが相当である。……原判決は、結局、正当として是認することができる。」

〔**判例資料③**〕最三小判昭和六二年一一月一〇日（民集四一巻八号一五五九頁・金法一一八六号五頁）

〈事実〉

Xは、Aに対する債権を担保するため、Aと次のような集合動産譲渡担保契約を締結した。すなわち、Aの第一から第四倉庫およびその敷地内に現存する棒鋼等一切の在庫商品の所有権をXに移転し、占有改定により引渡しを完了したものとし、さらに、Aが将来同種の物件を製造または取得したときには、原則としてそのすべてを前記保管場所に搬入し、それらの物件も当然に本件譲渡担保の目的となることを予め承諾する、というものである。

その後、Yは、Aに棒鋼を売却し、当該棒鋼は前記保管場所に搬入された。ところが、Aが代金を支払わないので、Yは右物件について動産売買先取特権を有することを主張し、これに基づき右物件について競売を申し立てた。

これに対し、Xは右物件について譲渡担保設定契約により所有権を取得し占有改定により引渡しを受けているとして、第三者異議の訴を提起した。

第一審、二審ともX勝訴。Yが上告。争点は、第一審以来、本件譲渡担保に目的物の特定性があるか、対抗要件を具えているか、仮にそうであっても動産売買先取特権に優先するか、である。

〈判旨〉

上告棄却。「構成部分の変動する集合動産であっても、その種類、所在場所及び量的範囲を指定するなどの方法によって目的物の範囲が特定される場合には、一個の集合物として譲渡担保の目的とすることができるものと解すべきであることは、当裁判所の判例とするところである……。そして、債権者と債務者との間に、右のような集合物を目的とする譲渡担保権設定契約が締結され、債務者がその構成部分である動産の占有を取得したときは債権者が占有改定の方法によってその占有権を取得する旨の合意に基づき、債務者が右集合物の構成部分として現に存在する動産の占有を取得した場合には、債権者は、当該集合物を目的とする譲渡担保権につき対抗要件を具備するに至ったものということができ、この対抗要件具備の効力は、その後構成部分が変動したとしても、集合物としての同一性が損われない限り、新たにその構成部分となった動産を包含する集合物についても及ぶものと解すべきである。したがって、動産売買の先取特権の存在する動産が右譲渡担保権の目的である集合物の構成部分となった場合においては、債権者は、右動産についても引渡を受けたものとして譲渡担保権を主張することができ、当該先取特権者が右先取特権に基づいて動産競売の申立をしたときは、特段の事情のない限り、民法三三三条所定の第三取得者に該当するものとして、訴えをもって、右動産競売の不許を求めることができるものというべきである。」

そして、本件契約では譲渡担保目的物の特定もなされており、対抗要件も備っているとして、Xは第三者異議の訴ができる、とした。

（1）我妻栄「集合動産の譲渡担保に関するエルトマンの提案」法学協会雑誌四八巻四号（一九三〇年）一頁（同『民法研究Ⅳ』（有斐閣・一九六七年）所収）。
（2）鈴木禄彌ほか「〈座談会〉銀行取引と譲渡担保　第一〇回・第一一回」金融法務事情七七九号一三頁、七八〇号二二頁（ともに一九七六年）では、実行手続について、相当に突っ込んだ議論がなされている。
（3）中野貞一郎「特定動産譲渡担保の実行方法」奥田昌道ほか編『民法学３』（有斐閣・一九七六年）一九七頁。
（4）我妻栄『新訂担保物権法』（民法講義Ⅲ）（岩波書店・一九六八年）五九九頁、米倉明「銀行取引と譲渡担保」加藤一郎＝林良平＝河本一郎編『銀行取引法講座（下）』（金融財政事情研究会・一九七六年）二三六頁、同『譲渡担保の研究』（有斐閣・一九七六年）六八頁等。
（5）最一小判昭和四三年三月七日民集二二巻三号五〇九頁は、仮登記担保と譲渡担保とが共同担保に供されていた事案につき清算義務を認めた。
（6）前掲最大判昭和四九年一〇月二三日、最三小判昭和五〇年一一月二八日金法七七五号六一頁（第三者に処分されるまで）、最一小判昭和五四年二月二二日判時九二七号一九二頁（本登記完了後でも清算金の支払い、提供までは可能）。
（7）最三小判昭和五一年九月二一日金法八〇四号三四頁、最二小判昭和五七年一月二二日民集三六巻一号九二頁、最二小判昭和五七年四月二三日金法一〇〇七号四三頁、最一小判昭和六二年二月一二日民集四一巻一号六七頁等。
（8）例えば、川井健『担保物権法』（青林書院新社・一九七五年）二四九頁、鈴木禄彌『物権法講義（二訂版）』（創文社・一九七九年）二三九頁、槇悌次『担保物権法』（有斐閣・一九八一年）三四四頁以下、高木多喜男『担保物権法』（有斐閣・一九八四年）三二二頁以下等。
（9）前掲最一小判昭和四六年三月二五日は、何れの清算方式が原則とされるべきかについては触れていない。なお、下級審裁判例では、東京地判昭和五五年一〇月九日判時九九七号一三三頁、横浜地判昭和五五年一〇月九日金商六一三号四三頁、大阪地判昭和五六年八月三日判タ四六五号一五五頁等は、帰属清算方式が原則であるとする。処分清算方式を原則であるとする裁判例は見当たらない。
（10）川井・前掲注(8)一九四頁、鈴木・前掲注(8)二三九頁、槇・前掲注(8)三五二頁、近江幸治『担保物権法』（弘文堂・一九八八年）二八二頁等。
（11）従来の説については、近江幸治「判批」判例評論三四六号（一九八七年）三九頁参照。

(12)　魚住庸夫「判例解説」法曹時報四一巻六号（一九八九年）一八七頁参照。なお、同判決の判例批評は同解説の補注を参照。

(13)　川井・前掲注(８)一九四頁、鈴木・前掲注(８)二三九頁、高木・前掲注(８)三二六頁。

(14)　近江・前掲注(10)二八三頁。

(15)　槇悌次『譲渡担保の効力』〔叢書民法総合判例研究⑱〕（一粒社・一九七六年）五三頁、同・前掲注(８)三五一頁。

(16)　高松高判昭和六三年三月三一日判タ六八一号一五九頁は、パチンコ営業権と動産（営業設備）に関する譲渡担保につき、仮登記担保法二条を類推適用すべしとする。同判決は譲渡担保一般につき同法二条が類推されるとする。しかし、同条の清算期間は少なくとも動産の場合には類推適用されるべきではなく（同旨、近江・前掲注(10)二八九頁）、また同判決は清算期間満了時の見積り評価額を通知すれば同期間満了により確定的に所有権が担保権者に移転するとするが、その判旨は清算金額の確定時期に関する前掲最一小判昭和六二年二月一二日と矛盾する。

(17)　高木・前掲注(８)三二五頁。

(18)　吉田真澄「集合動産の譲渡担保(8)」ＮＢＬ二二九号（一九五六年）三三頁。同助教授は、「市場性に問題がなく、価格も比較的安定している動産については帰属型を原則としてよいであろうが、そうでない動産を目的とするものについては帰属型か処分型の選択を債権者に委ねる選択型か、処分型を検討してみる必要があるようにも思われる。」とされ、結論を示しておられない。

(19)　かつては動産では処分清算方式が原則であった（我妻栄ほか「〈座談会〉譲渡担保をめぐる諸問題―主として動産を中心に」金融法務事情二二九号（一九六〇年）一六頁〔堀内発言〕、鈴木ほか「〈座談会〉第一回」前掲注(２)）。現在でも、一般の弁護士や商社の担当者の感覚は処分清算方式が原則であると思われる。

(20)　最三小判昭和三六年八月八日民集一五巻七号一九九三頁（不動産の事例）。

(21)　前掲最一小判昭和五四年二月一五日、最一小判昭和五七年一〇月一四日判時一〇六〇号七八頁、前掲最三小判昭和六二年一一月一〇日。

(22)　現在の少数説は、債権的効力しか認めない石田喜久夫教授（「流動動産の譲渡担保契約」法学セミナー二九八号（一九七九年）五二頁）と、流動動産の譲渡担保の効力を、不動産や特定動産の譲渡担保とは別異の価値枠として捉える伊藤進教授（「集合物譲渡担保理論の再検討」ジュリスト六九九号（一九七九年）九二頁、「集合動産譲渡担保の法律関係」法律論叢別冊・明治大学法学部創立一〇〇周年記念論文集（一九八〇年）一一七頁、「集合動産譲渡担保と個別動産上の譲渡担保権との関係」法律論叢六一巻一号（一九八八年）五七頁等）のみである。

(23) 最一小判昭和五六年一二月一七日民集三五巻九号一三二八頁。
(24) 我妻・前掲注(4)六七七頁。なお、遠藤浩「集合物の譲渡担保について」金融法務事情五八〇号（一九七〇年）七頁は、我妻説に全面的に賛成される。
(25) 竹内俊雄『譲渡担保論』四九頁（経済法令研究会・一九八七年）。
(26) 品川孝次「集合物の譲渡担保」奥田ほか編『民法学3』前掲注(3)二二四頁。
(27) 米倉明「非典型担保法の展望（上）」ジュリスト七三一号（一九八一年）九一頁。
(28) 「座談会」現代財産法研究会編『譲渡担保の法理』〔ジュリスト増刊〕（一九八七年）一五四〜一六二頁。
(29) 竹内・前掲注(25)は、譲渡担保権の設定されている流動集合動産についてのみ言及される。
(30) このことを強調するのは、前掲注(2)の「座談会第二回」での浦野発言（二五〜二六頁）、前掲注(28)の「座談会」での菅野発言（一六二頁）等。
(31) 民事訴訟法二二四条。
(32) 過去の論文のほとんどがこの特定性に関するものである。
(33) 高木・前掲注(8)三四五頁。
(34) 譲渡担保につき所有権構成をとれば所有権に基づく引渡請求ということになろうし、担保権構成をとれば、処分型の場合には処分権に基づく引渡請求となる。米倉『譲渡担保の研究』前掲注(4)六九頁参照。
(35) 我妻・前掲注(4)六六八頁、粟島浩ほか「銀行取引における譲渡担保の実務」金融法務事情二二九号（一九六〇年）二六頁、伊藤眞「倒産法と非典型担保」米倉明ほか編『金融担保法講座Ⅲ』（筑摩書房・一九八六年）二三七頁、滝澤孝臣「集合動産の譲渡担保」判例タイムズ二八号（一九八七年）二頁。なお伊藤進教授の立場からは、担保権の実行が開始されれば当然に固定することとなる（同「集合動産譲渡担保と個別動産上の譲渡担保権との関係」前掲注(22)八五頁）。
(36) 集合物論では、かかる処分権を集合物の利用権として捉える。我妻・前掲注(1)六一頁。
(37) 集合物論者の多くは、債務者に目的物の補充義務を認める（学説については、吉田真澄「集合動産の譲渡担保(7)」ＮＢＬ二二八号（一九八一年）三四頁参照）。しかし、固定時に補充が必要とされる状態にあって、その後目的物が流入しても、それには譲渡担保権の効力は及ばない。
(38) 滝澤・前掲注(35)。

(39)　注(35)参照（ただし滝澤を除く）。吉田真澄「集合動産担保」加藤一郎＝林良平編『担保法大系　第四巻』（金融財政事情研究会・一九八五年）七〇一頁も同旨か。
(40)　谷口安平「動産集合物譲渡担保の破産における効力」『演習破産法』（有斐閣・一九八四年）一一二頁。
(41)　伊藤眞「集合動産・債権担保と会社更生(2)」ＮＢＬ二四七号（一九八一年）二三頁。なお、同『債務者更生手続の研究』（西神田編集室・一九八四年）三四九頁では、保全管理人の選任によっては固定しない、と改説された。
(42)　前掲注(28)の「座談会」での菅野発言（一五五〜一五七頁）。
(43)　金融法務事情一一八六号（一九八八年）五五頁に掲載の集合物譲渡担保契約書の書式第一二条参照。
(44)　鈴木正和ほか「〈座談会〉集合物譲渡担保の活用と問題点」金融法務事情一一八六号（一九八八年）二〇頁の森井発言（二七頁）等参照。
(45)　吉田・前掲注(39)七〇一頁。槇・前掲注(8)三四九頁。なお、鈴木禄彌「仮登記担保法雑考(4)」金融法務事情八七四号（一九七八年）四頁は、不動産譲渡担保につき仮登記担保法二条の類推適用を主張するが、動産譲渡担保については論及されていない。
(46)　通説は肯定する。ただし、道垣内弘人助教授は、本シンポジウム第一部（**【振り返りコメント】**参照）ではその適用を否定される。
(47)　吉田真澄助教授に代表されるネームプレートを対抗要件とする説に止まらず、即時取得を防止する目的でのネームプレートの効用を認める説にあっても、そのネームプレートが集合動産譲渡担保を公示するものであれば同様である。
(48)　吉田・前掲注(39)七〇二頁。
(49)　吉田・前掲注(18)三四頁。
(50)　中野貞一郎「非典型担保権の私的実行」木川統一郎ほか編『新・実務民事訴訟法講座⑫』（日本評論社・一九八四年）四二一頁。滝澤・前掲注(35)。
(51)　最一小判昭和四一年四月二八日民集二〇巻四号九〇〇頁。
(52)　中村勝美「集合物譲渡担保の更生手続上の取扱い」井関浩＝谷口安平編『会社更生法の基礎』（青林書院新社・一九七八年）二一〇一頁。
(53)　伊藤「集合動産・債権担保と会社更生(2)」前掲注(41)。

【振り返りコメント】

本稿は、一九八九年に開催された金融法学会のシンポジウム「集合動産譲渡担保の再検討」（司会：高木多喜男、報告：林良平・道垣内弘人・田原睦夫）にて、筆者が報告した「集合動産譲渡担保の再検討——担保権実行の局面から」の報告用の資料である。

当時、集合動産譲渡担保は、当初の流動動産譲渡担保について論議されていた原材料から製造過程を経て製品となるまでの動産を担保目的とする時代から、今日の特定の倉庫等への入出庫が繰り返される原材料や商品を対象とする時代への移行が終了し、「集合動産譲渡担保」の意味するところが、現在一般に用いられている概念とほぼ同様に捉えられるに至った時代である。

本稿は、道垣内弘人教授（当時、神戸大学法学部助教授）の第一報告「『目的物』の中途処分」を受けて、当時、ほとんど詰めた議論がなされていなかった集合動産譲渡担保の実行局面について、その法理的・実務的観点から検討を加えたものである。

本稿では、集合動産譲渡担保権を実行の局面から捉えた場合、実行手続開始時以降は、集合動産譲渡担保の目的物は、実行手続開始時で固定され、集合動産としての流動性が否定され、また、その実行は原則として処分清算方式によるべきものとすることを説くものである。

また、集合動産譲渡担保と倒産手続開始との関係につき、それら各手続の開始は、集合動産の固定化事由になるとの観点から、各倒産手続との関係について検討するものである。

なお、倒産手続と固定化の論点につき、本稿からさらに演繹したものが、本書第2部第3章の「倒産手続と根担保」である。

第2章　債権譲渡特例法の譲渡債権につき、終期の記載のない登記の対抗力の及ぶ範囲

一　問題の所在

平成一〇年一〇月一日に施行された「債権譲渡の対抗要件に関する民法の特例等に関する法律」（以下、「債権譲渡特例法」という）による登録は、今日では、新たな担保方法として完全に定着し、リース料債権のように既発生の債権だけではなく、将来の売掛金等の集合債権譲渡担保のためにも用いられている。

ところで債権譲渡特例法に規定する登記に関する債権譲渡登記令七条は、登記申請は書面および法務省令に定める構造の磁気ディスクでなすものとし、その磁気ディスクには法務大臣が告示して指定する方式に従って一定の事項を記録しなければならないと定めており、その告示（「債権譲渡登記令第七条第三項の規定に基づく法務大臣が指定する磁気ディスクへの記録方式に関する告示」）の「債権個別事項ファイル」では、「債権発生年月日（始期）」は、将来発生すべき債権についても、「必須」記録事項とされているが、「債権発生日（終期）」は、「債権の発生日が数日に及ぶときに限り、その末日の年月日を記録する。将来発生すべき債権についても同様である」とされていて、その記録は任意である。

そこで、現在および将来の売掛金につき集合債権譲渡担保を設定する際に、始期は記録したが、終期を記録しなかった場合に、その登記はどの範囲で対抗力を有するかという点が問題となる。債権譲渡特例法は、債権譲渡がなされた場合の対抗要件についての特例を定めるものであり、譲渡される債権の性質や債権譲渡の有効性に触れるものでは

なく（法務省民事局参事官室・第四課編『〔改訂版〕Ｑ＆Ａ債権譲渡特例法』（以下、『Ｑ＆Ａ』として引用する。商事法務研究会・一九九八年）三〇頁）、これらの点は全て解釈に委ねられている。

ところで、このたび、集合債権譲渡担保につき、債権譲渡特例法の登記につき、債権発生年月日の「始期」の記録はあるが、「終期」の記録のない場合について、「始期」の記録以降に発生した債権についても、その登記の対抗力を認めた裁判例が公表されたので紹介する。

二　東京地判平成一三年三月九日（金法一六一六号五一頁）

債務者ＡのＢほか五社に対する現在および将来発生する報酬債権につき、Ｘ・Ｙの双方が集合債権譲渡担保の設定を受けるとともに債権譲渡特例法二条の登記をしたが、その登記日は、Ｘは平成一一年五月二八日、Ｙは同年三月四日であった。ところで、Ｘの登記には、譲渡債権の債権発生年月日として「始期」、「終期」、債権総額、第三債務者毎の限度額が記録されているが、Ｙの登記には、登記原因（譲渡担保）、債権の総額、債権の発生年月日（始期）、発生時債権額、譲渡時債権額は記録されていたものの、債権発生の終期については記録されていなかった。Ａはその後被担保債務を弁済できなかったところから、Ｘ・Ｙの双方が第三債務者に登記事項証明書を交付して債権譲渡を通知したため、Ｂほか五社は、債権者不確知を理由として供託した。

本件は、Ｘ・Ｙ間の右供託金の還付請求権をめぐる争いである。Ｙは、登記の先順位を主張したのに対し、Ｘは、Ｙの債権譲渡登記には、債権の各始期の記録があるのみで、期間としての定めがないため、当該各登記に記載された発生日に存在した債権にしか登記の対抗力はない、と主張した。

本判決は、Ｙは、ＡがＹに対して被担保債務を完済するまでＡのＢほか五社に対する債権を譲り受けたもので、譲渡の対象となった将来債権の終期は「定めがない」もしくは、被担保債務の弁済を完済した時（不確定期限）であり、かかる債権譲渡も、特定性を有し有効である、債権譲渡登記令の告示では、債権発生日は必須記録事項であるが、終期の記載は任意であり、終期の記載がない場合に、債権発生年月日時点の債権のみ公示していると解することは困難である、その「発生時債権額」および「譲渡時債権額」欄記載の金額は、前記告示に従い、将来債権としての見積額を記録したものと解されるとし、その登記は債権発生年月日（始期）から終期の定めのない期間発生した債権を譲渡の対象として公示しているとみるのが相当である、と判示して、Yに還付請求権を認めた。

三　検　討

将来発生すべき債権を目的とする債権譲渡契約の効力につき、従来の下級審裁判例は限定的に捉える傾向が強かったが、最三小判平成一一年一月二九日（民集五三巻一号一五一頁・金法一五四一号六頁）は、「将来の一定期間に発生し、又は弁済期が到来すべき幾つかの債権を譲渡の目的とする場合には、適宜の方法により右期間の始期と終期を明確にするなどして譲渡の目的とされる債権が特定されるべきである……（が）、右契約の締結時において右債権発生の可能性が低かったことは、右契約の効力を当然に左右するものではない」として、将来債権譲渡の効力を広く認めた（同判決までの裁判例・学説の状況については、同判決の金法一五四一号六頁コメント参照）。

次いで、最二小判平成一二年四月二一日（民集五四巻四号一五六二頁・金法一五九〇号四九頁）は、既発生および将来債権を一括して目的とする集合債権の譲渡予約の効力について、「債権譲渡の予約にあっては、予約完結時において譲渡の目的となるべき債権を譲渡人が有する他の債権から識別することができる程度に特定されていれば足りる。そして、この理は、将来発生すべき債権が譲渡予約の目的とされている場合でも変わるものではない。本件予約において譲渡の目的となるべき債権は、債権者及び債務者が特定され、発生原因が特定の商品についての売買取引とされていることによって、他の債権から識別できる程度に特定されているということができる」と判示し、将来債権譲渡の効力をより広く認めた。

本件におけるY・A間の譲渡担保契約は、右最判の判示に照らし、特定性に欠けるところはない。問題は、本件登記が、将来債権の譲渡としての十分な公示といえるかという点である。本件判決は、債権発生の終期が磁気ディスクの任意的記録事項であることを捉えて、その終期の記録のないその登記に、将来債権譲渡の対抗力を認めた。

しかし、将来債権の譲渡については、前記最高裁判例によってその譲渡の有効性が広く認められたとはいえ、どの範囲の債権が譲渡されるのかが特定されることが不可欠である。その譲渡範囲が期間でもって特定されるなら、「終期」は磁気ディスクに記録されるべきである（前掲『Q&A』九〇頁参照）。その譲渡範囲が、期間ではなく金額（被担保債権額に満つるまで）等で特定されるならば、「終期」は記録する必要性はないが（「期限の定めなし」との表示も可能である。なお、池田真朗ほか「〈座談会〉債権譲渡特例法施行一年を振り返って」金融法務事情一五六七号（二〇〇〇年）五〇頁〔須磨美博発言〕参照）、被担保債権の範囲を明らかにする旨の表示が求められよう（有益的記載事項として磁気ファイルに記録することが可能である）。

本件では、判文でみる限り、Yに譲渡された債権に将来債権が含まれていることが登記された磁気ディスクに明示されていたといえるかは必ずしも明確ではない（発生時および譲渡時の債権額として見積額が記録されても、そのことから、それが将来債権を含むことは分からない）。もし、登記から譲渡債権に将来債権が含まれることが読み取れないとすれば、Xの主張が認められる可能性もあり、控訴審の判決が注目される。

四　実務の道標

将来債権の譲渡を受けて債権譲渡特例法により登記する場合、本件判決が指摘するとおり、「終期」の記録は必ずしも必要ではないが、「被担保債権額に満つるまで」とか、「期限の定めなく」とかの有益的記載事項を記録して、将来債権が譲渡対象に含まれていることを明確にすべきであろう。

【振り返りコメント】

本稿は、集合債権譲渡担保について、債権譲渡特例法にかかる登記に、債権発生の年月日の「始期」の記録はあるが、「終期」の記録がない場合、「始期」の記録以降に発生した債権にもその登記の対抗力を認められるかにつき、それを肯定する下級審裁判例が公表されたところから、それを批判する観点から執筆した論稿である。

なお、本稿で取り上げた論点については、本件判決の控訴審（東京高判平成一三年二月一三日金法一六三四号六六頁）、上告審（最一小判平成一四年一〇月一〇日民集五六巻八号一七四二頁）、ともに本稿で取り上げたと同様の問題意識でもって、登記に「終期」が記載されていない以上、「始期」に発生した債権についてのみ登記の対抗力が及び、それ以降に発生した債権には登記の対抗力は及ばないことを明らかにしている。

第3章　停止条件付集合債権譲渡担保と否認

一　問題の所在

取引先の有する多数の債権を、すでに発生しているものだけでなく、将来発生するものについても譲渡担保の目的とすることが今日広く行われている。将来債権の譲渡については、債権特定の基準として①債権の発生原因、②第三債務者、③債権の発生期間、④金額、⑤債権発生の近時性・確実性などのうち、最低限度どれだけの要件を充たすことが必要かについて説が分かれているが（伊藤進「集合債権担保」星野英一ほか『〈シンポジウム〉権利（債権）の非典型担保――その現状と課題』金融法研究・資料編⑻（一九九二年）四八頁参照）、有効に譲渡し得ること自体については異論をみない（最二小判昭和五二年一二月一五日金法八九八号九三頁参照）。

将来債権の譲渡の場合、特定性が充たされている限り、譲渡契約と同時に通知や承諾を得て対抗要件を充たすことは法的に可能であるが、譲渡担保の場合にかかる通知や承諾を得ると、被担保債権の履行期未到来の場合には、債権者自らその債権を取り立てた後履行期到来までの間の右取立金の処理の問題等があるうえ、債務者の信用に不安をもたらすことから、通知の発送や承諾を債務者の危機時期まで留保するのが一般である。

また、当事者間で債権譲渡の効力が確定的に生じた後に通知や承諾を留保すると対抗要件否認（破産法七四条一項）の問題が生じ得る。そこで、それを回避するために、債務者に支払停止等の事由が生じたときに債権者が予約完結権を行使できる一方の予約の形式（宮廻美明「将来債権の包括的譲渡予約と否認権の行使」法律時報五五巻八号（一九八四年）一一七頁）や、停止条件付譲渡の形式（梅本弘「集合債権担保に関する問題点」判例タイムズ五一〇号（一九八四年）七一頁）をとる契約が実務で広く行われている。

それに対して近時、停止条件付集合債権譲渡は、一種の非典型担保であって、破産法七四条一項（平成一六年改正前。以下同じ）の定める対抗要件否認の一五日の起算日はその契約時から算定すべきであるとする有力な説が主張されるに至っている（長井秀典「停止条件付集合債権譲渡の対抗要件否認」判例タイムズ九六〇号（一九九八年）三七頁）。

かかる状況の下で、このたび、右有力説に従って、停止条件付集合債権譲渡担保につき破産法七四条一項により否認を肯定する地裁判決例が現れた。

二　大阪地判平成一〇年三月一八日（金法一五二三号七五頁）

事案は、平成六年三月、印刷加工業を営むAが、Yから一五〇万円を借り入れるに際し、三〇〇万円を限度として、AのBほか五社に対する将来の債権を次の約定の下にYに譲渡した。

①　Aは、債権譲渡通知書をYに預け、Aの支払停止、破産の申立て等があったときはその通知を発送する権限をYに委任する。

②　AのYに対する債務は、右通知発送時に確定し、債権譲渡の効力は、右支払停止、破産の申立て等があった時に直ちに生ずる。

Aは、平成九年九月二日支払いを停止し、同月三日自己破産の申立てをして、同月一八日破産宣告がなされたが、Yは、BおよびCに対し同月三日および一六日、右約定に基づき譲渡通知を発送し、同通知は到達したが、Aの破産管財人Xは、破産法七四条一項に基づき、右通知を否認する訴を提起した。

それに対して、右判決は、本件の事実関係の下では、本件債権譲渡は、「単なる停止条件付き債権譲渡ではなく、YとAとの間における手形貸付取引等により発生する一切の債務を担保することを目的とする集合債権譲渡（担保）というべきであって、その意味において、右は、債権譲渡とは異別の非典型担保として、担保権設定契約の一類型に当たる」とし、同契約のなされた平成六年三月二九日の時点で、すでに当事者間において担保権が現実に発生しているると解される以上、右時点において、権利設定の効力が生じたというべきであるとして、破産法七四条一項による対抗要件否認を肯定した。

三　検　討

破産法七四条一項の定める対抗要件否認の一五日という期間は、当事者間で権利移転等の原因行為がなされた日からではなく、当事者間で権利移転の効果が生じた日から起算すべきであるとするのが判例（最二小判昭和四八年四月六日民集二七巻三号四八三頁・金法六八五号二一頁）であり、集合債権譲渡担保につき、前記の一方の予約型や停止条件型が提唱されたのは、右判例を意識してのものであった。

それに対して、前掲長井論文は、停止条件付集合債権譲渡担保契約は、将来一定の事由が生ずればその対象債権を譲渡することを内容とする非典型担保契約と解すべきであり、かかる担保も民法三六四条を類推して、確定日付のある包括的通知、承諾が対抗要件となるとし、仮に右類推が認められず、他に適切な公示方法がないとすれば、その程度の効力しか存しない担保として甘受すべきであるとする（長井・前掲四二～四五頁）。

本判決は、前記のとおり停止条件付集合債権譲渡を担保契約と解し、譲渡対象債権が特定している本件では、包括的な通知をなして対抗要件を具備することは可能であったとして、前記のとおり破産法七四条一項による対抗要件否認を肯定した。

前掲最二小判昭和四八年四月六日は、停止条件成就時に、債務者の複数の第三債務者に対する債権のうち、債権者の選択する一件につき譲渡するものであって、その契約時に譲渡債権が特定していたとはいいがたい事案であって、本件とは事案を異にしており、本判決は右判例に直接抵触するものではない。

ところで、将来債権の譲渡自体、前記のとおり判例によってその有効性が肯定されているが、始期と終期とを特定すべきものとされ、長期に亘る将来債権の譲渡は第三者に対抗できないと解されており、執行実務では、診療報酬請求権については一年間を限度として差押えを認める取扱いが定着している（東京地裁民事執行実務研究会編著『債権執行の実務』（民事法情報センター・一九九二年）一九六頁（柴崎正人））。かかる点からして、契約から三年半余を経過して譲渡通知がなされている本件では、譲渡の効力自体が問題とされる余地もあったといえる。

ところで、本件の如き将来債権の譲渡の場合の破産法七四条一項の定める対抗要件否認の一五日の起算日については、その対象債権となる債権が現実に発生した日と解すべきであるとする裁判例があり（東京高判昭和六二年三月三〇日金法一一九六号三八頁）、また、本件の如く譲渡通知書を債権者に預託し、あるいは、債権者が債務者の代理人として譲渡通知をなす場合（前掲東京高判昭和六二年三月三〇日、福岡地判平成五年一〇月二九日判タ八三一号三二二頁）に債務者の悪意が認定されており、さらに近時、かかる契約は故意否認または危機否認の対象となるとして対抗要件否認を肯定した裁判例まであり（東京地判平成一〇年七月三一日金判一〇四八号三頁）、裁判例はかかる譲渡担保契約の効力を制限する方向にあるといえる。

四　実務の道標

本判決は、控訴審（大阪高判平成一〇年七月三一日金法一五二八号三六頁）で、そのまま維持され、また、本件と同一当事者間の別件訴訟でも、本件契約時に担保権が現実に発生したとして、大阪高裁の別の部でも対抗要件否認が肯定されている（大阪高判平成一〇年九月二日同号同頁）。

このように、対抗要件具備行為を留保することによって債務者の信用を維持しつつ否認権の行使を回避する手段として、実務で用いられている停止条件付集合債権譲渡担保契約は、必ずしも否認権行使回避の有効な手段とはならなくなってきている。かかる実情からすれば、担保権の対抗要件留保の危険性は今後ますます増加すると思われるので、債務者の理解を得て、早期にその具備を心掛けるべきである。

【振り返りコメント】

本稿は、未だ「債権譲渡特例法」が制定される以前の事案をめぐる論稿である。当時は将来債権を目的とする集合債権譲渡担保につき、確定的に譲渡を受けることによる管理コストの低減を図りつつ、担保としての実効性を確保し、かつ対抗要件否認の危険を回避する手段として、債務者に支払停止等の事由が生じたときに債権者が予約完結権を行使できる一方の予約や、手形の不渡り、倒産手続開始申立てを停止条件とする譲渡契約がなされていた。

それに対し本稿で取り上げた裁判例は、当事者間で締結された停止条件付集合債権譲渡担保契約につき、その契約締結時に非典型担保契約が締結されたものと解して、旧破産法七四条一項の対抗要件否認を肯定した。

本稿は、本件裁判例は下級審の多数の裁判例の流れを示すものであって、それに対応するには対抗要件を具備することの必要性を指摘するものである。なお、本稿で取り上げられた裁判例とほぼ同種の事案にかかる最二小判平成一六年七月一六日（民集五八巻五号六一〇頁）は、旧破産法七二条二号による否認を肯定している。

第6部　ファイナンス・リース

第1章　ファイナンス・リース契約の民事再生手続上の取扱い

一　問題の所在

民事再生手続は、和議に代わる再建型手続の基本法として立法されたが、民事再生法施行後一年半の間に全国で一五三〇件の申立てがなされ（小菅和弘＝堤智恵子「民事再生事件――施行後一年半の概況を振り返って」NBL七二七号（二〇〇一年）六頁）、再建型手続として定着しつつある。

ところで、民事再生手続では、和議（旧和議法四三条）と同様、抵当権等の担保権は別除権とされた（民再法五三条）が、和議と異なり、担保権の実行としての競売手続の中止の制度（同法三一条）のほか、担保目的財産が事業の継続に不可欠の場合に再生債務者の申立てによる担保権消滅許可の制度（同法一四八条）を設けた。これらの制度は、再生債務者が、多数の再生債権者の賛同の下に事業の再生を図るにつき、別除権者の賛同が得られない場合等に対処すべく設けられたものである。

この中止命令や担保権消滅請求制度にかかる担保権に非典型担保が含まれるか否か、また含まれるとしていかなる非典型担保が含まれるのか、その対象は中止命令と担保権消滅請求とで異なるのか否か等が立法の直後から問題とされていた（森恵一「民事再生法における担保権の処遇」才口千晴ほか編『民事再生法の理論と実務（下）』（ぎょうせい・二〇〇〇年）三三頁、伊藤眞ほか「研究会・民事再生法(2)」ジュリスト一一八四号（二〇〇〇年）九一頁、「同(6)」ジュリスト一一九六号（二〇〇一年）一一六頁等）。

そのうち、ファイナンス・リース契約の民事再生手続上の取扱いについては、同契約の倒産手続上の処遇の問題一般（ファイナンス・リース契約の倒産手続上の問題点については、田原睦夫「リース料債権の更生手続における取扱い」塩崎勤＝秦光昭編『現代裁判法大系㉔』（新日本法規出版・一九九八年）二八一頁参照）とも絡み、民事再生法施行後の実務の運用においても未だ統一的な処理がなされていない状況にある（例えば、弁済禁止の保全処分についても、リース料債権をその対象に含めるか否かにつき、東京地裁と大阪地裁とでその取扱いを異にしている。園尾隆司ほか「民事再生実務の検証と課題」債権管理九二号（二〇〇一年）一一四頁〔蓑田孝行＝園尾隆司＝森宏司各発言〕ほか）。

そうしたなかで、今般、リース物件に対する担保権消滅許可申立てを棄却した裁判例が公表されたので、その問題点について検討する。

二　大阪地決平成一三年七月一九日（金法一六三六号五八頁）

事案は、スーパーマーケットを経営するXがリース業者Yとの間で、陳列棚、調理器具、空調設備等につきフルペイアウト方式によるファイナンス・リース契約を締結していたところ、平成一二年一二月一五日に再生手続開始の申立てをなし、同月一八日に弁済禁止の保全処分が、平成一三年一月一二日に再生手続開始決定がなされた。同契約には、Xが差押え等を受けたとき、または和議、破産、会社更生などの申立てがあったときは、Yは無催告解除できるとの条項があり、Xは平成一二年一一月六日にその所有不動産につきZより差押えを受けていたところ、Yは同年一二月二四日に右条項に基づき同契約を解除し、リース物件の引渡しを求めた。そこでXは、それに対抗すべく、担保権消滅許可の申立てを行った。

本決定は、再生手続において、フルペイアウト方式のファイナンス・リース契約における未払リース料債権はその全額が再生債権となり、リース会社は、リース物件につきユーザーが取得した利用権についてその再生債権を被担保債権とする担保権を有するものと解すべきであるとしたうえで、本件ではXは所有不動産に仮差押えを受けたことにより、Yは解除権留保特約により再生手続開始前に解除しており、これにより再生手続開始決定時にはXのリース物件に対する利用権は消滅していて、担保権消滅許可申立ての前提を欠くとして、申立てを棄却した。

なお、同決定はYのなした解除の効力に関し、会社更生手続について倒産解除条項の効力を否定した判例（最三小判昭和五七年三月三〇日民集三六巻三号四八四頁・金法一〇〇四号四六頁）は民事再生手続には適用されないと判示するが、前記のとおり本決定は第三者による仮差押えを原因とする解除特約の効力を認めているのであり、右判示は贅文である。

三　検　討

民事再生手続において、ファイナンス・リース契約上の債権を共益債権として取り扱うか別除権として取り扱うか自体が重要な問題であり、また別除権として取り扱う場合にも、担保権消滅請求の対象になるか否かは、実務上もきわめて重要な問題である。

本決定は、ファイナンス・リース契約上の債権は再生債権であり、リース会社はユーザーが取得した利用権につき担保権を有するとの見解に立つことを明らかにした。共益債権であれば、再生手続開始決定後も随時弁済を受けることができる（民再法一二一条一項）が、再生債権であれば、再生手続開始決定後は、リース債権者は右担保権を実行するか（同法五三条）、再生債務者との和解（同法四一条）によるほか、その債権の弁済を受けることができなくなる（同法八五条）。大阪地裁がファイナンス・リース契約につき、別除権説に立っていることは、裁判所と大阪弁護士会との協議の場等で明らかにされていたが、決定例として明らかにされたことの意義は大きい。

次に、担保権消滅許可制度の対象にファイナンス・リース契約が含まれるか否かの点について検討するに、積極に解する見解も実務家によって主張されているが（東京弁護士会編『入門・民事再生法』（ぎょうせい・二〇〇〇年）一四三頁〔相澤光江〕、山宮慎一郎「担保権消滅請求の範囲となる担保権の範囲」銀行法務21五七五号（二〇〇〇年）三三頁）、同制度は、その対象を民事再生法五三条一項に規定する担保権とし、また担保権の目的財産の価額に相当する金銭を裁判所に納付して、裁判所は民事執行法の規定に基づいて配当すべきものとされているが（民再法一四八〜一五三条）、ファイナンス・リース契約は、民事再生法五三条の規定する別除権には直接該当しないこと、裁判所への目的財産の価額の納付、配当という同制度に定められたスキームによって処理できるのかという問題に加えて、ファイナンス・リース契約においては、リース期間が満了してもその目的物の所有権はリース業者に留保されていて（担保目的の終了により目的物の所有権が債務者に移る譲渡担保や所有権留保付売買とは異なる）、担保権を消滅させた場合の所有権と利用権の帰属をどのように解するのか等、ファイナンス・リースの目的物が担保権消滅請求の対象になると解するには理論上乗り越えるべき問題が多々あり、消極の結論に至らざるを得ないと考える（なお、本判決は、ファイナンス・リース契約の担保権の内容につき「利用権」と解したが、担保権の性質に関して整理するものとして市川充「ファイナンス・リース契約と担保権消滅許可」金融商事法務一六三八号（二〇〇二年）九頁参照）。

四　実務の道標

民事再生手続におけるファイナンス・リース契約上の債権につき、これまでは共益債権的な処理、再生債権であることを認めつつ、和解処理をするなどの方法がとられていたが、大阪地裁が再生債権でかつ別除権説に立つことを明らかにしたことにより、今後は他の裁判所でも別除権としての取扱いが広まることと思われる。

したがって、ユーザーに対して民事再生手続開始決定がなされたときは、リース契約は別除権の実行、別除権の協定、目的物につきいったん合意解約したうえでの新規リース契約の締結等によって処理されることになり、そのうち後の二者は原則として、監督委員の要同意事項となることに留意する必要があろう。

【振り返りコメント】

民事再生法では、和議法と同様に抵当権等の担保権は別除権とされたが、和議法と異なり、担保権の実行としての競売手続の中止の制度や担保権消滅許可制度が設けられた。

これらの制度の対象に非典型担保権が含まれるか否か、含まれるとした場合に、ファイナンス・リース契約が含まれるか否かは、法制定の当初から議論が分かれていた。

本稿は、そうしたなかで、リース物件に対する担保権消滅許可申立てを棄却した裁判例を契機として、民事再生法とファイナンス・リース契約との関係につき検討を加えるものであるが、同裁判例が、ファイナンス・リース契約を別除権と解したことの実務上の意義を評価しつつ、ファイナンス・リース契約を担保権消滅請求の対象とすることについては、理論上乗り越えるべき課題が多いことを指摘するものである。

なお、最三小判平成二〇年一二月一六日（民集六二巻一〇号二五六一頁）は、ユーザーが民事再生手続開始の申立てをしたときは契約を解除できる旨の特約のあるフルペイアウト方式のファイナンス・リース契約につき、ユーザーが民事再生手続開始の申立てをしたことをもって同契約を解除したとして、リース業者からユーザーにその目的物の返還等を求める事案につき、かかる特約は民事再生手続の趣旨・目的に反するとして無効であると判示した。同判決には、筆者の補足意見が付されており、同意見では、ファイナンス・リース契約にかかるリース業者の債権は、民事再生手続上別除権として処遇されることを前提として、民事再生法による中止命令（民再法三一条一項）について、若干の検討を加えている。

第2章　ファイナンス・リースの担保権能に関する法律構成を示した東京地裁判決

一　問題の所在

民事再生手続におけるファイナンス・リース契約の処遇につき、リース業者がリース物件に対して有する権利を取戻権、別除権の何れと解するかについては立法当初より議論のあるところであった。そうしたなか、フルペイアウト方式のファイナンス・リース契約（以下、「ファイナンス・リース」とは、特に断わらない限りこれを指すものとする）につき大阪地裁倒産部は別除権説を採ることを公表し（井田宏「民事再生手続におけるリース料債権の取扱い」判例タイムズ一一〇二号（二〇〇二年）四頁など）、担保権消滅請求許可申立事件における決定（大阪地決平成一三年七月一九日金法一六三六号五八頁。以下「大阪地裁決定」という）の理由中でもこれを明らかにしていたが、今般、東京地裁通常部においても同様の立場に立つ判断が示された（東京地判平成一五年一二月二二日金法一七〇五号五〇頁）。

本判決をめぐる論点は多岐に亘るが（沼尾均「民事再生手続におけるファイナンス・リース契約の取扱い」金融法務事情一七〇六号（二〇〇四年）六頁が評論を加えられている）、本稿では別除権説と中止命令および担保権消滅請求との論理関係にスポットを当てることとする。

二　事案の概要

リース業者Xは、平成一三年六月二九日、Yとの間で、借主の信用状態が著しく悪化したときには貸主は催告を要しないでリース物件の返還を請求することができる旨の特約（以下「本件特約」という）のあるファイナンス・リース契約（以下「本件リース契約」という）を締結したが、平成一四年六月二一日、Yが民事再生手続開始決定を受け、その後のリース料の支払いを怠った。そこでXは、本件特約によりYはリース物件の占有権原を喪失していると主張し、取戻権の行使として、所有権に基づきその返還を請求したところ、Yにおいて、物件の返還請求は別除権の行使によるべきであると主張してこれを争った。

三　判決内容

裁判所はXの請求を認容したが、その理由中、フルペイアウト方式のファイナンス・リース契約においてリース業者はリース料債権を被担保債権とする担保権（別除権）を有するものとして処遇されるのが相当であると判示し、担保の目的の捉え方等について、「リース会社が有する担保権は、ユーザーの有するリース物件の利用権を目的とするものであり、右担保権の実行（別除権の行使）は担保目的物である利用権をユーザーからリース会社に移転させることによって行うものと考えることが相当である。右の利用権はリース会社に移転すると混同により消滅するから、これにより、リース会社には何ら制限のないリース物件の所有権が帰属することになる」、「その後のリース物件の返還請求自体は、担保権実行後のリース会社の完全な所有権に基づくものと考えるべきである」との見解を示した。

また本件特約について、民事再生手続において担保権は別除権として再生手続によらずに行使できることとされているから、「担保権の行使に係る本件特約について、民事再生手続が開始されたことのみをもってただちにその効力を制限する理由はない」として、その効力を認める一方、括弧書きで「なお付言すれば……担保権消滅の許可や中止命令の制度との関係においてはこの特約の効力が制限されることはありうるといえよう」とも判示している。

四　考　察

従来、ファイナンス・リースを非典型担保と捉えた場合の法律構成、担保の目的は何かという議論について、これを①リース物件自体と解して所有権留保構成を採る説（近時の文献として、伊藤眞「ファイナンス・リース・ユーザーの会社更生手続における未払リース料債権の法的性質」金融法務事情一四二八号（一九九五年）六五頁）と、②物件の利用権と解する説（近時の文献として、山本和彦「倒産手続におけるリース契約の処遇」金融法務事情一六八〇号（二〇〇三年）九頁）とが主張されている。本判決は、民事再生手続上ファイナンス・リースを別除権（担保権）として取り扱い、その法律構成につき、大阪地裁決定に引き続き、右の②説に立つことを判示した。

ところでファイナンス・リースを別除権として扱う場合、リース債権につき別除権者の手続参加に関する民事再生法（以下、単に「法」という）八八条、受戻しに関する法四一条一項九号の適用があることは当然であるが、議論として区別すべきは中止命令（法三一条）、担保権消滅請求（法一四八条）の適用の有無についてである。両制度とも競売手続を前提に規定されており、非典型担保の一つであるファイナンス・リースに関しては、正確には「類推適用」の可否の問題なのであって、それが別除権であることと両制度の類推適用を認めることとは論理必然ではない。本判決は傍論として、倒産解除特約に類似した本件特約につき、担保権消滅の許可や中止制度との関係において、その効力が制限されることはあり得る旨判示し、ファイナンス・リースに両制度の適用があることを示唆しているが、その判断根拠は何ら示されていない。

さて中止命令の類推適用についてみると、ファイナンス・リースについても、担保実行が事業再建を困難ならしめる場合、受戻しあるいは別除権協定等の協議のための時間的猶予を設定する要請はあり、類推適用の可能性を否定すべきではないであろう。ただし、リース契約における担保実行は、リース業者に完全な所有権が帰属した時点で完了し、その後の引渡請求は取戻権の行使であると考えられるから（山本・前掲一三三頁参照）、中止命令の発令をなし得る期間はかなり限定されたものになる（伊藤眞編集代表『民事再生法逐条研究』（有斐閣・二〇〇二年）四八頁〔松下淳一発言〕参照）。

次に担保権消滅請求の類推適用であるが、これについて仮に積極に解する立場においても、リース期間満了後も所有権がリース業者に留保されるファイナンス・リースにおいて、担保権消滅後に所有権を債務者に帰属させることは困難と考えられる（伊藤編集代表・前掲一三五頁〔林道晴発言〕参照）。この点、担保の目的を利用権と捉えると、担保権消滅後、債務者はリース期間満了時までの利用権を確保できるのみで、所有権は依然リース業者にあることから、期間満了後の債務者の返還義務は消滅しないことになり（山本・前掲一四頁）、リース期間満了時の所有権帰属との平仄は保たれる。

本判決が担保目的を利用権とする見解を示したのは、担保権消滅請求の類推適用の余地を残すことに意図があったものとも推察されるが、担保権消滅請求制度を類推適用するにおいては、配当手続との整合性など、なお検討すべき課題が残されており、同制度の適用問題が争われたのではない本事案の性質上、これらについての考察はなされていない。

本判決はファイナンス・リースを別除権として扱うとの見解を示したが、それと中止命令や担保権消滅請求の可否が論理的に直結するものではないことに留意すべきである。特に担保権消滅請求の類推適用において、担保の目的は何かについての議論は必要ではあっても、それで十分ではなく、なお考察されるべきことが少なからず残されているように思われる。

五　実務の視点

〔印藤弘二弁護士と共筆〕

【振り返りコメント】

民事再生手続におけるファイナンス・リース契約の取扱いにつき、法制定当初から議論があったところ、大阪地裁倒産部は別除権説を採ることを公表し、それを肯認する裁判例が存したが、東京地裁においても同趣旨の裁判例が公表された。

本稿は、「ファイナンス・リース契約の民事再生手続上の取扱い」（本書第6部第1章）の続編として、その後の学説を踏まえつつ、中止命令の発令および担保権消滅請求権行使の可否につき論ずるものである。

なお、ファイナンス・リース契約に関する最三小判平成二〇年一二月一六日（民集六二巻一〇号二五六一頁）については、第1章の【振り返りコメント】参照。

第3章　ファイナンス・リース契約と会社更生手続

ファイナンス・リース契約の目的物件が引き渡された後に、ユーザーに会社更生手続が開始された場合に、右リース契約につき会社更生法（以下、単に「法」というときは会社更生法をいう。なお、引用条文はすべて平成一四年改正前の条文である）一〇三条が適用されるか否かにつき、従来から学税が鋭く対立し、また原則として同条の適用を否定し、残リース料債権を更生担保権として取り扱う裁判所および管財人の実務に対し、同条を適用して共益債権として取り扱うべきであるとするリース業者の主張とが鋭く対立していた問題につき、最高裁は、実務の取扱いを肯認し、適用否定説に立つことを明らかにした（最二小判平成七年四月一四日金法一四二五号六頁。以下、「本件判決」という）。

筆者は、本件判旨は正当であると考えるが、法一〇三条の適用の可否をめぐる法律上の問題点については、これまでにほぼ論じ尽くされているので、その点については、最低限度触れるに止め、本件判決後に残された課題につき、主として検討することとする。

一　事案の概要および第一審・第二審判決

1　事案の概要

Xリース会社は、所有する事務機器につき、昭和五六年一一月、A社と、リース期間を五年間とするフルペイアウト方式のリース契約を締結し、同年一二月一日、同物件を引き渡した。なお、契約には、リース期間満了までに新たなリース契約を締結しないときは、物件をXに返還し、期間満了後返還完了までリース料相当の損害金を支払う旨の約定が存した。

A社は、昭和五八年八月、東京地裁に更生手続開始の申立てをなし、同年一二月二三日、手続開始決定がなされ、Yが管財人に選任された。

A社は、昭和五八年一〇月分以降のリース料を支払わず、またYも支払わなかったため、Xは昭和五九年五月、契約を解除し、解除までの未払いリース料および遅延損害金ならびに解除に伴う規定損害金の支払いと、物件の引渡しおよび引渡しまでのリース料相当損害金の支払いを求めて、訴を提起した。

2　第一審判決

東京地判昭和六三年六月二八日（金法一二〇三号三七頁）は、フルペイアウト方式のファイナンス・リース契約では、リース料支払義務とリース物件使用受忍の義務とは対価関係にあるとはいえないとして、法一〇三条の適用を否定して、金員の支払請求を却下し（法一一二条参照）、また物件の引渡請求については、弁済禁止の保全処分後は、リース料の不履行を理由とする契約解除はできない（最三小判昭和五七年三月三〇日民集三六巻三号四八四頁・金法一〇〇四号四六頁参照）として、請求を棄却した。

3　第二審判決

Xは、控訴審で予備的請求として、リース期間満了に伴う物件の引渡しおよび引渡しまでのリース料相当の損害金の支払いと、右リース期間満了までのリース料の支払いを求めた。

それに対して、東京高判平成二年一〇月二五日（金法一二七三号三三頁）は、ファイナンス・リース契約の金融取引的性格、リース料と使用・収益との対応関係の希薄性等から、リース料と物件使用の受忍義務との間に、法一〇三条一項所定の対価的関係を欠くとして、Xの控訴を棄却し、予備的請求のうち、リース期間満了までのリース料の支払いを求める請求は却下したが、リース期間満了によりXは所有権に基づきその返還を請求でき、Yはその遅滞に対し約定の損害金を支払う義務があるとして、その余の予備的請求を認容した。

それに対し、Xのみが上告した。

二　本件判決

本件判決は、フルペイアウト方式によるファイナンス・リース契約は、その実質はユーザーに対し金融上の便宜を付与するものであり、リース料債務は契約の成立と同時に全額について発生し、各月毎のリース物件の使用とリース料の支払いとは対価関係に立つものではない、したがって、会社更生手続開始決定の時点において、未払いのリース料債権は、期限未到来のものも含めてその全額が法一〇二条の更生債権にあたり、法一〇三条は適用されない、として、Xの上告を棄却した。

三　学説の状況

1　法一〇三条の適用の可否について

ファイナンス・リース契約に法一〇三条が適用されるか否かをめぐっては、従来から学説が鋭く対立していた。①

(一)　適用肯定説

伊藤眞教授②に代表され、従来は多数説であった。③その論拠としては、(1)リース契約にはユーザーに所有権を移転する約定は存在せず、所有権留保売買と同様に考えられないこと、(2)リース料は物件利用の代価としての性質を有すること、(3)リース物件の使用を受忍する義務は法一〇三条の双務契約の未履行債務にあたる、とするものである。そして伊藤教授は、法一〇三条の双務契約に該当するか否かは、機能的に考慮する必要があるとし、①同条の双務契約とすることの意義は管財人に契約解除権を与えることであるが、リース契約につきそれを認めることは、リース業者の期待を不当に侵害せず、更生会社に利益をもたらす、②また、双務契約とする意義は、管財人が履行を選択した場合に相手方の債権が共益債権となることであるところ、手続開始後に目的物を更生会社が使用し、それにより一般債権者に利益が生ずるのであれば、それはリース業者の犠牲に基づくものであるから、リース料債権を共益債権として扱っても、他の債権者との公平に反しない、とされる。④なお、同教授は、法一〇三条の対価関係については、リース料が厳密な意味での目的物使用の対価とみられる必要はなく、リース料と利用権との間に牽連関係があればよいとされる。⑤

(二)　適用否定税

福永有利教授⑥に代表され、従来は少数説であったが、本件第一審・第二審判決が出されるなかで、その支持者は増え、近年は公表文献でみる限り、否定説の方が多数を占める趨勢にあった[7]。その論拠としては、①法一〇三条が適用されるには、双務契約の未履行部分が相互に対価関係に立つことを要するが、各期に支払われるリース料はリース物件の使用の対価とはいえないこと、②同条の未履行とは積極的な履行行為の存在を意味するが、物件の引渡しを完了したリース業者には、かかる履行行為は残っていないこと、③ファイナンス・リース契約の実質は金融取引であり、所有権留保売主との間に実質上の利害関係に差異がないこと、等が主張されていた。

２　更生債権か更生担保権かについて

この点は、リース契約につき法一〇三条を否定する場合に、初めて問題となり得る。論理的には、同条の適用を否定したうえで、一般更生債権にしかならないとする解釈[8]も成立し得るが、同条の適用を否定しつつ、積極的に一般更生債権にしかならないと主張する説は存しない。

更生担保権たることを主張する説は、その担保権の内容として、①リース契約に基づく利用権に、質権類似の担保権が存するとする説[9]、②所有権留保類似の担保権が存するとする説[10]、③「隠れたる動産売買先取特権者」または「隠れたる所有権留保売主」として、担保権に準じて扱われてよいとする説[11]等に分かれている。それに対しては、法一〇三条適用説の論者から、リース契約には、質権設定や所有権移転の意思はまったく含まれていないとして、鋭い批判が浴びせられてきた。

四　実務の取扱い

会社更生事件の実務では、東京地裁商事部が、昭和五五年一一月に更生手続開始決定がなされた「吉野屋」（昭和五八年三月、更生計画認可）の会社更生事件において、リース料債権につき法一〇三条の適用を否定し、更生担保権として取り扱ったのを始めとして、以後同部では更生担保権としての取扱いが定着し、(12)大阪地裁でも近年は原則として同様に取り扱われていた。(13)もっとも、それは原則であり、事業上必要な物件につき、合意解約のうえ低額の新リース契約を締結するとの和解をなしたり、(14)あるいは不要なリース物件につき、リース会社の取戻権を承認したうえで、その処分価額相当額に一定割合の価額を加えた額と、残リース料との差額を一般更生債権として取り扱うとの和解処理がなされたりしていた。(15)

五　本件判決の位置づけと実務への影響

本件判決は、法一〇三条の適用の可否をめぐって学説が鋭く対立し、また、リース業者からその適用が強く主張されていた問題につき、最高裁の判断がなされたという点できわめて重要な意義を有する判決であるが、前記のとおり、現在の更生手続の実務は、法一〇三条の適用否定説でほぼ固まっていただけに、言わばそれを追認した本件判決が実務に与える影響はそれほど大きくはない。

だが、前記のとおり、これまでの実務では、有力な法一〇三条適用説の存在を背景に、適宜の和解による処理が図られてきたが、本判決はその可否つき検討を迫るものである。

そのうち、引き続き使用するリース物件につき、合意解約のうえ新リース契約を締結するとの取扱いは、法一〇二条の更生債権にしかならないものを、共益債権とすることとなるから、許されないといえよう。しかし、事業活動に不要なリース物件は、その存在が事業所内の再配置に支障をもたらすことがあり、またそれを更生会社に存置する利益がまったく存しないことからすれば、それをリース業者に返還する旨の和解をなすことは可能といえよう。その場合に、リース料債権の処理方法の如何が問題となるが、後述のとおりそれは更生担保権とされるべきものであるから、管財人は、右返還に伴い、リース業者より換価代金相当額を受領したうえで、それを預金して質権を設定し、同代金相当額を差し引いた残余のリース料債権を一般更生債権として取り扱うのが、法の趣旨に合致するといえる。

ところで、事業活動に必要なリース物件の換価代金相当額は、高額とはならないのが通例であるから、かかる場合にリース業者に物件を返還し、更生手続外でその処分代金相当額を早期にリース業者が取得する経済的利益相当額（金利および更生手続廃止の危険性を加味した評価額）を残存リース料より差し引き、残余は一般更生債権とする和解をなすことも、差し支えないと考える。

六　本件判決により残された課題

本件判決は、フルペイアウト方式のファイナンス・リース契約に、法一〇三条が適用されないことを判示したものである。したがって、本件判決の法理が、他の類型のリース契約にいかなる影響を及ぼすかは、リース契約の類型毎に検討する必要がある。しかし、ここでは、本件判決が対象とするフルペイアウト方式のファイナンス・リース契約において、本件判決後に残された課題につき、もっぱら検討を加える。

１　リース料債権は更生債権か更生担保権か

本件判決は、残リース料債権は、法二〇八条七号の共益債権にあたらず、法一〇二条の更生債権であるとしたが、それが一般更生債権に止まるのか、法一二三条の更生担保権となるのかについては、何も判示していない（この点は控訴審判決も同様である）。しかし、ファイナンス・リースの実質が金融取引であり、リースという形態がそれを実質的に担保していることは否めない事実であるから、更生担保権として取り扱うべきである。その点は、前記のとおり法一〇三条適用否定論者の全てが肯認しているところであり、また、実務でも定着している。

問題は、いかなる性質の担保権かという点である。この点は、単なる講学上の関心事ではなく、法一七七条の財産評定および法一二四条の二の更生担保権の目的の価額の算定に影響する事柄である。前記のとおり諸説があるが、所有権移転に関する合意が存しないとはいえ、フルペイアウト方式の場合、リース業者の投下資本の全額がリース料となっていること等からすれば、所有権留保類似の担保権と構成するのが、最も適切である。[16]

その評定は、企業継続価値によりなされるが、その基礎となる積算価格の算定においては、所有権留保に類似して考えればリース物件の簿価ということになろう。[17]

2　リース期間満了後の処理について

本件では、リース期間満了後のリース業者の取戻権および損害賠償請求権が、原審で主張され認容されたが、管財人が上告しなかったために、本件判決ではまったく触れられていない。更生手続中にリース期間が満了した際に、リース業者がリース物件の返還を求め得るか否か、またその返還に応じない場合に、規定損害金が共益債権となるか否か[18]は、更生会社にとり重要な問題である。事業活動に不可欠な物件につき、リース期間満了後も継続使用できるか否かは、その経営に影響するところは大きい。その場合に、リース業者が返還請求を楯に、高額の再リース契約の締結を求める危険が指摘されている。[19]

ところで、更生手続中にリース期間が満了した場合につき、多数説は、リース業者は物件の返還を請求できるとする。[20][21]

しかし、ファイナンス・リース契約を担保権として構成する場合には、その実行手続はユーザーからの返還と換価清算であることからすれば、更生手続中にその返還を認めることは、更生手続外で担保権の実行を認めることにほかならず、法六七条一項に違反するものであって許されないものというべきである。また、その返還を認めることは、更生担保権者自らが担保権の目的物を更生会社外に流出させ、更生担保権を空洞化することを肯認することとなるのであって、更生担保権の制度の趣旨に合致しないものである。

なお、リース期間満了後の物件返還に関する契約条項の点であるが、リース料債権を更生担保権と解すると、リース期間は返済期間を意味することになるから、更生手続の開始により当然に変更される。そして、物件の返還に関する条項は、リース期間の満了に伴う条項であるから、期間の点が更生手続の開始により変更される以上、物件返還の時期についてもそれとともに変更されるものというべきである。

したがって、リース業者は、更生計画によってリース物件にかかる更生担保権の弁済が終了し、または、更生計画において担保の変換が行われ、当該リース物件が担保の目的外とされない限り、その返還を請求できないものというべきである。(22)

七　おわりに

以上、本件判決後に残された課題を中心に検討を試みたが、能力、時間、紙幅等の諸事情から積み残した課題も多い。それについては他日を期したいと思う。

(1)　学説の状況を整理したものとして、福永有利編著『新種・特殊契約と倒産法』（商事法務研究会・一九八八年）一頁以下、山内八郎「ファイナンス・リース契約と倒産・会社更生」中野貞一郎ほか編『民事手続法学の革新　三ケ月章先生古稀記念祝賀(下)』(有斐閣・一九九一年)三六九頁以下等。なお、伊藤眞「リース契約と倒産」金融法務事情一一三〇号(一九八六年)八五頁には、両説が判かりやすく対比されている。

(2) 伊藤眞『債務者更生手続の研究』(西神田編集室・一九八四年)四四七頁以下、同「判批」金融法務事情一二一一号(一九八九年)六頁等。

(3) 松田安正「リース取引」金融・商事判例七一九号(一九八五年)一〇二頁、同「リースと倒産手続」法律時報五七巻一一号(一九八五年)一一八頁、同「判批」私法判例リマークス一号(一九九〇年)二五三頁、庄政志『リースの実務知識〔全訂〕』(商事法務研究会・一九八二年)一八五頁以下、菅野孝久「リース料債権と倒産」加藤一郎=椿寿夫編『リース取引法講座(下)』(金融財政事情研究会・一九八六年)一七六頁、塩崎勤「リース取引と倒産」同書(上)(金融財政事情研究会・一九八七年)二〇八頁、吉原省三「リース取引の法律的性質と問題点」金融法務事情七五〇号(一九七五年)二六頁等。

(4) 伊藤『債務者更生手続の研究』前掲注(2)四五一~四五二頁。

(5) 伊藤「判批」前掲注(2)一〇頁、伊藤眞「判批」債権管理四〇号(一九九一年)五〇頁。

(6) 福永・前掲注(1)一頁以下。福永有利「ファイナンス・リース契約と倒産法」判例タイムズ五〇七号(一九八三年)四頁、同「ファイナンス・リース契約」竹下守夫=藤田耕三編『会社訴訟・会社更生法〔改訂版〕』(裁判実務大系3)(青林書院・一九九四年)四四二頁以下、同「判批」ジュリスト一〇〇二号(一九九二年)一三九頁。

(7) 藤田耕三「東京地方裁判所における会社更生事件の現状と問題点」民事訴訟雑誌三〇号(一九八四年)六六頁、手塚宣夫「リース取引とユーザーの倒産」金融・商事判例七八三号(一九八八年)八六頁、同「判批」法学五四巻二号(一九九〇年)一五一頁、同『リースの実務と法的諸問題』(学陽書房・一九九四年)一四八頁、山岸憲司ほか『リース取引法』(商事法務研究会・一九八五年)四五八頁〔巻之内茂〕、竹下守夫「判批」金融・商事判例八一三号(一九八九年)四一頁、高木新二郎「判批」新堂幸司・霜島甲一・青山善充編『新倒産判例百選』(有斐閣・一九九〇年)一七二頁、同「更生手続開始とリース取引」判例タイムズ八六六号(一九九五年)一四二頁、佐藤鉄男「判批」判例時報一三三七号(一九九〇年)二〇七頁、廣田康男「判批」判例タイムズ七三五号(一九九〇年)三三八頁、山内・前掲注(1)三八五頁、山本豊「判批」判例タイムズ七七八号(一九九二年)二六頁、加藤哲夫「判批」法学セミナー四四五号(一九九二年)一四二頁、松嶋英機「リース料債権と倒産法上の取扱い」ジュリスト一〇三六号(一九九三年)三三頁等。

(8)　伊藤「判批」前掲注(2)一一頁は、会社更生法一〇三条の適用を否定した場合には、リース料債権を更生担保権として取り扱う余地はないとする。
(9)　福永「ファイナンス・リース契約と倒産法」前掲注(6)九頁以下。
(10)　佐藤・前掲注(7)二〇七頁。なお、山内・前掲注(1)三八七頁は「有期売買契約である」とする。
(11)　竹下・前掲注(7)四七頁。
(12)　今井健夫沢「会社更生法の典型的活用例・『牛丼』吉野屋の場合」金融法務事情一三六七号（一九九三年）五二頁、藤田・前掲注(7)八六頁、東西倒産実務研究会編『会社更生・会社整理』（商事法務研究会・一九八九年）一五五頁。
(13)　氣賀澤耕一「大阪地裁における再建型倒産処理の概況」金融法務事情一三五九号（一九九三年）五三頁。
(14)　気賀澤・前掲注(13)五八頁。巻之内・前掲注(7)四六四頁。
(15)　筆者の担当する更生事件での経験。
(16)　所有権留保的構成が、倒産・和議等、他の倒産手続とも平仄を保ち得る。
(17)　松嶋・前掲注(7)三六頁は、近年はかかる評価方法が多いとする。なお、筆者の担当する更生事件では、定率法による未償却残高を基本としつつ、企業継続価値の算定に時間を要するため、それとは分離して評価することとし、企業継続価値による割付額は右の未償却残高を下回る公算が強いこと、処分価額も同様と見込まれることから、その八五％で評価し、また不要リース資産のうち、リース業者が引き取らない物件は、ゼロと評価をした。
(18)　規定損害金の賠償を認めることの不合理を指摘するものとして、吉原省三「判批」金融法務事情一二七八号（一九九一年）二頁。
(19)　高木「更生手続開始とリース取引」前掲注(7)一四五頁、福永「ファイナンス・リース契約」前掲注(6)四五四頁、同「判批」前掲注(6)一四一頁は、ユーザーが相当額の再リース料を申し出た場合に、それを拒絶して物件の返還を求めるのは、権利の濫用になるとする。
(20)　竹下・前掲注(7)四七頁、山本・前掲注(7)三〇頁、神崎克郎「判批」金融法務事情一三〇四号（一九九一年）七六頁および注(19)の文献。
(21)　松嶋・前掲注(7)三七頁は、「更生計画において更生担保権として目的物の価値の全額を支払う以上は、目的物件の返還を認める必要性はないのではないかと思われる」とする。なお、最近、大阪地裁で、更生計画において、リース料債権を更生担保権とし、リース物件の所有権が更生会社に帰属することを前提に、更生担保権のために当該リース物件を譲渡担保に供する旨定められた事例がある（平成三年（ミ）第三号）。

(22)　これに対しては、リース物件の減価が著しいことを理由とする反発が予想される。しかしそれは、会社更生法二一三条の趣旨を踏まえて、弁済期間で対応すべき事項である。

【振り返りコメント】

ファイナンス・リース契約の目的物がユーザーに引き渡された後にユーザーに会社更生手続が開始された場合に、同リース契約に旧会社更生法一〇三条の双方未履行双務契約の規定が適用されるか否かについて、その適用を主張するリース業者と、その適用を否定し残リース料を更生担保権として取り扱う裁判所の倒産部および管財人の実務との間で厳しい対立が続いていたところ、最二小判平成七年四月一四日（民集四九巻四号一〇六三頁）は、従前の実務の取扱いを肯認し、旧会社更生法一〇三条適用否定説に立つことを明らかにした。

ファイナンス・リース契約への同条適用の可否をめぐる問題については、右判決によって結論が出たところ、本稿は、同判決後に残された問題点のうち、①残リース料債権は更生債権か更生担保権か、②リース期間満了後の処理の問題について、それぞれ検討を加えるものである。

なお、右判決は、ファイナンス・リースが会計上の準則であることに思いが至らず、「いわゆるファイナンス・リース」との用語を用いているが、同判決当時から会計上の準則として「ファイナンス・リース」との用語を用いるべきであったことについては、最三小判平成二〇年一二月一六日（民集六二巻一〇号二五六一頁）の筆者の補足意見参照。

第7部　配当と会社更生手続における立法論

第１章　不当な配当と債権者の不当利得返還請求

一　問題の所在

民事執行手続による配当が、実体上の権利関係に合致しない場合において、実体上の権利関係より少額の配当しか受けられなかった債権者が、無権限であるにもかかわらず配当を受けまたは実体上の権利関係より多額の配当を受けた債権者に対して不当利得返還請求権を行使することができるか否か、また、不当利得返還請求権の行使が認められると解する場合に、行使できる債権者は配当手続における優先債権者に限られるか一般債権者も含まれるか、その請求権と配当異議との関係等につき、旧法時から存した学説の対立が民事執行法の下にも持ち越されており、実体法と手続法とが交錯する場面だけに種々の問題が存する。

この問題に関して、先般、最二小判平成三年三月二二日（民集四五巻三号三二二頁）[1]は、配当期日において配当異議の申出をしなかった抵当権者から、債権または優先権を有しないにもかかわらず配当を受けた債権者に対する不当利得返還請求を肯定した。しかし、右判例は学説の多数説とは相反するものであり、また一般債権者の不当利得返還請求権の有無については判示するものではなく、右判例後も残された問題は多い。

そこで以下には、不当利得返還請求権の有無および要件について、①一般債権者が含まれるか担保権者等の実体法上の優先権者に限られるか、②配当異議の申出の必要性の有無の二点から、この問題を検討する。

なお、このほかに、配当異議訴訟判決確定後の不当利得返還請求権行使の可否という大きな問題があるが、この点は配当異議訴訟の性質論に直接関係する問題であり、配当手続自体における不当利得の成否の問題とは一応別個の問題であるので、ここでの検討の対象外とする。(2)

二　旧法下の学説・判例

旧法の下では、配当をめぐる不当利得返還請求権の有無の問題は、主として旧民事訴訟法六三四条の「異議ヲ申立テタル債権者前条ノ期間ヲ怠リタルトキト雖モ配当表ニ従ヒテ配当ヲ受ケタル債権者ニ対シ訴ヲ以テ優先権ヲ主張スル権利ハ配当実施ノ為メ妨ケラルルコト無シ」の規定の解釈の問題として争われていた。

1　同条の「権利者」に一般債権者が含まれるか否かについて

（一）　学説

ア積極説……同条には「『優先権ヲ主張スル権利』とあるが、平等主義を採るわが法の下では、順位による優先権だけに限定すべき理由はないから、自分の受けるはずであった配当額を他の者が受取ってしまった総ての場合に、この権利を認むべきである」(3)として、一般債権者についても肯定する説であり、多数説であった。(4)

イ折衷説……一般債権者は、不当に多額な配当を受けた債権者が、配当額以上の債権を有している場合には不当利得返還請求権を有しないが、虚偽架空の債権やすでに弁済によって消滅した債権について配当を受けた場合には、不当利得返還請求権を有するとする説である。(5)

ウ消極説……旧法時に明確に消極説を主張した学説は見当たらない。しかし、後述の民事執行法施行後における消極説は、旧法下にもそのまま妥当する。

（二）　判例

旧法下においては、一般債権者の不当利得返還請求権について判示した裁判例は見当たらない。⑥

2　配当異議の申立ての有無と債権者の不当利得返還請求権の有無

（一）　学説

ア積極説……配当異議の申立てがないとの理由で確定した配当表には、実体的な配当額の当否を既判力をもって確定する効果は生じないから、配当異議を申し立てていない債権者も不当利得返還請求権を行使できるとする説である。⑦なお、その実質的な理由として、債権者に他の債権者の債権および優先権の有無について配当期日に異議を述べられる程度にまで調査の責任を負わせることは過大な責任を課すことになることが挙げられている。⑧

イ折衷説……これには、配当異議の申立てがなく配当手続が終了した後に、配当を受領した債権者が債権証書を破棄したり担保物件を債務者に返している場合には不当利得返還請求権を否定し、未だ債権証書を破棄する等していないときにはそれを肯定する説⑨と、債権者が配当期日に自らの責めに帰すべからざる事由により異議を述べることができなかった場合に限り不当利得返還請求権を認める説⑩とがある。

ウ消極説……配当異議の申立てをしない債権者の不当利得返還請求権を全面的に否定するものであり、通説であった。その理由としては、配当表の確定に請求の承認、和解もしくは終局判決と同一の効力を認めるもの⑪、配当期日において異議を申し立てずまたは期日に呼出しを受けながら欠席すれば、配当表の記載を承認したものとみなされる結果、以後配当の当否を争うことができないとするもの⑫、右のように配当表を承認したものとみなされる場合につき同条は失権の効果を認めたものであるとするもの⑬、同条は実体上の請求権と配当手続との調和を図る規定であるとするもの⑭、配当手続が関係者の手続関与を十分保障しているとき、関係者がその手続関与の懈怠によって失権の効果を受けることは立法政策としてあながち不当とはいえないとするもの、[15]等が挙げられている。

（二）　判例

(1)　強制競売について

強制競売に関しては、大判明治三〇年一一月二六日（民録三輯八七頁）が、配当表は終局判決の性質を帯びるとしたうえで、旧民事訴訟法六三四条はその例外を定めたものだとして、配当期日に異議を申し立てなかった抵当権者の不当利得返還請求を排斥している。[16]しかし、同判決は配当表を判決と同視する見解に立つものであり、また、その後の任意競売に関する最高裁判例の流れからして、右判例が最高裁においても維持されたかは疑問である。

(2)　任意競売について

任意競売手続と不当利得との関係については、大審院以来多数の判例がある。[17]

大審院の判例は、当初は任意競売手続への旧民事訴訟法の準用の全面否定説に立ったうえで、不当利得返還請求権を肯定していたが、[18]その後競売手続について旧民事訴訟法の規定が原則的に適用されることを肯定した後も、[19]大判昭和一六年一二月五日（民集二〇巻一四四九頁）は、旧民事訴訟法六三三条、六三四条は競売法による競売手続には準用されないとして、配当期日に異議を申し立てなかった抵当権者の不当利得返還請求を肯定した。

その後最高裁になってからも、最二小判昭和三一年一一月三〇日（民集一〇巻一一号一四九五頁）は、配当表が作成された場合につき、配当に異議のある抵当権者の不服申立方法を不当利得返還請求に限定する理由はないとして、任意競売につき配当異議訴訟を認め、最三小判昭和三二年四月一六日（民集一一巻四号六三八頁）は、配当異議の申立てをしなかった二番抵当権者から、すでに弁済により被担保債権が消滅しているのに配当を受けた一番抵当権者に対する不当利得返還請求を認め、また、最一小判昭和四三年六月二七日（民集二二巻六号一四一五頁）は、配当異議訴訟の確定判決後の不当利得返還請求を認め、最一小判昭和四八年七月一二日（民集二七巻七号七六三頁）は、民法三九一条の優先償還請求権者が配当要求をしなかった場合につき抵当権者に対する不当利得返還請求を認めた。

　これらの最高裁の判例は、任意競売においても配当異議訴訟を肯定したうえで、旧民事訴訟法六三四条の準用の可否につき直接触れることなく、配当手続終了後の不当利得返還請求権を肯定しているのである。(20)

三　民事執行法の下での学説・判例

1　立法経緯

民事執行法では、旧民事訴訟法六三四条に該当する規定は設けられなかった。立法担当者の説明によれば、不当利得となるかどうかは実体上の要件であるので民事執行法のなかには規定せず、解釈に委ねることにした、とのことである。(21)

2　一般債権者の不当利得返還請求権の有無について

(一)　学説

ア積極説……旧民事訴訟法六三四条の下では通説であったが、現在では少数説である。なお、この説も、配当要求をしなかった一般債権者については直接の不当利得返還請求権は認めず、債務者に債権者代位する方法においてのみ認める。(22)

　イ折衷説……一般債権者は配当手続内で救済を求めるべきであるとして、一般債権者の不当利得返還請求権を原則として否定しながら、配当期日の呼出しも受けなかった等配当実施の手続に関与できなかったときにはそれを認める説である。(23)

ウ消極説……一般債権者は、執行目的物の交換価値に対して実体法上の権利を有するものではなく、実体法的には債務者の財産から任意弁済がなされるのと同様であって、ある債権者への多額配当が他の一般債権者の損失にあたらないとする。(24)

(二)　**判例**

民事執行法施行後、最高裁の判例は未だない。下級審の裁判例は何れも消極説に立つが、その理由は異なる。

東京地判平成元年一二月二二日（金法一二四五号三三頁）は、配当異議の申出をしなかった債権者から多額配当を受けた債権者に対する不当利得返還請求につき、後述の配当異議を申し出なかった債権者の不当利得返還請求権についての消極説とほぼ同旨の見解に立って否定した。(25)

それに対し、右判決の控訴審たる東京高判平成二年五月三〇日（金法一二七五号六六頁）は、右消極説の見解に立って否定した。

3　配当異議の申出の有無と債権者の不当利得返還請求権の有無

(一)　**学説**

ア積極説……配当表には実体的に何らの確定力もなく、配当手続に異議申出をしないことによる失権の規定もないこと、消極説が主張する配当結果の安定は、民事執行法一八四条の買受人保護に匹敵するほどの公的利益が認められないこと、何らかの事情で配当異議の申出をせずまたは配当異議訴訟を提起しなかったことが、後の不当利得返還請求権の行使を否定すべき信義則違反の行為とはいえないこと、などを理由とする。(26)

イ折衷説……担保権者につき、配当異議の申出をしている場合に限り積極に解する説(27)や、担保権者が配当手続において不利益を被ったのが、同人の行為ないし怠慢に起因するときは消極に解し、そうでないときは積極に解する説(28)がある。

なお、次に述べる消極説のうち、配当期日の呼出しを受けなかった等配当実施の手続に関与できなかった場合にのみ積極に解する説も、折衷説として分類できるが、右の折衷説とは根本的に異なる。

ウ消極説……配当に異議のある者は、配当手続のなかで異議を主張すべきであり、その主張をしなかった場合には不当利得返還請求権の行使は認められないとし、今日の多数説を構成する。その理由としては、配当期日の呼出しを受けながら、出頭せず、配当異議の申出をせず、あるいは適時に配当異議の起訴証明をしない債権者は、それなりに配当手続に対応しているのであり、その態度は配当表に対する賛意の消極的表明と評価できること、不当利得返還請求を認めるのでは配当期日の手続を実質的に徒労に終わらせること、実体法上、不服のある債権者と配当を受けた者との間には不当利得の関係が成立しないことなどを挙げる。[29]また、右消極説に対する積極説の批判を肯定しつつ、その結論は落着きが悪いとしたうえで、配当表に記載された配当金は、債務者の一般財産たる性格を失うと解されるので、配当に法律上の原因があるとする説などがある。[30]

なお、右の消極説のなかでも、適正な配当期日の呼出しを受けなかった等配当手続に関与できる機会がなかった場合[31]や、配当表原案に不服がなく配当期日に出頭しなかったところ配当表が原案と異なった場合など[32]に、不当利得返還請求権を肯定する説が有力である。

（二）　**判例**

前掲最二小判平成三年三月二二日は、配当期日において配当異議の申出をしなかった抵当権者が、後日配当を受けた先順位抵当権者の債権が存在しないことを知って不当利得の返還を求めた事案において、配当異議の申出がなされることなく配当表が作成されて配当が実施されても、それは係争配当金の帰属を確定するものではないとして、不当利得返還請求権を肯定した。なお、その原審たる東京高判平成二年九月一三日（金法一二七九号三三頁）も、不当利

得者が消極説に従って主張する点につき詳細な反論を述べたうえで、不当利得返還請求権を認めている。(33)

四　問題点の検討

1　不当利得返還請求権者について

不当な配当がなされた場合の、不当利得返還請求権者についてまず検討する。

(一)　一般債権者

一般債権者のうち、配当加入もしていない債権者については、配当を受ける余地はなく、したがって不当な配当による損失が存しないのであるから、そもそも不当利得の問題は生じず、債務者の取得する不当利得返還請求権の代位行使の可否の問題が生ずるのみである。問題は配当加入をした一般債権者であるが、場合を分けて検討する必要がある。

①　不当な配当が、配当受領者の債権の範囲内に止まるとき

例えば一〇〇〇万円の一般債権者甲に一〇〇万円の配当がなされ、他方同様に一〇〇〇万円の一般債権者である乙には三〇〇万円の配当がなされた場合である。この場合、甲・乙間の債権には相互に優先権がなく、また乙が配当により受領するのは自己の債権の範囲内であるから、配当手続のミスがあるとはいえ乙には利得はなく、したがって不当利得返還請求権の問題は生じず、甲としては配当手続のなかで救済を求め得るにすぎない。

②　不当な配当が、配当受領者の債権を超えてなされ、または架空の債権に対してなされた場合

例えば、極度額五〇〇万円の根抵当権者乙に五〇〇万円、一〇〇〇万円の差押債権者甲に一〇〇万円、一〇〇〇万円の配当要求債権者丙に一〇〇万円とする配当表が作成されて配当が実施された後に、乙の被担保債権が三〇〇万円

であり、また丙の債権が架空のものであることが判明した場合などである。

この場合、乙が二〇〇万円の、丙が一〇〇万円の各不当利得を得ていることは明らかである。問題は甲が損失を被っているといえるかという点である。この点については、前述のとおり債務者が複数の債権者に任意弁済するに際しある債権者に善意で非債弁済をした場合と同様であるとか[34]、配当という手続で利得と損失が発生したことによって、その両者の間の因果関係が架橋されたという見解もあり得ないではないが、配当手続で発生した現象は配当手続のなかで争わなかった以上、もはや実体法上争うことはできないとして[35]、不当利得の成立を否定する見解がある[36]。

しかし、配当手続に参加し得る債権者は限定されているのであり（民執法八七条）、そこでなされる配当を一般の任意弁済およびその際の非債弁済と同視することはできない。配当に参加した債権者は、その配当の対象となる執行目的財産の交換価値から弁済を受ける地位を手続法的に保障されるだけでなく、実体法上も配当手続に従って有効に弁済を受ける権利が保障されるのであり、その権利が非債弁済を受けた者によって侵害された場合には、その限度で損失が認められるのであり[37]、かつ非債弁済受領者の利得と右損失との間の因果関係は認めざるを得ないのである。前述の配当手続に関与できなかった場合に不当利得返還請求権を肯定する各説は、配当手続における利得と損失が、配当手続に参加する債権者相互間における不当利得の問題となることを前提としているのであって、右の損失の発生ならびに因果関係の点は、多くの学説も肯認するところである。

以上検討したように、右の例の場合、甲の乙、丙に対する不当利得返還請求権は認められるべきである。

（二）　**一般先取特権者**

一般先取特権者は、配当要求をしない場合には配当に与れないのであるから、不当利得の問題は生じない。

しかし、配当要求をした場合には、当該執行目的財産の配当において優先的に配当を受け得るのであり、それは配当手続上のみならず配当に参加した各債権者間において実体法上も認められる権利であるから、その権利が配当手続において侵害されて損失が生じ、他方利得を生じた者があるときには、不当利得返還請求権の行使が認められるべきである。(38)

(三)　その他の担保権者

その他の担保権者が対抗要件を備えているときには、配当要求の手続をとらなくても、また、計算書を提出しなくても当然に配当の対象とされる。そして、その権利が配当手続において侵害された場合には、担保権者はその侵害によって利得を得た者に対し、不当利得返還請求権が認められる。

2　配当異議の申出の必要性の有無

前項で検討した不当利得返還請求権が認められる場合に、それと配当異議手続との関係が問題となる。

その点について、今日の多数説である配当異議訴訟によるべきであるとして不当利得返還請求を認めない消極説は、前述のとおり①適式な呼出しを受けながら配当異議の申出をしないのは配当表に対する賛意の消極的表明と評価されること、②不当利得返還請求を認めるのでは配当手続を徒労に終わらせること、③手続法上権利主張の機会を与えられながらその不行使により失権してもやむを得ないこと、④配当表に記載された配当金は一般財産たる性質を失うので法律上の原因があること、等の理由を挙げる。しかし、それに対して積極説がすでに批判するところ(39)は、全て正当であると思料するので、詳述はしないが、①の点は、旧法と異なり民事執行法は配当表に対する債権者の同意なるものを認めていないこと、また、配当異議の申出をしないことが即、同意と評価し得るものではないこと、②、③の点は、配当手続が実施されたことが当事者の実体法上の権利を奪うほどの信義則違反とはいえないこと、またそれによる配当受領者の不利益も重大とまではいえないこと、不当利得返還請求権を否定すべき実体法上の規定を欠くこと、④の点は、そのように解すべき根拠法規がまったく見出せず、また類推すべき根拠法規もなしに、そのように解することはできないこと、等からして、右消極説を支持することは困難である。なお、消極説のうちの有力説は、適法に配当手続に参加する機会を奪われた場合には不当利得返還請求権を認めるが、配当手続における瑕疵はその手続のなかで処理すべきであるとする論者の論理からすれば、それは不徹底のそしりを免れない。

次に、配当異議の申出さえすれば配当異議訴訟を提起しなくても不当利得返還請求ができるとする折衷説であるが、旧民事訴訟法六三四条の如き規定でもあればともかく、その規定を欠く民事執行法の下において、何故に配当異議の申出の有無により実体法上の不当利得返還請求権の得喪を生ずるのかについての説明を欠き、到底賛成できない。また、担保権者が配当手続において不利益を被ったのが同人の怠慢によるか否かにより不当利得返還請求権の行使の可否を決する説であるが、例外的に信義則上不当利得返還請求権の行使が認められないような場合があり得るとしても、実体上の不当利得返還請求権の得喪が、何らの根拠規定もなく損失者の主観的要件の如何によって定まるとする見解にも賛成できない。

以上検討したとおり、消極説、折衷説の何れも賛成しがたいのであり、配当異議の申出の有無にかかわらず不当利得返還請求権の行使を認める積極説をもって正当と考える。また、先に検討したとおり、配当要求をした一般債権者も一定の場合には不当利得返還請求権の行使が認められるのであるが、一般債権者と担保権者との間で、配当異議申出の有無によって差異を設けるべき理由も必要性も認められない。

なお、実務的にも、配当期日までに他の抵当権者の被担保債権の残額を調査したり(40)、架空の債権による公正証書に基づく配当要求につきその架空性を裏付ける調査をなすことは困難であること、また配当異議訴訟終了後の不当利得返還請求権の行使が否定的に解されている(41)今日の状況下において、準備不足のままで配当異議訴訟を提起させることにより不当な配当表による配当の結果につき不可抗争力を与えてしまうことは妥当とはいえないこと、等からすれば、積極説こそがより妥当な解決を与えるものといえるのである。

五　おわりに

以上検討したように、不当な配当がなされた場合、すなわち、配当要求をした一般債権者は不当な配当がその配当受領者の債権額を超えてなされ、または架空の債権に対してなされた場合に、配当要求をした一般先取特権者はその優先権を否定する不当な配当がなされたときに、そして他の担保権者はその優先権を否定する配当がなされたときには、それにより利得を得た者に対し不当利得返還請求権を行使することができ、その行使のためには、配当手続において配当異議の申出をする必要はないといわざるを得ないのである。

以上の諸点につき、紙数の関係等から、十分な論理の展開ができていない点もあるが、御教示、御叱正を賜れば幸甚である。

（1）　同判決の判例批評として、塚原朋一「債権または優先権を有しないのに配当を受けた債権者に対する抵当権者からの不当利得返還請求の可否」金融法務事情一二九四号（一九九一年）一二頁（判旨賛成）がある。

（2）　学説については、鈴木忠一＝三ケ月章＝宮脇幸彦編『注解強制執行法　岩松三郎先生喜寿記念2』（第一法規出版・一九七六年）五六一頁〔丹野進〕参照。なお、最一小判昭和四三年六月二七日民集二二巻六号一四一五頁は、任意競売事件における配当異議訴訟確定後の不当利得返還請求権の行使を肯定する。

（3）　兼子一『増補強制執行法』（弘文堂・一九五一年）二二三頁。

（4）　松岡義正『強制執行要論（中）』（清水書店・一九二五年）一二七九頁、加藤正治『強制執行法要論』（弘文堂・一九三五年）二三三頁、高根義三郎「共同執行」民事訴訟法学会編『民事訴訟講座Ⅳ』（有斐閣・一九五五年）一一五八頁、丹野・前掲注（2）

五四四頁ほか。

(5)　宮脇幸彦『強制執行法〔各論〕』（有斐閣・一九七八年）四九七頁。『民事執行法セミナー』〔ジュリスト臨時増刊〕（一九八一年）二〇一頁〔中野貞一郎発言〕。

(6)　大判昭和一〇年四月二〇日民集一四巻六〇一頁は、任意競売事件における仮差押債権者から抵当権者に対する不当利得返還請求権を肯定した事例であるが、当時は任意競売手続への旧民事訴訟法六三三条、六三四条準用否定説が判例であったから、同条に関する先例とはいえない。しかし、配当加入した一般債権者の損失と不当配当受領者の利得との間の因果関係を肯定した例としての意義は大きい。

(7)　宮脇・前掲注(5)四九七頁。

(8)　石川明「判例批評」法学研究四三巻二号（一九七〇年）一〇一頁。なお、同教授はその後二度改説されている。

(9)　石田穣「判例批評」法学協会雑誌九二巻三号（一九七五年）三六一頁。

(10)　石川明「判例批評」民商法雑誌七〇巻六号（一九七四年）九三頁。

(11)　雉本朗造『判例批評録（二）』（弘文堂書房・一九一八年）二二六頁。

(12)　松岡・前掲注(4)一二八〇頁、加藤・前掲注(4)二三三頁、兼子・前掲注(3)二二二頁等。

(13)　岡垣学「判例批評」民商法雑誌六〇巻二号（一九六九年）一一八頁。

(14)　丹野・前掲注(2)五四三頁。

(15)　山木戸克己「任意競売と配当手続――任意競売における配当と不当利得」谷口知平教授還暦記念発起人編『不当利得・事務管理の研究　谷口知平教授還暦記念(3)』（有斐閣・一九七二年）三〇七頁。

(16)　大判昭和一五年一月一五日法律新聞四五二五号一一頁は、異議なく確定した配当表に確定判決と同一の効力を認め、競売の一部が無効であっても配当による債務消滅の効果は変わらないとする。しかし、不当利得返還請求の可能性を認めており、傍論とはいえ同判例とは異なる見解に立つものである。

(17)　それらの判例を分析・検討するものとして、山木戸・前掲注(15)二八七頁以下参照。

(18)　大判明治四〇年九月二五日民録一三輯八八六頁、大判明治四三年一一月二五日民録一六輯七九五頁等。

(19)　大判大正二年一〇月二八日民録一九輯八七五頁。

(20)　任意競売において、配当異議の申出をしなかった債権者の不当利得返還請求権の有無につき直接判示した戦後の下級審裁判例としては、東京高判昭和四七年一一月二八日判時六八七号六一頁がある。同判決は、前掲大判昭和一六年一二月五日を引用して、任意競売手続には旧民事訴訟法六三四条は準用されないとして、不当利得返還請求権を肯定する。

(21)『民事執行法セミナー』〔ジュリスト臨時増刊〕前掲注(5)二〇〇頁〔浦野雄幸発言〕。

(22)池田辰夫「配当異議訴訟をめぐる諸問題の現況」判例タイムズ七二九号（一九九〇年）二六頁。なお、石川明「配当異議と不当利得」金融法務事情九九二号（一九八二年）六頁は、従前の見解を改め、配当異議の有無にかかわらず積極説に立たれるが、一般債権者の不当利得返還請求権の有無については分離して検討しておられない。

(23)浦野雄幸『条解民事執行法』（商事法務研究会・一九八五年）四一六頁、中野貞一郎『民事執行法〔下〕』（青林書院・一九八七年）四四六頁、栗田隆「配当異議の申出をしなかった債権者と不当利得返還請求」金融法務事情一二八八号（一九九一年）四頁。なお、中野教授は、かつては不存在の債権、架空の債権に基づいて配当がなされた場合についても不当利得返還請求権を肯定しておられた（前掲注(5)の中野発言）。

(24)原田和徳＝富越和厚「執行関係等訴訟に関する実務上の諸問題」司法研究報告書三七輯二号（一九八九年）一二九四頁、同旨：吉野衛＝三宅弘人執筆代表『注釈民事執行法〔四〕』（金融財政事情研究会・一九八三年）三五六頁〔近藤崇晴〕。

(25)同旨：東京地判平成三年一月二四日金法一二九六号二九頁・判時一三八四号六七頁。

(26)前掲注(22)の各文献。

(27)浦野・前掲注(23)四一六頁。

(28)栗田・前掲注(23)八頁。

(29)中野・前掲注(23)四四六頁、近藤・前掲注(24)三五八頁、田中康久『新民事執行法の解説〔増補改訂版〕』（金融財政事情研究会・一九八〇年）二三八頁、中野貞一郎編『民事執行法概説』（有斐閣・一九八一年）二三三頁〔鈴木正裕〕。竹下守夫ほか『ハンディコンメンタール民事執行法』（判例タイムズ社・一九八五年）二一〇頁〔野村秀敏〕、山本戸克己『民事執行法講義』（有斐閣・一九八四年）一五六頁等。

(30)原田＝富越・前掲注(24)二九六頁。

(31)前掲注(29)のうち中野、近藤、田中各氏の各文献。

(32)前掲注(29)のうち近藤氏の文献。

(33)ここで検討しているところと事案を異にするが、二重配当表が作成されなかったために配当異議の申出をしなかった場合につき、高知地判昭和六一年一〇月二四日金判七五九号三八頁は、不当利得返還請求権を肯定する。
(34)　原田＝富越・前掲注(24)二九四頁。前掲東京高判平成二年五月三〇日。
(35)　塚原・前掲注(1)一八頁。
(36)　これらの各説も、架空の債権等によって配当を受けたものにつき故意、過失、違法性があれば、少額配当しか受けられなかった一般債権者に対する不法行為の成立は認めるであろう。そうであれば、架空債権等による配当の受領が一般債権者の実体法上の権利を侵害し得ることを肯定することになる。
(37)　不当な配当により自己が受けるべき配当が受けられなかったときには、債務者に対する債権が依然存続していても不当な配当を受けた者に対して不当利得返還請求権が生ずるとするのが判例・通説である。丹野・前掲注(2)五四一頁参照。
(38)　反対：原田＝富越・前掲注(24)二九五頁。
(39)　前掲注(22)の各文献および原田＝富越・前掲注(24)参照。
(40)　栗田・前掲注(23)八頁は、「債権届出も計算書も提出しない債権者の債権額はゼロである蓋然性が高いというのも一つの経験則である」とするが、実務的には到底経験則とまではいいがたい。
(41)　中野貞一郎「配当手続の性格」『強制執行・破産の研究』(有斐閣・一九七一年)一九〇頁、池田・前掲注(22)三一頁等。

【振り返りコメント】

民事執行手続による配当が実体法上の権利関係に合致しない場合において、実体法上の権利関係より少額の配当しか受けられなかった債権者が、無権限であるにもかかわらず配当を受けまたは実体法上の権利関係より多額の配当を受けた債権者に対して不当利得返還請求権を行使することができるか否かについては、旧法時から存した学説の対立が、民事執行法制定後も持ち越されていた。

そうしたなかにあって、最二小判平成三年三月二二日（民集四五巻三号三二二頁）は、当時の多数説と異なり、配当期日において配当異議の申出をしなかった抵当権者からの、債権または優先権を有しないにもかかわらず配当を受けた債権者に対する不当利得返還請求権を肯定した。

本稿は、同判決を機に、配当手続と不当利得返還請求権の関係につき検討を加えたものであり、配当手続に参加した一般債権者、一般先取特権者、その他の担保権者の何れもが配当手続における異議申出の有無にかかわらず、不当利得返還請求権を行使することができることを論述するものである。

第2章　会社更生手続と担保権変換請求権
――立法上の提言――

現在、法制審議会倒産法部会では、平成一四年春の答申を目指して、会社更生手続の見直し作業が進められている。そこでは、同部会の審議を経て平成九年一二月に公表された「倒産法制に関する改正検討事項」(以下「改正検討事項」という)(1)に掲げられた諸事項のほか、平成一二年四月の民事再生法の施行後の状況を踏まえ、いくつかの事項が新たに検討の対象とされている。

本稿は、右の改正作業を視野において、筆者も加わったうえで、大阪弁護士会倒産法改正問題検討特別委員会を中心に検討が進められ、また、それを基礎にして日弁連倒産法改正問題委員会でも検討されている、管財人からの請求に基づき更生担保権の内容を変換することができる「会社更生手続における担保権変換請求権」の制度につき、私見を述べるものである。

なお、本稿は、右各委員会での論議の成果に負うところが大きいが、あくまで私見であり、以下に述べるところは、右各委員会での論議の結果と一致するものではない。

一　担保権変換請求権の必要性

1　更生計画認可決定前の担保目的物処分の必要性

会社更生手続では、更生手続開始決定がなされると、更生担保権の実行をすることはできず（会更法六七条一項。以下、本章中の条文は、平成一四年改正前のもの）、更生手続によらなければ、弁済を受けることができない（同法一二三条三項、一一二条）。その反面として、更生会社は、原則として更生手続中は、更生担保目的物の処分について定めた更生計画の認可決定が確定するまでの間は、更生担保権の目的物をその担保権の制約なしに処分することができない。また、更生手続開始申立て後更生手続開始決定までの段階においては、通常は弁済禁止の保全処分（同法三九条）がなされ、担保権の実行に対しては中止命令（同法三七条）が発令される結果、担保権者は担保権の実行等による債権の回収を図ることができないが、更生会社（更生手続開始決定前に更生会社と表記するのは適切ではないが、便宜上、更生手続開始申立て後は、全て「更生会社」と表記する。また、一般的に更生手続開始申立て後、直ちに保全管理命令が発令されて保全管理人が選任されるので、以下、それを前提に記述する）も、担保権の制約なしにその目的物を処分することはできない。

しかし、以下に述べるとおり、管財人や保全管理人は、更生会社の事業を遂行するうえで、更生担保権の目的物をその制約を受けることなく処分する必要がある。

（一）　商事留置権の目的物

更生会社がメーカーの場合、更生手続開始申立て時点において原材料や商品が倉庫業者に寄託されていたり、運送会社による運送途上にあると、倉庫業者や運送会社により商事留置権が行使され、更生会社は商品を買主に引き渡すことができず、あるいは原材料を使用できないため生産に支障をきたすことがある。かかる場合に、事業を円滑に遂行するには、商事留置権の目的物をその制約から解放する必要がある。(2)

(二)　**譲渡担保の目的物**

更生手続において、担保権からの解放が実際に問題になるのは集合動産譲渡担保と集合債権譲渡担保である。(3)それらの集合物譲渡担保は、保全管理命令または、更生手続開始決定がなされると、更生担保権の目的は、その時点で固定化されるから、(4)それ以後は管財人は集合動産譲渡担保の目的物を使用することはできず、(5)また集合債権譲渡担保の目的債権を回収することもできない。(6)しかし、集合動産譲渡担保の目的物は、おおむね原材料や在庫商品であるから、これらが生産のために使用できず、あるいは商品として販売できなければ、更生会社の事業の遂行に支障をきたす。また、集合債権譲渡担保の目的たる債権を更生会社で回収できなければ、運転資金の調達に支障をもたらすことになる。

(三)　**抵当権の目的不動産**

更生会社が遊休不動産を所有している場合、それが無担保物件であるならば、裁判所の許可を得て（会更法五四条一号）随時売却し、リストラ資金や運転資金に充てることができる。ところが、それに抵当権が設定されていると、その不動産の価値が抵当権の被担保債権額を上回っていても事実上売却することができず、その不動産の価値と被担保債権額の差額相当額は、その抵当権の処理を定める更生計画が認可されるまでは、利用できないこととなる。

(四)　**営業譲渡対象資産**

企業の再建を図るうえで、営業の全部または一部の譲渡はその有力な再建手続の一つであり、その利用は近年増加している。(7)ことに、リストラの一環として営業譲渡が行われる場合には、譲渡資産の劣化を防ぐために、できるだけ速やかな譲渡が必要であり、更生計画の認可を待てない場合も多い。(8)

その営業譲渡の際に、支障となる大きな要因の一つに更生担保権がある。営業譲渡資産中に更生担保権の目的物が含まれている場合には、その担保権を消滅させることが不可欠であり、その処理ができなければ、営業譲渡を行うことは事実上困難である。⑼

2　更生計画認可決定前の担保権の処理に関する諸制度

更生計画認可決定前の更生担保権の変更等については、現行法上、商事留置権の消滅請求（会更法一六一条の二）および更生担保権にかかる担保の変換（同法五四条九号）の制度があるが、それらの制度は以下に述べるとおり実務上十分に機能しておらず、また、民事再生法に取り入れられた担保権消滅請求制度（民再法一四八〜一五三条）は、会社更生手続にそのまま取り入れることは困難である。

（一）　商事留置権消滅請求（会更法一六一条の二）

会社更生手続において、商事留置権を消滅させることが必要な事態が存することは前述した。留置権の消滅については、民法三〇一条による消滅請求の方法により商事留置権を消滅させることも可能ではある。⑽しかし、同条による消滅請求は債務者の単独の意思表示で足りるが、代わり担保の設定につき留置権者の承諾が得られない場合には、代わり担保が適正であることを立証して、⑾留置権の目的物の給付請求訴訟を提起することが必要であり、実務上はその実効性が期待できない。⑿

そこで、より簡易に商事留置権を消滅させる方法として、昭和四二年の会社更生法の改正の際に、商事留置権の消滅請求制度が導入され、⒀代替担保の提供方法が明確にされ消滅請求権の行使が簡易化された。⒁しかし、同制度は、その利用が最も必要とされる保全管理人にはその行使が認められていないため、実務上はほとんど利用されていない。⒂

（二）　担保の変換（会更法五四条九号）

更生担保権の目的物の担保権を消滅させる方法としては、更生担保権者の同意を得て、その目的物を他の目的物に変更し、あるいは担保権の内容を変更する方法があり、会社更生法は裁判所の許可の下に、管財人、保全管理人にその行使を認めており（会更法五四条九号、四三条）、実務上もそれなりに利用されている。[16] しかし、この担保権の変換は、あくまで当該更生担保権者の同意が必要であり、その同意のない場合には、担保権の変換を実現することはできない。[17]

（三）　担保権消滅請求制度（民再法一四八～一五三条）

民事再生法は、再生債務者が担保権の目的物を処分する必要がある場合に対応する手続として、再生債務者が担保目的物の価額に相当する金銭を裁判所に納付してその目的物上の全ての担保権を消滅させることができる担保権消滅請求制度を設けた。同制度は、会社更生法の定める商事留置権の消滅請求に対応できるほか、再生債務者自身が担保権の目的物たる不動産等を継続して利用して事業を営む場合に、担保権が実行される危険から逃れる途を拓き、また営業譲渡の際にも、その譲渡対象たる営業用資産の担保権の消滅のために利用することができる。[18]

かかる制度を会社更生手続に導入することができるならば、前述の更生計画認可決定前の担保目的物の処分が必要な場合に対応することができるが、担保権を別除権とせず手続内に取り込んでいる会社更生手続では、担保権者に担保権消滅にかかる対価を弁済することを内容とする担保権消滅請求制度を導入することはできない。

二　担保権変換請求権

ここに提唱する担保権変換請求権は、更生計画認可決定前に管財人ら（保全管理人を含む。以下同様）が、裁判所の許可を得ることにより、更生担保権者の意向にかかわらずその更生担保権の目的物や内容を他の目的物等に変換する権利である。その権利の構造・性質・要件・効果・具体的な手続は、以下のとおりである。

１　権利の構造・性質

担保権消滅請求権を認める場合に、その構造として、会社更生法に定める商事留置権消滅請求権（会更法一六一条の二）の如く、管財人らの意思表示により担保権者の承諾を得ることなく更生担保権者の有する旧担保権が消滅し、管財人らの申し出た新担保物に担保権が設定されることを内容とする担保権変換の効力が生ずるとの方法と、民事再生法の担保権消滅請求権の如く、管財人らが裁判所に申し立て、裁判所の決定により右のような担保権変換の効力が生ずるとの方法とが想定される。[19]しかし、前者の場合には、変換担保の相当性の争いが担保権変換の意思表示後に持ち越されることになり、実効的に担保権変換請求権を行使することができないおそれがあって相当ではない。したがって、その手続構造は後者の方法によるべきである。

なお、この権利の性質は、裁判所の許可を条件とする一種の形成権的なもので、民事再生法における担保権消滅請求権と類似の制度として位置づけることができる。[20]

２　権利行使の主体

この権利行使の主体は、管財人である。商事留置権の消滅請求権を行使する必要があるのは、主として保全管理人による保全管理手続中であることに鑑みれば、保全管理人にもその行使を認めるべきである。会社更生手続にＤＩＰ型が導入される場合には、ＤＩＰ自身による行使が認められるべきである。[21]

他方、更生担保権者は、その有する担保権が更生手続に服する立場であるから、かかる変換請求権を認める必要はなく、また、管財人らによる事業の遂行を基本とする手続の性質上、裁判所の職権により担保権を変換する必要性はまったく存しない。

3　請求権行使の要件

請求権行使の要件として、次の二要件が必要であると考えられる。

（一）　担保変換の必要性

更生担保権の目的物・内容を、その更生担保権者の同意なしに他の目的物・内容に変換するのであるから、その変換の「必要性」があることは必須の要件である。問題は、「必要性」に「やむを得ないとき」とか、「事業の継続に不可欠なとき」（民再法一四八条一項）の如き要件を付加すべきか否かという点である。

民事再生法における担保権消滅請求権は、別除権者に認められている担保権実行時期選択の自由を奪うものであるところから、その行使につき「事業の継続に不可欠」との要件が定められたのであり、担保権の行使自体が更生手続の開始によって制約されている更生手続において、同列に論ずることはできない。また、更生手続中（保全段階を含む）において、担保権の変換が必要とされる場合はさまざまであり、その必要性の程度も、代替性のある原材料に対する商事留置権の消滅のように、担保権を変換してその目的物を有効に利用・処分することが更生手続の遂行上便利であるというに止まるものから、営業譲渡の対象目的物上の担保権の如く、営業譲渡をなすためにはその担保権を変換して消滅させることが不可欠な場合まであり、一律には定め得ない。

他方、次に述べる変換担保の目的物・内容が従前の担保権の内容に比して同等以上であり、更生担保権者に不利益を与えることがなければ、担保権変換の必要性がさほど高くなくても、その変換を認めることにより特段の不都合は認められない。

以上の点からすれば、担保権変換の「必要性」の要件につき、「やむを得ない場合」とか、「不可欠性」といった加重要件を課す必要はないというべきである。

(二)　担保権者に不利益を与えないこと

更生担保権者の同意なしに担保権変換の効力を認める以上、その変換された担保権の内容が従前の担保権に比して同等以上の価値があることは当然に要求される。(22)

同等以上とは、変換される担保権の内容が従前の担保と同様である場合(23)には、変換担保によって確保される目的物の価値がその変換時における処分価格として同等以上であることを意味し、異種の担保に変換する場合(24)には、その実行手続の難易をも含めて、その同等性を判断すべきである。変換担保の具体的内容については後述する。

4　変換担保の内容

変換担保の内容は、前述のとおり更生担保権者に不利益を与えないものでなければならない。具体的には、以下のものがその検討の対象となる。

(一)　金銭

変換担保の目的物としては、最も問題がない。金銭それ自体を担保権者に交付することはできないから、商事留置権の消滅請求権と同様に、供託の制度を設け、更生担保権者はその供託金の上に質権者と同一の権利を有するとすることが妥当である。

なお、金銭を供託することは、確実な方法ではあるが、通常資金繰り面で余裕の乏しい更生会社にとって、金銭を供託することは大きな負担であり、他に代わる担保提供の方法があれば、管財人らとしてはそれを選択することになろう。

（二）　預金

変換担保の目的物として、金融機関に預金を設定して、それに質権を設定する方法が考えられるが、ペイ・オフ制度が導入される今日、金融機関に対する預金が当然に変換担保としての適格性を有するとはいえない。しかし、担保権者が金融機関のみである場合には、当該金融機関に預金をしてそれに質権を設定しても、他の利害関係者に不利益を与えるおそれはないから、かかる場合には、預金も変換担保としての適格性を有するものといえる。

（三）　不動産

変換担保として不動産上に抵当権を設定する方法である。㉕従前の担保権が不動産の抵当権であれば、担保評価額さえ妥当であるならば、変換担保として他の不動産に抵当権を設定することは支障ないといえる。しかし、従前の担保権が集合動産譲渡担保や集合債権譲渡担保の場合には、実行手続の難易をも含めて同等性を検討すべきことになろう。

（四）　集合動産

集合動産譲渡担保が、更生手続開始申立てによって固定しても、その後も、管財人らによって従前の取引先との間で取引が継続され、新規に集合動産が構成され得るならば、その固定を解除し、新規に集合動産を構成する動産に対しても譲渡担保の効力が及ぶとすることにより、担保権の同質性は維持される。また、かかる担保権の変換を認めることによって、更生会社は担保目的物を生産や販売に利用でき、他方、譲渡担保権者は担保目的物が陳腐化し、その価値が減価する危険から逃れることができる。もっとも、牽連破産に移行した場合に、担保権変換時より担保目的物の価値が減価していた場合に、その減価をどのように補塡するかという問題が生じ得るが、その点については後述する。

なお、かかる担保の性質からして、従前の担保権が抵当権等の別種の担保権である場合には、変換担保の価値の同等性との関係から、その適格性には問題があろう。

（五）　集合債権

集合債権譲渡担保が、更生手続開始申立てによって固定された後も、管財人らによって集合債権譲渡担保の目的とされている相手方との取引が継続され、従前同様の担保価値が維持されるならば、固定を解除し、新規の取引上の債権に更生担保権の効力が及ぶとする変換担保をなすことによって、更生担保権者は不利益を被らず、他方、更生会社は譲渡担保の目的となっていた債権を回収して資金繰りに充てることができるというメリットがある。

なお、牽連破産に移行した場合に、担保変換時の担保目的物相当の価値が減価していた場合の問題があることや、従前の担保が異種の担保である場合に、変換担保としての適格性に問題があることは、集合動産の場合と同様である。

（六）　その他

その他の代替担保としては、国債、株式、知的財産権等さまざまなものがあり得る。それらが変換担保としての適格性を有するか否かは、変換されるべき担保の内容を含めて、個別・具体的に検討されることになろう。

（七）　物上保証

第三者が更生担保権としての性質を有する物上保証をすることができるならば、物上保証は変換担保としての適格性を有することになる。更生手続開始後に更生担保権が設定されている目的物を第三者が取得した場合に、その後も更生担保権としての性質には変化をもたらさないと解される以上、更生手続開始後に第三者が更生担保権としての性質を有する物上保証をなすことも肯定されて然るべきである。

物上保証による変換担保が認められるならば、物上保証人が更生担保権と同等以上の価値を有する変換担保を提供することは一般に容易であり、スポンサー企業による物上保証の提供や、営業譲渡の際の譲受人による物上保証など、担保権変換請求権の活用範囲が飛躍的に拡大することになる。

（八）　人的担保

変換担保としては、第三者による保証など人的保証の提供も考えられる。民法三〇一条による留置権消滅請求の場合には、人的担保の提供も認められているが、[26]前述のとおり留置権者の承諾またはこれに代わる判決が必要とされていること、人的担保の変換担保としての同等性の評価、すなわち信用力の調査は容易ではないことに鑑みれば、変換担保としての適格性は認められないというべきである。

5　担保権変換請求の手続

担保権変換請求の手続としては、民事再生法の担保権消滅請求の手続が参考になり、それをもとに、概略次のような手続が考えられる。

（一）　管財人らから裁判所に対し変換担保許可の申立てを書面で行う。その許可申立書には、次の事項を記載し、その内容について疎明する。

①　変換を求める旧担保権の内容（種類、目的物、担保される債権の額、被担保債権の内容）。旧担保権が複数設定されているときは、各担保権毎に記載する。

②　変換を求める旧担保権の目的物の価額（評価額）。

③　変換する新担保権の内容（種類、目的物）。旧担保権が複数設定されているときは、新担保権におけるその順位。なお、変換する新担保権の内容が旧担保権と異なるときは、その理由および評価額以外の点についての価値同等性の説明

④　変換する新担保の目的物の価額（評価額）。

⑤　変換担保が物上保証の場合は、物上保証人の変換担保を提供する旨の同意。

⑥　担保変換の必要性。

（二）　裁判所は、許可申立書を変換を求められた全担保権者に送達し、その意見を聴く。

（三）　管財人らは、担保権者の意見を踏まえ、担保変換請求の内容を変更（修正）することができ、変更の申立てがなされた場合には、裁判所は再度担保権者の意見を聴く。

（四）　裁判所は、変換担保の相当性につき争いがあるときは、不動産鑑定士、公認会計士その他担保の評価をなすにつき適切な者を評価人に選任し、評価を命ずることができる。

（五）　裁判所は、前項の評価結果をも踏まえて担保変換の許否を決定する。

（六）　担保変換許可決定に対して、担保権者は即時抗告することができる。抗告理由は、変換担保の相当性の点のみとし、担保変換の必要性は抗告理由とはならないものというべきである。また、管財人らは、担保変換請求の却下決定に対して即時抗告をすることができる。その場合の抗告理由は、変換担保の相当性だけではなく、担保変換の必要性も含まれて然るべきである。

（七）　許可決定が確定すると、管財人らは変換担保設定の手続をとる。その具体的な手続は以下のとおりとなる。

①　金銭を供託する場合――許可決定に定められた日までに決定書の謄本を添えて供託する（新しい制度）。

②　預金質権――変換担保として指定された金融機関に預金をし、当該金融機関の質権設定承諾書の交付を受け、同承諾書を裁判所に提出し、受付印をもらう。

③　抵当権――管財人らは決定書の正本を添付して、変換担保の設定登記申請を行う。なお、同登記につき裁判所の嘱託登記の方法も考えられるが、他の変換担保では、嘱託の方法によることが困難であることとの関係上、変換担保としての抵当権設定のみを嘱託手続によることは難しいといえよう。

④　集合動産――更生管財人らが占有している集合動産が変換担保に供される場合には、その決定書の交付および

確定によって、当然に変換担保としての効力が生じ、また占有改定がなされたものとみなされ、新たな担保権設定行為等は必要とされないが、例えば第三者の倉庫に保管されている場合等には、譲渡担保権設定の通知（指図による占有の移転）をなす必要がある。

⑤　集合債権――保全管理命令または更生手続開始決定後の集合債権を変換担保とする場合には、管財人らから第三債務者に確定日付のある書面によって通知する必要がある。なお、個々の指名債権が変換担保とされることは稀であろうが、対抗要件具備の点では右とまったく同様である。

⑥　その他――その他の財産が変換担保の目的物とされる場合には、その目的物に応じて、その対抗要件具備行為が必要とされるべきであろう。

6　担保権変換決定の効力

担保権変換決定により、更生担保権の目的物に設定されていた旧担保権は全て消滅し、変換担保の目的物の上に、旧担保権と同様の担保権が、その順位に従って設定されることになる。

その担保権変換の効力、すなわち旧担保権の消滅と変換担保設定の効力がいつ生ずるかが問題となる。担保権変換決定の確定により、当然に変換担保設定の効力が生じ、それとともに旧担保権消滅の効力が生ずるとの考え方もあり得る。[27]しかし、変換担保の第三者対抗要件が具備されるまでに旧担保権消滅の効力が生ずるとすると、担保権変換決定確定後第三者対抗要件が具備されるまでの間に、変換担保の目的物に対し、滞納処分や共益債権による差押え等がなされると担保権者に不測の損害を及ぼしかねない。

かかる点を考慮すれば、担保権変換の効力は、変換担保の設定（例えば、金銭の供託）または第三者対抗要件の具備（例えば抵当権の設定登記、債権譲渡通知等）を停止条件として生ずるとすべきである。[28]そして、右の第三者対抗要件が具備されるまでに変換担保に対して差押え等がなされたときには、更生担保権者は不測の不利益を受けるおそれがあるから、管財人らまたは更生担保権者は、担保権変換決定の取消しを申し立てることができるものとし、その取消し決定には遡及効があるものとすべきである。

7　更生担保権の確定との関係

担保権変換請求が、更生担保権の調査・確定後であれば、変換担保の評価をめぐって問題が生ずることは少ない。しかし、実務上、担保権変換の必要性が生ずるのは、ほとんどが更生担保権の確定前であり、その結果、担保権変換請求権行使時の担保目的物の評価と更生担保権としての評価との関係が問題となる。

更生担保権としての評価は、会社の事業が継続するものとして評定した更生手続開始の時における価額である（会更法一二四条の二）。したがって、保全管理段階で担保権変換請求権が行使されても、更生担保権の評価としては変換前の旧担保が更生手続開始決定時まで存続していると仮定して評価することとなるのであり[29]、また、更生手続開始決定後に担保権変換請求権が行使されても、更生担保権の評価は、あくまで旧担保目的物の更生手続開始決定時の評価額である。

他方、更生会社が牽連破産になっても、更生担保権者に担保権変換時におけると同等の担保価値を把握させるという担保権変換請求制度の趣旨からすれば、変換担保の目的物の評価額は、前述のとおりあくまで担保変換時の従来の目的物の処分を前提とした評価額である。したがって、例えば、更生手続開始決定時の担保目的物の処分を前提とした評価額が一〇億円であったのが、担保変換時の評価額が一二億円であれば、一二億円相当の変換担保を提供する必要があり、担保権変換時の評価額が八億円しかなければ、八億円の変換担保を提供すれば足りる。

そして、財産評定を踏まえて、更生担保権の目的物の更生手続開始決定時における企業継続価値としての評価額が、仮に五億円あるいは一五億円と評価されれば、更生担保権は変換担保の目的物の上に五億円あるいは一五億円の価値があるものとして債権調査がなされることになる。そして更生担保権者がその債権調査の結果に異議を主張し、債権確定訴訟となっても、その争いの対象は、あくまで旧担保目的物の更生手続開始決定時における評価であって、担保権が変換されたことは、その争いに影響を与えない。

8　更生担保権者の保護

更生担保権者は、担保権変換により、その時点における旧担保権と同等以上の価値のある担保目的物上に担保権の設定を受けることができるのであり、更生担保権者自体は担保権の変換によって原則として不利益を受けることはない。担保権変換後に、牽連破産により担保権を実行する段階に至ったときに、例えば変換担保が地価の値下りにより担保権変換時の価値が存しなかったとしても、同様の事態は担保権の変換が行われない場合であっても生じ得るものである以上、それは保護の対象とはならないというべきである。

問題は、変換担保の目的物に瑕疵があって、担保権変換時にその評価どおりの価値が存しなかった場合や、あるいは集合動産譲渡担保や集合債権譲渡担保のように、その目的物が変動する結果、牽連破産時に担保変換時に比して、例えば譲渡担保の目的物が集合動産であるときにその数量が減少し、あるいは集合債権が目的の場合であればその債権の絶対額が大きく減少している場合等である。

変換担保に瑕疵がある場合は、管財人らは瑕疵担保責任を負うべきものであるから、その損害賠償責任は、会社更生法一一九条の三、または二〇八条二号により共益債権となり、また、流動財産の譲渡担保については、担保権変換後は管財人らはその価値を維持すべき義務を負うと解されるから、担保権実行時に担保権変換時における価値が維持されていない場合(30)には、その補塡義務を負うものといえ、その補塡義務を履行しなかった場合の損害賠償債務は共益債権にあたるといえる。

そして、右の暇疵担保または担保補填義務の不履行による損害が現実化するのは、牽連破産がなされた後であり、したがって、右の共益債権は財団債権となるのであり、[31] その限度で更生担保権者は保護されるといえる。

三　おわりに

以上、現在、法制審議会倒産法部会において検討されている会社更生法改正作業を視野に入れて、担保権変換請求権というまったく新しい制度を、大阪弁護士会倒産法改正問題検討特別委員会での検討結果をも踏まえてここに提案するものであるが、[32] その提案内容が、論理的にどれだけの整合性をもち、また実務上の利用に耐え得るものとなっているかはおぼつかないものがある。しかし、この提案をもとに、実務の必要に応ずるべく、担保権変換について現在よりも、より実効性のある制度が導入されることを願うものである。

追って、本稿は、平成一三年五月一二日開催の関西金融法務懇談会での報告を基本として執筆したものであるが、同懇談会において貴重なご助言をいただいた諸氏に、ここに感謝申し上げる。

（1）　金融法務事情一五〇三号（一九九八年）五六頁以下。

（2）　更生手続の申立代理人は、申立て前に、事業の遂行に必要な原材料や商品を商事留置権からいかにして解放しておくかに意を払い、また保全管理人は、その就任直後は商事留置権者との折衝に相当なエネルギーを割くことになる。なお、建売業者などでは、販売用の建物につき建築請負業者により商事留置権が行使されることがある。その問題点については、岩崎恵一「建築請負代金債権と商事留置権」判例タイムズ一〇一六号（二〇〇〇年）二四頁参照。

（3）　更生手続の申立てをするような規模の会社で、不動産や機械設備に譲渡担保が設定されていることは、まず存しない。

（4）　集合物譲渡担保の固定については、田原睦夫「集合動産譲渡担保の再検討――担保権実行の局面から」金融法研究・資料編(5)（一九八九年）一四〇頁〔本書第5部第1章〕。それに対し、伊藤眞『債務者更生手続の研究』（西神田編集室・一九八四年）三四九頁は、会社更生法一二四条の二の関係から保全管理命令では固定せず、更生手続開始決定によって固定するとされる。しかし、財産の管理処分権が保全管理人に移った後も、集合動産を処分したり集合債権を回収できるとすることは、担保権者に不当な損害を与えかねず、また、保全管理人に集合動産や集合債権の補充義務を課することも適切とは思われない。なお、通常は譲渡担保契約において、更生手続開始申立ては担保権の固定事由とされているので、実務処理の上では、両説の間で相違をきたさない。

（5）　更生手続開始決定までは、譲渡担保権者は担保権を実行することができるが、その実行に対しては中止命令が発令される（会更法三七条一項）。その結果、更生計画確定までに原材料や商品は陳腐化し、更生会社にとって不利益なだけでなく、牽連破産になった場合には、譲渡担保権者にとってもその利益が損なわれる。

（6）　更生手続開始決定がなされた場合の、集合債権譲渡担保の目的たる債権の取立権につき、次のような問題がある。すなわち、担保が固定化する結果管財人はそれを取り立てることができないが、他方担保権者も担保権の実行が禁止される結果、その取立権は奪われると解さざるを得ない（取立権を認めると、取り立てた後に譲渡担保権者が倒産した場合には、更生手続開始時点での担保価値が毀損されることになる）。第三債務者に対して供託をさせる方法はなく、譲渡担保権者に取立権を認めたうえで、その取立金を供託させるのが一番適切な解決方法ではあるが、現行法上その供託を認めるべき根拠法規はない。

（7）　倒産企業において、営業譲渡を行う場合には、早期に譲渡しないと、基幹となる社員が退社し得意先が奪われるなど、営業としての資産価値は急速に劣化する。

（8）　更生計画外の営業譲渡については、田原睦夫「会社更生手続中の会社の更生計画によらない営業譲渡の問題点」今中利昭先生還暦記念論文集刊行委員会編『現代倒産法・会社法をめぐる諸問題』（民事法研究会・一九九五年）一〇五頁参照。なお、民事再生手続においても再生計画によらない営業譲渡が積極的に用いられており、同法が施行された平成一二年四月一日から同年一二月末日までの主要一三庁での合計三六四件の民事再生申立事件中営業譲渡の許可申請がなされたのが一二件に及び（田邉雅孝＝小菅和弘「事件統計からみた民事再生事件」金融法務事情一六〇六号（二〇〇一年）三〇頁）、また東京地裁で平成一三年二月末日までの申立件数二一三件中一五件について営業譲渡の許可申請がなされている（園尾隆司「東京地裁における民事再生実務の新展開と法的諸問題」債権管理九二号（二〇〇一年）一四頁）。

(9)　理論上は、更生担保権を消滅することなくその目的物を処分することも可能ではある。しかし、その場合、更生担保権としての性質は消滅しないから、担保権の実行や代価弁済の請求をすることはできないと解される。なお、実務上は担保権が付されたままで営業譲受人が譲渡を受けることはまず存しない。民事再生法は、かかる場合に対処すべく、担保権消滅請求制度（民再法一四八～一五三条）を設けた。

(10)　三ケ月章ほか『条解会社更生法（中）』（弘文堂・一九七三年）八七二頁。

(11)　この代わり担保には人的担保も含まれる。林良平編『注釈民法(8)』（有斐閣・一九六五年）七七頁〔田中整爾〕。

(12)　林編・前掲注(11)七八頁〔田中〕、宮脇幸彦＝時岡泰『改正会社更生法の解説』（法曹会・一九六九年）二四二頁。

(13)　宮脇＝時岡・前掲注(12)二四二頁。

(14)　民法三〇一条の消滅請求と異なり、代替担保の目的物の相当性は争いの対象とはならず、価額の相当性のみが争いの対象となる。なお、商事留置権の消滅請求権の行使には、通常、裁判所の許可が必要とされるところから（会更法五四条九号）、実務上は評価額に争いが生ずることも少ない。

(15)　昭和四二年の会社更生法の改正時には、保全管理段階はきわめて短期間で終了すると想定されていたようである。今次の改正では、事実上の必要から「改正検討事項」において、保全管理人による商事留置権の消滅請求権が掲げられている（前掲注(1)六九頁）。

(16)　東西倒産実務研究会編『会社更生・会社整理』（商事法務研究会・一九八九年）一一三頁。なお、伊藤・前掲注(4)三六〇頁参照。

(17)　近時、破産や民事再生手続において、担保目的不動産の任意処分につき、無剰余の後順位担保権者（金融機関を含む）が、担保権の抹消につき高額な判子代を要求して、そのため任意処分が難航する事例が増えており、更生担保権においても目的物に複数の更生担保権者がいる場合には、その変換は容易ではない。

(18)　担保権消滅請求の行使事例は、平成一三年一月二八日までに東京地裁で五件（園尾・前掲注(8)三一一頁）、大阪地裁で一件（森宏司「大阪地裁における民事再生実務の現況と課題」債権管理九二号（二〇〇一年）四〇頁）とけっして多くはないが、同制度の存在を背景として、担保権者との協議による解決が図られている模様である。

(19)　実務上は、裁判所の許可に関らせているが（会更法五四条九号）、法的には、裁判所の許可は要件ではない。なお、要許可行為とされたものを無許可で行った場合は無効である（同法五五条）。

(20)　民事再生法における担保権消滅請求権の法律上の性質については、形成権説と介入権説があるとされているが（伊藤眞ほか「〈研究会〉民事再生法(6)」ジュリスト一一九六号（二〇〇一年）一一一頁〔福永有利発言〕）、本懇談会の場において、そこで「介入権説」として紹介されている山本克己教授より、同氏の見解（「担保権消滅請求制度と倒産・執行法制」銀行法務21五六四号（一九九九年）六六頁）は、民事再生法の立法過程において、担保権消滅請求制度を正当化し得る論拠の一つとして提示したにすぎないとの説明がなされた。

(21)　DIP型の会社更生手続を認めるか否かは、今次の会社更生法改正作業における大きな論点の一つである。仮にDIP型が認められる場合には、監督員（会更法四二条参照）等の監督機関の存在は不可欠であろうから、監督員の同意の下にその権限の行使が認められることになろう。

(22)　現在の会社更生法五四条九号の担保権変換につき、担保権者に不利益を与えないために、新担保権を設定する財産の価額のほうが若干高くてもやむを得ない、と解されている。宮脇＝時岡・前掲注(12)二五四頁。

(23)　例えば、A不動産に設定されている抵当権をB不動産上の抵当権に変更し、更生手続開始申立て前の集合動産譲渡担保を更生手続開始申立て後の集合物にも及ぶとする場合等。

(24)　抵当権に変換して、預金に質権を設定する場合等である。

(25)　更生会社において、変換担保に供し得るような不動産を所有していることはまず存せず、したがって、ここにおいて述べるところが実際に問題となることはまず存しない。

(26)　林編・前掲注(11)〔田中〕参照。

(27)　大阪弁護士会倒産法改正問題検討特別委員会の意見書の見解である。

(28)　したがって、例えば、甲不動産に設定されている抵当権が乙不動産に新たに設定される抵当権に変換される場合、甲不動産の抵当権設定登記を抹消するには、担保権変換決定に基づいて乙不動産に変換担保としての抵当権が設定された不動産登記簿謄本を添付して登記申請をすべきこととなろう。

(29)　例えば、変換されるべき旧担保たる集合動産譲渡担保の目的物が季節商品などであり、更生手続開始決定がその季節経過後であれば、旧担保の評定額は、その際の評価額であるから、季節中の評価額に比して著しく低下することは否めない。

(30)　契約内容が、集合動産譲渡担保につき一定の数量以上の保持義務を定めているにすぎないときは、価格の変動は更生管財人らの責任外であるが、一定の数量に加え一定の価額以上の保持義務が定められているときは、管財人らはその価額以上の流動動産を保持すべき義務を負うことになる。

(31)　保全管理人が担保権変換を行い、その目的物に瑕疵等があった場合に、更生手続が開始されなかったときは、現行法ではその損害賠償請求権は破産債権にしかならないが、今回の改正作業では、財団債権化することが検討されている（前掲注(1)六九頁）。

(32)　その検討結果と私見とは、大節において意見を異にしないが、大阪弁護士会の意見では、担保権変換の効力は、変換決定の確定により（すなわち第三者対抗要件の具備を待たず）当然に確定するとしているなど、意見を異にする部分もある。

【振り返りコメント】

平成八年一〇月から開始された法制審議会における倒産法改正作業は、作業開始後の経済状況や政治情勢の結果、当初予定されていた倒産五法の同時改正ではなく、主として中小企業の再生を目的とする民事再生法が和議法に替わる制度として先行して平成一一年一二月に制定され、平成一二年四月一日から施行された。

本稿は、民事再生法制定後、法制審議会において本格的な審議が始まった会社更生法の改正作業に関連して、民事再生法に新たに導入された担保権消滅請求制度を視野に入れつつ、筆者が本稿執筆までに経験した会社更生事件の保全管理人、更生管財人（二グループ・九社）としての実務経験を踏まえ、会社更生手続における管財人（保全管理人）の更生に向けた機動的な活動の確保と更生担保権者の利益の保護を図る新たな制度として、会社更生手続に担保権変換請求権の導入を提唱するものである。

なお、本稿の提案を実現するには、変換すべき担保の目的物の選択や、その評価等、解決すべき種々の問題点があって、同提案をそのまま実現することはできなかったが、平成一四年制定の会社更生法に定められた担保権消滅請求制度（同法一〇四条以下）の導入には一定の寄与をしたものといって過言ではない。

第8部　座談会

■出席者（敬称略）
田原睦夫
安永正昭
松岡久和
三上　徹
中井康之（司会）

Ⅰ　はじめに

中井　田原睦夫先生が、平成二五年四月に古稀の誕生日をお迎えになるとともに最高裁判事を退官され、それを記念して、田原先生がこれまでにお書きになられた担保法に関する論文をとりまとめた論文集が弘文堂から出版されることになりました。その出版を記念して、研究者、実務家の先生方にお集まりいただき、掲載論文の学説史的な位置づけや、当該論文がその後の実務や判例に与えた影響等について、田原先生も交えて忌憚なくご議論をしていただく趣旨で本座談会を企画いたしました。

　本日は、田原先生にゆかりのある皆さんにお集まりいただいています。最初に、田原先生との関係も含めて簡単に自己紹介をお願いいたします。安永先生から、お願いします。

安永　安永です。民法、財産法を専攻しております。定年まで神戸大学法学研究科で教育・研究に従事をしておりました。その後、近畿大学の法科大学院を経て、現在は同志社大学の法科大学院に所属をしております。田原先生とは林良平先生のゼミの後輩ということで、ずっとこれまで大阪の研究会などでいろいろご指導をいただいて参りました。よろしくお願いします。

中井　続いて松岡先生、お願いします。

松岡　京都大学の松岡でございます。私も、大学院時代に林良平先生にご指導いただいたということで、田原先生の後輩にあたります。また、研究者になって以来、関西金融法務懇談会を中心に、大変「かわいがって」いただいております（笑）。

中井　金融の実務家として、三上さん、お願いします。

三上　三井住友銀行の三上でございます。田原先生の書かれたものは非常に実務的でしたので、かなり銀行に厳しいものもあったのですが、大変に参考にさせていただいていました。その後に、民事再生法ができて以降は、直接、研究会等で同席することが増えまして、いろいろご指導いただくようになりました。詳しい関係は、献呈論文集掲載の私の論文（三上徹「普通預金の将来」金融財政事情研究会編『田原睦夫先生古稀・最高裁判事退官記念論文集　現代民事法の実務と理論（上）』（金融財政事情研究会・二〇一三年）五五八頁）の最後に書きましたのでそちらを参考いただくとして、本日、このような座談会に私などが参加させていただいて誠に光栄でございます。よろしくお願いいたします。

中井　本日の司会をさせていただきます、弁護士の中井康之です。私は、弁護士登録と同時に大阪空港公害訴訟の原告弁護団に加入させていただいたのですが、以来、弁護団の中核にいらっしゃった田原先生に、弁護団活動を通じて、また、先生が管財人を務められた会社更生事件の管財人代理等として、ご指導といいますか、お叱りを受け、鍛えられた次第です。

司会役には、誠に能力不足ですが、皆さんのご協力を得て、活発な議論ができるように進めて参りたいと思います。田原先生にも積極的にお話しいただきたいと思いますが、田原先生からも、一言お願いします。

田原　今回、弘文堂から、「私の論文集の出版を」というお声が掛かったときに、私は実務界では倒産関係で名前が通っていますが、実は故林良平先生の弟子として、あるいは林先生が企画された青林書院からの「注解判例民法」シリーズの担保法関係（林良平＝岡部崇明＝田原睦夫＝安永正昭編『注解判例民法1b物権法』（青林書院・一九九九年））の編集担当の指名を受けたこともあって、担保法関係についてはそれなりに勉強させていただいていました。また、林先生との関係で、金融法学会のシンポジウムで譲渡担保についての報告をさせていただいた（田原睦夫「集合動産譲渡担保の再検討――担保権実行の局面から」金融法研究・資料編(5)（一九八九年）一四六頁）ほか、種々の機会に、いくつか担保法関係で論文等を書いてきております。それらの論文のうち、特に転担保や根担保の関係については、他にそれほど詰めた論究もなされていないとともに、私の論文が、諸先生方の「古稀記念」その他に掲載されている関係で、一般にちょっと入手がしにくいということもありましたから、企画していただくならば、「倒産じゃなくて担保関係のほうで出版をお願いできないか」と弘文堂にお願いし、快くお引き受けいただいたことから、その延長上の企画として、今回の座談会を弘文堂からご提案いただいて、それに甘えるという形で、今回の座談会が実現したと理解しています。

私が執筆した担保法関係の論文はいずれも相当古いものですので、その後の学会の動きについて十分にフォローアップできておりませんが、そのあたりは安永先生、松岡先生、あるいは実務については、三上さんからいろいろご教示いただきながら、それらの問題点について、執筆時以降の論点について、さらに少しは深めた議論ができれば、ありがたいと思っております。

中井　この論文集には、大きく九つのテーマの論文が掲載されています。動産売買先取特権、根担保、抵当権、転抵当権、留置権、集合物譲渡担保、ファイナンス・リース、配当、そして会社更生手続と担保権変換請求権この九つです。いずれも大変興味深い論点が提示されていますが、本日はそのなかから四つのテーマを取り上げたいと思います。最初が、抵当権に基づく物上代位、二つ目が転抵当権、三つ目が根担保、四つ目が集合物譲渡担保です。若干マイナーな論点もあるのですが、この四つの論点を取り上げたのは、田原先生の思い入れがあるように聞いております。最後の集合物譲渡担保については、論文で提示された固定化の議論が近時注目を集めていますが、本日の座談会を通じて、今日的な意義も含めて、さらに深めることができればと思います。

Ⅱ　抵当権に基づく物上代位

1　「賃料に対する物上代位と建物の管理」

▼賃料に対する物上代位と建物の管理」執筆の動機・経緯・問題意識

中井　それでは第一の論点、抵当権に基づく物上代位について議論を始めたいと思います。最初に取り上げる論文は、平成八年に金融法務事情に掲載されました「賃料に対する物上代位と建物の管理」と、同じく平成九年に金融法務事情に掲載されました「将来の賃料債権の譲渡と抵当権の物上代位」、この二つです。

ご承知のように平成元年一〇月二七日最高裁判決（民集四三巻九号一〇七〇頁）[1]は、抵当権者の賃料債権に対する物上代位を広く認めました。その後、実務では、物上代位が多用されることになったわけですが、そこでいくつかの問題が生じたように思われます。「賃料に対する物上代位と建物の管理」は、その問題の一つを取り上げています。つまり、建物管理に必要不可欠な費用をまかなう共益費に対しても、賃料債権に対する物上代位が行われていることから、建物管理ができない状態が作出され、結果として、建物が荒廃し、建物の価値自体が減価している。そのような実態について問題提起をされた論文です。

最初に、田原先生から、この論文の執筆の動機、執筆されるときに具体的問題として感じていたこと、その後の論議の展開について、ご紹介いただければと思います。

田原　平成元年の判例が出るまでは、物上代位の申立ては非常に少なくて、統計資料でみますと、例えば東京地裁でいえば、平成元年の申立総件数はわずか七件、大阪地裁では三件しかなかった。ところが平成五年になると、東京地裁で一二五三件、大阪地裁で三九一件と激増しているわけですね。これは、一つには平成三年のバブル経済の崩壊以降、競売事件で競落されず、未済事件が非常に増えていったというバックグラウンドがあるわけで、そうした状況の下で物上代位の申立てが急増しました。

物上代位の申立てがなされる場合に、ごく一部では、共益費部分については除外した申立てもありましたが、多くの賃貸借契約では建物の管理にかかる共益費部分について明確に定めていないことから、賃貸人が取得する賃料のすべてが差し押さえられてしまいます。そうすると家主は、そこまでされると「もう管理はしませんよ」ということを平気でいう。そういう類の案件でテナント側から「どうしましょう。管理も何もしてくれないけれども」といった相談を受けるなかで、それにどう対応したらいいか。テナントとしては、管理が荒廃していく状態の下で、出ていった方が楽だというような事案が出てきました。

それから私は、昭和五〇年代の半ば頃から、破産管財人に就任し始めましたが、これは松嶋英機弁護士の古稀記念論文集『時代をリードする再生論』に掲載した論文（田原睦夫「整理屋の時代と弁護士の倒産実務――事業再生に活躍する弁護士の礎のために」伊藤眞＝門口正人＝園尾隆司＝山本和彦編『松嶋英機弁護士古稀記念論文集　時代をリードする再生論』（商事法務・二〇一三年）二七〇頁以下）にその頃のことを書いてますけれども、賃貸ビルの破産管財物件で、物上代位で賃料が差し押さえられてしまうと、結局、財団放棄をせざるを得なくなります。管財人の立場としては、できれば財団放棄をせずにテナントに迷惑をかけたくないのですが、そうはいっても、一般債権者の配当財源を削って、それで管理を続けるということは管財人の善管注意義務との関係でいかがかということから、財団放棄せざるを得ないという事案が出てきました。そうしたなかで、その問題について当時は「物上代位を積極的に活用するのはベストだ」という論稿ばかり目立っておりましたから、その負の側面に光を当てる必要があるのではないかということからこの論稿を書いたわけです。

次の論点の将来債権に対する差押えの問題ともからみますけれども、結局、物上代位ですべてを押さえることが本当に理屈からいって適切なのかという問題があります。不動産競売になった場合は、いろんな評価方法があるなかで、近年は、DCF法が一応メインだといわれています。DCF法では、管理コストを全部控除したうえで、収益還元価格を算出するわけですね。それにもかかわらず管理コスト部分を物上代位によって抵当権者がとってしまうということは、結局一般債権者の配当に充てられるべき部分から管理コストを支払わされるということであり、ある意味で、不動産の価値の二重取りに近いという評価を受けざるを得ないといえます。ただ管理コスト部分を物上代位手続の下で、計数的に明確にできないところが難しい問題なのですが、そういう側面を考えると、マイナスの側面について光を当ててもう少し議論を詰める必要があるのではないかということで問題提起をしたいというのが、執筆の動機です。

▼賃料債権に対する物上代位の利用状況

中井　不動産に対する抵当権を最も使っているのは、いうまでもなく金融機関です。金融機関としては、競売もできるわけですけれども、平成元年以降、田原先生のご指摘のとおり、相当数の物上代位が行われたように見受けられます。当時の実務を含めて、金融機関が、抵当権に基づく賃料債権に対する物上代位をどの程度利用しているのか、また、物上代位をどのように評価しているのか、銀行実務の立場から三上さんにコメントをお願いします。

三上　先ほどの田原先生のお話にもありましたように、バブル経済崩壊後というのは、担保不動産を競売にかけても売れないし、かつ、被担保債権額に対して大幅に値下がりした値段でしか処分できないという状況の下で、賃料から回収できるという、それまでもできたわけですけれども、そういうこともできることが新たにというか再発見されて、しかも、次々と、金融サイドからすると、抵当権者が勝ち続けるパターンの判例が出ましたので、これは使えるということで、一時期非常に流行したんだろうと思います。

その頃に比べますと、現在、賃料への物上代位の申立ては落ち着いているようにみえますけれども、それは平成一二年以降は、民事再生法で単なる倒産から再生方向に舵が切られたということもありますし、近年は円滑化法の影響で倒産自体が減っているということもあろうかと思いますが、実際に、サービサーに実務を聞いてみますと、むしろ今はシステマティックになっていまして、競売予定物件が賃貸されていれば、競落までの間、短い間であっても、自動的に物上代位を請求して賃料からも回収することがマニュアル化されているようです。実際そういうことができるのは、一つは判例理論が固まって、どういうときに物上代位ができるかがほぼ明らかになっているということ。それから、バブル経済崩壊後のような執行妨害目的の賃貸借が影を潜めて、まともなといいますか、差押えのしやすい、賃借人の特定のしやすい賃貸借がほとんどになったからだと思います。

収益執行に関しましては、例は少ないんですけれども、例えば学生用の賃貸アパートを三棟保有していて、賃料債務者が一五〇人にものぼり、また短期間でそれが入れ替わる。すると管理コストがかかって、賃料債務者を常時確知することも困難であるということで、収益執行を申し立てたというものがあります。月間一〇〇〇万弱ぐらいの回収ができているそうなので、これは、件数は少ないですけれども、立法目的が非常に生きているような事例だと思います。

そのほかに時々みかけるのは、例えば、私的整理の段階とかでもめていて、しかし、日銭商売なのでキャッシュフローは回って倒産するでもなく、だらだらと経営が続いているというような会社について、担保不動産を競売しても、配当の見込みがないような後順位の担保権者が、しれっと収益執行の申立てをしていることに気付いて、それにあわてて参加するというようなケースもいくつかあるようです。

ただ、これらはあくまで例外的でありまして、原則、サービサーの手許に行きますと、回収専一になりますので、いかに早く回収して次に行くか、という発想になりますから、時間をかけて回収を極大化するとか、そういう不良債権を長くもつという発想はやはり今でもないということになります。

その際に、維持・管理費等の問題は、古くからご指摘のような論点はあるんですが、結局、未だに差押えでとれるものは全部取り込みになっています。これは、やはり差押えができる以上、とったものから返せといわれても、返す理由に困るということと、戻した分が必ずしも全額そのまま管理費に使われるかどうかも分からない。かつ、最近は売却までの間も短いですし、それを取り込んだことによって優良な賃借人が出ていって建物が荒廃したとか、そういう不都合な事例も聞きません。そういう意味では、もうすでに病理状況以前に、そういう実務が定着してしまったといいますか、今は当時懸念されたような、もう大きな問題にもなっていないということではないでしょうか。ただ、今後消費税が上がると、消費税分の取込みがどうなるんだというような問題が出てきて、再度クローズアップされるかもしれません。

田原　不動産の管理の関係でついでに申し上げておきますと、私が平成八年に末野興産の破産管財人、その後、会社更生に変わりましたけれども、末野興産は破産宣告時に一〇〇棟近い賃貸不動産を所有しており、RCCがそのうちの多数の物件につき第一順位の抵当権者の地位にありまして、物上代位の申立てを次々としてきたのですが、当時は競売が簡単に進行しない時代でしたから、物上代位による物件の荒廃問題を提起して、結局、RCCとの間で各物件毎に、原則として四分の三はRCCが物上代位でもっていくと、四分の一が管理コストとして管財人の手許に残すという、骨子そのような和解をして管理を続けたことがあります。

中井　ありがとうございます。三上さんのお話によれば、競売手続が円滑化し、かつ迅速化した時代背景もあるからか、原則的には競売手続を進める案件が多いとのことです。そうであっても、回収の極大化を考えたときに、物上代位を利用して、一定期間、賃料収入から回収する、そのうえで時期をみて実行をする、という実務がそれなりにあり得る。また、多数の賃借人がいて、個別に物上代位が困難な不動産については、収益執行で債権回収の極大化を図っているようです。

　田原先生が問題提起された建物荒廃については、近時、そのような問題状況はそれほど顕著には現れてはいないというご指摘でしたが、それでも先ほど、田原先生から事例紹介がありましたけれども、末野興産事件などの例を挙げるまでもなく、すべての賃料債権を抵当権者がもっていけば建物管理ができないという問題は避けられないのだろうと思います。

　この点、倒産の場面で、とりわけ重大な問題となっているのではないかと思います。先ほども、田原先生から破産管財人の事例が挙げられました。裁判所の倒産部との協議会でも必ず出てくる論点ですが、抵当不動産について、賃料債権を物上代位でもっていかれると、建物管理や固定資産税はすべて破産財団の負担となり、その結果として、担保権者の利益のため一般債権者が犠牲になっているという状況が少なからず生じています。それを回避するために何をするかというと、目的不動産を財団から放棄するほかありません。

　今般、大阪弁護士会会員を中心として倒産法改正に向けた提言を出版していますが、そのなかに民事再生手続でも同じような事態が生じているとの指摘があります（野村剛司「担保権実行方法の倒産手続における制約の可否」倒産法改正研究会編『提言倒産法改正』（金融財政事情研究会・二〇一二年）一八〇頁）。抵当権者は、賃料債権を物上代位して回収の極大化を図りながら、任意売却には同意しない。結果として、再生債務者は不動産管理費や固定資産税を負担し、維持コストを一般再生債権者が負担する状態になっていますが、再生債務者としては、動きがとれない。担保権消滅は資金がないので使えない。こういう事態について、何らかの手当てが必要ではないかという問題提起がなされています。

▼抵当権の「本質」と賃料債権に対する物上代位

中井　そこで、松岡先生から、理論的な側面からご説明いただけないかと思います。そもそも賃料債権に対して抵当権の効果が及ぶのか。これは、古典的な議論で、その後、民法三七一条も改正されて、債務不履行した後の果実、賃料債権に及ぶとなり、そして収益執行制度が構築されましたので、もはや過去の議論かもしれません。それでも、抵当権は、そもそも交換価値を把握しているだけで、債務者は自由に目的財産を使用できるはずだった、こういう抵当権という本質からも、コメントをいただければと思います。

松岡　平成元年判決以前も学説は分かれておりました。ご存じのとおり、古くは我妻先生が「なし崩し的な価値の具体化」（我妻栄『新訂担保物権法』〔民法講義Ⅲ〕（岩波書店・一九六八年）二八一頁）、柚木先生が「交換価値の一部の代表」（柚木馨＝高木多喜男『担保物権法〔第三版〕』（有斐閣・一九八二年）二六六頁）という理由づけで賃料債権にも抵当権の効力が当然に及ぶとされたのですが、実務と学説の多数説では、むしろ、中井先生からご指摘がありましたように、抵当権は価値権なので使用収益に対してそもそも口を出せないとする否定説がかなり強かったですし、せいぜい旧三七一条によって抵当権の効力が天然果実に及ぶ場合との均衡から、抵当権の実行としての競売手続に入った後のみ賃料にも及ぶといういわゆる「果実説」がどちらかというと優勢だったと思います。

それに対して、平成元年判決は非常に大きな影響を及ぼしました。この判決は、いわゆる「無条件肯定説」と呼ばれるもので、特に制約を設けることなく広く賃料債権に対する物上代位を肯定し、その結果、その後の数年で物上代位の申立て件数が何倍にもなったのだと思います。時代背景は先ほど三上さんがおっしゃったとおりです。

もっとも、この平成元年判決の理由づけは非常に形式的で、物上代位については先取特権の場合を準用しているところ、先取特権は抵当権と同じく非占有担保権であるにもかかわらず賃料債権に対する物上代位を三〇四条で認めているのだから、抵当権も同じである、という点に尽きるものでした。そこで、学説は平成元年判決には必ずしも十分納得せず、例えば、伊藤眞先生は、物上代位はそもそも把握していた価値が減った分を補うもののみであると理解されまして、抵当権設定後に短期賃貸借が設定されて目的物の価格が下がる場合にのみ物上代位を認めたらよいという見解を出されました（伊藤眞「賃料債権に対する抵当権者の物上代位（上）（下）」金融法務事情一二五一号六頁・一二五二号一二頁（ともに一九九〇年））。いわゆる減価要件説で、私の同僚の山本克己さんもこの見解にかなり親近感を抱いていたようです。しかし、最高裁の判例が決まったので、以降の下級審の裁判例は当然これに従いましたし、学説のなかにも、例えば鎌田薫先生のように判例を支持する見解があり（鎌田薫「賃料債権に対する抵当権者の物上代位」石田・西原・高木三先生還暦記念論文集刊行委員会『石田喜久夫・西原道雄・高木多喜男先生還暦記念論文集下巻金融法の課題と展望』（日本評論社・一九九〇年）二五頁）、この判決の理由づけはたしかに十分ではないけれども、関係当事者の利益衡量や抵当権を強化する必要性という政策的観点からするとそれなりに理解ができる、とされました。もっとも、鎌田説は、理論的な理由づけになっているとは思いません。

結局、抵当権による目的不動産の価値把握をどう理解するかが鍵になります。先ほど田原先生からもご指摘がありましたとおり、最近では不動産の価値を単に競売においていくらで売れるかだけではなく、とりわけ収益物件であれば、収益を基礎とした担保物の価値評価を考える方向に変わってきています。そうすると、抵当権設定以前から賃貸借契約がすでにたくさん結ばれている物件は、まさに優良な収益物件でして、伊藤先生の見解とは逆に、収益物件として担保評価をして抵当権を付けており、それゆえに賃料債権には抵当権の価値が及び得ると考えられるのではないかと思います。

そもそも、使用価値、収益価値と交換価値を完全に切り離すことはできないとも思います。もし収益物件である抵当不動産が競売されて直ちに売れますと、買受人が所有権を取得した以降に発生する賃料債権を所有者として当然に取得することができるわけで、それを反映して競売代金は高くなります。抵当権の交換価値の支配がこの交換価値に及んでいるとしますと、抵当権の実行開始から買受人の登場までの賃料債権にも、抵当権の価値把握が具体化して及んでいると考えられます。平成元年判決以前は、使用価値や収益価値と交換価値を峻別して考える価値権論が有力だったのですが、ドイツやフランスの法制でも、天然果実はもとより法定果実についても、一定の範囲で抵当権の効力が及ぶことを認めていて、このような価値権論を採っていません。こうしたことを考えると、この平成元年判決は理論的な説明には難しいところがあるのですが、それなりの正当化ができると思います（松岡久和「抵当権の本質論について――賃料債権への物上代位を中心に」占部洋之ほか編『高木多喜男先生古稀記念　現代民法学の理論と実務の交錯』（成文堂・二〇〇一年）三頁）。

「お前は我妻流の『なし崩し的実現』に賛成するのか」と問われますと、部分的にはそうです。しかし、我妻説と違うのは、抵当権は設定時からたしかに交換価値を把握しているとはいえますが、設定者に使用収益を委ねる抵当権の性質上、抵当権の実行に入るまでは賃料債権には手が出せない。交換価値の把握が現実化するのはあくまで抵当権の実行時であって、賃料債権に対する物上代位が可能になるのもこの時点以降だと考える点です。従来、物上代位は、債務不履行になる以前でも担保目的物が滅失して保険金が発生すれば損害賠償債権や保険金債権に及ぶと考えられてきました。このことは、たしかにこの種の代替的物上代位にはあてはまります。しかし、賃料債権が付加的に生じたものであって本体の競売もなお可能な場合には、賃料債権は天然果実などと同じように、債務不履行前は抵当権設定者の自由な処分に委ねられているので、代替的物上代位とは異なる付加的物上代位という類型として考えるべきだと思います。

田原先生の論文は、賃料債権に対する物上代位の弊害を非常に的確にご指摘になった点で、問題提起としての意義が非常に大きく、二〇〇三年の担保・執行法改正で、管理費用を簒奪されない合理的な執行方法である収益執行を導入することに、大きな貢献をされたと思います。

物上代位についても、管理費用と共益費用の部分が分けて合意されていれば、共益費用の部分は物上代位の対象からは外させるという東京地裁の扱いがあるようです（東京地方裁判所民事執行センター実務研究会編著『民事執行の実務　債権執行編（上）〔第三版〕』（金融財政事情研究会・二〇一二年）一一七頁）。ただ問題はそのような区別がない場合であり、管理に充てるべき収益まで全部とられてしまい、抵当目的物件が荒廃するのはご指摘のとおりであります。

ただ、座談会ですので敢えて問題提起を行おうと思います。ご指摘の問題が、賃料債権に対する物上代位固有の問題なのかについては、少し疑問をもちます。というのは、例えば債務者が転売代金債権を得る場合、転売代金債権はたしかに物の価値の代わりといえましょうが、人的・物的な営業体制の整備だとか売り込む営業上の努力をして費用を投下しないと生じない債権です。また、例えば保険金債権は、保険料の継続的な支払いがあって初めて生じます。転売代金債権や保険金債権に対して物上代位権を行使したり、あるいは約定担保で押さえるという場合、費用投下部分を控除して差し押さえたり、担保目的にしているかというと、収益をあげるための費用部分を債務者に還元することなくすべて担保の対象としています。こう考えますと、どうも賃料債権の問題だけではなく、弊害はもっと一般的に生じるのではないかという気がいたします（松岡久和「物上代位の成否と限界(1)——賃料債権に対する抵当権の物上代位の是非」金融法務事情一五〇四号（一九九八年）六頁）。

特に問題が顕在化するのは、中井先生がご指摘になった倒産の場面で、例えば将来債権の包括的な譲渡をした場合です。反対給付を破産財団から支出することで発生する将来債権についても担保権者の別除権行使を認めるとしますと、やはり同質の問題が生じます。私が指導していた者で、この間、関西金融法務懇談会に加えていただいた和田勝行君という准教授がいるのですが、和田君はこういう将来債権の譲渡について、ドイツの破産法をめぐる議論のなかで、やはりもう少し一般的な制限が必要になるのではないかを研究しております（和田勝行『倒産手続と将来債権譲渡担保——ドイツにおける議論を参考にして』（有斐閣・二〇一四年刊行予定））。他方、以前の破産法の改正かどこかの議論で、担保権者に一定の負担を当然に認める案も出ていたと思うのですが、そういう形で担保の効力を制限したり、担保権者に負担を課すことが一般ルール化しますと、今度は担保評価自体が下がり、債務者が融資を受ける途が狭くなりますので、場合によっては倒産を早めるという副作用も生じます。うまく功罪の均衡がとれる規律を設けるには、かなり難しい問題があるのではないかと感じています。

中井　ありがとうございます。確認ですが、そうしますと松岡先生は、賃料債権については差押えを要件とし、実行に入ってから、というご説明があったように思います。改正後の民法三七一条との関係でも、そのように読み込むということでしょうか。

松岡　はい、これは、抵当権の設定登記によって第三者に対する対抗要件を備え、抽象的に及んでいた価値把握が、差押えによって具体化すると考えるもので、自分では登記と差押えの二段階基準説と呼んでいます（松岡久和「賃料債権に対する抵当権の物上代位と賃借人の相殺の優劣(2)」金融法務事情一五九五号（二〇〇〇年）三六頁）。

中井　なるほど。二点目の確認ですが、転売代金に対する物上代位のお話がありましたが、これは転売代金全部を回収できるわけではなくて、元の売買代金債権の限度でしか行使できず、転売のコスト分や転売利益部分は売買代金の差額に反映されているはずなので、そのご批判はあたらないように思いましたが、如何でしょうか。

松岡　たしかに通常の場合には、ご指摘のとおりです。ただ、廉価に転売されて転売代金が売買代金以下であったら、転売代金全額について物上代位ができますので、やはり問題は残ります。

▼建物管理コストを担保権者負担とする理論的可能性

中井　三点目ですが、将来債権の包括譲渡があった後に、譲渡人に倒産手続が開始した場合の規律については、ご指摘の大問題があります。必要なコストは倒産債務者が負担したうえで、発生した将来債権がすべて譲受人に移転するとなれば、倒産債務者の事業の再生は不可能となります。他方で、権利者である担保権者に、債権発生コストを負担させることが説明できるのか。まさにご指摘の問題があるので、そこは見解が分かれている状況ではないでしょうか。

田原　不動産の収益執行の問題ですが、これも実は倒産手続の関係でよくわからない論点があります。収益執行の場合は、固定資産税は管理人が支払うことになります。他方で、それは財団債権でもあるんですね。そうすると、財団債権と管理人が支払うべき費用と、これは一種の不真正連帯関係に立つのですが、管理人が払ったときに財団に請求できるかというと、たぶんできないのでしょう。そうするとそこで、破産手続の関係でどうなるかなと。以前から疑問に思ってまして、理論的には不真正連帯関係であることはまず間違いないのですが、求償関係が立つかというとちょっと……、管理人から財団に求償できるというのは、収益執行のシステムからいえばおかしいのです。では、財団が支払った場合に管理人に請求できるかというと、これもおかしいです。その点について、他で問題提起したことがあるのですが、なかなかよい解答がいただけていないという問題です。

これはやはり、担保執行制度全体の問題ともからむのですが、先ほど松岡先生がおっしゃったように、抵当権者が固定資産税を負担するのは当然だという法体系ができればすっきりするのですが、そうした法体系をとっていないものですから、今のような問題点が残ることになります。

松岡　所有者ではない抵当権者に固定資産税を負担させることを正当化する理屈は難しいですね。

▼保険金支払請求権に対する代償請求・物上代位

三上　松岡先生が最後に指摘された、物上代位固有の問題なのか、という点ですけれども、今般の債権法改正の中間試案で代償請求権を明文化する方針が示されていますが、分科会での審議の際に、保険料を払っているからこそ受け取れるものに、どうして当然に代償請求権が成立するんだ、少なくとも支払済みの保険料は差引きにすべきではないかという問題点を指摘しましたけれど、結局、代償請求権は当然のごとく発生するという形で明文化されそうで、立法的には逆の方向に進んでいるともいえますね。

松岡　保険金については昔から、商法学者の一部が、保険料を支払った対価として発生するものだから、保険の対象である担保目的物の価値的な代替物ではないと主張されていました（大森忠夫「担保物件の物上代位と保険金」勝本正晃＝村教三編輯代表『石田文治郎先生還暦記念　私法学の諸問題⑵』（有斐閣・一九五五年）三三五頁）。ただ、他の国では日本のように物上代位を非常に広く認める法制でないところが多いのですが、そうした国でも物上代位の中心として認められているのは、保険金請求権です。滅失した担保目的物の代わりに保険金から回収しようと担保権者が担保権設定者に保険契約を結ばせることも多いので、この場合の物上代位を否定するのは、物上代位をそもそも認めないというのに近く、採用しにくい判断です。

▼まとめ

中井　ありがとうございました。平成元年の最高裁判決がでて、民法三七一条が改正され、収益執行が可能となり、賃料債権について原則抵当権の効力が及び、交換価値には、将来収益的なものも含めて理解せざるを得ないように思われます。それでも、抵当権の価値を高める権利の行使が、そのものを荒廃させるというのは本末転倒な話ですから、物上代位がどこまでの範囲で及ぶのか、及ぼさせるようにするのがよいのか、実務の運用の妙かもしれませんけれど、さらに検討が必要な課題だと思いました。

2　「将来の賃料債権の譲渡と抵当権の物上代位」

▼「将来の賃料債権の譲渡と抵当権の物上代位」執筆の動機・経緯・問題意識

中井　もう一つの物上代位に関する論点は、債権譲渡との関係です。ご承知のように、平成一〇年一月三〇日最高裁判決（民集五二巻一号一頁）[2]で、登記基準説が明確に打ち出されました。これに対しては差押基準説、登記ではなくて差押えを基準時として考える見解があります。つまり、差押えより前に譲渡されていれば、譲渡は有効であるとする考え方です。この点について、田原先生は、平成一〇年判決に先立って、平成九年に、「将来の賃料債権の譲渡と抵当権の物上代位」において論じられています。この論文について、それを取り上げた背景も含めて、田原先生からご紹介いただけるでしょうか。

田原　物上代位権が抵当権の公示によって対抗できるというのは清原さんが最初に主張された説（清原泰司「抵当権の物上代位性をめぐる実体法上の問題点」加藤一郎＝林良平編『担保法大系　第一巻』（金融財政事情研究会・一九八四年）三三八頁）なのですが、そうすると債権譲渡がなされた場合に、それで対抗できるというのは譲受人を非常に不安定な地位にさせるという問題が気になりまして、少なくとも従前の最高裁の判例法理は、やはり差押基準説に近い考え方でほぼ一貫して流れていたはずなのに、「なぜそうするの」というのが最大の疑問であり、また、当時はもうすでに将来債権の譲渡担保化という議論は出始めていましたから、そのときに将来債権譲渡をしても物上代位が優先するならば、その担保化は妨げられるじゃないか、と。かえって債権譲渡担保を広げようとする当時の流れと違うものではないのだろうか、という問題意識がありました。

それともう一つ、これの延長上で、同判決の調査官解説（野山宏「判解」法曹時報五〇巻六号（一九九八年）一四三頁）では批判されているのですが、抵当権の場合に、公正証書、あるいは判決があれば、登記がなくても競売申立てができます。競売申立てができるということは、判決なり公正証書があれば物上代位の差押えもできるわけですね。その場合は、差押基準説にならざるを得ない。ただしそれは債務者対抗要件であって第三者対抗要件ではありませんから、第三者が配当加入をしてきた場合に、当然の優先権は主張できないけれども、債務者対抗要件としては十分に効力をもちます。そういう問題と抵当権の登記による対抗の議論は、債務者対抗という関係で整合しているんだろうかというのが、この説に対する私が抱いた最大の問題で、物権法関係を考える人間としては、非常に気になった議論ですね。

▼平成一〇年一月三〇日最高裁判決——登記基準説

中井　ありがとうございます。この論文の問題意識の端緒として、未登記の抵当権であっても、それを立証することによって物上代位ができる。そのときは、差押基準にならざるを得ないこととの関係で、登記基準説をどのように考えるのかという指摘がございました。安永先生から、平成一〇年判決において登記基準説が出るまでの学説の議論状況や、その理論的な背景についてコメントいただければと思います。

安永　この田原論文の後、今ご紹介のように最高裁判所は平成一〇年、抵当権に基づく賃料債権に対する物上代位と競合する賃料債権の譲渡との関係について（最二小判平成一〇年一月三〇日）[3]、それと、賃料債権の差押えとの関係について（最一小判平成一〇年三月二六日民集五二巻二号四八三頁）[4]、二つの判決を出しています。いずれも、抵当権設定登記と譲渡の対抗要件具備、差押えの効力発生時点との先後によって決する、そういう趣旨の判決であります。

物上代位の要件とされる差押えの意義・役割を、それまでの判例・学説の議論とは異なって、第三債務者保護と位置づけて、第三者との優劣を決めるのは抵当権の場合には設定登記であるとした。登記によりその目的物件に抵当権が設定されていることを公示するだけではなくて、その目的物件の生み出す収益、賃料に対しても抵当権の効力が、これは物上代位権の行使を通して具体化されるわけですけれども、抵当権の効力が及んでいることが公示されていると、このようにみるという考え方になります。したがって、抵当権設定の後に賃料債権に対して利害関係に立とうとする第三者は、劣後することになりますので、賃貸物件についての登記をみて、抵当権が設定されているかどうかにつき警戒をしなさい、そういうことになるわけであります。

この判決が出されるまでは、民法三〇四条、三七二条の行使要件である差押えにつきましては、判例・学説は別の意義づけをしてきました。事案の特徴としては、主として先取特権に基づく物上代位の行使に関するもの、また、賃料債権に関する事案ではないもの、つまり、派生的なものではなくて代替的な物上代位についての判例であったことに注意をする必要がありますけれども、一般債権者などの第三者を保護するため抵当権の及んでいた不動産の代替的な価値物である金銭債権だということを特定するもの、この特定性を確保することをねらっていたもの、そういう性質のものであるものと位置づけていたわけです。なお、第三者に対する優先性を確保するものという位置づけはしておらず、したがって一般債権者による差押えが先行した場合には、これにより特定性が確保されていますので、その後、抵当権に基づく物上代位権の行使があれば抵当権者が優先するというのは当然だというふうに説明されています。

ところで、特定性維持という考え方では、賃料債権譲渡との優劣については判断ができない。むしろ、債権が移転した後なので、物上代位による差押えは空振りになる。こういう結論が出てくることになります。

したがって、そのように結論づけるのか、あるいは、なお譲渡に対して物上代位が優先するという理論を構築することができるのかという、そういう岐路に立つ問題が、この平成一〇年の判決で取り上げられたということです。

平成一〇年の判決は、賃料債権に対する物上代位が無制限に認められるという法状況において、債務者破綻を前に駆け込み的に賃料債権に対する物上代位権の行使を妨害するために譲渡がなされる、あるいは一般債権者に対して、その者に優先的な弁済を受けさせる趣旨で賃料債権が譲渡されるという事態の横行を前にして、これが許されてよいのかという利害感から、結局は後者の考え方を選択したものではないか。結局は、この理論構成というものは結論を先に決めたうえで、逆算して判断がなされたものではないかというふうに、私は捉えています。つまり、第三者との関係については抵当権設定登記を基準とすることで譲渡に優先させると。問題になる差押えの趣旨は、第三者に対する関係からは切り離して、単に第三債務者を保護する、つまり、二重弁済から第三債務者を保護するというものに限定して理解することとした、というふうにみると非常にわかりやすい判例ではないかと思っています。なお、この抵当権設定登記により抵当不動産の代位物にも抵当権の効力が及んでいることが公示されているとの考えは、賃借人による賃料債権と賃貸人に対する債権との相殺事例においても採用されています（登記後に取得した債権と賃料債権との相殺は物上代位に対抗できないとした最三小判平成一三年三月一三日民集五五巻二号三六三頁）[5]。

他方、登記という公示手段がない、それを基準とすることができない先取特権の場合につきましては、この登記基準というのは当然使うことができませんので、ここにおいては、差押えの趣旨については、第三者の利益保護の趣旨も含まれるものと考えざるを得ないということになります。つまり、第三債務者保護に尽きるものではないということになるわけで、したがってここでは、債権が譲渡され、先に対抗要件が具備されますと、物上代位に優先するという結論になります。最高裁の平成一七年の二月二二日の判決（民集五九巻二号三一四頁）[6]はこのようなことを述べています。

ここから敷衍しますと、抵当権であって、登記がなされていないものの物上代位権の行使についても、これは登記を基準にするということはもちろんできないわけで、田原先生が指摘されておられますように、差押えについて、債権の譲受人との関係では、上記の先取特権の事例と同じ意義づけにならざるを得ないだろうというふうに思います。

ここで結局最後に問題になりますのは、差押えの趣旨というものが、要するに二重性を帯びているという点で、この点の問題性が残るということになります。しかし、これについてうまく説明せよといわれても難しい問題で、まだ私自身結論は見つけることができていません。事情に応じて異なる役割が期待されるということでしょうか。

▼登記基準説への疑問

田原　登記基準説を採ったときに私が一番気になるのは、配当手続に参加しなかった担保権者は不当利得返還請求ができるという最高裁の判例法理（最二小判平成三年三月二二日民集四五巻三号三二二頁）[7]がありますね。そうすると後順位抵当権者が物上代位に基づいて回収したときに、先順位が本来、配当加入できたにもかかわらずしなかったときに、配当に参加しなかった担保権者による不当利得返還請求権の考え方が生きてくるのであれば、後順位担保権者が物上代位で回収した後どうなるのかという問題が一つと、それから、その後に最高裁の判例（最三小判平成一四年三月一二日民集五六巻三号五五五頁）[8]が出ました、転付命令により回収した場合には抵当権に勝ちますよ、という。これは、債権譲渡と転付でどう違うのか、という問題があって、そのあたりの整合性が、この登記基準説でみたときに、どうなるかということが私自身よくわからないので、松岡先生、教えていただけませんか。

松岡　先ほど申し上げた物上代位の根拠とも関係があります。抵当権者が賃料債権に対して価値的に把握しているといっても、差押えを行って物上代位権を行使するまではその価値支配は具体化していませんので、それ以前に設定者に取り立てられたり譲渡されてしまいますと、その部分には物上代位権は及びません。ただ、平成一〇年一月三〇日判決の論理では、そのように理解できるか難しいところがあります。

次に、後順位抵当権者が先に物上代位権を行使いたしましても、競売の場合と違いまして、消除主義は働きませんので、先順位の抵当権は当然には実行されません。むしろ実行段階に入っていないか、競売によって被担保債権を十分に回収できると考えて物上代位を行わない先順位抵当権者は、賃料債権に対する支配を具体化させていませんので、不当利得の損失要件を欠いて、後順位抵当権者に対する不当利得返還請求権は発生しないと考えてよいと思います。

後順位抵当権者によって物上代位がされていても、例えば、重ねて物上代位による差押えをすることで、以後は先順位の抵当権者が優先することができます。ただ、管轄が違うと制度上問題があるという指摘はありますが。

そのほか、先順位抵当権者が収益執行を申し立てれば先行した物上代位は停止・吸収されまして、やはり実体法上の優先順位に即した配当となります。物上代位による差押えも収益執行の申立てもいずれも行わない場合でありましても、競売手続によって抵当目的不動産が競売されますと後順位抵当権者が行っていた物上代位は終了し、競売代金はやはり実体法上の順位に従って配当されます。

田原先生がご懸念になっているのは、物上代位権が行使できるのにしなかった場合、担保保存義務違反の主張がされないかだと思いますが、競売をするか、収益執行あるいは物上代位による回収を試みるかは、債権者が選択できるものであって義務ではありませんので、私は、担保保存義務違反を問われることはないと思います。もっとも、催告・検索の抗弁権の効果と同じように、適時執行義務違反というものが肯定されますと、その違反が担保保存義務違反になる可能性はありますが、それはこの話とは別物と思います。

中井　ありがとうございました。物上代位が行使できるためには、その対象となる債権は存在していないとだめで、すでに適法に消滅していれば、典型は弁済や相殺ですけれども、もはや物上代位は行使できない。後順位担保権者といえども、適法に物上代位を行使して弁済を受けた以上、賃料債権は消滅しているので、先順位といえども、もはや行使できない。それは物上代位の本質的なものではないか。こういう理解をさせていただきました。

松岡　はい、三〇四条一項ただし書きの「払渡し又は引渡し」によると思います。債権譲渡の場合は議論がありまして、人によっては債権譲渡が「払渡し又は引渡し」にあたると主張されていますが、債権譲渡によって「債務者の受けるべき金銭その他の物」ではなくなったからと考える方が筋がいいと思います。

ただ、なお問題になるのは、安永先生がご紹介になった平成一〇年一月三〇日の判決の事例のように、将来の債権の譲渡が行われ、例えば「将来一〇年分の賃料債権を全部譲渡します」というものが物上代位の差押え前にされて全部有効だとしますと、抵当権者は物上代位が一〇年間できなくなってしまいます。執行妨害のために債権譲渡が利用されたというのがこの事件の実態だろうと思います。

ただ、この平成一〇年一月三〇日判決の評判はよろしくなく、最高裁自身もずっとこの立場を維持しているかというと、どうも軌道修正しているのではないかというのが私の理解です（松岡久和「物上代位に関する最近の判例の転換（上）（下）」みんけん五四三号三頁・五四四号三頁（ともに二〇〇二年））。先ほど出ました転付命令の場合と債権譲渡の場合でどこが違うかを考えますと、公的な執行手続の安定という観点の有無です。これに加えて、平成一四年三月一二日判決の事例は賃料債権の事例ではなく、代替的物上代位にあたる補償金債権を対象とする転付命令の事例で、将来の賃料債権の譲渡の事例のような執行妨害の要素はありません。いずれにせよ、配当要求の終期までに物上代位による差押えを要することになり、差押えは、他の債権者に対して優先性を確保する要件となりますから、平成一〇年一月三〇日判決の第三債務者保護説では説明ができません。

▼抵当権に基づく物上代位における債務者対抗要件と第三者対抗要件

中井　先ほどの安永先生のご発言の確認をしたいんですけども、結論としては、田原先生からの問題提起については、つまり未登記抵当権について差押基準を採るほかないが、差押えの性質をどう説明するかという問題が残る。他方、登記抵当権については、判例の選択した登記基準で一応よい、こういう理解でよろしいんでしょうか。

田原　私は、債務者対抗要件と第三者対抗要件とを峻別するという議論が十分なされていますか、という問題意識なのですよ。

松岡　先ほど申し上げた私の理解では、実際に物上代位権の行使としての差押えをするまでは、およそ第三債務者に対しては請求ができません。その結論は抵当権の登記をしていても同じで、第三債務者はむしろ本来の債権者に当然に弁済できます。競合する債権者に対して優先できるのはなぜかというと、登記があって価値把握が対抗できるからだと説明するほかはないでしょう。未登記抵当権でも物上代位権の行使はできますけれども、第三者対抗要件が欠けるので優先権は主張できません。

平成一〇年一月三〇日判決は読み方が微妙な判決です。清原先生は「専ら」第三債務者保護説なのですけれど、平成一〇年一月三〇日判決は「主として……第三債務者を保護するという点にある」と書いてあります。平成一〇年一月三〇日判決によると第三者保護がおよそ差押えの意義に入らないかというと、ちょっと留保しているようにも感じるのです。そして、その後の判例は、差押債権者など競合する第三者の取引の安全を全然無視しているわけではなく、密かに軌道修正を図っている気がします。それは読み方としてどうかといわれれば、我田引水的かもしれませんが（笑）。

▼妨害的な賃料債権譲渡と登記基準説

中井　差押基準か登記基準かで論点となるのは、賃料債権の担保化、有効活用について、田原先生から、「それを阻害するのではないか」というご指摘があり、他方、安永先生から、もっぱら平成一〇年一月三〇日判決を意識してのことでありますけれども、「差押基準とすればむしろ妨害的に、担保権者、抵当権者を妨害するような形で賃料債権譲渡ができてしまうじゃないか」と、その利益調整の問題としていずれを選択するのかというご指摘がありました。

田原先生の問題意識と「妨害的な」事案の平成一〇年一月三〇日判決は、こういう対立軸があるように思いますが、如何でしょうか。田原先生は、妨害的事例が起こり得るというのは否定しない……。

田原　それはあり得ると思いますよ。その場合はやはり、別の理屈で議論するのではないでしょうか。妨害だという意味で。権利濫用型だとか。

安永　まあ、難しいですが、民法の三七一条で、債務不履行の後に生じた抵当不動産の果実、つまり収益について抵当権の効力が確実に及ぶという規定ができたので、結局は抵当権が設定されている不動産の収益というのは、それはもちろん物上代位権を行使するという意思をもってそれが行使される場合に限られるわけですけれども、抵当権者に把握されているということが、法律の規定のなかでより鮮明になったので、したがって例えば、将来の賃料債権を譲渡担保にとるというような行動を考える人も、そのことはもう計算に入れざるを得ないということなんじゃないでしょうか。結局は抵当権が設定されているということは、登記によって公示されているから、その収益を含めて抵当不動産に関わる者はそのことを自分の行動の計算の基礎にしなさいということなんじゃないかと。しかも、判決でこういうふうにいわれてしまっているので、ルールは明らかということでしょうか。だから、賃料債権を担保にとってはいけないということではなくて、とる範囲をたぶん自分で危険を計算しながら……。

松岡 そうです、抵当権者に優先されるリスク付きで譲渡担保にとることは可能で、抵当権が実行されないと予想される短期間内の賃料債権を担保として譲渡して短期資金の融通を得ることは可能だと思います。

安永 それは一向にかまわないんだと思います。

▼債権の流動化と登記基準説

田原 ですから、譲渡特例法だとか、債権の流動化を図ろうとする大きな流れとの関係からいえば、流れに逆う解釈になるのですね。

中井 流動化との関係では、不動産に抵当権が設定されて、抵当権の価値把握は交換価値プラス民法三七一条改正によって将来収益・果実も把握しているとなれば、それを前提に当該不動産に抵当権を設定して一定の資金調達を得たのですから、同じ対象不動産から将来収益を担保にとって融資を受けるのは、同じ不動産の価値の「二度使い」になりませんか(笑)。

松岡 リスク含みの二度使いだと私は思います(笑)。

田原 ただ、先ほど問題提起のあった、「抵当権の把握している価値というのは何なんですか」という問題なのですよ。使用を設定者に委ねていると、それで債務不履行がない限りその収益は設定者が自由に処分できるものだという前提で、その収益部分を担保に供するのが何が悪いのか、と。そういう意味での議論なのです。

安永 もちろん債務者が健全で営業を継続する限りにおいては、賃料債権も将来にわたって担保にとるということは全然問題ないわけですから。

田原 しかし、抵当権設定時に遡及して優先するという登記基準説の問題ですね。

中井 不履行後ではなくて、不履行前に債権譲渡してもやっぱり抵当権に負けるということは、どう説明するのかという問題はあるのかもしれませんね。

松岡 不履行前の賃料債権だけを譲渡したのであれば、抵当権が負けてもいいと思っているのですが、ずっと将来分の賃料債権まで物上代位ができなくなるとするとやっぱり問題なのではないでしょうか。

▼将来賃料債権譲渡の無限定化と登記基準説

安永 将来債権の譲渡について、何の箍もはめられていないという法律状況になっているということも関係していると思うんですよね。昔は、一年程度に限っていう議論だったと思うんですがね。

三上 結局、将来賃料の譲渡はもう無制限、無限定になっているわけで、本当にそれでいいのかという問題ですね。将来にわたって賃料債権を差し押さえられている、あるいは、譲渡されている不動産を譲渡したいと思っても譲受人は、賃料を長期間自分で収受できなくなるわけです。だから、そのタームが長くなると、何ら収益が得られない不動産の価値はあるのかという問題に行き着きます。

田原　売買契約の譲受人が当該賃貸借を解除したら、それでお終いなんですよ。この前、最高裁第三小法廷判決（最三小判平成二四年九月四日裁判集民二四一号六三頁）[9]で、賃貸借契約が消滅しているからもはや賃料債権に及ばないという判決を出しましたね。ただし、譲渡特例法で債務者を特定しなくてかまわないという形になっているから、その場合になると、これはまた別の問題なのですが。

安永　解除ができればそうなりますが、そう簡単に譲受人が解除できますか。

松岡　あくまで契約の解除ができればという話で、合意解除ではだめですし、賃貸人＝不動産譲受人からの解除・解約・更新拒絶は、民法でも借地借家法でもかなり難しいですよね。

安永　あまり議論は深まってないですけれども、将来債権について無限定にこれが許されるという法律状況から何か潜在的な問題が起こっているんじゃないかという気がするんですよね。

松岡　たしかに問題があります。登記による公示がされない負担によって所有権が空洞化してしまうのです（松岡久和「賃料債権と賃貸不動産の関係についての一考察――将来の賃料債権の処分によって所有権は『塩漬け』されるか」佐藤進・齋藤修編集代表『西原道雄先生古稀記念　現代民事法学の理論（上）』（信山社出版・二〇〇一年）五九頁）。

田原　そうすると、それによって不動産の価値がかえってマイナスになる。そうした懸念については、立法の時に、私はどこかで書いたかしゃべったことがあるのですけれども、あまり皆さんが関心をもってくれなかった。「担保化、大賛成」という方ばかりでした。

▼金融実務から見た登記基準説

中井　判例は登記基準説を採用したわけですけれども、金融実務の点からはどのように評価するか、三上さん、コメントいただけるでしょうか。

三上　結局、金融実務にとって重要なのは、基準の明確さなんですね。とれるかとれないかがわかっていれば、とるものはとるし、とれないならばそれはとれないとあきらめるし。登記基準説はその点で非常に単純明快という利点があります。そのうえに、バブル経済崩壊前に、抵当権に先立って賃料債権が譲渡されているなんていうことはまずありませんでしたから、判決が出るたびに金融機関が勝つ方向に強くなっていきましたので、今の登記基準説は基本的にウェルカムという形で受け容れられたのだと思います。ただ、これにも盲点があって、それは先ほど議論したように、債権譲渡登記制度が導入されて、将来賃料が発生すべき不動産の場所さえ特定すれば建物が立つ前にその賃料が売却できてしまう。そうなったら抵当権設定前の譲渡となって、登記基準説では債権譲渡が抵当権に優先する可能性があって、そうなると、将来何十年にもわたって賃料収入の得られない賃貸物件の価値はゼロに近くなってしまう、という問題点は認識しています。

もし差押基準説のような判決が出ていれば、抵当権設定時に将来の賃料債権にも担保設定しておくという方向で対処することになっていたんだろうと思います。それが正しい方向なのか、病理現象なのかという評価はまた別ですけれども、結局そうやって法解釈が明確になれば、実務としては、それに対する、上に政策あらば下に対策ありという対応を考えていくというように進みます。

それから、手間暇やコストがかからないで回収できるんだったら、物上代位も使って回収するという動きは先ほどご説明しましたし、結局今は、回収業務がサービサーを使った分業体制になったという点も大きいと思います。もし、バブル経済崩壊以前のように未だに各支店が各々の責任で回収している体制であれば、今ほど賃料の物上代位は使われていなかったかもしれません。サービサーが回収専担として、まとめてやるので回収コストも下がりますし、ノウハウも蓄積されるので簡単にできる。だから、利用される。そういう関係になっていると思います。

ただ一点、他の系列のサービサーの方に聞いたところ、物上代位をマニュアル化まではしていないという話もありましたので、一応、業界標準ではないかもしれないということだけは付け加えさせていただきます（笑）。

▼抵当不動産の賃料債権の担保化の実務

中井　抵当権による資金調達とは別に、賃料債権を担保化して融資をしているような金融実務はあるんでしょうか。

三上　賃料債権だけを担保化するという実務はまずないですね。賃貸物件に対する抵当権が先です。賃借権を抵当権に優先させる登記制度ができたときに、あれは優先的な権利を放棄するような形の立法になってしまいましたけれど、異なる権利の間で、合意で自由に優先順位を変更できるような法制にすればもうちょっと使えるようになるんじゃないかという指摘を、当時の改正論議のなかでしていました（三上徹「物上代位権者と一般債権者との優先関係」銀行法務21五六七号（一九九九年）五六頁、三上徹「合意により変更できること、できないこと――物上代位に関する最近の判例から」銀行法務21六〇六号（二〇〇二年）四頁）。例えば、抵当権者が同意して、将来、五年分の賃料だけを抵当権に優先するような形で変更する合意ができるような法制にすれば、有効に活用される場面があるのではないか、という問題意識ですけれども、結局、ああいう法制になってしまいましたので、実務的には賃料債権だけの担保利用は難しい状況のままに今に至っているという印象です。

中井　議論は尽きませんが、そろそろ、次の論点にいきたいと思います。

Ⅲ　転抵当と被担保債権の質入れとの競合

1　「転抵当と被担保債権の質入れとの競合と実務対応」執筆の動機・経緯・問題意識

中井　二つ目は、田原先生が平成二年にお書きになった「転抵当と被担保債権の質入れとの競合と実務対応」という論文です。転抵当がどの程度使われているのか、この点について私はよく知らないのですが、その転抵当と、同じ抵当権の被担保債権の質入れとの優劣について論じられているきわめて珍しい論文ではないかと思います。

田原先生が、こういう論点になぜ注目して、弁護士としてこのような論文を書かれたのか。これは、一般の実務家にとって関心のあるところではないかと思いますので、そういう点からコメントをいただければと思います。

田原　これは私が選択したテーマではなくて、石田喜久夫先生と高木多喜男先生、椿寿夫先生とが中心となられて「金融法務事情」で特集をお組みになって、私に石田先生か高木先生か、どちらかからご下命があって、「お前、書け」ということで。それまで考えたことがなかったテーマですが、両先生のご下命とあらば書かざるを得ない、というだけのことなんです（笑）。

転抵当自体は実務上それほど使われているわけじゃないのですけれども、やはり一定の形で使われていました。言わば添え担保的な形、適切な担保がないときにそれをとると。あるいは、倒産事件ではリース会社の転抵当が実務上問題になることがあります。リース会社が保持している担保にさらに担保を設定して金融機関から借入金を調達する、こういうことが実際に行われており、平成三年に会社更生申立てがされた静信リースの更生事件では、静信リースが客先に融資した際に取得した根抵当権に、転抵当権を設定して金融機関から融資を受けていて、その転抵当権を更生担保権として取り扱うか、更生債権として取り扱うかが大きな問題となっていました（三宅省三ほか「会社更生事案の法務上、実務上の焦眉のテーマから」債権管理五〇号（一九九一年）八頁）。私が論文を書いた時はまだ静信リースの事件は発生していませんけれども、そういう実務が若干あるなかで、理論は十分詰められていないということから、両先生を中心として「金融法務事情」で特集をされました。研究会で両先生に私はいろいろ教えを受けていましたから、「お前、書け」ということで丸投げされて、検討したということです。

2　学会における転抵当と被担保債権の処分の競合問題の研究状況

中井　論文の中身を、目次的に申し上げると、最初に、抵当権の被担保債権を質入れしたときの効力について、抵当権の場合と根抵当権の場合に分け、根抵当権の場合は、元本確定前と元本確定後に分けて論じる。次に、抵当権の被担保債権を譲渡した場合と抵当権の処分と転抵当の関係を論じる。その次に、抵当権の被担保債権の差押えを受けた場合と転抵当との関係を論じる。次が、被担保債権を質入れした場合と転抵当権を論じる。そのうえで、質入れをした場合と転抵当の優先劣後について何を基準とすべきかを結論づけて、実務上の留意点に進む。

つまり、あらゆる場面を想定して、それぞれの場面について簡潔に論じていくという論文ですけれど、次の根担保の論文も実は同じような形がとられています。論点の整理の仕方、論点毎の詰め方、積み上げ型の論文として特徴的かと思います。実務家というのは、えてしてある問題が発生したら当該問題事象のみを何とかうまく解決できるように「適当な結論を」「適当な理由づけを」と考えることが多いなかで、田原先生の論文は、そういう意味で網羅的であることが注目されると思います。ある意味、研究者を凌ぐ、といってはお叱りを受けるかもしれませんが、そういう論文ではないかと思うんです。

論文のスタイルも含めて、安永先生から、転抵当と被担保債権の質入れの問題について、当時の転抵当に関する研究も踏まえて、コメントいただければと思います。

安永　転抵当それ自体については、私の認識では、法律構成について若干の議論はありましたけれども、学者による研究はあまり多くはないという状況だと思います。この田原論文、および若干の他の実務家の手になる研究によりますと、転抵当は一九九〇年頃以降、実務で使われることがあるようでありますが、転抵当に関する裁判例というものはデータベースで検索をしましたけれども、ほとんどありません。学者の目には触れることがあまりなくって、ちょっと言い訳になるかもしれませんが、研究をする端緒というものがあまりない。これが学者の研究論文がない一つの理由かもしれません。ましてや、田原論文の分析のような、しかも被担保債権の質入れとの競合については、関心がほとんどなかったといってよいと思います。

比較的最近になりますが、二〇〇二年に公刊された、学生向けの演習本という性質のものですけれども、『マルチラテラル民法』という書物がありますが、このなかに松本恒雄教授がこのテーマを選んで議論を整理しているのが目につく程度です（松本恒雄「転抵当と被担保債権の譲渡・質入れの競合」池田真朗ほか『マルチラテラル民法』（有斐閣・二〇〇二年）一八六頁）。そういう意味では、この田原論文というのは、実務に根ざした問題発見型の分析・研究であって、きわめて貴重なものであろうというふうに思います。

転抵当の制度も、それから被担保債権の譲渡質入れも――後者の場合には付従性によって抵当権がそれに随伴して移転するということに当然なるわけでありますが、いずれも、債権者、つまり原抵当権者が、その被担保債権を回収することができるようになる前に自己の有するその債権、および抵当権を担保として利用して、他から信用供与を受けようという目的で利用されると一般には説かれています。目的は共通するということのようです。

しかし、法律的な仕組みは違っておりまして、転抵当の場合には抵当権のみが独立して担保に供されるという法形式であります。他方、被担保債権の譲渡・質入れについては、債権とそれに随伴する抵当権を合わせて担保とする、こういうことになります。したがっていろいろな面で扱いに違いが出てくるということになりますが、第三者間で優劣を決定する対抗要件の具備については、基本としては、前者は、民法三七六条二項の明文で規定されているように、抵当権設定登記に対してなされる付記登記によるということになりますし、後者については、これは基本的には民法および動産債権譲渡特例法における債権譲渡の第三者対抗要件によるという違いがあるということになります。もちろん、さらにそこから議論が展開されるということになるわけで、まさにその議論を田原先生が展開しておられるということだろうと思います。

3　転抵当の設定と被担保債権の処分の対抗関係

中井　ありがとうございます。抵当権の処分とその被担保債権の処分についてですが、被担保債権については、民法四六七条の対抗要件で解決し、抵当権の処分については、付記登記で基本的には解決する。それが交錯した場面でどのように考えるのかが、ここでの問題で、質入れと転抵当の例を挙げて、結局、質入れにおける対抗要件を具備していれば、それが優先するという結論であろうかと思います。

逆に、転抵当を受ける者が確実に転抵当権の権利を確保しようと思えば、何をすればよいのかですけれども、素直に考えれば、その場合は、転抵当権の付記登記をしない限りは、その後の被担保債権の譲渡、差押え等との関係では対抗できないという理解になると思います。その点、念のためですが、先生のお考えを確認しておきたいのですが。

田原　そのとおりだと思います。結局、転抵当を受けるときに被担保債権が残っているかどうかの確認が必要ですよ、と。それで、登記の場合は公示されますけれども、債権譲渡は通知承諾だけですので、転抵当を受ける立場からすれば、その確認が公的手続によってはできないのです。債務者を信頼するしかないという。そういう点での危うさというのが常につきまとっているというところの問題だと思います。

中井　松岡先生、この論文で示された、抵当権の処分とその被担保債権の処分が交錯した場面における対抗関係についての田原先生の整理について、コメントいただければと思います。

松岡　田原先生のご指摘は誠にもっともです。付記登記ですべての優先順位が決まるわけではなく、抵当権には付従性がありますから、被担保債権の処分の第三者対抗要件が先に備わっている場合や先に差押えがされた場合には、後で付記登記をしてもそもそも空振りになるとご指摘になっているのは、非常に鋭いと思います。

この付記登記はいささか変な制度で、今、中井先生がおっしゃったとおり、被担保債権の処分について第三者対抗要件が備わる前に付記登記をしておけば、抵当権の処分の優先順位を確保できますので、何か片面的な感じがします。付記登記だけで優先順位が決まることになるのは、抵当権の処分相互が競合する多重の転抵当の場合。それから、実際に存在するのかどうかがわかりませんが、転抵当と抵当権だけに設定した質権の優劣の場合くらいでしょう。こういう場合の順位は単純に付記登記の先後で決まります。

先ほど安永先生がご紹介になった論文のなかで、松本恒雄先生は、転抵当権についても、「原抵当権の被担保債権について、確定日付のある書面による通知承諾を要する」と述べておられます。原被担保債権についてまで転抵当権の目的になっているといわないと、その主張は基礎づけられません。ところが、私も含めて多数説は、抵当権再度設定説を採って、抵当権だけが転抵当の目的になっていると考えますから、被担保債権には転抵当権の効力は及ばず、被担保債権について権利取得の競合は生じません。

それでは、なぜ三三六条の対抗要件制度があるかと申しますと、被担保債権が弁済されて付従性によって原抵当権が消滅してしまうと転抵当権者も困りますので、被担保債権の弁済を止めるためだけのものです。そのために債権譲渡の債務者対抗要件制度を借用しているにすぎません。転抵当権の効力が及ばないものについて第三者対抗要件を備えることは、およそ考える必要はないし、考えるのは間違っていると思います。

4 法定代位における付記登記の必要性——法制審議会民法（債権関係）部会の議論状況

中井 少し、話題がそれるのですが、この付記登記については、現在法制審議会民法（債権関係）部会で進められている債権法改正の議論のなかで、民法五〇一条の改正提案が出ています。現行法では、保証人が代位弁済により原債権を法定代位した場面で、抵当権を第三取得者に対抗するには抵当権の付記登記が予め必要であるとなっていますが、中間試案では、これを改正して付記登記を必要としないという提案をしています。それは、債権が移転すれば担保も移転するから、債権譲渡の対抗要件を具備すれば抵当権移転の付記登記は不要なのに、法定代位による移転の場合に付記登記を必要とするのは平仄が合うようには思えません。この点、法制審議会で問題提起をした松岡先生から説明をお願いできるでしょうか。

松岡 五〇一条の付記登記の話は、実はこの問題とそれほど関係はないのですが、せっかく触れていただいたので申し上げます。今の判例と通説自体がおかしいのです。同条の一号の付記登記は、旧民法債権担保編の三六条二項を承継しておりまして、同条は「債権者カ債務者ノ不動産ニ付キ先取特権又ハ抵当権ヲ有シ其登記ヲ為シタルトキハ保証人ハ代位ヲ目的トシテ自己ノ条件附ノ債権ヲ此登記ニ附記スルコトヲ得又譲渡ノ場合ニ於テハ其不動産ヲ所持スル第三者ハ滌除ノ為メ債権者ノ外保証人ニ対シテモ亦提供ヲ為スコトヲ要ス」と規定していました。要するに、将来の求償権を確保するために弁済の前に付記登記をしておけというのが、もともとの制度の趣旨で、立法時にもそのような説明がされています。ところが、将来の代位を確保するために弁済もしていない段階で代位の付記登記につき債権者に協力してもらうのは無理です。しかし、条文を無視することはできないので、苦肉の策として、弁済をした後に速やかに付記登記をするという現在の解釈になっているのです。

先ほどの議論との関係で、まことにもっともな田原先生のお考えを応用しますと、弁済後には法定代位によって被担保債権と原抵当権は弁済者に当然移転しており、対抗要件は不要のはずです。しかも、弁済消滅したはずの被担保債権について、正当な利害関係を持つに至る者の登場も考えにくいわけです。しかるに、判例は、その場合、「弁済により抵当権が消滅したことを信じた第三取得者を保護するために付記登記が必要である」とし、学説はこの結論をあたかも対抗問題のように、「付記登記が先か、第三取得者の移転登記が先か」と説明しています（例えば、中田裕康『債権総論〔第三版〕』（岩波書店・二〇一三年）三六七～三六八頁）。

しかし、付記登記がされていなくても第三取得者が登場するときには、まだ抵当権の登記は残ったままです。第三取得者は「まだ被担保債権の弁済がされていない抵当権付の担保不動産」と考えて買い受けるのが普通です。抵当権がすでに消滅しているのであれば、抵当権設定登記を抹消させてから買い受けるのが通常で、抵当権の設定登記が付いたまま買い受けることはまずありません。抵当権の登記が残っているのに付記登記がないというだけで、抵当権がもう存在しないという期待や信頼を第三取得者が抱くことはありませんから、判例・通説の説明はおかしいのです。むしろ、法定代位であることから、第三取得者は債務者以外の者が弁済したら代位がされるということは法律で決まっていて、当然覚悟すべきものですので、付記登記をしなければ代位ができないという規律はきわめておかしいと思います。

中井先生からも法制審では、付記登記は代位した抵当権の実行を申し立てるための一種の資格証明として必要になるだけではないかというご意見を出していただいています。道垣内さんは別の観点ですが、「代位にそもそも対抗要件が不要だといっているのに付記登記だけが必要になるのはおかしい」、という趣旨のご意見で、私の付記登記削除案を支持していただきました。それで、中間試案では五〇一条一号の付記登記要件は削除するものとされています。おそらく、田原先生がこの論文でお書きになった発想の延長線は、ここまで来るのだろうと考えています。

5　金融実務における転抵当の利用状況と実務上の留意点

中井　転抵当権について議論はきわめて少ないのですけれども、三上さんから、転抵当権を実務上利用している場合があるのか、あればその問題状況などについて、ご説明いただけませんか。また、田原先生が、この論文で最後に指摘している、実務上の留意点についても、コメントをいただければと思います。

三上　普通の、債務者宛の融資の担保として、転抵当を使うというようなケースは、私は過去ほとんど聞いたことはありません。一つは、銀行がとる担保のほとんどは根抵当権であるということがあると思います。唯一、転抵当を使った例というと、住宅ローン債権を流動化したときです。住宅ローンは抵当権を使います。住宅ローン債権を流動化ビークルに譲渡するわけですけれども、その融対物件である住宅への抵当権は、多くの場合保証会社が求償権担保に付けているので、当然にはビークルには移転しないことになります。そうするとそのビークル自体は、保証会社の保証の付いた債権しかもっていないという形になって、格付け上困るということで、住宅ローン債権の担保として当該住宅に対する保証会社の抵当権上に転抵当権の設定を受けるという、本末転倒のような利用の仕方をしたことがある。これくらいです、私の記憶では。

こういうことをしているときというのは、金融機関が不良債権への引当てが増大して自己資本規制に苦しんでいた時期でして、分母であるリスクアセットを減らすためにローン債権という資産を流動化する過程で使ったわけですけれども、その際にたまたま田原先生の論文をみまして、「こんなことまで、詳しく研究していた論文があったんだ」ということで驚いた記憶が残っております（笑）。

ここに書いていただいている留意点はまさにおっしゃるとおりで、最初は香川説のように考えてしまうんですが、結局、転抵当というのは優先弁済権だけを処分するほかの抵当権の処分と違って、被担保債権自体の弁済と切っても切れない部分が残ってしまいますから、それであれば、被担保債権自体も担保にとらないと、という本稿の結論は非常に説得力がありました。そういう意味では、実務で使っている場面はあまりありませんが、書いていらっしゃることは非常にごもっともだと感じています。

中井　ありがとうございます。田原論文から明らかになることは、転抵当を利用するならば、まずは付記登記をする、そして、できれば被担保債権も担保にとる、ということになりますが、それなら、被担保債権に質権か譲渡担保権を設定して、抵当権の担保価値も把握するというのが現実的な実務になるのでしょうか。

三上　そういうことだと思います。

Ⅳ　根担保

１「根質権を巡って——主として確定、根保証との関係について」「根譲渡担保を巡る諸問題——主として被担保債権・確定について」

▼「根質権を巡って——主として確定、根保証との関係について」「根譲渡担保を巡る諸問題——主として被担保債権・確定について」執筆の動機・経緯・問題意識

中井　次の論点に移らせていただきたいと思います。田原先生は根担保に関する論文として、一つは「根質権を巡って——主として確定、根保証との関係について」を平成八年に発表されています。続いて、平成一〇年に「根譲渡担保を巡る諸問題——主として被担保債権・確定について」を発表されています。こういう根担保について一連の研究をされているわけですけれども、そこでは根担保に関する論点を網羅的に取り上げておられます。先生が根担保について興味をもたれて、研究を続けられたその経緯も興味のあるところです。田原先生から、論文の中身も含めてコメントをお願いします。

田原　根債権質については、掲載論文の末尾で少し執筆の理由を書いていますけれども、事務所のパートナーから相談を受けて「文献がないんですけれどもどう考えたらいいんですか」といわれて私自身が応答不能に陥って、担保法を少しは勉強してきている人間が応答不能に陥るというのは、ということで、何か機会があれば一度詰めてみようと思っているときに、今も続いていますが、椿先生が東西二カ所でやっておられる「現代担保法研究会」に私も入っていまして、そのときにレポートの順番が回ってきましたので、それを機会に未だ誰も手をつけていない分野だからやってみようかと、まさに担保法研究の一つのテーマとして、ということで検討を始めたわけです。

その論文にも書きましたけれども、根担保をめぐる先行する研究としては、石井眞司さんの論文（石井眞司「根担保と根抵当権」米倉明ほか編『金融担保法講座Ⅱ』（筑摩書房・一九八六年）七七頁）、これは根抵当にかかる法理をそのまま基本的には類推していけばいいと。それから、荒川教授の研究（荒川重勝「根担保論」星野英一ほか編『民法講座　別巻１』（有斐閣・一九九〇年）一四三頁）と、二本ぐらいしかなくて、いずれも根抵当、あるいは根保証の議論を基本におきながら、その類推という形で考察されておられるのですが、本当にそうなの、という形で詰めていったときに、どうも違うんじゃないのという点が出てきたものですから、それを踏まえて違うところを拾い出そうと思えば、各項目について網羅的に検討していかないことにはその違いが浮かび上がってこないということから、こういう論文を書きました。

それで、その後の根譲渡担保は、根債権質の論文後には譲渡担保も本当はやるべきなので、機会があれば書きたいなと思っておりましたところ、林先生の追悼論文集で執筆の機会

を与えられましたので、そこで取り上げて書いたと。その二本を書いたうえで、次に、倒産手続との関係についてはそれらの論文では詰めていなかったものですから、谷口安平先生の古稀記念の執筆割当てがあった時に、やはり誰もあまり手をつけていない分野なので従前の論文の延長として書いてみようかと。また、根所有権留保なんてものがあり得るのですけれども、それも取り上げることもほとんどないだろうということで、その点については触れておりません。というのが、この根担保関係での論文をそれぞれ執筆した動機になります。

▼金融実務と根担保の利用状況

中井　金融実務では圧倒的に根抵当権が使われています。三上さんから、実務の立場からみて根担保は一般にどういう使われ方をしているか、まずコメントいただければと思います。

三上　先ほどの住宅ローンの例外を挙げましたけれども、そういう例外を除けば、銀行のとる担保は種類にかかわらずほとんどすべて「根」です。「旧銀行取引約定書」のひな型、未だにこのままの銀取を使っているところが多いですが、ひな型自体は廃止されてますので「旧」といういい方をしますが、ひな型の四条の二項には「貴行に現在差入れている担保及び将来差し入れる担保は、すべて、その担保する債務のほか、現在および将来負担するいっさいの債務を共通に担保するものとします」という条項が入っております。これは実は根抵当権立法時の「一定の範囲の取引」というものに「銀行取引」というジャンルを確立させようというような思惑もあったやに聞いておりまして、そういう意味では過去の条文であり、実際には、「根」か「根」でないかは個別の担保設定約定書に書いてあるわけですから、弊行も含めて独自の「銀取」をつくっているところでは削除されているところも多いんですが、銀行の発想自体は未だに「根」のままです。

これは、「根」にしておけば非常に便宜である。ありとあらゆる債権の担保に使える。いちいち設定したり解除したりというわずらわしさもないという意味で、それはそれで銀行にとっても、債務者にとってもいざ融資を受けるときに設定し直さなくてもいい、租税の滞納を心配しなくていい、という意味でも便利だという部分があったと思います。

ただ、動産や債権譲渡の登記制度ができて譲渡債権の総額の登記が必要になったりとか、ストラクチャード・ファイナンスなどで融資にシニア、メザニン、劣後という段差が導入されたことで、こういう根担保とか根保証にも先順位、後順位、同順位という発想が不可欠になってきまして、しかし、学説等見回してみると、そもそも後順位があり得ないというような厳しい学説から、設定したところで実行等についてはほとんど法的には解明されていないし、平成一八年最高裁判決（最一小判平成一八年七月二〇日民集六〇巻六号二四九九頁）[10]で後順位は実行はできないとされてしまった部分もありまして、そのへんが、実際に利用されているにもかかわらず、明確になっているとはいえない問題点が多く残された分野だと思います。ただ、さはさりながら、当事者間では約定に従った配分ができるということで、根担保が有効に機能するという前提で実務は進んでいるというのが現状ではないかと思います。

これは今では通説的理解ではないのかもしれませんが、旧根抵当権は包括的な担保だったと思うんですが、根抵当立法時に被担保債権と担保権の関係を政策的に、創設的にといいますか、分断したという理解ですので、根抵当権だけが立法によって変わってしまった、逆にいいますとほかの根担保権は、昔のまま、「何でもかんでもいつまでも担保する」で、変わらないと考えています（笑）。

確定の話も、今の個人包括的根保証は極度額の定めが必須条件になってしまった関係で、被保証債権が移転した場合にどの部分が随伴するのかという論点が脚光を浴びましたけれども、それまでは取引の終了時＝確定時を前提としていたというか、その時点では事実上確定しているのだけれども、実際にはほとんど、確定しているとか確定していないという問題意識もなく、不良債権のバルクセール等々でもこれが問題になったこともない。そういうところが現状だと思います。

▼学会における根担保の研究状況

中井　根担保が使われる実務の実情がよく理解できたかと思います。実際、根抵当権という制度が確立されるまでの実務、それを法制度化した根抵当権制度、また保証についても、根保証が多く使われ、いくつかの法的規制ができた。逆にいえば、今の三上さんのお話からすれば、それ以外はなおフリーな状態にある、というのが実務の要請であり認識かもしれません。田原論文は、ある意味で、そこに切り込んでいったと感じました。

そこで、松岡先生にお尋ねしたいのですが、根担保の「形成」、といっていいのかよく分かりませんが、根担保の形成という観点からみて、研究者における研究対象としてこれまでどうだったのか、田原先生の分析的な、また、網羅的な根担保についての検討について、どのようなご感想をおもちなのか、お聞かせいただけるでしょうか。

松岡　先ほど安永先生が転抵当について研究が少ない理由を述べていただきましたが、それと同じだと思います。何か刺激がないと論文は書きません。刺激となるのは何かといいますと、実務ニーズがある、あるいは、判例や学説上の議論がある、あるいは、日本法とまったく関係なくても純粋理論的な観点とか、外国の法制がこうなっているのでそれとの対比で日本法をみたらどうなるかなどです。さらに、自分が研究してきたこととの関わりでテーマが発展することもあるのですが、根担保については、どうもそういう手掛かりが少ないのです。学者の想像力＝イマジネーションと創造力＝クリエイティビティの欠如だと指弾されればまさにそのとおりですが、正直申し上げて手掛かりがないと論文にはなりにくいのです。田原先生ご自身も、先ほどのお話にありましたように、パートナーの弁護士から相談されたというきっかけがあって手掛けられました。この論文は非常に独自の意味があって、学者の行うような基礎研究になっていると思います。

ご紹介がありましたように、それまでは根担保の一般論を立てようとする考え方を、若干の人が主張していたのですが、田原論文は、具体的な規律の検討を経て、逆に根抵当の規律の独自性・特殊性という、三上さんが先ほど言及されましたことを明らかにする結果となりました。たしかに、極度額とか限度額によって担保提供者の責任限定が必要になる点では、根担保には共通性があるのかもしれません。しかし、根抵当のように、担保価値の有効活用という観点から後順位の担保権者の登場を前提にした規律は、優先効のない根保証など人的根担保はもちろんですが、後順位担保権者が登場しにくい動産根質とか根譲渡担保その他の物的根担保においても、必ずしも必要がないのではないかと思われます。

逆に、根抵当の場合には過剰担保の問題は生じにくいです。極度額の定めが実際に大きすぎる場合には、確定後の根抵当権の極度額減額請求はありますが、それは別にして、基本的には問題にはなりません。先ほど三上さんからご紹介があったように、かなり包括的な物的根担保では過剰担保の問題も出てくる可能性があり、根担保をひとくくりにして議論するのは面白い発想ではありますが、個別・具体的に検討してみるとそう簡単にはいかないことを非常に明確にしていただいた点で、田原先生の論文には大きな意味があると感じています。

▼確定請求権・極度額と根保証法理

中井　ありがとうございます。田原先生から先ほど、根担保について研究したきっかけ、経緯をお話しいただきました。これらの論文では、具体的に、根質と根譲渡担保に関して、根抵当権の法理もしくは根保証の法理を対照しながらどのような帰結が導かれるかを検討しています。ここで紹介していただける論点がありましたら、お願いできるでしょうか。

田原　根譲渡担保も根債権質も同じですけど、結局、確定請求権なるものをどう考えるのかという点。それは、根抵当権の場合には条文で明確になっているのですが、そうはいかないでしょう、と。私は、債権質の方で一〇年国債はどうなの、という形で例を挙げていますけれども、今、国債なら五〇年国債もありますからね。だから、そういうものを考えたときに、確定という概念を、じゃあ、だから五〇年をそのままで本当にいいのかというと、これはこれでまた別の問題があるのでしょう。

そういう形で、やはり担保目的物に応じた違いというのは必ず出てくる。それをどう考えるのかということと、それから、極度額なるものをどのように考えるのか。青天井でいいのか、必ずしもそうじゃない。特に今、根保証の関係で非常に制限的になってきているときに、論文執筆時には今のような制限はありませんけれど、根保証については非常に制限的な判例法理がたくさん出ていましたから。とともに根抵当に関する法理を根保証に及ぼそうというのが大きな裁判例の流れでしたから。そういう流れとのからみのなかで、根保証で形成されてきた判例法理が他の根担保にどこまで影響するのかというあたりが、論点としては残っていると考えました。

私としては、その時点におけるそれなりの考え方で書いていますけれども、それが、特に根保証法理が今ここまで変わってきているときに、どこまで通用させられるかということになると、十数年間の裁判例の流れを踏まえて、場合によっては一部修正する必要があるんだろうと思いますが、ただ、体力的にも新たに論理展開する力はありません。

松岡　宿題を投げられた感じですね（笑）。任せてくださいといいたいところですが、なかなか難問です（笑）。

▼田原論文のスタイル

中井　先ほど松岡先生からも、根担保の個々の論点について根抵当権もしくは根保証と比較して検討することによって、逆に根抵当権の性格をあぶり出したというご指摘がありました。こういう検討手法一般について、先ほどの転抵当についての検討もそうでしたけれども、この根担保についての検討も、他の同じような制度と比較しながら、その仕組みについて網羅的に論点出しをして一定の方向性を見出す、そういう成果物ではないかと思います。そういう観点からの研究といいますか論文について、研究者の立場から、安永先生、コメントをお願いできるでしょうか。個別論点の具体的な解決の問題を扱う論文と違い、網羅的な形での議論の仕方をしています。何か印象深いものだからこういう質問をさせていただきました。

安永　正面からはちょっと答えにくいので、ちょっと斜交いから話をさせていただきます。最近、最高裁で根保証に関する判例が出されております。平成二四年の一二月一四日の判決（民集六六巻一二号三五五九頁）[11]ですが、これは「根保証契約の被保証債権を譲り受けた者は、その譲渡が元本確定期日前にされた場合であっても、当該根保証契約の当事者間に別段の合意がない限り保証人に対して保証債務の履行を求めることができる」として、原告である被保証債権の譲受人の被告保証人に対する履行請求を認めたものであります。このような争いが生ずるのは、もちろん根抵当に関する民法三九八条の七第一項の規定、すなわち元本確定前の債権譲受人は根抵当権を行使することができないとする規定を意識して、このようなルールのない根保証の場合についてもこれを同様に考えるべきかどうかということが問題とされているからであります。

根保証においても考え方として、根抵当と同様に、確定までは被保証債権枠内の個別の債権については保証と具体的には結びついておらず、元本の確定があって初めてその時点で存在する個別の債権が具体的に担保されることになるという考えが一方にあり、他方で、そうではなく、根保証の場合には、最初から保証期間中に発生する被保証枠内の個々の債権を保証していることになるとの考え方があります。前者ですと、本件の争いは保証の履行請求は否定されるということになりますし、後者であれば、肯定されるということになるわけです。

どう考えるかというのは、結局は根担保・根保証において唯一法律の規律がおかれている根抵当において、先ほどの三九八条の七第一項のような規定をおいている趣旨が、根保証においても妥当するのかどうか、などというふうなかたちで比較検討するということにならざるを得ません。

抽象的な話をしてしまったかもしれませんけれども、結局、田原先生のこの論文は、継続的取引関係にある当事者の間で発生・消滅する一群の債権を担保する、つまり、「根」という観点で共通する一連の根担保について、いわゆる一つの範型として存在するこの根抵当のルール、たくさん条文がありますが、その趣旨を検討した、それを参照しながら、他の種類の根担保にそれが妥当するか、個別的に比較検討するという手法をとっておられるわけで、オーソドックスな手法ではないかというふうに私は受け止めています。先ほどありましたような根保証の事例を検討するにあたっても、こういう手法が結局とられることになるわけで、そういう意味で研究の方法そのものとしては非常に有用な方法ではないかと思っております。

ある観点でくくれる諸制度について、現在まだ出てきてはいない問題であっても将来出てくる可能性があるものを、ずらっと並べて予め検討しておくというのは、学者のなかでも得意とする者もおりますが、そのような事例が具体的に出てきた場合に非常に参考になります。こういう研究方法というのは、その意味で先見的なものであるという評価をすることもできると考えております。

▼平成二四年一二月一四日最高裁判決は根質権・根譲渡担保法理に影響を与えるか

中井　安永先生から、根保証に関する平成二四年一二月一四日最高裁判決のご紹介がありました。これは元本確定前に債権の一部が移転した事例です。田原先生の根質権の論文では、根質権の一部実行の可否について論じているところがあります。同じような問題は、根譲渡担保についてもあり得るのかもしれません。この平成二四年一二月一四日判決を前提にしたときに、根質権や根譲渡担保に対して何らかの影響があるのかないのかも含めて、関連するコメントをいただければと思います。松岡先生、いかがでしょう。

松岡　同じ根担保といっても根抵当と根保証はずいぶん違うと思います。特に根保証の場合には、先ほど安永先生からご紹介があったように、どこまで何を保証しているのか、枠を保証しているのかそれとも個々の債権を保証しているのか、二つの考え方が成り立ちます。また、根保証債権は可分で優先権のない金銭債権ですから、被保証債権が譲渡されればその額だけ分割されて保証債権も随伴するのは自然です。

平成二四年一二月一四日判決の事例は、極度額四八億円のうちの八億円しか貸しておらず、被保証債権を全部譲渡した事例ですから、保証債権も全部随伴しても不自然ではありません。しかし、例えば四八億円の極度額で一〇〇億円を貸していた場合において、被保証債権を四八億円分譲渡しても、随伴するのは最大で四八億円の保証債権だけですね。そうすると、場合によっては譲渡したのと残った債権額を合わせて極度額を超えてしまうこともあり、四八億円の保証債権が全額随伴するとはそう簡単にはいえない場合があるかもしれませんから、あまりこの判決を一般化するのは危ないのではないかと思います。

それから、田原先生の論文では、私の見落としでなければ、三九八条の七の確定前根抵当の随伴性の否定については詳しくは検討されていなかったように思います。根抵当権の立法時にこういう割切り方をしたのはたしかですが、これが根担保一般に常に妥当するルールかというと、そうでないように思います。特に、弁済者代位によって担保権の法定移転が生じるはずのときにも、根抵当では三九八条の七の第一項後段により移転しないことになるのですが、本当にそれでいいのかはすごく疑問に思います。立法後の我妻先生の本の解説には、こういうルールにしても、保証人は、求償権について予め債務者に担保（根保証や根抵当）を提供させる自衛策を採ることができるし、そうでない場合にも、特定の求償権のために根抵当権の一部譲渡を受けることが可能だからであると書いてあります（我妻栄『新訂民法講義Ⅲ　担保物権法』（岩波書店・一九六八年）五〇一頁）。しかし、実際には弁済者はこのような手段を講じるべきことに気付かず、求償権が担保されなくなることも多いようです。その結果、他の債権者が棚ぼた的な利益を得ることになり公平でありません。デフォルト・ルールとしては、代位を認めて求償権を確保してやる方が合理的だと思います。

元に戻って、根担保の一般論が成り立つかを具体的な例で考えます。例えば不動産根質ですと、極度額もありますし、登記もされ、優先弁済の限定がある点で根抵当と非常に類似しています。抵当権の規定を準用する三六一条もありますので、おそらく不動産根質には根抵当権の規定もほとんど準用されます。これに対して、動産根質とか根譲渡担保の場合には、先ほども申し上げましたように、後順位の担保権者が現れにくいので、極度額等による優先限度をそれほど厳密に考える必要性は乏しいように思われます。

平成二四年の判決には、三九八条の七のような随伴性を否定するルールが根担保の一般的なルールではないという理解を後押しする面があります。しかし他方で、平成二四年判決があるからといって、では他の根担保の場合に、担保権が被担保債権に常に随伴するのかというとそれも一般的にはいいにくく、個別・具体的に検討するしかないのだろうと思います。個別・具体的な検討を総合して、最終的に一般的な根担保の理論ができるかどうかを考えることになるのですけれども、すでにお察しいただいているように、広い「根担保の一般理論」という大風呂敷を広げてもあまり生産性がないと予測します。このような予測は、おそらく田原先生が論文でお書きになったことに私が非常に強い影響を受けて、同じように考えているためでしょう。

▼被担保債権の一部移転と根担保の帰趨

田原　私の論文で、民法三九八条の七の確定前根抵当の随伴性の否定について論及していないのはご指摘のとおりです。当時十分に詰めていたわけではありませんが、根譲渡担保のときに譲渡担保の一部移転があり得るのかということですね。つまり、契約で何も制限していない場合に、譲渡担保が当然に随伴するのかということですが。

松岡　譲渡人と譲受人が譲渡担保を準共有すると構成する可能性があると思いますが、当然に随伴するといえるかというと、難しいですね。

中井　随伴するとしても、譲受人は譲受人だけで実行できるのでしょうか。保証の場合は、譲受人だけで保証履行請求ができるとすれば。

松岡　保証の場合には保証債権が分割されるので譲受人は当然に保証債権の履行請求ができますが、担保権の実行は担保権の処分にあたりますから、準共有者が一致してしないとできないことになるはずです。

田原　抵当権が準共有になったからといって、準共有者の一方だけで実行できますかというと、やはりそれはおかしいでしょう。

松岡　はい。それゆえ、根抵当権を分割譲渡して、分割後は独立した根抵当権になるので各自が実行できることになると思います。

中井　それでは、根質権について、被担保債権の一部を譲渡した後、譲受人だけで行使できるのでしょうか。

田原　債権が当然分割されているものであれば、それはあり得るのでしょう。個別債権の束として設定している場合であったら、そのうちの一部を特定できれば。それは、全体としての準共有になると考える必要は必ずしもないと思いますから。しかしそれが、個別債権を特定せずに一部譲渡した場合には、準共有になります。そういう準共有になっている段階で、共有物分割請求みたいな形で分割請求ができますかというような議論になってきますが、なかなか難しいですね。まだ書く材料はいっぱいありますね。

▼デフォルト・ルール策定の必要性

三上　どういう規律になるにしても実務では、そうなったらそうなったで契約でどうするこうするとできるので、そういうものを理論的に究明しても、実務ではどうなるっていう部分との接合が避けて通れないところがこの問題の難しいところなのでしょうね。

田原　一般には契約で固めてしまいますものね、こんなこと。契約で固めずにやるなんてまずあり得ないですから。

三上　だいたい、担保部分はこっちがとって、担保されていない部分だけを譲渡するときには、保証等はついていかないということは契約で謳います。だから、そういう契約実務を無視して契約がないときのデフォルトで考えていくと、研究はしたけども実務的な成果に結びつくかということも含めてやっぱり……、みたいな部分は出てきてしまうんでしょうね。

松岡　デフォルト・ルールが決まると、それとは異なる対応を特約として用意すべきかどうかがはっきりしますね。

三上　根保証の随伴性については、今回の債権法改正でぜひデフォルト・ルールを決めてほしいというのが、私と中井先生の共通の意見なんですけれども。

松岡　担保の問題には、一方で、理論的に詰めるべきものも多数ありますが、他方で、右側通行にするのか左側通行にするのか、とにかくルールを明確にしてもらえば実務はいずれでも対応できるというものも少なくないと思います。それゆえ、私は、デフォルト・ルールをはっきり決めることに基本的に賛成です。

中井　ルールを決めてもらう、ルールがあれば、当事者が何も決めなければそれに従う、そのルールが気に入らないのなら別途合意すればいいことですから。何も合意しないときに、どちらになるかわからないよりは、ルールをはっきりしてもらったほうがいいと感じます。こういう問題についてもルールを明らかにするとすれば、次にあるかもしれない物権法改正でも条文が増えるのでしょうかね。

松岡　あまり登場しないような事例については、コストをかけて条文化を検討する余裕はない、というのが正直なところだと思います。

田原　たぶん必要ないと思いますよ。

三上　なければ、「何でもかんでもいつまでも」がそのまま続く（一同、笑）。

中井　「何でもかんでもいつまでも」、原則ルールはそれだと（笑）。

三上　そうではないという田原先生の論文が出ると、むしろ実務は困る（笑）。本音が思わず出てしまいましたか。

2　「倒産手続と根担保」

▼倒産手続と根担保」執筆の動機・経緯・問題意識

中井　もう一つの根担保に関する田原先生の論文は「倒産手続と根担保」です。平成一七年の発表ですが、これは担保設定者が倒産手続に入ったときに根担保がどうなるのかという論点について、新しい問題が提示されています。なかでも従来、根担保に空き枠がある場合、再建型倒産手続においては、手続が開始しても元本は確定しない。確定しないから、その空き枠は使えるというのが一般的理解でした。そうすると開始後に発生する共益債権も当然に担保されるわけですけれども、それに対する問題提起がこの論文でなされています。この論文を書く動機となるような事件があったのか。また、この論文でご主張されたかった問題点について、田原先生からご説明いただければと思います。

田原　更生手続の関係で、根抵当権に空き枠がある場合に、それは確定しないというのが多数説なんですけれども、それを前提として、例えば伊藤眞先生などは、その空き枠部分は開始後の共益債権を当然に担保するという論理展開をしておられて（伊藤眞『会社更生法』（有斐閣・二〇一二年）一九九頁および二〇一頁注八三）、それに賛成する説が強いんですね。更生手続と民再手続とは違うんですが、更生手続について、伊藤先生からすれば古い説だといわれるんですが、一応、更生手続というのは観念的清算説なんですね、古くは。観念的に清算しているときに、更生手続開始までの分とそれから後の分とは別なのではないかと。そうすると、更生手続開始までに担保されている分というのは、この後でテーマになる集合動産譲渡担保と共通する考え方なんですが、そこでいったん固定してしまうはずでしょうと。それから先についていえば、会社更生手続ならば担保権設定というのは裁判所の要許可行為です。要許可行為であるのに、空き枠があるからといって当然に許可を得ることなく担保権の枠に入っていくのが正当ですか。たまたま空き枠があるがゆえに、その後、牽連破産になったときに共益債権が担保される。それ以外の共益債権者は当然には担保されずに、牽連破産になったときに場合によっては按分配当しか受けられない。これが倒産手続のデフォルト・ルールとしてはたして適切なのだろうかという点が私の問題意識で、やはり共益債権者は基本的には平等であって、その担保枠に空があるときには、やはり許可を得たうえでその担保枠を利用できるという契約を新たに結んだうえで行うべきなのではないかという、そういう問題意識です。

▼根担保の空き枠を利用するDIPファイナンス

中井　再生・更生手続が開始したときに、根担保の元本が確定しないというのが、まずポイントだろうと思います。そのときに、空き枠があると、その空き枠を使いたい。それは取引の継続のためですが、担保権者が金融機関の場合、空き枠を使って新たなファイナンスが得られるならそれに越したことはない。その場面は、倒産債務者と債権者の利害は方向性で一致していると思います。

田原先生の問題提起は、当然に担保するのか、裁判所の許可もしくは監督委員の同意を得て担保させるのか、という違いなので、実需があれば、田原先生のように「許可必要説」に立ってもおそらく許可や監督委員の同意が得られて、担保化できるように思うのです。これもルールを明確にする。田原先生の立場からは、債権者平等の観点から、当然担保ではなくて、許可を得て、監督委員の同意を得て担保にする。この点、必要性の観点からも当然担保とするまでもありませんので、反対説は出てこないように思います。現実的には、金融機関は空き枠があってもそう簡単に倒産債務者に新たに貸せるわけではないのかもしれませんが、三上さんから、コメントがあるでしょうか。

三上　空き枠はあるからといって、金は貸さないでしょうといわれると、別にそういうことでもないと思います。実際に貸した例もあります。要は担保があって金利さえとれれば、融資はできます。少なくとも、一〇年前、二〇年前のように、倒産会社に追貸ししてどうするんだといった先入観みたいなものは、現在ではもうあまりないと思います。

一方で、民事再生法ができた頃から私は主張しているのですが、日本の民再手続は結局、倒産会社なので高い金利は払えませんという、「甘えの構造」なんですね。厳しいいい方ですけれども、むしろ通常の業況の厳しい中小企業よりも低いぐらいの金利水準が要求されるようなところがあるわけです。そうすると、いくら担保があっても、そのまま取引拡大が認められるかどうか分からないような先には、当該融資だけでいくら採算がとれるのか、という話がポイントになってきまして、結局、担保がどうのこうのというよりも、有力なスポンサーが付くかどうかにかかってくるというところが、結局、実務の現状なのではないでしょうか。

中井　田原先生の問題意識に戻れば、空き枠があって、それが正常な担保で、加えて適正金利が払えて合理的で、金融機関は貸せますよとなれば、そのときは、監督委員の同意または裁判所の許可が必要で、当然に同意や許可はとれる。当然に担保化するかどうかについて、議論が分かれているのであれば、まずはそれをルール化することでしょう。

三上　そうですね。確定しているかもしれないのであれば。手続については、新規に担保付きで融資を受けるということで、何か問題があるのかと思います。ＤＩＰファイナンスを複数の銀行から受けることはまずなく、だいたいその担保が残っているメインバンクから行われるので、あまり不公平という問題意識自体、もったことがないのではないでしょうか。

▼根譲渡担保は再生・更生開始後の売掛金を担保するか

田原　結局、実際上は融資の問題ではなくて、次の問題になる集合動産譲渡担保の問題なんですよ。そのときに、その後の売掛金が当然に根担保の目的になりますか、と。更生手続開始後の売掛金とかね。それがいかがなんでしょうかというのが、私の問題意識です。

ですから、極度額一億円の枠の根譲渡担保があるとして、そのうち被担保債権として売掛金が入っていて、手続開始時に三〇〇〇万円しかなかったとします。そうすると七〇〇〇万円空いていますが、これについて更生管財人あるいは保全管理人が行う取引が当然にそれの被担保債権になるんでしょうか、と。そこを手続開始決定で観念的清算だといえば、それは違うのではないでしょうかという問題意識です。

中井　更生会社に対して複数の取引債権者が与信をする。そのとき、たまたま一つの取引債権者には担保の空き枠があったら、何もしなくても開始後の債権について空き枠の担保を取得することになるとすれば、それは平等ではない、という問題でしょう。当然担保になるとする必要はありませんね。

田原　それは、要許可行為ではないでしょうか、という。

中井　それは要許可行為でよい。要許可行為であっても、取引が合理的であれば許可が出て、それで担保化されればいい。だから、ここは、要許可行為として明確になれば解決する問題という理解でよろしいでしょうか。

田原　そのとおりです。私はそう思っています。伊藤先生などは当然説だから、私は異論がある。

V　集合動産譲渡担保の実行

1　「集合動産譲渡担保の再検討――担保権実行の局面から」金融法学会での報告の動機・経緯・問題意識

中井　最後に取り上げるのは、「集合動産譲渡担保の再検討――担保権実行の局面から」という、平成元年、今から二五年前に行われた金融法学会でのシンポジウムを契機に発表された論文です。

このシンポジウムは、集合動産譲渡担保をテーマに、高木多喜男先生、林良平先生、道垣内弘人先生とご一緒に、田原先生も参加されて行われたものとお聞きしています。田原先生は、集合動産譲渡担保の実行の場面について発表され、論文とされたわけです。そこで、最初に、シンポジウム準備段階での議論なり、このシンポジウムの報告に対する当時の反応などについて、田原先生からお聞かせいただけないでしょうか。といいますのも、田原先生のご担当された担保実行局面における「固定化」概念が、その後の実務を大きく動かしたように感じられますので、その点からお聞かせいただければと思います。

田原　これは、林先生がメインの報告者になられて、林先生は、学会でのテーマを常に先取りしてこられた方ですので、例えば、金融法学会でその前に取り上げられたテーマで、「エレクトロニックバンキング」なんていうテーマがありました（林良平ほか「エレクトロニックバンキング化と資金移動――そのシステムと問題の所在」金融法研究・資料編(1)（一九八五年））けれども、最初はあの問題を聞いた時に、私はそのテーマの意味がほとんど分からなかった（笑）。聴いてみて、ああこういうことだったのかと。そういう意味で、時代を常に数年先取りした議論をしてこられた方ですので、このテーマについても、そのときに法学界で大きなテーマになっていたというよりは、これから問題になってくるだろうというテーマです。

それで、ちょうど集合動産譲渡担保が、金融財政事情研究会から出版された『担保法大系』で取り上げられてそこで整理されています（吉田眞澄「集合動産担保」『担保法大系　第四巻』（金融財政事情研究会・一九八五年）六七二頁）が、従前説かれていた集合動産譲渡担保というのは、商品群ではなくて、繊維製品を、糸からつくって、加工して、原反までできると。

その一つの流れの全体を担保にとるということが主なテーマで、これは戦前からの議論だったわけですが、そういうものから次第に担保の目的が商品群になっていくという時代で、最高裁の判例も、乾燥ねぎの事件（最一小判昭和五四年二月一五日民集三三巻一号五一頁）[12]だとかが、出始めていました。そのなかで、担保目的物の中間処分、その後の判例（最一小判平成一八年七月二〇日民集六〇巻六号二四九九頁）[13]で、通常の営業の範囲内における処分はかまわないということでだいたい整理がされてきましたけれども、そういう中間処分の問題について道垣内さんが、そして実行の局面について私がそれぞれレポートするということで、林先生、それから高木先生と、四名で、集団討議をさせていただいて、この論文自体はシンポジウムの報告のための準備資料として作成したものです。

その実行局面を考えたときに、結局、民事執行法に基づいて執行をするわけですから、すると譲渡担保の実行として引渡請求をしようとするならば目的物を特定しなければならない。譲渡担保ですから、自らに所有権があることが明らかでなければ引渡しの執行ができない。譲渡担保ですので、引渡しを受けたうえで、私の場合は、処分清算型を基本においていますけれども、処分清算型でなく、帰属清算型にしても引渡しを受ける必要があります。そうすると、執行目的物の特定をどこでどうするのですか、という観点からの問題であって、先ほど申し上げた倒産手続と直接結びつけているわけではなくて、実行する以上、どこかで固めないと仕方がないでしょうと、流動性のままで実行のしようがありませんよということです。

一部の学説のなかには流動性のある動産それ自体が一つのものだという議論がありましたけれども、それは担保権設定の局面ならともかく、実行の局面ではそういう流動性のあるもの自体の実行なんてあり得ないわけですから。そうすると、固定という議論をせざるを得ない。それまでの譲渡担保に関する議論では、実行の局面での引渡請求の議論が抜けておりましたので、それを整理していったと。そうすると、その固定化事由というのは一体何かというと、これは合意、債務不履行、意思表示、あるいは倒産手続の開始と、こういうものが挙げられるのではないかと、それらの個別論点を挙げていったと、こういうテーマです。

ただし、シンポジウムでは、もっぱら中間処分に関する道垣内さんの報告、当時は通常の営業に伴う処分という概念が固まっていない段階でしたから、道垣内さんのほうに質問が多かったと記憶しています。

2　金融実務における集合動産譲渡担保の利用状況

中井　ありがとうございます。シンポジウムの行われた平成元年当時はバブル経済のピークで、当時、集合動産譲渡担保がそれほど多く使われていなかったと思います。その時代にこれだけの議論がなされたと改めて思う次第です。ところが、今日は、様変わりの状態で、中小企業庁などを中心に金融庁も巻き込んでABLがもてはやされて、金融実務においても、不動産中心の金融から、在庫もしくは売掛金を担保とした金融へという動きがあるように思います。そこで、三上さんから、金融実務における集合動産譲渡担保の利用状況の時代的変遷なども含めて、コメントをいただければと思います。

三上　平成元年前後というと、法務セクションに着任したばかりの頃ですから、あまり記憶が定かではないんですけれども、少なくとも当時は動産はおろか債権担保でさえ「添え担」で、担保評価・掛け目はゼロだったはずです。債権譲渡担保が担保価値として実は非常に有効であると、第三債務者に資力があれば非常に有効であると気付かされたのは、やはりバブル経済崩壊後の不動産が売れなくなった時期以降です。その頃でもなおやはり動産というのは保管だとか換価の問題がありましたので、商社金融の世界の話という認識でした。動産譲渡登記制度ができた頃に一時期、「こんな動産を担保に融資しました」という、地銀も含めて各銀行が実績を競った時期がございまして、弊行も牛とか中古車とか宝飾、家電製品を対象に融資したこともありましたけれど、現状は結局、簡単にいうと、「本来あるべき姿」に落ち着いたというところではないかと思います。

統計的な資料をもっているわけではないんですけれども、今はもう包括的な集合動産担保は、プロジェクト・ファイナンスとかストラクチャード・ファイナンスで、包括企業担保の一部として動産にも担保設定するというケースがほとんどだろうと思います。これは、法的整理とか、それなりの企業の場合には、私的整理ガイドラインみたいな正規ルートに乗った整理手続が進むという前提で、あるいはそもそも倒産しないように隔離された場面で、ぶっちゃけていえば管財人に対抗できればそれでよいという前提で、その優先権の確保を主眼においたもので、いいかえますと、実際に民事執行としての実行をあまり想定していない集合物担保だといえます。

一方で当局側からは、金融円滑化法終了後のアフターケアという趣旨もあって、今年に入ってからも強力に動産担保融資の積極的活用のプッシュはありまして、いわく、「中小企業金融の担保の九割が不動産担保であるにもかかわらず、中小企業のバランスシートをみると土地資産は一八六兆円程度であるのに対して、在庫・売掛金は二九七兆円もある」と。つまり、中小企業金融にとっては宝の山が眠っているんだと。当局のほうからは、担保の掛け目とか、自己査定についてはあれこれいわないと。動産を担保にとれば、そのチェックをしながら中小企業の実態把握を進められるし、慣れたらコストも下がるし、ビジネスチャンスも拡大するからと。要は、いいことずくめみたいな形で広報活動されています。また、実際、中小企業融資への取組みとして、各行が前向きに検討しているというのも事実です。

ただ、個人的な感想になるんですけれども、ポイントとしては、不動産や債権担保と比較してコストとリスクに見合う高い金利がとれるのかという点が一点。もう一点は、中小企業の場合には先ほどのプロジェクト・ファイナンス等と違いまして、本当に民事執行としての実行をしなければならない可能性が捨てきれませんので、実効性の確保という点だろうと思います。特に集合動産については、危機時期にどうやってそれを確保するのか。確保さえできれば、ゴードンブラザーズ等々処分手法に関しては手続が整ってきております。実際、商社の武勇伝にはこの段階でトラックを倉庫に横づけして商品を搬出させないようにしたとか、スパイのように倉庫に忍び込んで二階の窓から飛び降りて逃げたとか、そういう話がたくさんあります（笑）。銀行も、昔、貸倒れをつくったら首が飛ぶといわれた時代には、例えば土建屋さんが倒産したら、大型免許をもってる人間を集めてきてトラックやブルドーザーを勝手に銀行の駐車場まで運んできてしまうといったような話もいろいろあったんですが、これは自力執行もどきというか、法的には窃盗かもしれないという気もしておりますが（笑）。

ただ、米倉明先生のご指摘（米倉明「学会報告・現代における担保法の諸問題――動産の担保」『担保法の研究　民法研究第二巻』（新青出版・一九九七年）五三頁（初出「現代における担保法の諸問題――動産の担保」私法四五号（一九八三年）三六頁））を除きますと、日本では未だに自力執行に関してはご法度という雰囲気が依然強いと感じます。実務でも、私ぐらいしか、ある程度の自力執行は認めたらどうですかといっている人間はいない（三上徹「ＡＢＬと自力救済」金融法務事情一八二四号（二〇〇八年）四頁）と思います。これは、私が異端的発想をしているというよりは、このコンプラの時代に、そこまでしなければならないような融資はしたくないと金融機関は考えているからだと思います。実際に、家電に融資した事例では、実行の手段として、デフォルト時には「店舗、倉庫、その他の施設等及び従業員を利用して一二〇時間を限度に処分セールができる。処分セールに必要な範囲で対象動産を保全し、引き渡し、搬出し、使用し、処分してもかまわない」という約定を結んだ例はあるんですが、その実効性がどこまであるかは非常に危ういですし、特に債務者が協力的でなかった場合には、ほぼ断行する処分等はできないと思います。そうすると、結局ある程度、債務者が協力しない、あるいは抵抗しても、少なくともブツを確保する手段を設けないことには、債権担保ほどには、動産担保の爆発的な利用増加は見込めないんじゃないかという認識ではおります。

3　集合動産譲渡担保の目的物の「特定」

田原　集合動産譲渡担保に関しては、この議論をした頃、あるいは、それから後であっても、特定の問題というのは大きな論点になっておりまして、例えば、いくつかの裁判例で、倉庫の棚の上のここだというふうな形ではだめだとかいうのがあります。それで、実際に集合動産は商社などが担保にとっていたことがあります。ある事件で、私は商社側の代理人になって目的動産の特定をめぐって某弁護士とチキンレースをやったことがあって、クライアントのほうは「下りましょう」といったんだけど仮処分で勝ち切って、数億円相当の担保物を確保しました。それはその頃にしては珍しく債権者が毎月倉庫の点検をしていまして、相応のリストがあったところから仮処分をすることができ、そのおかげでそれなりの換価をして終わった事件があります。それは今からもう十数年前ですけれども、平成五、六年頃でも一部の商社では完全管理をしていました。

集合動産に関しては今はもう時代が大きく変化していますので、ＩＣチップが今、一個三円ぐらいまで下がってきたんですね。そうすると、個品管理ができるんです。個品管理ができるようになると、集合性の議論自体が変わってくることになります。従前のように、何番倉庫のどの棚ということがいらない。インターネットを通じて販売している某大会社の場合は、バブル経済期に作られたインフラ施設で使われていない体育館みたいなところにバラバラに商品があって、整理して棚に積んでいない。その代わりＩＣチップがあるからそれで簡単に検索できるので、アルバイトを使って、走って行ってとってくると。そのほうが整理して棚に入れるより倉庫管理費が安いと。こういう時代になりつつありますので、そうすると、集合物概念自体も変わってくるのかもしれない。

安永　それももう、特定方法の一つのあり方じゃないですかね。

田原　だから、それを集合物というんだろうかという。

安永　集合物じゃないでしょうかね、やっぱり。

松岡　いや、わざわざそれを全部個々の特定動産に分けるのですか。結局、流動する動産を対象にしているのではないでしょうか。

田原　流動はしますよ。流動はしますけど、ＩＣチップで全部特定できるから。

松岡　特定動産ではないですね。

田原　だから、入替わりはするんですよ。だけど、従前の集合動産の議論が始まったころのような、何番倉庫、何番の棚という、そういう意味の特定はいらなくなります。

4　学会における集合動産譲渡担保の実行方法の研究状況
――「固定化」に対する評価

中井　三上さんのお話によると、今日、周りからいろいろと圧力があって、集合動産譲渡担保を「使え、使え」といわれているが、一番の問題は実行場面だと、こういうご指摘だったと思います。債権の譲渡担保であれば、債権は確実に移転しているので、後は第三債務者からの回収のみになる。ところが、集合動産譲渡担保の場合は、最終的に対象動産を換価処分しなければならない。そのためには、債務者から対象動産の引渡しを受けなければならない。その手続がきちっとしていないと、使い勝手はよろしくない、こういうご指摘だったと思います。

現実的には、田原先生の論文にもあるように、処分清算を基本として債務者から引渡しを受けて処分し被担保債権に充当する。そのためには、引渡しを受ける必要があり、引渡しを受けるために実務で行われているのは、占有移転禁止の仮処分、または引渡し断行の仮処分で、とにかく債権者の手許に対象動産をもってきて換価するほかない。債務者との対決型になれば、そういう方法しかない。そのような手続をとる必要のあることを前提に、動産譲渡担保を活用することになります。

集合動産譲渡担保の実行手続について、いくつか実務上の問題が指摘されていますが、このシンポジウムで、実行手続に着手する段階で固定化することを要すると考えたわけですが、この固定化についての研究者の評価や議論の状況について安永先生からコメントをいただければと思います。

安永　田原論文の前には、この集合動産の譲渡担保の実行手続に関する議論は、とりたててはされていなかったように思います。さらにいえば、個別動産の譲渡担保の場合も含めて、あまり議論がなかったと思います。この田原論文の少し前に、「ジュリスト」の増刊号がありまして、『譲渡担保の法理』というタイトルの本（現代財産法研究会編『譲渡担保の法理』〔ジュリスト増刊〕（一九八七年））ですが、そのなかに譲渡担保についていろんな論文、座談会の対話が収録されていますが、集合物論か分析論かといういわゆる法律構成の問題、それから集合物の特定、対抗要件の具備方法という入口論がなされているだけであって、どのように実行するのかについてはまったく触れられていないという状況でした。不動産譲渡担保に関しては、その実行方法等について、昭和四六年の、清算義務の存在を認めた最高裁の判例以来、処分清算か帰属清算か、清算義務の履行の確保の方法、また、受戻しの限界などについてきわめて多くの議論がなされてきたことと比べると、対照的な状況だといっていいと思います。動産譲渡担保の実行に関しては、田原論文にもありますように、無自覚的に不動産譲渡担保の議論をそのまま援用してきたと思われます。したがって、固定化という議論も、この田原論文での検討が初めてであるというふうに思います。

ところで、この田原論文の後、固定化という概念については、学説でも受け止め方が二つに分かれています。肯定的に援用するもの、これが比較的多かったと思いますが、最近では、固定化という概念は不要であるとするものもあります。これは、集合物、あるいは集合動産譲渡担保について、どのような法律構成をとるかによって、この問題に対する考え方に違いが出てくるからだろうと思います。

集合動産譲渡担保の法律構成として、一つには、譲渡担保権は一つの集合物を対象として成立するとの集合物論をとったうえで、集合物を構成する個別の動産に対しては、担保権が及んでいないとする、ある意味、集合物論を徹底する考え方、東京大学の道垣内教授が代表的な論者であると思いますけれど、このような考え方をとる場合には、担保権実行の時点では、個別動産に担保権が及んでいるという状態になることが不可欠ということになりますので、この固定化によって初めてその状態が得られるということですので、固定化という概念はなくてはならないということに当然なるわけです。

他方、いわゆる分析論を採る論者はもちろんですけれども、集合物論を取りながら、譲渡担保権は同時に個別の構成動産に対しても及んでいると考える論者においては、固定化をいってもいいわけですけれども、固定化という概念は必ずしも必要とはされないということになります。譲渡担保が設定されている状態での設定者による構成動産の処分について、集合物論を徹底する考え方では、これには担保権が及んではいないので、どうぞご自由に処分してください、こういうことになります。が、後者の考え方では、通常の営業の範囲内で処分するについては処分権が授与されており、それにより処分が適法になされ得ると法律構成をすることになりますが、実行するにあたってこの処分授権が撤回されることで集合物の流動性が失われることになると説明することができますので、こちらのほうでは固定化という概念は必ずしも必要としないということになるわけです。ところで、このような考え方は、東京大学の森田宏樹教授、森田修教授が論文等で公表されているところであります（森田宏樹「集合物の『固定化』概念は必要か」金融・商事判例一二八三号（二〇〇八年）一頁、森田修『債権回収法講義〔第二版〕』（有斐閣・二〇一一年）一五八頁、森田修「『固定化』概念からの脱却と分析論回帰の志向――最一小決平成二二・一二・二日評釈」金融法務事情一九三〇号（二〇一一年）五四頁）。

最高裁の判例はどうかといいますと、私のみるところ、後者の見解に立っているのではないかと思います。平成一八年七月二〇日の最高裁の判例（民集六〇巻六号二四九九頁）[14]では、これは魚の養殖業者が養殖の生け簀の魚を集合物として担保に供していたところ、その生け簀の中の魚が、個別動産として売却処分がなされたという事案で、処分がいわゆる通常の営業の範囲内のものかどうかということが問題とされていますので、後者の見解に立っているというふうにみることができるのではないかと思います。

また、すぐ後で議論になるようですけれども、平成二二年一二月二日の最高裁の決定（民集六四巻八号一九九〇頁）[15]、これは個別動産の滅失により支払われる損害保険金に対して、担保権に基づく物上代位権の行使が認められるとしたものですけれども、そこでは、前提として、「譲渡担保の目的である集合動産を構成するに至った動産の価値を担保として把握するものである」と、このように明言されていますので、集合物論を採ってはいますが、個別動産に対してもこの譲渡担保権の効力は及んでいるというふうに考える立場であると整理することができると思います。

私個人の考え方はおいておき、とりあえず以上のとおりです。

松岡　おいておかずにおっしゃっていただいた方が議論にな

るのでありがたいです（笑）。

安永　私は自分が書いた物権法のテキストのなかでは、道垣内説に対しては、一応、批判的な立場をとっております（安永正昭『講義　物権・担保物権法』（有斐閣・二〇〇九年）四一一頁）。

5　更生手続開始によって「固定化」するのか――伊藤説（非固定説）と田原説（固定説）

中井　二つの考え方についてのご紹介も含めて、ありがとうございました。

田原先生は、固定する時期、タイミングについて時系列的に検討して、実行の着手、破産手続開始、そして更生手続開始の三つの場面に整理しています。この後の議論にも資すると思うのですが、更生手続開始を固定化事由とする見解に対して、更生手続開始で固定化する必要はない、固定化しないという見解があります。これは伊藤眞教授の見解（伊藤眞「倒産処理手続と担保権――集合債権譲渡担保を中心として」NBL八七二号（二〇〇八年）六〇頁、伊藤眞「集合債権譲渡担保と事業再生型倒産処理手続再考――会社更生手続との関係を中心として」法曹時報六一巻九号（二〇〇九年）一頁）ですけれども、田原先生から、倒産手続開始との関係で固定化をどのように考えていたのか、コメントをいただければと思います。

田原　この点は先ほど根担保のところで申し上げたのと同じで、更生手続開始というのを従来からいわれている観念的清算と位置づけるならば、その時点で担保評価は確定しなければいけない。そこで、仮に例えば、一億円の枠があって手続開始時には担保として提供されている動産が三〇〇〇万円しかないとき、それでかつ本来ならば設定者が七〇〇〇万を埋めなければいけないという約定をしていたとしても、その更生手続開始後に入ってきた動産に当然に担保の効力が及ぶというのはおかしいので、更生担保権としては三〇〇〇万の評価しかなくて、あと七〇〇〇万円埋めていない部分は、債務不履行に基づく損害賠償請求権で一般更生債権にしかならないのではないかという議論です。そういう点から、固定化の問題を提起しているわけなんです。

それと、先ほど根担保のところで申しましたように、固定化していなければ入ってきた商品に当然に及ぶ、これは出し入れ自由になりますから、当然に及ぶことになって三〇〇〇万円分の在庫も管財人は売れますけれども、他方で入ってきた分が伊藤説によれば残りの七〇〇〇万円全部に及んでいってしまう。その後仮に牽連破産になった時に、その時点で一億円在庫があったら、その全部について担保権が及ぶのかというと、たまたま枠が空いていたがゆえに、牽連破産になったときにそれだけの利益を得てしまうというのは、他の取引先債権者との公平を明らかに害するのではないか、という点がやはり最大の引っかかる点です。伊藤説は、更生手続が始まった段階での担保権評価と、それからその後に流入する動産に担保の効力が及ぶのとは別だという立場で議論しておれるのですが、管財人の立場で考えたときに、はたしてそういえるのかという問題です。

それから商品は流動して入れ替りますから、そうすると三〇〇〇万円といっても物の中身ががらっと変わるわけですね、どんどん。価値枠的な議論をすれば別ですがやはりその時点におけるその集合動産、そこにある在庫として、売掛金ならば売掛金ですが、その枠、それで、例えば売掛金ならば、それだけの枠があっても実際取り立てたら二五〇〇万しかとれないかもしれない。そうすると、そういうものでしかないのかなと。動産に関していえば、その時点における動産で、いざ換価したらそれより高く売れるかもしれませんよ。だから三〇〇〇万だと思ったけれど、財産評定の結果、二八〇〇万かもしれないし、三三〇〇万になるかもしれない。帳簿の上では三〇〇〇万であっても。というふうな意味で、そこで固定化するというのが、少なくとも倒産手続の関係では必要なのではないかと考えています。破産の場合は固定化が不可欠だと思いますから。伊藤先生は、破産の場合も必ずしも固定化するとはいっておられない。すなわち、管財人が営業を継続する場合がありますから、短期間ではありますけれども。

6　田原説（固定説）によった場合の更生会社の実務対応

中井　田原先生が固定化事由として挙げられたのは、実行の着手、破産手続の開始、更生手続の開始ですが、このうち実行の着手についても、争いはない。破産手続の開始についても、ほぼ争いはない。固定化によって担保の対象となる動産が確定し、それからは個別動産に対する譲渡担保と同じになる。結果として、債務者はその自由な処分ができなくなる。まさに担保目的物となるので、担保権者がその担保価値を把握し、処分権限も有している。この点は、先ほどの処分授権説に立ったとしても、この時点で処分授権がなくなるので債務者は処分できなくなる。更生手続開始を固定化事由とした場合も、同じ効果が生じるわけですから、更生手続開始時に存在した対象動産が、開始したとたん管財人も処分できなくなる。つまり、集合動産譲渡担保の対象動産は、日々の営業に必要な材料であったり、製品であったりするわけですから、それが固定化することによって売ることができない。製品が売掛金にならなければ資金化もできない。そうすると更生手続の進行に著しい支障を生じる。

そこで、その後、事業を継続するためには、売る必要があるが、そのためには担保権者との間で何らかの合意が必要になる。従来は「担保変換」をして、担保権者との間で等価値の他のものを担保提供して更生手続開始時にある対象動産の処分の継続を許してもらっていた。容易に担保変換の交渉が成立すればよいのですが、うまく交渉が成立しないと、いったん事業が止まる。伊藤眞先生はその問題を重視されて、固定化することは債務者にとって事業継続を著しく困難にする。そこから、固定化事由からは外そうとされたと理解をしています。そういう実務上の問題が発生すること、その解決がそう簡単ではないことについて、田原先生はどのようにお考えなのか、お教えいただければと思います。

田原　『会社更生手続と担保権変換請求権』というこの論文集にも収録する論文でも書きましたが、やはり今、中井さんがおっしゃったようなところの一つの方法として、そういうことができないかと。最終的には法制審議会では採択されず、担保権消滅請求という形で落ち着いたわけですが。それと更生手続で少なくとも私が管財人をやっていた時代、平成五年からメーカーその他の更生管財人をしていましたが、その時代では流動動産の譲渡担保というのは、特に原材料に関してはほとんど設定されることがなかった時代ですから。実務的にそれを本気で心配しなければいけないような状態ではありませんでした。やはり近年のように、譲渡特例法ができて担保権が設定されている下で、それをどう解決していくかと。そのなかで伊藤説が、従前、固定化説だったはずですけども、ある時から変わられたということだと思います。

ただ、今、私が申し上げたような更生担保権者間の平等、たまたま枠が空いているかどうかという類の問題を考えると、それを実務の必要があるというところでそこの理論上の問題が本当に乗り越えられるんだろうかと。やはり予納金による運転資金の確保、あるいは、手許資金がある程度あれば、代替担保を提供、預金に質権を設定するとか、裁判所の許可を得て、それで動産譲渡担保の一部を外させるということにするほうが、本来のオーソドックスな型ではないのだろうかと私は思っています。

7　更生手続開始後の担保目的物の目減り問題

中井　伊藤眞先生の固定化しないという考え方の問題点は、空き枠があるという場面もあると思いますが、それよりは、固定化しなければ、更生会社は対象動産を使い続けることができ、使うことによって担保目的物が減っていく、それに対して、新しく入ってくる動産は新たに担保対象にはなるけれども、事業が縮小すれば対象動産がどんどん目減りしていく。目減りしていくことに対する保護の手当てが用意されていない。そこに問題があるのではないかというふうに感じますが、如何でしょうか。

田原　顕在化するのは牽連破産したときだけなんですね。牽連破産しなければ、更生手続開始決定時の物の評価で更生担保権は評価されますから、その後に減ったってそれは関係ないはずなんですよ。ですから、牽連破産したときには、おっしゃるとおりに目減りした部分というのが担保権者の権利が損なわれる。そこはそのとおりだと思います。

中井　更生担保権の評価は開始時に存在する対象動産の時価で決めるので、更生担保権の額が確定するというのはご指摘のとおりで、その後、それを担保するものが更生手続中に目減りしても、最後まで手続が進む限りは影響しない。更生手続が破産に移行したら、移行した段階での動産しか担保となりませんので、目減りしたものが顕在化するというのもご指摘のとおりですが、潜在的にそういう状態になることはやはり担保権者の保護に欠けるので、本来は何らかの補塡が実務的には必要ではないかという気がするんですけれども。

田原　しかし、例えば、更生手続開始時に建物があって、その後火災が発生したときに、保険金に抵当権者が物上代位できますか。

中井　開始の効果として実行ができない以上、物上代位もできないでしょうね。それはできないけれども、担保として維持しなくてもよいのでしょうか。

田原　担保としては評価が確定しますよ、更生手続開始決定時で。それで実行できない。だけど火災が発生したら更生管財人が保険金を受け取れる。それで牽連破産したときには何にもないですよね。それとどう違うんですかという、そういう問題意識です。伊藤先生の主張は一部分かるんだけれども、更生手続ってそんなものではないですか、ということです。火災保険金に代位できるのでしたら、伊藤説は、分かるんですよ、だけど、代位はできないでしょう。

中井　物上代位はできないでしょうね。とはいえ、粟田口太郎さんも、開始後の目減りを問題にされていたと思います（粟田口太郎「ＡＢＬ実務の近時の動向と担保設定時・担保実行時における諸問題」事業再生と債権管理一二六号（二〇〇九年）一二三頁）。

このように更生手続が開始したときに「固定化する、しない」ということが実務上の論点になっていますが、金融債権者の立場から更生手続を想定して、この集合動産譲渡担保についてご意見はありますでしょうか。

8　集合動産譲渡担保の固定化に関する金融実務

三上　いろいろな学説や固定化に関する議論はあったにしても、現場で固定化をどこかでしなければならないとか、その認識が語られたことは私の記憶ではないです。約定をいろいろ見直すときにも、固定化の条項を入れるとか検討課題になったこともなくて、昔も今も変わらず処分の委任の解除、処分権限の消滅という法律構成のまま現在に至っています。したがって、デフォルトを起こしたときには処分権限がなくなるので、譲渡担保権の譲渡がそのまま残って債権者のものになっているから、設定者は勝手に処分もできないし、移動もできないし、ということです。

そのうえで、例えば会社更生や民事再生もそうですけれども、後でも議論は一部出てきますけれども、当該動産の価値に関する優先権さえ確保されれば、動産それ自体がどのように処分されるかに関してはあまりうるさいことはいわない、というのが金融機関の立場だと思います。

中井　念のためですけれども、動産譲渡担保の契約書における処分権限喪失時には、会社更生手続開始、もしくはその申立てが入っているのでしょうか。

三上　弊行のシンジケート・ローンのひな型のデフォルト事由には、法的整理は全部入っていますから、民事再生であれ、会社更生であれ、その申立ての段階でデフォルト宣言ができるようになっています。その通知をもって処分権限がなくなることとなります。もちろん、もっと厳しい、債務不履行を起こしたときには即時に処分権限がなくなるとしている約定もあります。

中井　申立てがあればデフォルト宣言ができる、そうなっているのですね。

三上　「当然」の例もありますが、ひな型的には「通知」なんですけど。

松岡　やっぱり、通知なのですね。そうでないと、在庫が少し減っていて補塡しなければいけないという約定になっているのに、その時点で固定化してしまうと、集合物に新しい構成物が入ってこなくなってしまいます。集合物に属さないことになると、担保としての意味がありません。だから、担保権者は、集合物が補充されているかどうか見計らって固定するかしないかを判断できる必要があり、自動固定ではまずいと思います。

三上　通知段階で固定するというか、権限を失う。

田原　更生手続開始後は、やっぱり通知がいるんですか。

三上　通知はしますね。

中井　更生申立てがあれば通知ができるという定めのあるときに、申立てはあった、通知はできるようになったけども、通知をする前に更生手続開始になったらどうなりますか。更生手続ですから、その後に実行できませんから、実行のための通知はできない。開始で当然に固定化しないとすれば、開始後も担保目的物は増減することになる。伊藤説であればそうなりますね。

三上　更生手続が始まったら、担保については開始決定までに「いかに換価しやすいものを換価するか」ですが、集合動産については、更生手続のようなしっかりした法的手続が始まると、商品が散逸するとか、そういう「確保」の心配をむしろしなくてよいという認識をわれわれはもっていて、当該価値分の優先権さえ更生担保権として確保できれば、むしろ更生会社によって通常の販売ルートで適切に処分されるのが結局一番高く物が売れるので、むしろ安心するんですよ。

中井　そうすると、更生手続開始時の対象財産を適正に評価してくれれば、それで更生担保権があるからそれでかまわないということですか。なるほど。

田原　ただ、そこでの担保価値だけはちょうだいよと、更生ですからね。営業を継続する以上、新たに入ってくるのは間違いないのですから。

松岡　通知があれば固定化し、更生手続が開始した後に入ってくる動産は担保にはならないのではないのですか。通知がないときにはどうなりますでしょうか。

中井　通知がなくても、更生担保権の評価は開始時の対象動産で決まる。しかし、固定化していませんから、その後、管財人は処分もできるし、入った物は担保にもなる。伊藤説からはそうなる。

田原　担保になるけれども、空き枠群があるときに、それが当然増えるか増えないかについては完全に議論が分かれてしまいます。伊藤説では、当然に増えていく方向で働いている。少なくとも、今まで読んだ論文では、空き枠まで及ぶのでしょうね。

9　平成二二年一二月二日最高裁決定――固定化と物上代位

中井　そうなるのでしょう。ありがとうございました。固定化をめぐる実行時点における問題はいったんそこまでにいたします。先ほど安永先生からもご紹介がありましたけれども、平成二二年一二月二日の最高裁決定を読むと、固定化とは違う説明をどうしてもせざるを得ない場面があるように感じました。松岡先生から、この判例の解説も含めて、ご意見をいただければと思います。

松岡　なかなか理解が難しい問題です。そもそも固定化の議論にもよく分からないところがあります。先ほどご紹介があった「両森田」の議論は、どちらかというと道垣内説に対する批判として出てきています。固定化概念は、価値枠論を採っていて集合物概念と構成要素とが結びつかないので、両者を結びつけるために必要だと理解されています。これに対して、価値枠論以外の集合物論を採るのであれば、固定化概念は必ずしもいらないといわれます。しかし、田原先生のご指摘のように、対象が確定せず流動した状態のままでは譲渡担保の実行などできないので、批判は少しずれている気がします。その点がまずは気になるところです。むしろ、実行時には対象が確定している必要があるという意味での固定化は、至極当たり前なので、これを使うことに何の弊害があるのか、私にはよく分からないのです。

一方で、山野目さんも固定化概念不要説ですが、目的財産についての設定者の処分権限を剝奪すれば足りるとおっしゃいます（山野目章夫「流動動産譲渡担保の法的構成――限定浮動担保理論の構築のために」法律時報六五巻九号（一九九三年）二一頁）。これも私にはよく分かりません。融資は継続し担保権の実行は当面行わないが、今の在庫は約定したより少なくて補充されていないときに、目的財産の処分をしばらくできないようにし、言わば出口を止めて、入ってくるものを増やしたい。補充をしないのであれば、融資を打ち切って担保権を実行するぞ、というような対応は十分考えられると思います。そうすると、出口を止め処分権限をいったん停止することとは直ちに担保権の実行ではないので、固定化とは少しずれる気がします。

実際にはあまり考えられないのかもしれませんが、債務者が、「このままでは実行するぞ」といわれて、新しく買い入れた物を約定どおりに倉庫の中に入れ、構成要素を補充して担保権の価値を維持したとしますと、実行しなくてもいいというか、債務不履行が治癒されれば実行はできないかもしれません。約定が守られれば流動性が再開して、再度出口を開けてあげて、営業を継続させればいいと思います。それゆえ、山野目さんのように、処分権限の剝奪だけが問題だとされると、終局的剝奪とは限らない対応があり得るので、固定の必要な実行とは少しずれるのです。実行するときには対象を特定しなければできないので、それを固定化とわかりやすく表現してどこが悪いか疑問であることは、先ほど申し上げたとおりです。

それから、最高裁平成二二年一二月二日決定の事例は、魚の養殖の施設と魚をまとめて譲渡担保にしたものです。赤潮で魚のかなりの部分が死んでしまって残りは二〇〇〇万円分ぐらいしかない。融資した金額はもっと多かったので、残りの魚を売っただけでは債権が弁済されず、譲渡担保の実行に入ったのですが、その前に債務者はすでに事業を廃止していました。もう担保権の実行段階に入っていますので、いわゆる固定化はすでに生じている事例だろうと思います。ただ、いつの時点で固定化したかの判定がかなり難しい問題です。仮に債務者が被担保債務について不履行に陥っておらず、赤潮で魚が死んだけれども共済保険金が下りてくるので、それを用いて新たな魚を仕入れて養殖営業を継続するのであれば、担保権は実行できませんし、代替的な物上代位も基本的に認める必要はありません。

他方、譲渡担保権を実行する場合、抵当権に基づく賃料債権に対する物上代位において、債務不履行になる前に発生していた未払いの賃料債権があるときに、抵当権の効力がそれに及ぶのか否かという議論があり、それと同じような問題がここでも成り立ちます。実行の前提としての固定化前に魚が死んでしまって共済保険金に変わっており、集合物の価値を維持する必要があれば、譲渡担保権に基づく物上代位権の効力が及ぶと考えてもよいのではないかと思います。

固定化という言葉を使うのであれば、廃業によって営業継続の見込みがなくなって、集合物への新たな流入がなくなった時点で固定化の前提が整います。本件では実際に担保権の実行の申立てを行っていますから、遅くともそれによって固定化したのだと考えればよいと思います。

ちなみにこの決定がちょっと捻れていると感じるのは、原審の議論の仕方がおかしく、保険金請求権が発生してそれを受け取ることが通常の営業の範囲内か否かを問題にしていることが原因です。森田修さんが評釈で説明されているとおり（森田・前掲五四頁以下）、処分が通常の営業の範囲内か否かという平成一八年七月二〇日判決が示した問題と、通常の営業が継続しているかどうかというのは、「通常の営業」というキーワードこそ共通していますが、本来、まったく別の局面の問題であり、両者を混乱して議論していた原審決定がおかしかったわけです。最高裁の決定は、平成一八年判決の判断枠組みと無理に結びつけた原審決定の理由づけを糺したというのが、最低限、共通の理解となり得るものだと思います。ただ、原審決定の結論は維持していて、その実質的な理由がはっきり読み取れないものですから、最高裁の判断にはいろいろな理解が出てきているのです。

田原　保険金の物上代位も、言わば担保目的物の一部滅失に代わるものですから、そうするとそれは実行できてもいいんですね。

松岡　はい。ただ、先ほど申し上げたように、営業が継続していて被担保債権について債務不履行になっていない場合であれば、債務者の首を絞めるような実行はしないでしょう。

田原　それも、債務不履行になっているということが大前提ですけれども。その場合に、いわゆる価値枠論でいったときに、共済金に対して物上代位を実行するのは価値枠として減るか減らないかというのは、また別の契約上の問題になりますよね。

10　固定化していない場合の物上代位権行使の可否

中井　この事案において、半分が赤潮で死んで、半分は元気で、十分営業が継続できたし、本人もその意思があった。しかし、一時手許不如意で支払いが止まった。このとき、担保権者はその半分の保険金に対して物上代位を実行して回収する。しかし、債務者は残りの半分で事業を継続する意欲もあり、現に継続していた。とすれば、固定化はしていないでしょうね。

松岡　おそらく固定化はしていませんし、その場合には、そもそも物上代位権を行使してはだめなのではないですか。

中井　それはなぜでしょう。不履行がなければ物上代位はできず、債務者は保険金をもらって、次の事業資金に充てることができますが、不履行があれば実行できるのではないですか。

松岡　今の事例は、賃料債権のようないわゆる付加的物上代位とは違って、代替的物上代位で、共済保険金を除けば、担保の価値が半分に減ってしまったのですよね。営業を継続するといっても営業の規模がうんと縮小するので、従来の融資をそのまま続けられるかどうかという別の問題が生じます。

中井　ですから、不履行があれば保険金で半分回収して、残り半分の生け簀は残って事業が継続できるのでは。

田原　だから、火災が起こって建物二棟のうちの一棟が燃えてしまって、火災保険金を一棟分とれますかといったときに、やっぱりとれるんじゃないでしょうか。

松岡　基本的にはとれるのでしょうね。

中井　とすると、仮に固定化しない残りの半分の生け簀は、入替えが続き、入口も出口を開いていて、集合動産譲渡担保としては生きているということでしょうか。

松岡　そういう選択肢はあるのだろうと思います。

田原　それは、やはり契約の解釈の問題でしょう。

松岡　はい。担保の内容を、担保価値の半分減失という事態に対応して変更しなければならないのだろうと思います。

中井　そのとき物上代位を行使しているので、まさに実行があるのですよね。それなのに、実行による固定化はしていないのですか。

田原　それは、一部実行でしょう。

11　「通常の営業の継続」と物上代位権行使の可否

安永　やっぱり、先ほど松岡先生がいわれたような考え方もあり得るのではないでしょうかね。つまり、保険金を手にして営業を元に戻すということは当然考えられるわけで、そうするとそれは、物上代位権を行使してはいけないんじゃないですか。

松岡　そうです。先ほど申し上げたかったのはそういうことでして、物上代位権を行使することによって、残りの半分の魚を使った営業の継続の資金がなくなって、債権者が債務不履行の引き金を引くのはだめだと思うのです。

中井　債務不履行がなければもちろん実行できませんけれど、債務不履行があるにもかかわらず価値の代替物に対して手を出せないというのはおかしいように思うのですが……。

安永　債務不履行があったという場合はね、それは理由かもしれませんね。

松岡　なければ実行はできませんよね。

田原　ただ、通常の契約であれば、担保目的物の滅失は期限の利益の喪失事由になっていますからね。

松岡　担保価値の減った分を補塡しないと担保維持義務違反の債務不履行になります。

安永　それは、もちろんそうですね。

三上　結局、この話を聞いていると、所詮は固定部分というのは、デフォルトが起こったときに、実際のその担保が指定の場所にあったかなかったか、もうその段階ですでに搬出されていたのか、後で搬出されたのかの立証の問題でそれは難しいことが多いんでしょう。そういう意味で、やはり自力執行のにおいがすると思うんですよ（笑）。

松岡　三上さんの自力執行のお考えに、私はあまり反発を感じませんでしたよ、珍しく。珍しくというといい方はだめですね（笑）。

12　出口を止める「処分権の停止」と固定化・実行のための「処分権の剝奪」

中井　先ほど松岡先生からご紹介のあったお考えですが、いったん出口は止める、しかし、固定化はしない、入口は開けて、担保は増えていく、契約次第でそのような合意もできるということでしょうか。

松岡　はい、必ず実行しなければいけないわけではないのだと思います。

田原　いや、その出口を閉めるという行為が実行そのものじゃございませんか、という疑問ですね。

松岡　実行そのものになるのでしょうか。そういう場合、在庫が約定したものより減っているときは、もう実行しか手はないのですか。

安永　いやいや、そんなことはないでしょう。

中井　契約で、対象動産を原則一〇〇確保しなければならない。もし通常の営業の結果五〇以下になったときには、八〇に戻さない限り、それ以上の通常の処分はできない。そういう合意は有効と考えてよい……。

松岡　十分有効だろうと思います。

安永　それはあり得ますけれども、それは実行するという局面での処分権の剝奪とは別だと思います。担保を充実させろという意味で処分権を取り上げる、それは一時的な処分権の停止でしょう。

松岡　停止です。これを処分権の剝奪というのはきついかもしれません。

田原　停止はもちろんありますよね。剝奪はないですよね。

安永　でも、実行の段階でどうなるかっていう意味で固定化っていう議論をしておられるので、それとの関連でいけば、実行即、処分権の剝奪で、その場合には差押えがなされるわけだから新たな流入物に対する担保権が及ぶという議論はあり得ない。それは同じになると思う。だから、説明の仕方だと私は思うのですけれども。結局は、個々の構成物に対して担保権が及んでいるか、及んでいないかという議論ではないでしょうか。

中井　道垣内先生の価値枠的なものを具体化するための固定化理論について反対論が多くても、当時の田原論文がそこまでのことを別にいおうとしていたわけではないでしょう……。

田原　まったくそのとおりです。

中井　集合動産譲渡担保権を実行するためには、対象動産を特定していないとだめですね。その当たり前のことを固定化と呼んだ。今も、実行手続のなかで固定化が必要だという、この田原論文の論旨は基本的には揺らいでいないと理解してよろしいですね。

田原　普通のことをいっただけですから。

安永　普通のことであれば、結局、説明の問題ではないか考えています。

三上　そして実務として、こうして特定させるには、自力執行が必要だと（一同、笑）。

中井　自力執行ではなく、やっぱり、処分禁止の仮処分とか、断行の仮処分とか、そういう手続をとるべきでしょう。

三上　結局、あわてて仮処分かけて、執行官を連れて行っても、それまでの間に、勝手に出した、出さないという事実の争いがあるから動産の担保はとりづらいという話を遡っていくと、まずは止めたいときに止められる、それは今のところ自力執行しかないんじゃないか……。

田原　だから、処分権限を付与することを契約条項でどこまでコントロールできるかということですね。

13　近時のＡＢＬ推進論に対する評価

中井　近時、ＡＢＬ、集合動産譲渡担保の活用を経産省・中小企業庁のみならず金融庁も強く進めているという三上さんのお話でしたが、田原先生、こういう問題を踏まえて、どのようにお感じでしょうか。

田原　ＡＢＬに関しては、私は昔から批判的なんです。法曹として仕事をしている人間として、最後の執行ができなかったら担保ではないんですね。それからＡＢＬの場合は、本当の実行の局面を考えていないのですよ。それを考えずに、それで「担保だ、担保だ」とおっしゃるから、実務家としてはものすごく違和感がある。

例えば、よくＡＢＬで典型的にされるのは、プロジェクト・ファイナンスです。その対象のなかには、リース物件もあれば、所有権留保物件も含まれている。それを全部包括して担保だとされるのですが、いざ執行官が執行する段階で、第三者所有物について押さえられっこありませんからね。

中井　実務の立場から、三上さん、いかがでしょうか。

三上　その点の問題もありますし、昔からいわれているのは、そこまで担保にとったら、倒産会社の従業員の退職金を払う資金がなくなるという労組の指摘も根強いです。そこから、「終わらせる担保」ではなくて、「生かす担保」云々という議論が出てくると思うのですが、結論からいえば、再生型であれ清算型であれ、動産担保とか債権担保に関しては、それが確保されて通常の債務者の商流に従って販売される等々の処分がされるのが、一番簡単で高額に担保処分ができるというのは事実であって、その考え方自体に異論を唱える人はおそらくいないだろうと思います。先ほどの家電の最終処分セールの話も、結局その延長で出てくる話ですね。実際、弊行で動産担保を強制的に執行した事例はないんじゃないかと思います。実行を想定しての約定等の工夫はしていますけど、それも、債務者が行方不明とか銀行のいうことを聞かなくなったというときに、担保物の維持とか確保が危険にさらされたときに切れるカードを手元にもっているだけであって、いざ執行となったら確保以外にも田原先生ご指摘のような障害もあるので、「実行しなくて済むようにする」というのが、問題回避型ですけれど、本音・本筋だろうと思います。

ただ、この考え方はそんな新しい考え方ではないですね。実は、伝統的な銀行実務で一番典型的な動産担保の例としては輸入与信の輸入貨物があります。銀行は輸入商品を譲渡担保にＢ／Ｌごととっていますが、では、輸入与信が滞ったからその貨物を銀行が保管して処分して、なんていうのは基本的に考えられていないです。実際に輸入与信のマニュアルにもそんなものはないですし、料率自体もそんな手間暇かかるようなことを想定した料率になっていない。個人的には、メガネのレンズの輸入案件で滞って買い先を見つけて捌くのに苦労したことがありましたけども、一回そういう苦労をすれば、いかにそういう担保が、その実行が前提になっていないかというのを痛感するわけです。

在庫担保と売掛債権担保、特に将来売掛債権担保の違いっていうのは、在庫担保はある瞬間にある場所においてあるものという二次元の世界で終わるのに対し、売掛債権は今後何年間の間に発生するものという将来までみている三次元の世界でありまして、これがやはり二つを同列に論じられない決定的な違いだと思っています。だから売掛債権担保に関しては、法的整理の段階では、製造原価プラスアルファを残さないと、つくればつくるほど一般債権者を害するという格好になりますから、そこは必ずなにがしかの協定を管財人と結ぶということになりますけれども、動産担保は今そこにある担保の価値さえ把握させてもらえば、売り方とか処分の仕方に関してはあまりうるさいことをいわない、むしろ高値で処分して現金に換えてほしいというのが、金融界の本音だと思います。

ですから、結局、今いわれている「生かす担保」の議論は、担保動産を処分した代金を返済に充てるのではなくて、次の物を仕入れる金に使わせてくれと。代わりに、それでつくったものをもう一度担保に入れるから、という話であって、それは結局、実質DIPファイナンスというか、別除権協定の話を表現を変えてしているだけじゃないかと思うんですね。

中井 ある意味で回収の先送りをしているだけで、事業を継続していくなかで、いかに少しずつ返してもらうか、その工夫をしているという話ですね。

田原 ですから、担保権の協定なんですよ。詰めて考えればね。

中井 しかし、ぎりぎりのところで、きちんと実行できるという背景がないと、強い担保、価値のある担保にはならないと思います。田原先生がおっしゃったのも、生かす担保とはいえ、最終実行局面で何ができるかはっきりしていなければ、やっぱりいけないということだと思います。

三上 手もちのカードは揃えてますが、本当に担保実行すると、普通の商売で売ったときの、例えば半額以下の価値になってしまうなんて当たり前なんです。

田原 それはもう当然ですね。

三上 その前提で担保評価をして、「担保評価」というフィルターを通して最終実行局面において起こるリスクも吸収しているともいえます。ただ、だいたい担保評価以上の貸付があることが多いですから、できれば、普通の定価で処分していただいて、その分を回収に充てられることがベストだろうということは、おそらくすべての金融機関に共通のことだと思います。

田原 それはそのとおりだと思います。

中井 だからこそ、換価代金の全部をそのまま返してもらうことにはならない、次の営業のための資金に使って、事業を継続して、少しずつ返してもらう、という弁済協定の問題にならざるを得ない。

田原 ＡＢＬで中村廉平さんなどが主張されていますが（中村廉平「ＡＢL法制の検討課題に関する中間的な論点整理――実務家の声を反映して」金融法務事情一九二七号（二〇一一年）一〇〇頁）、動産が嫌というほど沢山あるときに、プロジェクト・ファイナンスとして特定しているといえるのかという問題が本当はあるんですよ。「ディズニーランドのなかにある動産一切」というときに、はたしてそれで担保としての特定性はあるんですか、という従来からの議論の延長線上でいえばね（笑）。

中井　最高裁の特定の概念からすれば、それでも特定されているといわれそうな気がします（笑）。

松岡　それこそ、ＩＣチップが三円であれば、全部にチップを付けるという話になるかもしれませんね（笑）。

田原　チップが付いていればね、別ですけれども（笑）。

三上　「この敷地内にある動産のすべて」というような特定の仕方を認めてもらわないと財団抵当だけではＵＳＪの貸付なんかできませんでしたからね。

田原　あれは、ある意味でびっくりしたのです。そこの特定の議論を、少なくとも最高裁の昭和四〇年代以来の集合動産譲渡担保の議論は、それほど広い範囲での特定性は認めていなかったですからね。また、その後、認めた最高裁の判例はありませんからね。

Ⅵ　おわりに

中井　田原先生の固定化の議論が、その後さまざまな反響を呼び、譲渡担保の実行の実務と理論に大きな影響を及ぼしたことは、先ほどからの議論で明らかですし、これに対する別の考え方が提示されていることも、田原先生の提示した問題がそれだけ大きかったことを示唆していると改めて思った次第です。

最後に、今日は四つの論点について議論させていただきました。改めて今日の議論を振り返って、皆さんに感想をいただきたいと思います。また、田原先生からも、「ああ、やっぱり自分の書いたものはすごいんだなあ」と思ったとか（笑）、総括的なコメントをいただくとともに、締めをお願いできますでしょうか。

安永　田原先生の論文を素材にいろいろ議論をさせていただき、大変勉強になりました。実務の鋭い感覚で問題を発見し、規範、判例、学説を踏まえたうえで、理論的にも水準の高い先見性のある論文を発表してこられたということが、この座談会での議論で改めて明らかになったと思います。本日はどうもありがとうございました。

松岡　予想していた以上に刺激的で面白い議論をさせていただき、楽しくあっという間に時間が過ぎました。田原先生から学ばせていただくことが多いのと同時に、宿題として突き付けられた問題や未解明の問題がたくさんあることに改めて気付きました。今後ともこういう形で叱咤激励して「かわいがって」いただければ、これほど嬉しいことはありません。

三上　本日は、対象になった論文の発表時期をみて、改めて田原先生の着眼点の鋭さというか、先見の明を実感しました。そして、まだまだ実務では普通に行われているのに、解明しきれていない重要な論点が多くあること、またその少なからざる部分が、学者の先生方には研究対象として魅力に欠けるもの、にみえることも分かりました（笑）。逆にいえば、実務家の側からもっと学会に問題提起していく必要があると思いました。私はもうこの世界ではロートルなので、今日学ばせていただいたことは後進に伝えておきます（笑）。ありがとうございました。

中井　今日の議論を通じて、田原先生の関心事が、実務上の疑問から出発して無限に広がっていく過程を感じることができました。司会の不手際もあり、田原論文の醍醐味をどこまでご紹介できたのか心もとないのですが、それでも、皆様のおかげで、楽しく、また勉強になる議論ができたように思います。本日はありがとうございました。

田原　冒頭に申しましたように、田原といえば一般に「倒産屋や」といわれていますけれど、私の古稀・退官記念論文集出版パーティーの時にご挨拶させていただいて、「私は民法学徒だ」といったら、「へっ」という顔をした方が沢山おいでになりました。しかし、私は民法学徒なので、民法を勉強する延長線上で倒産担保の世界に入り、それから倒産の世界に入っていったと感じています。今も担保権の分野は興味をもっているところで、その世界でいくつかの種を蒔かせていただいたという意味では、学会に、本当に粟粒、米粒ほどかもしれないけれど、一定の寄与はさせていただいたのかなと思っています。

ただ、これからさらに詰めなければいけない諸点、特に根担保というのはまだまだ議論は残っているところですので、本書をきっかけとして、若い先生方がアタックしていただけたらありがたいなと思っています。

本日は、ご多忙のところ、本当にありがとうございました。

［平成二五年八月三一日大阪にて収録］

（1）　最二小判平成元年一〇月二七日民集四三巻九号一〇七〇頁

抵当不動産が賃貸された場合においては、抵当権者は、三七二条・三〇四条の規定の趣旨に従い、賃借人が供託した賃料の還付請求権についても抵当権を行使できるとした判決。

（2）　最二小判平成一〇年一月三〇日民集五二巻一号一頁

抵当権者は、物上代位の目的債権が譲渡され第三者に対する対抗要件が備えられた後においても、自ら目的債権を差し押さえて物上代位権を行使することができるとした判決。

（3）　前掲注（2）。

（4）　最一小判平成一〇年三月二六日民集五二巻二号四八三頁

債権について一般債権者の差押えと抵当権者の物上代位に基づく差押えが競合した場合には、両者の優劣は、一般債権者の申立てによる差押命令の第三債務者への送達と抵当権設定登記の先後によって決するとした判決。

（5）　最三小判平成一三年三月一三日民集五五巻二号三六三頁

抵当権者が物上代位権を行使して賃料債権の差押えをした後は、抵当不動産の賃借人は、抵当権設定登記の後に賃貸人に対して取得した債権を自働債権とする賃料債権との相殺をもって、抵当権者に対抗することはできないとした判決。

（6）　最三小判平成一七年二月二二日民集五九巻二号三一四頁

動産売買の先取特権者は、物上代位の目的債権が譲渡され、第三者に対する対抗要件が備えられた後においては、目的債権を差し押さえて物上代位権を行使することはできないとした判決。

(7)　最二小判平成三年三月二二日民集四五巻三号三二二頁

抵当権者は、債権または優先権を有しないのに配当を受けた債権者に対して、その者が配当を受けたことによって自己が配当を受けることができなかった金銭相当額の金員の返還を請求することができるとした判決。

(8)　最三小判平成一四年三月一二日民集五六巻三号五五五頁

抵当権の物上代位の目的となる債権に対する転付命令は、これが第三債務者に送達される時までに抵当権者により当該債権の差押えがされなかったときは、その効力を妨げられないとした判決。

(9)　最三小判平成二四年九月四日裁判集民二四一号六三頁

賃貸人が賃借人に賃貸借契約の目的である建物を譲渡したことにより賃貸借契約が終了した以上は、その終了が賃料債権の差押えの効力発生後であっても、賃貸人と賃借人との人的関係、当該建物を譲渡するに至った経緯および態様その他の諸般の事情に照らして、賃借人において賃料債権が発生しないことを主張することが信義則上許されないなどの特段の事情がない限り、差押債権者は、第三債務者である賃借人から、当該譲渡後に支払期の到来する賃料債権を取り立てることができないとした判決。

(10)　最一小判平成一八年七月二〇日民集六〇巻六号二四九九頁

動産譲渡担保が同一の目的物に重複して設定されている場合、後順位譲渡担保権者は私的実行をすることができないとし、また、集合動産譲渡担保の設定者が、目的動産につき通常の営業の範囲を超える売却処分をした場合、当該譲渡担保の目的である集合物から離脱したと認められない限り、当該処分の相手方は目的物の所有権を承継取得することはできないとした判決。

(11)　最二小判平成二四年一二月一四日民集六六巻一二号三五五九頁

根保証契約の主たる債務の範囲に含まれる債務に係る債権を譲り受けた者は、その譲渡が当該根保証契約に定める元本確定期日前にされた場合であっても、当該根保証契約の当事者間において上記債権の譲受人の請求を妨げるような別段の合意がない限り、保証人に対し、保証債務の履行を求めることができるとした判決。

(12)　最一小判昭和五四年二月一五日民集三三巻一号五一頁

構成部分の変動する集合動産であっても、その種類、所在場所および量的範囲を指定するなどの方法により目的物の範囲が特定される場合には、一個の集合物として譲渡担保の目的となり得るが、倉庫業者に寄託中の乾燥ネギ四四トンのうちの二八トンという指定がされた事案において、目的物の範囲の特定性を欠くとした判決。

(13)　前掲注(10)。

(14)　前掲注(10)。

(15)　最一小決平成二二年一二月二日民集六四巻八号一九九〇頁

構成部分の変動する集合動産を目的とする集合物譲渡担保

権の効力は、譲渡担保の目的である集合動産を構成するに至った動産が滅失した場合にその損害を塡補するために譲渡担保権設定者に対して支払われる損害保険金に係る請求権に及ぶが、構成部分の変動する集合動産を目的とする集合物譲渡担保契約は、譲渡担保権設定者が目的動産を販売して営業を継続することを前提とするものであるから、譲渡担保権設定者が通常の営業を継続している場合には、目的動産の滅失により上記請求権が発生したとしても、これに対して直ちに物上代位権を行使することができる旨が合意されているなどの特段の事情がない限り、譲渡担保権者が当該請求権に対して物上代位権を行使することは許されないとした決定。

【出席者】

田原睦夫　弁護士（はばたき綜合法律事務所）

安永正昭　同志社大学法科大学院教授・神戸大学名誉教授

松岡久和　京都大学大学院法学研究科教授

三上　徹　三井住友銀行法務部長

中井康之　弁護士（堂島法律事務所）

あとがき

私の、二〇一三年四月二二日の最高裁判所判事の定年退官が近づくなかで、弘文堂の北川陽子編集長から、退官を機に何か出版をとの声を掛けていただいた。

既に、私の古稀・最高裁判事退官記念論文集（『現代民事法の実務と理論　上巻・下巻』（金融財政事情研究会・二〇一三年））の企画も相当進行し、他にも出版の企画（法曹としての私の経歴を振り返った、私の編著『裁判・立法・実務』（有斐閣・近刊）、私の最高裁判決の意見に裁判官ＯＢがコメントを付した『個別意見が語るもの——ベテラン元裁判官によるコメント』（商事法務・近刊））がそれぞれ進行していたところから、それらと内容の重複を避ける趣旨で、私の過去の著作のうち、現在において再録することに一定の意義があると思われるものをまとめて出版していただけるかとお尋ねしたところ、快く引き受けていただけた。

私は、最高裁判所判事任官以前は、大阪で弁護士として主として経済事案に取り組んでいたが、ことにバブル経済崩壊後に関西地区で発生した大型の倒産事件や特殊な経済事件（コスモポリタン㈱（破産管財人）、東京佐川急便㈱（私的再建の会社側代理人）、イトマン㈱（刑事事件の弁護人）、尾上縫事件（破産管財人代理人）、太陽鉄工㈱（更生管財人）、末野興産㈱（破産・会社更生・管財人）、スポーツ振興㈱（更生管財人）、大和都市管財㈱（会社整理管理人）等）に関与してきたことや、法制審議会倒産法部会の委員を務めていたこと、また、裁判官に任官する前の一〇年余に著した論文は倒産法に関与するものが多数にのぼった（私の執筆論文については、前記、古稀・退官記念論文集掲載の「執筆文献一覧」

参照）こともあって、世間では「倒産弁護士」とのイメージが強いようである。

しかし、私自身は、恩師林良平先生の薫陶を受け、修習生の時から林先生が主催しておられた「法律懇話会」のほか、各種の研究会に参加させていただき、また、種々の機会に法律雑誌等に執筆の機会を与えていただいたが、主として担保法関係で研鑽を重ねてきた民法学徒という自覚である。また、本書に掲載した「動産の先取特権の効力に関する一試論」や転抵当と質権、根担保に関する一連の論文等は、何れもそれ以前に学界でほとんど論議されていない分野のものであり、それらを一読いただければ、その出来はともかく、私が「民法学徒」と自称していることも許容していただけよう。ただし、それらの論稿には、執筆後三〇年余を経るものもあり、また掲載誌がマイナーであるため、現在では一般に入手が困難なものも多い。

そこで、北川さんに、私の担保法関係の論稿のうち、今日においても、なお一定の価値を有すると思われるもの、執筆後の法改正や判例の形成等により、その論稿の今日的意義は喪われているが、学説の変遷を知るうえで一定の意義を有するものについて編纂していただくことをお願いした次第である。

本書に所収された七部門二二本の論文の選択にあたっては、旧来の知己である中井康之弁護士（三四期）および私の所属するはばたき綜合法律事務所の福井俊一弁護士（六二期）の協力を得た（なお、その掲載にあたっては、初稿をそのまま掲載することを基本としつつ、送り仮名、同一文言の表記方法等につき若干の修正を行い、また初稿後の倒産法の全面改正、平成一五年の民法改正等を踏まえて、引用条文の最低限度の補正等を行った）。

また、中井弁護士および北川さんの尽力により、安永正昭同志社大学教授、松岡久和京都大学教授、三上徹三井住友銀行法務部長の協力を得て、本書掲載の論稿のうち、四つのテーマを対象とした座談会を開催していただいた。その座談会では、私の各論稿の至らざるところについて鋭い追及を受け、汗顔の至りであったが、前記諸氏により私の論稿をテーマとして座談会を開催していただけたこと自体、光栄である。

それに加えて、最高裁判所判事任官後、奥田昌道先生（京都大学名誉教授・元最高裁判所判事）主催の奥田スクール（毎月一回皇居を一周するランニング・スクール）に入学を許可されて以来、親しくさせていただいている同先生から、慈愛溢れる「巻頭言」をお寄せいただけた。

本書登載の各論稿は、一応は「民法学徒」としての自覚はあるものの、在野法曹としての多忙な実務の合間を縫って執筆したものであって、学理的に十分詰め切れていない部分もある。それにもかかわらず、弘文堂では本書の出版をお引き受けいただいたうえ、前記のような諸氏による座談会を開催していただき、また奥田昌道先生からは身に余る「巻頭言」をお寄せいただき、一法曹として四〇年余を過ごしてきた私にとって、本当に栄誉なことであり、かかる法曹生活を送ることを支えていただいた周囲の方々に、改めて深謝申し上げる。

今後は、私の法曹生活での経歴を生かしつつ、中堅・若手の法曹および法曹を目指す人々との語らいの場を設けるなどして、少しでも法曹界のお役に立ちたいと思っている。

最後に、本書が出版できたことについては、中井康之、福井俊一両弁護士ならびに弘文堂編集部の北川陽子氏の協力の賜物であることを記し、ここに深謝申し上げる。

平成二五年一二月

田原　睦夫

田原睦夫（たはら・むつお）

1943年京都府生まれ。京都大学法学部卒。
1969年大阪弁護士会入会。
元最高裁判所判事（2006年11月～2013年4月）。
現在、弁護士（はばたき法律事務所）。

実務から見た担保法の諸問題

2014(平成26)年2月28日　初版1刷発行

著　者　田原睦夫
発行者　鯉渕友南
発行所　株式会社 弘文堂　101-0062 東京都千代田区神田駿河台1の7
TEL 03(3294)4801　振替 00120-6-53909
http://www.koubundou.co.jp

装　丁　大森裕二
印　刷　三陽社
製　本　牧製本印刷

ISBN 978-4-335-35577-6